CW00516167

1 MONTH OF
FREE
READING

at

www.ForgottenBooks.com

By purchasing this book you are eligible for one month membership to ForgottenBooks.com, giving you unlimited access to our entire collection of over 1,000,000 titles via our web site and mobile apps.

To claim your free month visit:

www.forgottenbooks.com/free381221

* Offer is valid for 45 days from date of purchase. Terms and conditions apply.

ISBN 978-0-484-20277-0
PIBN 10381221

This book is a reproduction of an important historical work. Forgotten Books uses
state-of-the-art technology to digitally reconstruct the work, preserving the original format
whilst repairing imperfections present in the aged copy. In rare cases, an imperfection in
the original, such as a blemish or missing page, may be replicated in our edition. We do,
however, repair the vast majority of imperfections successfully; any imperfections that
remain are intentionally left to preserve the state of such historical works.

Forgotten Books is a registered trademark of FB &c Ltd.
Copyright © 2018 FB &c Ltd.
FB &c Ltd, Dalton House, 60 Windsor Avenue, London, SW19 2RR.
Company number 08720141. Registered in England and Wales.

For support please visit www.forgottenbooks.com

DE LA

HILOSOPHIE IONIENNE.

PAR M. C. MALLET,

Ancien Élève de l'Ecole Normale, Professeur de Philosophie au Collége Royal
de Versailles.

BIBLIOTHEQUE DE Mᵈ GUIZOT

PARIS,

CHEZ MADAME VEUVE MAIRE-NYON,

QUAI CONTI, 13.

1842.

VERSAILLES. — IMPRIMERIE DE MONTALANT-BOUGLEUX.

PRÉFACE.

Dans l'espace de ces vingt-cinq dernières années, des travaux considérables, soit de traduction, soit de haute critique, ont été accomplis en France sur plusieurs points d'histoire de la Philosophie. Toutefois, sauf quelques rares et précieuses exceptions, aucun travail n'a été entrepris sur l'ensemble d'une époque ou d'une école.

Cette tâche est celle que nous nous sommes proposée, en ce qui concerne la Philosophie Ionienne. A l'exception de quelques dissertations de l'abbé de Canaye, sur Thalès et Anaximandre, insérées dans les *Mémoires de l'Académie des Inscriptions*, nous ne sachions pas qu'aucun travail important ait été publié en France, sur l'Ionisme. Il n'en est pas de même de l'Allemagne, qui possède sur cette Philosophie les savantes recherches de Goess, de Schleiermacher, de Carus, sans compter les travaux plus considérables de Tiedeman, de Fülleborn, de Bouterwek et de Ritter.

Nous avons réuni, dans le travail que nous soumettons aujourd'hui au jugement du public savant, un très grand nombre de documents. Près de deux cents textes grecs ou latins, consistant soit en fragments de divers philosophes Ioniens, soit en témoignages relatifs à leur vie et sur-tout à leurs doctrines, ont été recueillis par nous des écrits de Simplicius, de Diogène de Laërte, de Sextus-Empiricus, de Platon, d'Aristote, de Plutarque, de Cicéron, de Lucrèce, d'Eusèbe, etc. Nous nous sommes attaché à reproduire intégralement ces différents textes, et à en donner la traduction.

Deux plans s'offraient à nous dans le travail que nous entreprenions : ou bien

aborder successivement chacun des
points importants de la Philosophie
Ionienne, par exemple, la question de
la *Cause matérielle*, la question de la
Cause efficiente, etc., et exposer les
diverses solutions que chacune de ces
questions avait reçues des divers philosophes ; ou bien retracer, d'après la méthode historique et chronologique, les
travaux de chaque philosophe, en partant de Thalès, fondateur de l'Ionisme,
pour aboutir à Archélaüs, son dernier
représentant. Chacune de ces deux méthodes apportait avec elle ses avantages.
La première, plus scientifique peut-être,
et que nous avions d'abord tentée, nous
a paru, à côté de ses mérites, entraîner
quelques inconvénients graves, en ce que
d'abord, elle ne s'accommodait guère des
détails biographiques relatifs à chaque
philosophe, et que d'ailleurs, elle ne
comportait pas, au même degré que la
seconde, des textes nombreux, des témoignages multipliés, des détails circonstanciés, sur la nature de chaque

doctrine philosophique. Nous avons dû
préférer la méthode monographique,
qui nous permettait tout à la fois plus
d'abondance et de clarté. Mais en même
temps, nous avons, autant qu'il était en
nous, opéré l'alliance des deux procédés
indiqués, en ajoutant à la série de ces
monographies, une *Introduction* sur le
caractère général de la Philosophie
Ionienne. Joignant ainsi la synthèse à
l'analyse, nous croyons avoir réuni les
avantages de l'une et l'autre méthode, et
évité les inconvénients où l'exclusion
absolue de l'une des deux nous eût inévitablement entraîné.

C. MALLET.

Versailles, 1.er août 1842.

TABLE DES MATIÈRES.

—

FIN DE LA TABLE.

PHILOSOPHIE IONIENNE.

—

CHAPITRE PREMIER.

—◦◦◦—

INTRODUCTION.

—

La première période de la philosophie grecque, c'est-à-dire cette époque qui s'étend de
la naissance de cette philosophie à la révolution opérée par Socrate, fut marquée par l'apparition de plusieurs grandes écoles, parmi lesquelles le premier rang dans l'ordre chronologique, et le second dans l'ordre d'importance des
travaux, est acquis à la philosophie ionienne.

Lorsqu'on entreprend aujourd'hui de retra-

1

cer l'histoire de cette philosophie, on est frappé
de la destruction qu'ont exercée les siècles sur
les monuments qu'elle avait produits. La plupart des Ioniens, tous même, si l'on en excepte Thalès, avaient laissé des travaux écrits.
A peine en reste-t-il aujourd'hui quelques lambeaux. Que sont devenus les ouvrages de Diogène d'Apollonie et d'Anaxagore, que Simplicius lisait encore au VI.⁰ siècle? Où sont les
écrits d'Héraclite, que Platon avait si avide-
ment étudiés, et que le philosophe d'Éphèse
avait déposés dans le temple d'Artémis, comme
s'il eût voulu les placer sous l'éternelle protection de la puissante déesse? A l'exception
d'un fragment d'Héraclite sur le *criterium* du
vrai, conservé dans Sextus-Empiricus ¹, et de
quelques apophthegmes du même philosophe,
reproduits dans les travaux de Diogène de
Laërte, de Plutarque, de Stobée; à l'exception
encore de quelques passages d'Anaxagore ²,

---

¹ Voir, plus loin, notre dissertation sur Héraclite.

² Plusieurs de ces passages se réduisent à une ligne ou
deux; d'autres à trois ou quatre mots seulement.—Voir notre
dissertation sur Anaxagore, et les notes à la fin du volume.

sauvés du naufrage par Simplicius, tout a péri [1]. Aussi l'histoire de la philosophie ionienne serait-elle à jamais impossible, si, en l'absence des monuments originaux, quelques traces des systèmes qu'elle enfanta ne se retrouvaient dans les écrits des philosophes postérieurs. C'est dans Aristote, dans Platon, dans Sextus [2], dans Diogène de Laërte, dans Cicéron, dans Plutarque, dans Eusèbe, qu'il faut aller chercher aujourd'hui d'incomplètes et quelquefois d'obscures traditions sur les doctrines de Thalès, d'Anaximandre, d'Anaximène, d'Héraclite, de Diogène d'Apollonie, d'Archélaüs. Joignez à ces traditions les quelques fragments d'Héraclite et d'Anaxagore,

---

[1] Sauf peut-être encore quelques fragments de Diogène d'Apollonie, qu'on retrouve dans Simplicius. — Il ne reste rien d'Anaximandre, rien d'Anaximène, rien d'Archélaüs. — Quant à Thalès, il paraît n'avoir rien écrit.

[2] Les deux ouvrages de Sextus de Mytilène, mais surtout son traité πρὸς τοὺς μαθηματίχους, offrent de nombreux documents sur l'histoire de la philosophie ancienne. Il y a, dans les dix livres dont se compose ce traité, une érudition prodigieuse et qui nous paraît n'avoir jamais été suffisamment appréciée.

rares et précieuses reliques recueillies par Sextus et Simplicius, et c'est à cela que se réduisent les ressources dont il est possible de disposer pour essayer de reconstruire une philosophie que le temps a détruite et dont il a anéanti ou dispersé les débris.

Sur la côte occidentale de la vieille Asie-Mineure s'étend, à partir de l'Hellespont, et le long de la mer Égée, une plage qui fut, à des époques très reculées, occupée par des colonies grecques. Là était Smyrne, baignée par Mélès, sur les bords duquel, s'il faut en croire certaines traditions, Homère avait reçu le jour ; là Éphèse, célèbre par son temple d'Artémis, l'une des merveilles de l'art antique ; là aussi Cumes ou Cymes, patrie d'Hésiode. Ce fut en ces contrées que prit naissance cette philosophie qui devait un jour, quittant son berceau, aller régner à Athènes puis à Alexandrie, ces deux grands centres de la science antique, et se répandre de là sur tout le monde connu. Les premières idées civilisatrices avaient été apportées dans la Grèce continentale par des colonies venues d'Orient ; ce fut d'Orient aussi que sortit la philosophie, ce degré suprême de la civilisation.

L'ère poétique de la Grèce, qui plus tard devait avoir son complément sous Pindare, Eschyle, Sophocle, Euripide, avait jeté avec Homère son premier et son plus vif éclat. *L'Iliade* et *l'Odyssée* avaient décrit en merveilleux récits ces aventureux instincts de guerres et de voyages qui agitent les nations jeunes et les poussent irrésistiblement à répandre au dehors leur bouillonnante activité. Épopées d'un âge héroïque, *l'Iliade* et *l'Odyssée* avaient été en Grèce, avec les hymnes orphiques, les premiers chants échappés à l'inspiration. La réflexion dut s'éveiller à son tour, et, durant une période de deux cents années, dans le cercle desquelles se concentrèrent ses premiers essais, on vit à Milet, à Crotone, à Élée, à Abdère, à Agrigente, surgir cinq grandes sectes philosophiques, qui, nonobstant la diversité des contrées où elles se localisèrent, offrirent toutes ceci de commun qu'elles eurent pour siége, non la Grèce continentale, mais les colonies grecques; de telle sorte que le mouvement philosophique s'opéra de la circonférence au centre, et partit des différents points de la Grèce coloniale pour se concentrer plus tard dans Athènes, métropole de la civilisation et de la science hellénique.

Quatre grandes écoles furent donc contemporaines de la philosophie ionienne, et durent, en une certaine mesure, recevoir son action et lui renvoyer la leur : dans l'Italie méridionale, l'école de Pythagore et celle de Parménide ; en Sicile l'école d'Empédocle ; en Thrace l'école de Leucippe et de Démocrite. De quelles données fondamentales se constituaient les systèmes de ces quatre grandes écoles ? C'est ce que nous allons essayer de déterminer sommairement.

Le pythagorisme offrait pour traits caractéristiques, cette cosmogonie mathématique, qui repose sur un sens symbolique attaché aux nombres. Science tout à la fois du concret et de l'abstrait, étude de la nature morale en même temps que de la nature physique, la philosophie de Crotone embrassait la cosmologie, les mathématiques, la médecine, la morale, la politique. Les investigations morales, qui tinrent si peu de place dans les travaux des Ioniens, entraient au contraire pour une part considérable dans les spéculations Pythagoriciennes. Cet admirable code de morale, connu sous le nom de *Paroles d'or*, Χρυσία ἔπη [1]; ces savantes législations données aux villes de la Grande-Grèce; ces initiations intellectuelles et religieuses; ces règles fondamentales de l'institut Pythagoricien, tout cela n'accuse-t-il pas en cette école un vif amour des spéculations morales et sociales? Aussi, est-ce par ce point, qu'entre toutes les sectes dont l'ensemble constitua en Grèce la première période philosophique, l'école Pythagoricienne nous paraît sur-tout excellente.

L'Eléatisme avait son fondement et son ca-

[1] Nous croyons volontiers que la rédaction dernière des Χρυσία ἔπη appartient à une époque assez postérieure à celle de Pythagore (500) et de ses disciples immédiats. Mais les données fondamentales dont se constitue l'ensemble de ces préceptes offrent un caractère éminemment Pythagoricien.

ractère propre dans ce système de l'unité absolue de l'Être, qui devait entraîner et qui
entraîna pour conséquence la négation du
changement et du mouvement[1]. Suivant Parménide, fondateur de cette secte (car Xénophane nous paraît moins le fondateur que le
précurseur de l'Eléatisme), l'Être était nécessairement un, et il n'y avait rien autre chose
que lui. C'était là assurément un point de vue
tout-à-fait particulier à l'Eléatisme ; et de là,
pour cette philosophie, un profond caractère
d'originalité. Mais l'originalité n'a de valeur
qu'autant qu'elle s'allie à la vérité. Or, qu'était
cette unité rationnelle qui constituait l'Être,
et hors de laquelle il n'y avait rien ? N'était-ce
pas plutôt une abstraction qu'une réalité, et
pour aboutir à un tel résultat, l'Eléatisme n'a-
vait-il pas dû faire taire le témoignage des
sens, et, par conséquent, mutiler l'esprit humain pour lequel la perception extérieure qui
nous révèle la pluralité est une fonction tout

---

[1] Voyez dans Aristote, *Physique*, L. vi, c. 9, les quatre
arguments négatifs, ἀπορίαι ; de Zénon contre le mouvement.

aussi légitime que l'entendement ou la pure
intellection qui nous fait concevoir l'unité?
Oui assurément, et telles étaient en effet les
aberrations de l'Eléatisme. Avec Parménide,
il taxait de mensonge le témoignage des sens
corporels [1]; avec Zénon, il niait le mouvement [2]; avec tous deux, il se mettait en flagrante
opposition avec le sens commun. Et pour soutenir de telles énormités, l'Eléatisme était conduit, avec Zénon, à mettre au service de ses
doctrines, une dialectique contentieuse et
subtile qui prépara les voies aux sophistes, et
l'école de Mégare.

L'Abdéritanisme aussi avait son rôle distinct
et son caractère original. Il croyait avoir trouvé l'explication de la formation des choses
dans son hypothèse des atomes, infinis quant

---

[1] Diogène de Laërte : κριτήριον δὲ τὸν λόγον εἶπε Παρμενίδης. Τάς τε αἰσθήσεις μὴ ἀκριβεῖς ὑπάρχειν.

[2] « Ζήνων καὶ τὴν κίνησιν ἄναιρεῖ. » D. L. Il nous paraît
difficile, en face de ce témoignage, d'admettre l'interprétation
d'après laquelle la négation du mouvement serait uniquement une conséquence tirée par Zénon de la doctrine de la
pluralité pour la convaincre d'absurdité et de contradiction.
Cette négation n'est point relative, mais absolue.

au nombre , comme le dit Démocrite dans
Diogène de Laërte, se mouvant en tourbillons,
et constituant ainsi, par leur réunion, tous les
agrégats , le feu, l'eau , l'air , la terre, lesquels
ne sont autre chose qu'un composé d'atomes.
Or , cette donnée fondamentale de l'Abdéritanisme ne renferme aucun caractère par lequel
cette doctrine puisse être assimilée au système
Pythagoricien , et d'autre part rien de commun non plus n'existe entre l'explication cosmogonique des Abdéritains, et les systèmes
des Ioniens. Ces derniers n'admettent pas les
atomes. Thalès, Anaximène, Diogène , Héraclite, regardent l'univers comme le produit
du développement d'un principe unique ;
Archélaüs, au lieu d'un principe unique, en
admet deux, mais rien encore ici ne ressemble
à l'atomisme. Enfin, si Anaximandre et Anaxagore n'admettent ni l'un ni l'autre un nombre déterminé de principes , leur cosmogonie
n'en diffère pas moins essentiellement de la
cosmogonie Abdéritaine. Car, dans le système
de Leucippe et de Démocrite , la formation
des choses s'opère par l'agrégation des atomes,

c'est-à-dire par réunion , tandis que dans la doctrine cosmogonique d'Anaximandre et d'Anaxagore [1], cette même formation s'opère par dégagement, c'est-à-dire par séparation. L'Abdéritanisme ne se distingue donc pas moins essentiellement de l'Ionisme que du Pythagorisme, et le caractère d'originalité ne saurait être méconnu dans cette philosophie.

Quant à l'Agrigentinisme , toute espèce de caractère propre et de physionomie originale lui manquait absolument. Les quatre éléments adoptés par Empédocle, l'eau, la terre, l'air, le feu, étaient autant d'emprunts faits à Thalès, à Phérécyde, à Anaximène, à Héraclite. A Héraclite aussi , Empédocle avait emprunté les deux principes de l'amour et de la haine, de même que dans l'ordre moral et religieux il avait imité et renouvelé du pythagorisme certaines pratiques d'initiation et de purification. La philosophie d'Agrigente avait entrepris l'alliance et la fusion des idées fondamentales des

[1] Voir plus loin les Dissertations sur Anaximandre et sur Anaxagore.

doctrines ioniennes et pythagoriciennes, et constituait ainsi un véritable syncrétisme.

Telles furent, esquissées ici dans leurs traits principaux, les grandes écoles [1] que l'Ionisme eut pour contemporaines; tel le milieu philosophique au sein duquel il se développa.

La durée de ce développement fut d'à peu près deux siècles, de 597 à 428 environ, et, pour parler le langage de la chronologie grecque, de la quarante-sixième à la quatre-vingt-huitième olympiade. Dans cet intervalle se succédèrent en Ionie, une série d'illustres philosophes : Thalès, Anaximandre, Phérécyde, Anaximène, Héraclite, Diogène d'Apollonie, Anaxagore, Archélaüs. Peut-être dans ce nombre faudrait-il compter Xénophane, né à Colophon. Xénophane appartient à l'Ionie par son origine, et l'on pourrait ajouter qu'il lui appartient aussi par tout un côté de ses doctrines philosophiques. Néanmoins, établi à Elée vers la fin de ses jours, et devenu hé-

---

[1] Sur ces même écoles, consulter Aristote, métaph., L. I, C. 3 et 4.

ritier des traditions de l'école Italique , Xénophane passe vulgairement pour le fondateur
de l'école d'Elée, quoique à notre avis il ait été
pour elle moins un fondateur qu'un précurseur. Bien donc que le nom de Xénophane
pût être réclamé légitimement par la philosophie ionienne , nous nous conformerons ici
à l'opinion vulgaire qui le range parmi les
Eléates [1], et nous réduirons aux noms mentionnés plus haut la liste des philosophes
ioniens. Or, cet ensemble de noms nous paraît
constituer plutôt une série qu'une école. A
quelles conditions, en effet, peut-il y avoir
véritablement école philosophique ? A deux
conditions capitales, savoir: communauté de
travaux, conformité de solutions. Eh bien, la
réunion de ces deux conditions s'opéra-t-elle
en Ionie ? Les Ioniens sont tous physiciens,
tous astronomes ; tous aussi, ils cherchent à

---

[1] Sur les philosophes Éléates, consulter les écrits de Buhle,
et sur-tout le travail de Brandis intitulé : « *Xenophanis,
Parmenidis et Melissi doctrina è propriis philosophorum
reliquiis repetita.* »

expliquer l'origine et la formation des choses.
Voilà la première des deux conditions requises,
à savoir, la communauté de travaux. En est-il
de même de la seconde, et simultanément à .
la communauté de travaux rencontrons-nous
la conformité des solutions? En aucune manière
assurément. Car, sans parler ici des opinions
diverses des Ioniens sur la grandeur, la forme
et la distance des astres, et pour ne nous attacher qu'au problême capital qu'ils agitèrent,
celui de l'origine et de la formation des choses,
n'est-il pas vrai qu'il existe une dissimilitude
profonde entre les systèmes cosmogoniques
de Thalès, d'Anaximandre, de Phérécyde,
d'Anaximène , d'Héraclite , d'Anaxagore ,
d'Archélaüs? D'une part Anaximandre et
Anaxagore admettent un nombre indéfini de
principes; d'autre part, au contraire, Thalès,
Phérécyde, Anaximène, Héraclite, Diogène,
Archélaüs en admettent un nombre déterminé.
Maintenant, ce nombre déterminé est-il le
même pour tous? Nullement; car les cinq
premiers d'entre ces philosophes admettent
l'unité, tandis qu'Archélaüs adopte la dualité.

Ce n'est pas tout encore. L'unité de Thalès n'est pas celle de Phérécyde ; l'unité de Phérécyde n'est pas celle d'Héraclite ; l'unité d'Héraclite n'est pas celle d'Anaximène et de Diogène. Est-ce dans un pareil désaccord qu'on peut rencontrer cette perpétuité de traditions sans laquelle une école ne saurait être? Les Pythagoriciens se rallient tous autour de quelques principes fondamentaux ; de même les Abdéritains ; de même aussi Éléates. Il y a donc une école pythagoricienne, une école d'Abdère, une école d'Elée. Mais en Ionie, au lieu de cette communauté de principes, nous ne rencontrons que dissimilitudes et divergences. Voilà pourquoi nous disons qu'il y eut des philosophes ioniens, mais non point d'école ionienne.

Toutefois, ces divergences ne portent que sur les solutions. Quant aux questions, elles sont les mêmes pour tous. L'astronomie, la physique, la cosmogonie, tels sont les trois grands ordres scientifiques sur lesquels se portèrent de concert tous les travaux des Ioniens. Anaximandre, Anaximène, Anaxagore étu-

dient les mouvements des astres, et tentent
d'apprécier la grandeur du soleil et ses révolutions. Thalès calcule et prédit les éclipses.
Anaximandre entreprend de déterminer la
position et la figure de la terre; et en même
temps, il invente le style des cadrans solaires
ainsi que des instruments pour marquer les
solstices et les équinoxes; il dresse des cartes
géographiques; il décrit la circonférence de la
terre; il construit la sphère; et, s'il faut en
croire Pline, il découvre l'obliquité de l'écliptique. Anaximène se tourne aussi vers les travaux géographiques et astronomiques. Il per-
fectionne les cadrans solaires; il entreprend
de déterminer la nature de la voûte céleste
qu'il considère par une erreur des sens, comme
un continu solide. Héraclite, à son tour, entreprend d'expliquer les éclipses de soleil et
de lune, les successions des jours et des nuits,
des mois, des saisons, des années, les pluies,
les vents, et autres phénomènes soit astronomiques, soit météorologiques. Enfin, Anaxagore combat le préjugé vulgaire qui fait du
soleil, de la lune et des autres astres autant

de Dieux. Il entreprend de déterminer leur véritable nature, et en même temps il tente d'expliquer la voie lactée, les comètes, les vents, le tonnerre, l'éclair, les aérolithes. Le problème même de l'espace, qui devait plus tard tourmenter tant d'ingénieuses et fortes intelligences, préoccupe son active pensée, et ce problème reçoit de lui une solution qui devait être un jour celle de Leibnitz et de Descartes.

Mais le problème fondamental et par excellence pour la philosophie ionienne fut celui de l'origine des choses, question peut-être à jamais insoluble, et sur laquelle les travaux accumulés depuis tant de siècles n'ont encore répandu qu'une si pâle clarté. L'univers matériel a-t-il toujours existé? S'il est éternel, tient-il de lui-même l'ordre et le mouvement? S'il n'est pas éternel, quand a-t-il commencé d'être? Y a-t-il un ou plusieurs principes matériels par le développement. la combinaison ou le dégagement desquels ait été produit ce qui existe? Existe-t-il un principe efficient, distinct de la matière, et d'une au-

2

tre nature qu'elle? Parmi les sphères qui gravitent dans l'espace, ce globe qui nous porte
a-t-il toujours été ce que nous le voyons, et,
s'il n'a pas toujours été le même, quelle série
de transformations lui a-t-il fallu traverser
pour arriver à son état actuel? De quelles espèces était-il peuplé durant les intervalles qui
ont séparé ces diverses transformations? Par
quelles causes ces espèces ont-elles disparu de
la surface du globe? Par quels liens ces causes
se rattachent-elles au mécanisme général de
l'univers? Cet univers lui-même, où a-t-il sa
cause et son principe? Effrayante et complexe
énigme, dont l'homme peut-être n'arrivera
jamais à trouver le mot, ou dont peut-être
encore la solution ne lui sera donnée que la
veille du jour où un nouveau cataclysme vien-
dra le faire disparaître de dessus la surface
terrestre, et, par une combinaison nouvelle
d'éléments, approprier ce globe à une nouvelle espèce qui, à l'aspect de nos débris souterrains, se posera les mêmes questions pour
n'aboutir qu'aux mêmes incertitudes.

Eh bien, cet imposant problème de l'origine

des choses, qui absorbe encore aujourd'hui tant de puissantes intelligences, dut, dès l'éveil de l'esprit humain, préoccuper son inquiète activité. Les religions et la poésie, qui ne laissent aucune question importante sans solution, essayèrent de résoudre celles-ci, et longtemps les réponses qu'elles donnèrent purent satisfaire les esprits. Mais l'intelligence humaine, devenue plus exigeante, finit par délaisser les explications mythologiques pour les recherches rationnelles ; et la philosophie ionienne, séparant la science d'avec la théologie, fut la première qui tenta de procéder à la solution du problème cosmologique par la seule puissance de la raison humaine.

Les Ioniens, anticipant en ce point sur les découvertes de la science moderne, semblent s'accorder à reconnaître, bien que d'une manière vague et indéterminée, une série de transformations que le monde que nous habitons aurait traversées avant d'arriver à sa constitution actuelle. A ce point de vue, l'homme serait un résultat dernier dans la formation des êtres, et aurait été précédé par

d'autres races moins parfaites dont il ne serait
peut-être qu'une transformation. Telle paraît
être sur-tout l'opinion d'Anaximandre et d'Archélaüs. Quant aux modifications successives
qu'aurait subies l'ensemble des choses, les
Ioniens, tout en s'accordant à admettre leur
réalité, ne s'accordent pas également sur leur
nature, et diffèrent sur-tout les uns des autres
sur la question du point de départ de ces modifications. A ce point de vue, deux catégories sont à établir. Dans la première viennent
se ranger Anaximandre et Anaxagore, qui admettent comme point de départ un nombre
indéterminé d'éléments, ἄπειρον, et une totalité
confuse, πάντα ὁμοῦ. Dans la seconde, prennent
place ceux qui, avec Thalès, Phérécyde, Anaximène, Diogène, Archélaüs, reconnaissent
un nombre déterminé de principes générateurs. Mais au sein de cette seconde catégorie
une division est à introduire, suivant qu'à
l'exemple d'Archélaüs on admet la dualité,
ou que sur les traces de Thalès, de Phérécyde,
d'Anaximène, d'Héraclîte, de Diogène, on
pose l'unité de principe. Enfin, dans ce second

ordre une nouvelle subdivision est encore possible; car, bien que Thalès, Phérécyde, Anaximène, Héraclite, Diogène, s'accordent à admettre un principe unique, ce principe est loin d'être le même pour chacun d'eux, attendu que pour Thalès, l'élément générateur et primordial c'est l'eau, pour Phérécyde la terre, pour Anaximène et Diogène l'air, pour Héraclite le feu. Sur la question donc de l'origine des choses, il n'y a entre les Ioniens que diversité de systèmes. Toutefois, au fond de cette divergence, une similitude est à signaler en ce que tous, tant ceux qui admettent un nombre indéfini d'éléments, que ceux qui en admettent un nombre déterminé, s'accordent à reconnaître l'éternité de la matière. Maintenant, à l'éternité d'existence, la matière réunit-elle la spontanéité de mouvement? Oui, chez Anaximandre, Thalès, Phérécyde, Anaximène, Diogène, Héraclite, Archélaüs; non chez Anaxagore, et peut-être aussi chez Phérécyde, mais très certainement chez Anaxagore. Ce philosophe regarde la constitution et l'organisation de l'univers comme le résul-

tat d'un dégagement qui se serait opéré entre
les divers éléments mêlés et confondus dans
la ténébreuse complexité d'un chaos primitif.
Or, ce dégagement n'a pu s'opérer que moyennant le mouvement; et ce mouvement, Anaxagore ne le considère pas comme inhérent à
la matière, mais bien comme lui ayant été
communiqué par un être distinct d'elle et supérieur à elle, le νοῦς. Anaxagore, en opposant le νοῦς à l'ὕλη, à titre de substance revêtue
de la puissance motrice et ordinatrice, fut le
seul d'entre les Ioniens qui résolut cette question dans le sens du théisme. Chez tous les
autres, si l'on en excepte peut-être Phérécyde
et Archélaüs, ce même problème reçut, soit
une solution athéiste, comme chez Anaximène et Héraclite; soit une solution panthéiste au point de vue de l'esprit, comme
chez Thalès; soit une solution panthéiste au
point de vue de la matière, comme chez
Anaximandre et Diogène d'Apollonie.

Le caractère dominant dans les doctrines
ioniennes, c'est d'être sur-tout une philosophie de la nature. Aristote et Platon repro-

chent aux Ioniens, et notamment à Anaxagore, d'avoir négligé les spéculations métaphysiques. Mais un tel reproche est-il bien
fondé? Peut-on raisonnablement demander à
une philosophie autre chose que ce qu'elle a
pu et dû produire? Or, pouvait-il se faire qu'à
son début, la philosophie ne dirigeât pas ses
recherches sur le monde matériel? L'Ionisme
fut donc une philosophie de la nature, et ce
fut pour lui une nécessité. Toutefois, il ne
demeura point étranger à toute spéculation
métaphysique ou morale. Un grand nombre
de préceptes moraux sont attribués par Diogène de Laërte à Thalès. Héraclite d'Ephèse,
qui s'occupa de physique et de cosmogonie,
dirigea aussi quelques-unes de ses recherches
vers la logique, ainsi qu'il résulte évidemment
d'un fragment [1] de ce philosophe sur le *criterium* du vrai; et en même temps il faut bien
qu'il se soit occupé de métaphysique et de morale, puisque Diogène de Laërte dit positivement que ses écrits roulent sur trois sortes de

---

[1] Voir plus loin ce fragment à l'art. *Héraclite.*

sujets : l'univers, la politique, la théologie.
Archélaüs aussi, malgré son surnom de φυσικος,
paraît n'être pas demeuré étranger à la philosophie morale, puisque Socrate passe pour
avoir reçu de lui cette science naissante, et
qu'au rapport de Diogène de Laërte, les lois,
le beau et le bien avaient fait plus d'une fois
la matière de ses discours. Enfin, ne convient-
il pas de reconnaître une tendance tout à la
fois métaphysique et morale dans les travaux
d'Anaxagore, qui, à côté et au-dessus de la
matière, vint poser un être immatériel, principe du mouvement et de l'ordre? Sans doute
le Dieu moteur et ordonnateur d'Anaxagore
n'est pas encore ce Dieu *bon,* que Platon, en
son Timée, représente comme *père* du monde
et comme suprême intelligence se complaisant
à répandre hors d'elle ses divins attributs.
D'Anaxagore à Platon un nouveau progrès
devait s'opérer, et l'idée de Dieu devait devenir plus compréhensive en s'étendant non
plus seulement aux attributs métaphysiques,
mais encore aux attributs moraux du νοῦς.
Néanmoins, et nonobstant le progrès qui

s'opéra depuis, il ne faudrait pas méconnaître l'éminente valeur attachée à la conception d'Anaxagore. Cette idée d'une intelligence motrice et ordonnatrice fut assurément la plus précieuse et la plus noble conquête de la philosophie ionienne. Dans les masses régnait le polythéisme, dans la science le panthéisme ou l'athéisme, lorsque Anaxagore vint proposer l'idée d'un Dieu unique, distinct de la matière par son essence, mais y faisant toutefois son apparition par l'ordre et le mouvement. Epoque mémorable tout à la fois pour l'histoire de la philosophie et pour l'histoire de la civilisation humaine, que celle où le théisme vint ainsi prendre place dans la science. Accusé comme ennemi de la religion établie, accusation qui plus tard devait être si fatale à Socrate, Anaxagore fut frappé d'exil. Il est dans la destinée des hommes de progrès d'être en butte aux persécutions de l'esprit stationnaire ou rétrograde. C'est là une triste vérité qu'atteste une expérience de plus de vingt siècles. Mais il vient s'y mêler une consolante réflexion, c'est que toujours le progrès s'est

opéré en dépit des persécutions et des persécuteurs, et que jamais les dévouements n'ont
manqué à un si glorieux apostolat. Anaxagore
fut le premier d'entre les philosophes grecs à
qui il échut de souffrir pour la sainte cause de
la vérité. Les prêtres du polythéisme, par un
de ces instincts illuminateurs qui nous font
parfois entrevoir les choses futures, sentirent
qu'à côté de leur dogme qui commençait à
vieillir, s'élevait un dogme nouveau à qui
l'avenir était promis, et ces hommes aveugles
crurent proscrire le dogme en proscrivant le
révélateur. Le sacerdoce athénien préludait
ainsi au meurtre juridique de Socrate par l'exil
d'Anaxagore.

L'idée d'un Dieu unique, distinct de la
matière, mais s'y manifestant par l'ordre et
le mouvement, et l'idée de l'immortalité des
ames, introduites toutes deux dans la science,
celle-ci par Phérécyde, celle-là par Anaxagore, suffiraient seules à la gloire de la philosophie ionienne. Que si l'on y joint les investigations d'Archélaüs sur les idées morales
du beau et du bien, celles d'Héraclite sur

l'univers, la politique et la théologie, les découvertes géométriques de Thalès, enfin les
travaux astronomiques et cosmogoniques
d'Anaximandre, d'Anaximène, de Diogène,
et de tous leurs successeurs ou devanciers, on y
rencontrera un imposant ensemble de travaux
attestant l'immense activité qui dut présider
aux investigations de la philosophie ionienne.

Toute philosophie a sa part d'originalité et
sa part d'emprunt. Cette dernière, en ce qui
concerne la philosophie ionienne, paraît difficile à déterminer avec précision. Toutefois, si
l'on se rappelle que, par Thalès, la philosophie ionienne a son origine en Phénicie ; si
l'on songe d'ailleurs aux fréquents voyages
des anciens sages qui, pèlerins de la science,
parcouraient la Phénicie, la Chaldée, la Crète,
l'Égypte, il devient difficile de ne pas admettre
l'Orient comme une première source à laquelle l'ionisme dut s'inspirer. Une seconde
source dut se trouver dans les traditions politiques et sacerdotales de la Grèce elle-même.
Ainsi, par exemple, lorsque Thalès vient poser
l'eau comme élément primordial et géné-

rateur, ne semble-t-il pas avoir emprunté cette
idée à la religion et à la poésie? En effet,
comme le dit Aristote [1], « les poètes et les
« théologiens ne nous montrent-ils pas les
« dieux jurant par l'eau, qu'ils appellent le
« Styx, et n'avaient-ils pas fait l'Océan et
« Thétys auteurs de tous les phénomènes
« de ce monde? » Telle nous paraît la double source à laquelle la philosophie ionienne
dut inévitablement s'inspirer. Sortie de telles
origines, et ajoutant aux traditions orientales
ainsi qu'aux données théologiques et poétiques les produits spontanés de ses propres
investigations, elle ouvrit la voie à toutes les
écoles qui plus tard, sur ses traces, entreprirent l'explication de la nature physique, et ses
travaux servirent ainsi tout à la fois de modèle
et de point de départ à l'Abdéritanisme avec
Leucippe et Démocrite, à l'Agrigentinisme
avec Empédocle, au Péripatétisme avec Aristote et Straton, enfin à l'Epicurisme. Il y a
plus : la plupart des écoles qui constituèrent

[1] *Métaph.* 1, 3.

en Grèce la première période philosophique,
et remplirent l'intervalle de temps qui s'écoula
de Thalès à Socrate, furent en quelque sorte
autant de rameaux de la philosophie ionienne.
En effet, le fondateur de l'école de Crotone,
Pythagore, n'est-il pas originaire de Samos,
c'est-à-dire Ionien? D'autre part, Xénophane,
ce précurseur de l'Éléatisme, n'était-il pas né
à Colophon? N'avait-il pas passé en Ionie la
plus grande partie de sa longue existence, et le
caractère fondamental de ses travaux ne l'assi-
mile-t-il pas aux philosophes ioniens? Quant
à l'école d'Abdère, au sein de laquelle deux
noms seulement sont connus, ceux de Leucippe
et de Démocrite, indépendamment de la communauté de travaux qui existe entre cette philosophie et la philosophie ionienne, ne croit-on
pas que Démocrite fut disciple d'Anaxagore [1],
et ne sait-on pas d'ailleurs qu'Abdère était originairement une colonie venue de Phocée?
Ainsi, l'Ionie eut cette glorieuse destinée,
qu'elle fut, pour ainsi dire, la mère de toute

---

[1] Diogène de L. *Biogr.* de Démocrite.

philosophie. Admirable rôle que celui de
l'Orient à qui il échut ainsi d'être le berceau
des religions, des poésies, des doctrines philosophiques, c'est-à-dire des principaux d'entre les éléments dont se constitue la civilisation.

La philosophie ionienne remua bien des
problèmes, et parmi eux trouvèrent place,
ainsi qu'il a été établi plus haut, plus d'une
question de l'ordre métaphysique et moral.
Toutefois, le caractère spécial de cette philosophie fut sur-tout d'être une science de la
nature. Sur ce terrain, nonobstant bien des
vices de méthodes et des erreurs de systèmes,
inséparables de tout premier essai, la philosophie ionienne accomplit un rôle brillant et
utile parmi les sectes antiques. Ce qui depuis,
grâce à la méthode expérimentale, a été pré-
cisé et démontré, elle l'avait, en une certaine
mesure, pressenti et entrevu, éclairée sans
doute par une de ces étincelles qui précèdent
parfois de bien long-temps l'apparition d'une
vive lumière. A ce titre, Thalès, Anaximandre, Anaximène, Héraclite, Anaxagore, furent,

dans le monde antique, les dignes précurseurs des Galilée, des Copernic, des Newton, des Huyghens, des Herschel. Les traditions de la philosophie naturelle se transmirent des Ioniens à Aristote et à Straton, de ceux-ci à Épicure, d'Épicure à Lucrèce, de Lucrèce à Albert-le-Grand, à Roger Bâcon, à Télésio, à Paracelse. Une chaîne non interrompue d'astronomes, de physiciens, de naturalistes, unit ainsi à travers les siècles les illustrations de nos âges modernes avec les vieux sages de l'Ionie, et les uns et les autres sont aux diverses époques de l'humanité les grands représentants de la philosophie naturelle, comme Pythagore, Platon, Zénon, Anselme, saint Thomas, Locke, Leibnitz, Kant et Reid, le sont de la philosophie morale.

CHAPITRE II.

THALÈS.

Eusèbe, en sa Préparation évangélique [1], nous apprend que parmi les historiens, les uns assignaient la Phénicie pour patrie à Thalès, les autres la ville de Milet en Ionie. Ainsi, les témoignages ne s'accordent guère entre eux en ce qui concerne l'origine du père de la philosophie ionienne. Suivant Hérodote et Platon, suivant aussi Démocrite dans Diogène de Laërte, Thalès naquit en Phénicie, où il eut

---

[1] L. X. C. IV. ὡς τινες ἱστοροῦσι, φοίνιξ ἦν, ὡς δὲ τινες, Μιλήσιος.

poür père Examius et pour mère Cléobuline,
tous deux de la famille des Thélides, la plus
noble de la contrée, issue qu'elle était de
Cadmüs et d'Agénor. Plus tard, ayant quitté
la Phénicie, il vint à Milet, en Ionie, où il
reçut le droit de cité. D'autres historiens, au
rapport de Diogène de Laërte, veulent que
Thalès ait pris naissance à Milet. L'histoire ou
la biographie ne produisent aucune preuve
qui soit de nature à décider péremptoirement
cette question. Mais, en l'absence de preuve
positive, l'opinion de Platon, qui, durant toute
sa vie philosophique, soit comme disciple de
Socrate, soit comme fondateur de l'Académie,
fut en rapport avec plusieurs philosophes ou
sophistes venus d'Ionie, et sur-tout l'opinion
d'Hérodote et de Démocrite qui tous deux
furent, à quelques années près, les contemporains de Thalès, nous paraît d'une toute
autre valeur que celle d'historiens ou biographes que Diogène de Laërte ne désigne
même pas nominativement. Né donc, suivant
toutes probabilités, en Phénicie, puis établi à
Milet où son droit de cité, joint aux puissantes

relations qu'y avait contractées sa famille,
pouvait l'appeler à des fonctions politiques.,
Thalès renonça, jeune encore, aux affaires
publiques pour passer dans une solitude mé-
ditative des jours qu'il voulut consacrer exclusivement à la science. L'histoire ne mentionne
qu'une seule circonstance dans laquelle il soit
sorti de cette indifférence politique. Le roi
de Lydie, Crésus, dans la prévision de la redoutable lutte qu'il allait avoir à soutenir
contre Cyrus, roi des Perses et des Mèdes,
cherchait à attirer la ville de Milet en son alliance. Thalès conseilla à ses concitoyens de
s'y refuser, et cet avis suivi par les Milésiens,
devint le salut de la ville après la victoire de
Cyrus [1]. Avant que commençât cette lutte décisive, qui devait avoir pour résultat la chute
de l'antique empire de Lydie et la conquête
de l'Asie par la puissance persane, Thalès,
dont la renommée scientifique avait déjà
franchi les limites de l'Ionie, paraît avoir été
consulté par Crésus sur les moyens de lever

[1] Diogène de Laërte.

certains obstacles que la nature du sol op-
posait à ses plans, soit d'invasion, soit de défense; car Diogène de Laërte rapporte une
opinion d'après laquelle Thalès avait promis à
Crésus de lui faire traverser le fleuve Halys
sans pont, c'est-à-dire en changeant le cours
de ses eaux, moyen analogue à celui que Cyrus
devait quelques années plus tard employer
pour se rendre maître de Babylone [1]. Tandis
qu'un grand empire s'écroulait, et qu'un autre
s'élevait, qui devait bientôt asservir les colonies
grecques d'Asie-Mineure, et plus tard, sous
Darius et sous Xerxès, menacer la Grèce continentale, Thalès, tout entier à ses recherches
scientifiques, fondait l'astronomie, et recevait
le surnom de Sage, que devaient bientôt partager avec lui Solon, Bias, Pittacus et d'autres
philosophes, mais qui fut d'abord décerné
à Thalès, sous l'archontat de Damasius à
Athènes, ainsi que le rapporte Démétrius de
Phalère en sa chronologie des Archontes [2].

---

[1] On sait que Cyrus ne parvint à prendre Babylone
qu'après avoir détourné les eaux de l'Euphrate.

[2] Diog. de Laër.

C'est probablement à cette même époque qu'il faut rattacher un fait raconté par Diogène de Laërte, et qualifié par lui d'indubitable (φάνερον). Des jeunes gens de Milet achetèrent à des pêcheurs un trépied que ceux-ci avaient trouvé dans leurs filets. Une querelle s'étant élevée ultérieurement sur la possession du trépied, ne s'apaisa que lorsque les Milésiens eurent fait porter le trépied à Delphes, où leur envoyé reçut de l'oracle la réponse suivante : « Enfant « de Milet, tu interroges Phébus sur ce qu'il « faut faire d'un trépied. Qu'il soit donné à « celui qui est le premier de tous par la sa- « gesse. » Cette réponse ayant été rapportée à Milet, le trépied fut adjugé à Thalès, qui le donna à un autre sage, celui-ci à un autre encore, jusqu'à ce qu'il arriva aux mains de Solon qui, jugeant que Phébus lui-même était le premier de tous par la sagesse, envoya le trépied à Delphes.

Après une longue existence, écoulée en partie dans les voyages, et tout entière dans les travaux scientifiques, Thalès termina ses jours à Milet. Diogène de Laërte rapporte

qu'une nuit qu'il était sorti de chez lui pour
contempler les astres, il tomba dans une fosse,
et qu'une vieille qui l'accompagnait lui dit
à cette occasion : « Comment se fait-il, Tha-
« lès, que tu ne puisses voir ce qui est à tes
« pieds, toi qui aspires à connaître ce qui est
« au ciel? » Ce fut peut-être des suites de cet
accident que mourut Thalès, ainsi qu'il paraîtrait résulter d'une lettre d'Anaximène à
Pythagore, également rapportée par Diogène
de Laërte [1]. Toutefois, Diogène de Laërte
semble mentionner cet accident comme étant
resté tout-à-fait étranger à la mort du philosophe, puisqu'il dit en un autre endroit que
Thalès mourut en assistant à des exercices
gymnastiques, accablé tout à la fois par la
chaleur, par la soif et par son grand âge. Suivant le récit d'Apollodore, Thalès était âgé
d'environ soixante-dix ans quand il mourut.
D'après celui de Sosicrate, au contraire, il en
comptait environ quatre-vingt-douze. Tennemann, dans ses tables chronologiques, a

[1] Voir Diogène de Laërte, *Vie d'Anaximène.*

adopté, en ce qui concerne l'époque de la mort de Thalès, l'opinion de Sosicrate, qui la rapporte à la première année de la cinquante-huitième olympiade (548 avant l'ère chrétienne), et, en ce qui concerne l'époque de la naissance de ce philosophe, l'opinion tout à la fois de Sosicrate et d'Apollodore qui s'accordent à la rapporter à la première année de la trente-cinquième olympiade (640 avant l'ère chrétienne), ce qui donne à la vie de ce philosophe une durée de quatre-vingt-douze ans.

Une grande incertitude et une extrême difficulté de solution s'attache à la question de savoir si Thalès, dans le cours de ses longs travaux scientifiques, avait écrit quelque traité soit sur l'ensemble des questions qu'il embrassa, soit sur quelqu'une de ces questions. Diogène de Laërte rapporte une opinion de Lobon d'Argos, d'après laquelle on pourrait porter à deux cents vers ce que Thalès avait écrit, τὰ δὲ γεγράμμενα ὑπ'αὐτόν φησι Λόβων ὁ Ἀργεῖος εἰς ἔπη τείνειν διακόσια. Le même historien ajoute que, suivant d'autres opinions, Thalès n'aurait écrit que deux petits traités, δύο μόνα συνέγραψε, l'un sur la conversion des astres, l'autre sur l'équinoxe. Enfin, Diogène dit encore que, s'il faut en croire d'autres sentiments, Thalès ne laissa aucun écrit, συγγραμμα κατελιπιν ουδιν, et que c'est à Phocus de Samos qu'appartient l'*Astrologie nautique* que l'on avait coutume d'attribuer à Thalès. C'est un point qu'il nous paraît impossible de résoudre rigoureusement, et nous nous bornons à reproduire ici, d'après Diogène de Laërte, les diverses opinions émises à cet égard.

A l'époque à laquelle parut Thalès, le développement poétique avait commencé pour la Grèce, et s'était opéré déjà en une certaine mesure. Il était réservé au philosophe de Milet d'ouvrir l'ère du développement scientifique. « Il fut, dit Eusèbe [1], le père de la philosophie et le fondateur de la secte ionienne;» δοκεῖ ἀρξαι τῆς φιλοσοφίας, καὶ ἀπὸ αὐτου ἡ Ιονικη αἱρεσις προσηγορευθη. Au rapport de Diogène de Laërte, c'était une opinion généralement accréditée, que Thalès avait le premier approfondi et pénétré les mystères de l'astronomie. Timon,

[1] *Præparatio evangelica*, L. XIV, C. 14.

dans ses *Silles*, le proclame tout à la fois l'un
des sept Sages et un savant astronome, οἴην
θ'ἕπτα θαλνθα σόφων σοφον ἀστρονομημα, et Lobon d'Argos cite une inscription placée sous son image,
et dans laquelle Thalès est dit le premier des
astronomes, ἀστρολόγων πάντων πρέσβυτατον σαφίκ.
Eudème, en son histoire de l'astronomie, dit
que Thalès fut le premier qui prédit les éclipses, étudia le cours du soleil, et détermina les
époques où cet astre entre dans les tropiques,
et que c'est là ce qui lui valut l'admiration de
Xénophane et d'Hérodote. Héraclite et Démocrite, dans Diogène de Laërte, rendent le
même témoignage qu'Eudème. Hérodote raconte que Thalès avait prédit aux Ioniens
cette fameuse éclipse qui sépara les armées
des Mèdes et des Lydiens, commandées l'une
par Cyaxare, l'autre par Alyatte. En calculant
la marche du soleil, et son passage d'un tro-
pique à l'autre, Thalès dut être amené à déterminer les limites de l'année et du mois; et
c'est ce qui résulte encore d'un passage de
Diogène de Laërte, où il est dit que Thalès fut
le premier qui détermina la succession des

saisons ainsi que la durée de l'année, et qui
fixa à trois cent soixante-cinq le nombre des
jours de l'année, et à trente le nombre des jours
de chaque mois. Il paraît aussi avoir essayé,
par les procédés imparfaits dont il pouvait disposer, de calculer la grandeur du soleil comparativement à celle de la lune, et avoir estimé
que le second de ces deux astres est la sept-
cent-vingtième partie du premier, πρὸς τὸ τοῦ
ἡλίου μέγεθος τὸ τοῦ σελμναίου ἑπτακοσίοστον καὶ εἴκαστον
ἀπεφήνατο κατά τινας [1]. Tels paraissent avoir été les
principaux travaux de Thalès en astronomie.
Il est présumable, au reste, qu'avant l'apparition de Thalès, bien des essais scientifiques
eurent lieu, dont l'histoire n'a pas conservé
le souvenir, et qui durent lui servir de point
de départ. Il n'est pas non plus sans probabilité, et telle paraît être l'opinion du savant
Bailly, que, dès avant Thalès, certaines traditions astronomiques, telles que des tables,
ou des cycles lunaires, étaient venues d'Égypte

[1] Diog. Laërt. — Nous nous servons ici de la leçon proposée par Casaubon, de préférence à la leçon vulgaire
πρωτης τὸ τοῦ ἡλίου...., qui n'offre aucun sens.

en Ionie, et que Thalès sut mieux s'en servir
que ses devanciers et ses contemporains. Il ne
faudrait pourtant pas aller jusqu'à prétendre,
ainsi que l'ont fait quelques historiens anciens,
et plus près de nos jours le savant Veidler,
que les découvertes qui viennent d'être mentionnées furent moins dues au génie de Thalès
qu'aux révélations qu'il pouvait, dans ses
voyages, avoir recueillies en Crète et en Égypte.
Car à l'époque de Thalès (600 avant l'ère chrétienne), les sciences astronomiques étaient
déjà très avancées en Égypte, et si les travaux
de Thalès n'eussent été qu'un emprunt fait
aux prêtres Égyptiens, ils eussent été marqués
d'un caractère de précision dont on les trouve
dénués. Ainsi, par exemple, tout en déterminant la longueur de l'année, Thalès ne sut
pas le faire d'une manière assez précise pour
que sa découverte reçût une application immédiate, et il fallut que plus tard Cléostrate,
apportant plus de rigueur dans ses calculs,
introduisît l'usage du calendrier. Ainsi encore,
en essayant d'apprécier la grosseur relative du
soleil et de la lune, Thalès tomba en des er-

reurs de calcul que les prêtres égyptiens n'eussent probablement pas commises. Ainsi enfin, dans sa prédiction de la fameuse éclipse qui sépara les armées des Mèdes et des Lydiens, Thalès n'avait apporté que des indications assez vagues, puisqu'il n'annonçait ni le jour, ni même le mois, mais seulement l'année, ainsi que le prouve le témoignage d'Hérodote, du texte duquel il résulte que les Grecs n'avaient encore à cette époque aucun mot pour désigner le phénomène de l'éclipse [1]. Or, pense-t-on que si Thalès avait dû aux révélations des prêtres d'Égypte le procédé qui lui servait à calculer les éclipses, il n'eût pas déterminé avec plus de précision l'époque du phénomène qu'il annonçait? D'autres raisons encore nous portent à croire à l'originalité des travaux astronomiques de Thalès. Ce philosophe, au rapport de Jamblique et de Plutar-

---

[1] Voici le passage d'Hérodote : « Le combat étant engagé, « la nuit prit la place du jour. Ce changement du jour en « nuit avait été prédit aux Ioniens par Thalès, qui avait fixé « pour terme à ce phénomène l'année où il eut lieu effective- « ment. »

que, n'alla en Égypte que dans un âge assez
avancé. Or, plusieurs savants, et entre autres
le jésuite Pétau, rapportent l'éclipse dont il
vient d'être fait mention, à la quarante-qua-
trième année de Thalès, ce qui est loin d'être
un âge avancé, sur-tout pour Thalès, qui
vécut quatre-vingt-dix ans. Il est donc très
vraisemblable que Thalès ne dut qu'à ses seules
recherches, aidées des travaux très imparfaits
de ses devanciers et peut-être aussi de quelques traditions scientifiques venues d'Égypte
en Ionie, la prédiction qu'il fit de l'éclipse
mentionnée, et ses autres connaissances en
astronomie.

En même temps qu'il se livrait à de labo-
rieuses études sur l'astronomie, science dont
il fut en Grèce le fondateur, Thalès fut le premier qui s'occupa de recherches cosmogoniques. Il considère les êtres matériels, quels
qu'ils soient, comme provenus tous du développement d'un principe unique. Ce principe
matériel, cette substance primordiale, cet
élément générateur de tous les êtres, c'est
l'eau. « Les premiers philosophes, dit Ari-

« stote [1], ont cherché dans la matière le prin-
« cipe de toutes choses. Car ce dont toute
« chose est, d'où provient toute génération,
« et où aboutit toute destruction, l'essence
« restant la même, et ne faisant que changer
« d'accidents, voilà ce qu'ils appellent l'élé-
« ment et le principe des êtres, et pour cette
« raison ils pensent que rien ne naît et que
« rien ne périt, puisque cette matière subsiste
« toujours..... . Il doit y avoir une certaine
« nature, unique ou multiple, d'où viennent
« toutes choses, celle-là subsistant la même.
« Quant au nombre et à l'espèce de ces élé-
« ments, on ne s'accorde pas. Thalès, le fon-
« dateur de cette manière de philosopher,
« prend l'eau pour principe, et voilà pourquoi
« il a prétendu que la terre reposait sur l'eau,
« amené probablement à cette opinion, parce
« qu'il avait observé que l'humide est l'élé-
« ment de tous les êtres, et que la chaleur
« elle-même vient de l'humide et en vit. Or,
« ce dont viennent les choses, est leur prin-

---

[1] *Métaph.* 1, 3, trad. de M. Cousin.

« cipe. C'est de là qu'il tire sa doctrine, et
« aussi de ce que les germes de toutes choses
« sont de leur nature humides, et que l'eau
« est le principe des choses humides. » Diogène
de Laërte confirme en ce point le témoignage
d'Aristote : ἀρχὴν τῶν πάντων ὕδωρ ὑπεστήσατο. Cicéron rend le même témoignage : « *Thales*
« *Milesius, qui primus de talibus rebus quæsi-*
« *vit, aquam dixit esse initium rerum* [1]. » Enfin, Eusèbe (*Præp. evang.*) parle absolument
dans le même sens. « Thalès, dit-il, passe
pour être le premier qui posa l'eau comme
principe des choses, en disant que tout en
vient, que tout y retourne, ἀρχὴν τῶν ὅλων θαλησα
ὑποστησασθαι τὸ ὕδωρ. ἐξ αὐτοῦ γὰρ εἶναι τὰ πάντα, καὶ
εἰς αὐτὸ χώρειν. (L. I, c. 8). » Maintenant, cette
opinion appartient-elle originellement à Thalès, ou lui était-elle antérieure? Écoutons encore
ici Aristote : « Plusieurs pensent, dit-il, que
« dès la plus haute antiquité, bien avant no-
« tre époque, les premiers théologiens ont
« eu cette même opinion sur la nature. Car

[1] *De nat. Deor.*, L. I.

« ils avaient fait l'Océan et Thétys auteurs
« de tous les phénomènes de ce monde, et
« ils montrent les Dieux jurant par l'eau, que
« lespoètes appellent le Styx. En effet, ce qu'il
« y a de plus ancien est ce qu'il y a de plus
« saint; et ce qu'il y a de plus saint, c'est le
« serment. Y a-t-il réellement un système
« physique dans cette vieille et antique opi-
« nion? C'est ce dont on pourrait douter.
« Mais, pour Thalès, on dit que telle fut sa
« doctrine. » Les poètes aussi avaient parlé
dans le même sens que les théologiens, et
Homère, qui probablement avait recueilli les
vieilles traditions sacerdotales de l'Ionie, avait
dit au quatrième chant de son *Iliade* : ὠκἰανόν
τέ θεῶν γίνεσιν καὶ μήτερα θηθῦν. Ainsi, le système
cosmogonique de Thalès n'avait rien que de
conforme aux traditions sacerdotales et poétiques. Et, si l'on en croit Strabon [1], cette doctrine de l'eau admise comme principe de toutes
choses n'était autre que celle de plusieurs
philosophes indiens, qui prétendaient que

[1] L. XV.

l'eau, simple et homogène en toutes ses parties, pouvait recevoir une infinité de formes
différentes, et par-là devenir la matière des
corps les plus opposés. Quant à la valeur in-
trinsèque du système cosmogonique de Thalès, il n'est pas besoin de faire observer que
le principe fondamental en ce système, ὕδωρ
ἀρχὴ, était purement hypothétique, et résultait des conjectures de l'imagination plutôt
que des recherches d'une observation sérieusement scientifique. Toutefois, comme une
hypothèse, quelque hasardée qu'elle soit, est
toujours fondée sur quelques faits, il serait
curieux de connaître quelles observations ont
pu conduire Thalès à l'adoption de son principe. Voici la raison qu'en donne Eusèbe : En
« disant que tout vient de l'eau et que tout y
« retourne, Thalès se fondait sur un triple fait :
« en premier lieu, sur ce qu'il avait observé
« que la semence génératrice de tous les ani-
« maux est liquide; d'où il conjecture que
« l'élément humide a dû être le principe de
« toutes choses. En second lieu, l'eau est
« l'aliment des végétaux; c'est à l'eau qu'ils

« doivent leur propriété de porter des fruits,
« et quand ils en sont privés, ils se dessèchent.
« En troisième lieu, le feu lui-même, le feu
« du soleil et des astres, se nourrit de l'évapo-
« ration des eaux [1]. » C'est aussi l'opinion
d'Aristote : « Il avait remarqué, dit-il, que
« l'humide est l'élément de tous les êtres, et
« que les germes de toutes choses sont de leur
« nature humides [2]. Peut-être encore cette
opinion lui avait-elle été suggérée par la facilité de transformation avec laquelle l'eau passe
de l'état liquide à l'état aériforme moyennant
une élévation de température, et à l'état so-

---

[1] Ἐξ ὕδατός δέ φησι (Θαλῆς) πάντα εἶναι, και εἰς ὕδωρ
πάντα αναλυεσθαι. στοχάζεται δὲ ἐκ τούτου, πρῶτον, ὅτι
πάντων ζώων ή γόνη ἀρχή ἐστι, ὑγρὰ οὖσα· οὕτως εἰκός
και τὰ πάντα ἐξ ὑγροῦ τὴν ἀρχὴν ἔχειν. δεύτερον, ὅτι πάντα
τὰ φυτὰ ὑγρῷ τρέφεταί τε καὶ καρπόφορει, ἀμοιρούμενα δὲ
ξηραίνεται. τρίτον δὲ, ὅτι τὸ αὐτὸ και πῦρ και τοῦ ἡλίου και
τῶν ἀστρῶν ταῖς τῶν ὑδάτων ἀναθυμιάσεσι τρέφεται. (Eusèbe, *Præp. evang.*, L. XIV, C. 14.)

[2] Διὰ τι δὴ τοῦτο τὴν ὑπόληψιν λαβὼν ταύτην (Θαλῆς),
και διὰ τὸ πάντων τὰ σπέρματα τὴν φύσιν ὑγραν ἔχειν
Arist. *Métaph.*, L. I, C. 3.

lide moyennant un refroidissement? Il est
probable que toutes ces observations réunies
avaient amené Thalès à poser ce principe fondamental de sa cosmogonie, ὕδωρ ἄρχη, ce qui
signifie que l'eau est le principe de toutes
choses, l'élément générateur des êtres. Dans
la distribution générale des choses, le feu occupe la région supérieure; l'air une région
moins élevée; la terre une portion de l'espace
moins élevée encore; l'eau la région inférieure;
de telle sorte qu'elle sert ainsi de base à tout
le reste. Thalès considère la terre comme reposant de toutes parts sur l'eau, et Aristote
l'atteste formellement, lorsque dans son traité
du Ciel[1], il dit que certains philosophes envisa-
gent la terre comme reposant sur l'eau; que
c'est là une très ancienne opinion, et qu'on
l'attribue à Thalès de Milet, « ἀρχαιότατον λόγον,
ὅν φασιν εἴπειν Θαλὴν τὸν Μιλήσιον. »

Il reste maintenant à rechercher comment
et en vertu de quelle puissance, suivant Thalès, dut s'opérer cette transformation de l'eau,

[1] L. II, C. 12.

élément générateur, en tout ce qui existe.
Cette transformation eut-elle lieu par le simple effet d'un mouvement nécessaire inhérent
à la matière, ou par l'intervention d'une puissance motrice et ordonnatrice, distincte de
la matière, ou enfin en vertu de l'activité d'une
sorte d'ame du monde, mêlée à l'ensemble
des choses? C'est ce qu'il s'agit de déterminer.

Les divers sentiments des philosophes sur
la question qui nous occupe ici, ne sont point
aisés à concilier entre eux. Et d'abord, l'historien de la philosophie ancienne, Diogène de
Laërte, ne paraît pas d'accord avec lui-même
à cet égard. Car, d'un côté, dans sa biographie de Thalès, il mentionne comme vulgairement attribués à ce philosophe des apophtegmes tels que ceux-ci : «Dieu est le plus
« ancien des êtres, car il est inengendré. »
« Le monde est admirable, car il est l'œuvre
« de Dieu. » Et, d'autre part, dans la vie
d'Anaxagore, le même Diogène dit en propres
termes : « Le premier (Anaxagore) il recon-
« nut à côté de la matière une intelligence.
« Tout était confondu ; l'esprit vint, et l'ordre

« régna. » Or, si Anaxagore fut *le premier* qui
reconnut un Dieu, Thalès, qui lui est antérieur, n'avait donc point émis cette opinion.
Cicéron, qui fait assez fréquemment mention
de Thalès en ses œuvres philosophiques, ne
tombe point en de moins graves contradictions à cet égard. Tantôt, il semble le faire
participant des croyances communes du
polythéisme, ou peut-être même partisan
d'une sorte de panthéisme philosophique,
lorsque, par exemple, il dit, au second
livre des *Lois* : « *Thales qui sapientissi-*
« *mos inter septem fuit homines, existimat*
« *Deos omnia cernere, omnia Deorum esse*
« *plena.* » Tantôt, il semble l'assimiler à
Anaxagore et à Platon, en lui faisant dire
qu'il y a un Dieu ordonnateur de la matière :
« *Thales milesius, qui primus de talibus re-*
« *bus quæsivit, aquam dixit initium rerum;*
« *Deum autem qui ex aquâ cuncta finge-*
« *ret* [1]. » Tantôt, enfin, démentant lui-même
ses deux premières assertions, et sur-tout la

---

[1] *De nat. Deor. L. I.*

seconde, il attribue à Anaxagore la première idée philosophique d'un être ordonnateur de la matière : « *Anaxagoras* PRIMUS *omnium re-* « *rum descriptionem et modum mentis infi-* « *nitæ vi ac ratione designari voluit.* » Voilà certes des assertions bien évidemment contradictoires les unes aux autres. Si donc nous n'avions pour nous guider en cette matière que le témoignage de Diogène et celui de Cicéron, le doute serait le seul parti que nous pussions adopter ; car les divers passages de Diogène, que nous avons cités plus haut, se neutralisent réciproquement, et il en est absolument de même des divers passages de Cicéron qui viennent d'être mentionnés. Heureusement, il reste comme ressource à la critique un passage d'Aristote, qui nous paraît de nature à pouvoir décider la question dans un sens entièrement opposé à l'opinion qui prétend attribuer à Thalès une doctrine théistique. Aristote, sans dire explicitement que Thalès n'admit pas l'intervention d'une intelligence dans l'arrangement de la matière, l'affirme au moins implicitement en disant qu'Anaxagore fut le premier qui reconnut cette intervention. « Quand un homme (dit-il) « vint annoncer qu'il y avait dans la nature « comme dans les animaux une intelligence « qui est la cause de l'arrangement et de l'or- « dre de l'univers, cet homme parut seul « avoir conservé sa raison au milieu des folies « de ses devanciers. Or, nous savons avec « certitude qu'Anaxagore entra le premier dans « ce point de vue [1]. » Or, si Anaxagore fut le premier, Thalès, qui lui est antérieur, n'avait donc rien avancé de semblable. Il n'y a donc aucun caractère de théisme dans la doctrine de Thalès.

Est-ce à dire que la philosophie de Thalès fut athéiste? C'est une opinion que, pour notre part, nous n'oserions adopter. Il nous paraîtrait difficile de concilier cet athéisme avec les textes précédemment cités de Diogène de Laërte et de Cicéron, où Thalès est mentionné comme ayant parlé de Dieu ou des Dieux. La doctrine de Thalès ne nous paraît donc pas

[1] *Métaph.* L. I. c. 3.

marquée du caractère de l'athéisme ; nous la croyons bïen plutôt panthéiste , et nous basons cette opinion sur plusieurs passages de Cicéron , de Diogène et d'Aristote. « *Thales* « *existimat omnia Deorum esse plena*» , dit Cicéron[1]. De son côté, Dïogène de Laërte lui prête la même pensée, en citant comme lui étant vulgairement attribué , cet apophtegme, que *le monde est animé et plein de Dieux* , τον κόσμον ἐμψυχον εἶναι και δαιμονίων πλήρη. Il lui attribue encore cette autre pensée, qu'*il y a une ame répandue partout , et même dans les choses qui nous paraissent inanimées ,* opinion fondée sur certains phénomènes observés dans certains corps, tels que l'ambre et l'aimant[2]. Aristote, de son côté, en son traité *de l'Ame,* s'exprime ainsi : «Thalès paraît prêter à l'ame une vertu « motrice, en disant que l'aimant est animé, « puisqu'il attire le fer[3]» ; et , dans un autre

---

[1] *De Legib.* L. 2.

[2] Αριστοτέλης δὲ και Ιππίας φασιν αὐτὸν και τοῖς ἀψύχοις μεταδιδόναι ψυχὰς, τεκμαιρούμενον ἐκ τῆς μαγνήτιδος και τοῦ ἠλέκτρου (Diog. de L. *Vie de Thalès*).

[3] *De animâ*, L. 1, C. 22.

endroit de ce même traité [1], ne s'énonce-t-il
pas plus formellement encore quand il dit :
« Il y a des philosophes qui pensent que l'ame
« est mêlée à l'ensemble des choses (ἐν τῷ ὅλῳ
« ψύχην μεμίχθαι), d'où quelques-uns, et en-
« tre autres Thalès, ont pensé que l'univers est
« plein de Dieux (πάντα πλήρη Θεων εἶναι)? Or,
une doctrine dans laquelle l'ame est envisagée
comme *mêlée à l'ensemble des choses*, ne pos-
sède-t-elle pas tous les caractères du panthéisme? Ce n'est donc ni l'athéisme, ni le théisme,
ni le polythéisme, c'est le panthéisme qui fait
le fond de la doctrine de Thalès. Et hâtons-
nous d'ajouter que ce caractère s'explique à
merveille dans une doctrine qui, comme celle
de Thalès, se produit au début et à l'origine
de la science. En effet, dans la question de la
constitution de l'univers, un système peut
offrir l'un des caractères suivants : ou tout expliquer par l'action de lois fatales présidant au
développement et à l'arrangement des choses,
comme dans la doctrine de Leucippe, Démo-

---

[1] *De animâ*, L. 1, C. 5.

crite, Épicure; ou admettre plusieurs Dieux,
ayant chacun leur rôle et leur office dans l'organisation et la conservation du monde,
comme dans les croyances vulgaires du polythéisme; ou reconnaître un Dieu unique, tout
à la fois créateur et ordonnateur de la matière
comme dans la théologie chrétienne; ou admettre un Dieu non créateur, mais simplement moteur et ordonnateur, et parfaitement
distinct de la matière, comme dans la doctrine
d'Anaxagore, de Socrate, de Platon; ou enfin
admettre un Dieu et un monde ne faisant
qu'un seul et même tout; en d'autres termes,
reconnaître une sorte d'ame du monde, infuse
et répandue dans toutes les parties de l'ensemble, ἐν τῷ ὅλῳ ψύχην μεμιγμένην, suivant l'expression d'Aristote. Telles nous paraissent
toutes les opinions possibles sur la question
dont il s'agit. Or, parmi ces opinions, celle
qui eût admis une pluralité de Dieux à
chacun desquels une mission spéciale appartiendrait dans l'organisation et la conservation de l'univers eût été peu scientifique.
Une telle solution pouvait satisfaire les in-

telligences vulgaires, mais devait être répu-
diée par la philosophie. D'un autre côté, l'a-
théisme ne pouvait s'ériger en système au
début de la science ; et bien moins encore ce
théisme qui consiste à reconnaître un Dieu
non-seulement distinct de la matière, mais
encore créateur. Ce dernier point de vue philosophique ne devait sortir que d'une réaction
du spiritualisme contre la doctrine adverse ;
aussi, ne commence-t-il à poindre qu'après
que le christianisme est venu s'asseoir sur les
débris des philosophies et des cultes anciens.
Quant à cet autre théisme qui consiste à
admettre un Dieu distinct du monde, à la
vérité, mais seulement ordonnateur et non
créateur de la matière, il impliquait une
distinction qu'il n'était pas aisé à la science
de faire à son début, et sa nature même
et ses caractères essentiels le condamnaient
à ne pouvoir surgir à la naissance de la philosophie, et à être le résultat d'un progrès.
Reste donc le panthéisme, c'est-à-dire la doctrine de l'ame du monde, infuse et répandue
dans toutes les parties de l'ensemble. Or,

cette doctrine, en raison de sa simplicité et
de l'analogie qu'elle peut offrir avec la notion
que l'homme a de son propre être, composé
de corps et d'esprit dans une étroite association et une harmonique unité, cette doctrine,
dis-je, devait naturellement se présenter et se
faire accepter à l'origine de la philosophie. Le
panthéisme donc dut être le premier mot de
la science. Non-seulement il dut l'être, mais
encore il le fut; car nous avons montré par des
preuves que nous osons croire décisives, que
telle fut la doctrine de Thalès. S'il dut l'être
et qu'en réalité il le fut, il y a concordance entre le raisonnement et les données de l'expérience, et le fait confirme la loi.

Indépendamment de ses travaux dans l'ordre de la philosophie naturelle, Thalès, anticipant en ceci sur les philosophes pythagoriciens, dirigea encore ses investigations vers la
solution d'un certain nombre de problèmes
géométriques. Au rapport de Diogène de
Laërte, Pamphile avait écrit que Thalès avait
découvert le moyen d'inscrire au cercle un
triangle rectangle , πρῶτον καταγράψαι κύκλου τό

τρίγωνον ὀρθογώνιον. **Mais au récit de Pamphile,**
Diogène de Laërte ajoute immédiatement celui d'Apollodore qui attribue cette même découverte à Pythagore. Ce qui paraît plus certain, c'est que Thalès ajouta aux découvertes
d'Euphorbe le Phrygien qui, au rapport de
Callimaque, dans Diogène de Laërte, avait
inventé un certain nombre de figures géométriques. Enfin, au rapport d'Hiéronyme de
Rhodes, dans le même Diogène, il trouva
dans certains procédés géométriques le moyen
de mesurer la hauteur des pyramides; et ce
fut, dit Hiéronyme, en mesurant leurs ombres,
moyen très simple et analogue aux procédés
de la géométrie moderne, qui résout ce problème par une simple proportion entre deux
triangles semblables. Tels paraissent avoir été
les travaux mathématiques de Thalès.

Terminons cette monographie par la citation de quelques maximes qui, au rapport de
Diogène de Laërte, étaient vulgairement attribuées à Thalès. Voici les principales, dans
l'ordre où Diogène les mentionne : « La
« sobriété de langage est l'indice d'un esprit

« sage. » —« Ce qu'il y a de plus ancien, c'est
« Dieu, car il est inengendré; ce qu'il y a de plus
« beau parmi les êtres, c'est le monde, car
« il est l'œuvre de Dieu; ce qu'il y a de plus
« grand, c'est l'espace, car il contient tout;
« ce qu'il a de plus rapide, c'est la pensée,
« car elle parcourt l'univers; de plus fort,
« c'est la nécessité, car elle surmonte tout;
« de plus sage, c'est le temps, car il découvre
« tout. » — Il disait que la mort ne diffère
en rien de la vie. Et comme on lui demandait
pourquoi il ne se laissait pas mourir : « A quoi
bon, dit-il, puisqu'il n'y a nulle différence? »
— On lui demandait lequel des deux, du jour
ou de la nuit, avait précédé l'autre : « La nuit,
dit-il, précéda le premier jour. » — On lui demandait une autre fois si une mauvaise action
pouvait se dérober à la vue des dieux : « Pas
même une mauvaise pensée », répondit-il. —
« Qu'y a-t-il de difficile, lui fut-il demandé?
— C'est de se connaître soi-même. — Qu'y
a-t-il de facile? — De recevoir des conseils.
— Quest-ce que Dieu? — L'être qui n'a ni
commencement ni fin. — Qu'y a-t-il de rare?

— De voir un tyran arriver à la vieillesse ? —
De quelle façon est-il possible de supporter
plus aisément les coups de la fortune? — En
voyant ses ennemis encore plus malheureux.
—Quel est le moyen de vivre le plus conformément au bien et à la justice ? — C'est de nous
abstenir de ce que nous blâmons en autrui. —
Qu'est-ce qui constitue le bonheur ?—La santé
du corps, la richesse, les lumières de l'esprit. »
On cite encore de lui les préceptes suivants :
« Il faut également songer aux amis absents et
« aux amis présents. — Le bien consiste non
« dans les agréments qu'on peut donner au
« corps, mais dans la culture de l'esprit. —
« Gardez-vous d'acquérir des richesses par
« des moyens iniques. —Attendez de vos fils
« les mêmes procédés que vous avez eus pour
« vos parents. » Enfin, c'est à lui encore
qu'appartient ce précepte : *connais-toi toi-*
même; γνῶθι σεαυτον, qui fut inscrit sur le fronton
du temple de Delphes, et dont Socrate devait
faire un jour la base de sa révolution philosophique. Tels sont les apophtegmes mentionnés par Diogène de Laërte comme générale-

ment attribués à Thalès. Assurément ces apophtegmes ne constituent pas un corps de doctrine ; mais on y voit poindre quelques lueurs de cet esprit moral qui, dans une autre philosophie que celle dont Thalès fut le fondateur, dans l'école pythagoricienne, devait jeter un si brillant éclat, et acquérir, en Ionie même, un certain développement sous quelques successeurs de Thalès, et notamment sous Héraclite et Archélaüs.

CHAPITRE III.

ANAXIMANDRE.

L'HISTOIRE nous a conservé bien peu de détails biographiques sur Anaximandre. Né à Milet, comme Thalès, il eut pour père Praxiade. Apollodore l'Athénien dit en ses chroniques [1] que, la seconde année de la cinquante-huitième olympiade, Anaximandre avait accompli sa soixante-quatrième année, et qu'il mourut peu de temps après. Or, la seconde année de la cinquante-huitième olympiade équivalant à l'année 547 avant notre ère, il s'ensuit qu'A-

[1] Diogène de Laërte, *Vie d'Anaximandre.*

naximandre était né en 911 avant l'ère chrétienne, c'est-à-dire la seconde année de la quarante-deuxième olympiade. Le seul rôle politique qu'on lui attribue durant les soixante-quatre ans qu'il vécut, c'est d'avoir été chargé de conduire la colonie milésienne qui fonda la ville d'Apollonie sur les bords du Pont-Euxin.

Anaximandre, au rapport de Diogène de Laërte, avait écrit un exposé sommaire de ses travaux scientifiques, qui tomba plus tard en la possession de l'Athénien Apollodore. Nous n'avons plus cet exposé, et nous ne sachions même pas qu'il en subsiste aucun fragment. Mais si la connaissance directe des travaux d'Anaximandre nous manque absolument, les témoignages d'Aristote, de Simplicius, de Thémistius, de Sextus-Empiricus, de Diogène de Laërte, de Cicéron, de Plutarque, d'Eusèbe, peuvent au moins nous révéler les points fondamentaux de la doctrine de ce philosophe.

Le problème cosmogonique reçut d'Anaximandre une solution bien différente de celle que lui avait donnée Thalès. Anaximandre

ouvre la série des philosophes qui tentent d'expliquer la formation des choses, non par le
développement d'un nombre limité d'éléments, tels que l'eau, la terre, l'air, le feu,
pris soit isolément, soit collectivement, mais
par les transformations que durent subir les
diverses parties d'un tout constitué d'un nombre infini, ou tout au moins indéterminé, de
principes élémentaires. Nous avons à cet égard
des témoignages imposants tout à la fois par
leur précision et par leur nombre.

Sextus de Mytilène, dans le chapitre de ses
hypotyposes où il traite des principes matériels[1],
entreprend un rapide exposé des opinions des
dogmatiques sur ce point ; et dans l'énumération qu'il en donne, il mentionne Anaximandre comme ayant admis l'infini, ἄπειρον, à
titre de principe élémentaire.

Diogène de Laërte, en sa *Vie d'Anaximandre,* dit que ce philosophe regardait l'infini
comme premier principe des êtres, ἀρχὴν καὶ
στοιχεῖον τὸ ἄπειρον, sans déterminer particulière-

---

[1] L. III, C. 4.

ment aucun élément, ni l'air, ni l'eau, ni aucun autre.

Plutarque, en son *Exposé des Opinions des philosophes* [1], s'exprime en termes analogues : « Anaximandre de Milet dit que l'infini est le « principe des êtres ; que tout en est produit, « et que tout y retourne. Ἀναξίμανδρος ὁ Μιλήσιός « φησι τῶν ὄντων τὴν ἀρχὴν εἶναι τὸ ἄπειρον· ἐκ γοῦν « τούτου πάντα γίνεσθαι, καὶ εἰς τοῦτο πάντα φθείρεσθαι.

Eusèbe, en sa *Préparation évangélique* [2], reproduit littéralement ce passage de Plutarque ; et en un autre endroit du même traité [3], il s'énonce ainsi sur ce même point : « Anaxi-« mandre, ami de Thalès, dit que l'infini con-« tient aussi la cause première de toutes cho-« ses, quant à la génération et à la destruc-« tion. Ἀναξίμανδρον, Θάλητος ἑταῖρον γενόμενον, τὸ « ἄπειρον φάναι τὴν πᾶσαν αἰτίαν ἔχειν τῶν τοῦ παντός, « γενέσεως τε καὶ φθορᾶς.

Enfin Cicéron, en ses *Questions académi-*

[1] L. I, C. 3.
[2] L. XIV, C. 14.
[3] *Præp. evang.*, L. I, C. 8.

ques [1], dit en parlant d'Anaximandre : *Is infinitatem naturæ dixit esse à qua omnia gignerentur.*

L'ensemble de ces témoignages ne saurait laisser planer aucun doute sur le caractère de la donnée fondamentale de la cosmogonie d'Anaximandre. Pour ce philosophe, le principe des choses n'est ni l'eau, comme pour Thalès; ni la terre, comme pour Phérécyde; ni l'air, comme pour Anaximène et Diogène; ni le feu, comme pour Héraclite; ni l'eau et le feu, comme pour Archélaüs; mais bien l'*infini*, c'est-à-dire un ensemble d'éléments qu'il laisse indéterminés, quant à leur nombre et quant à leur nature.

Ce point de départ une fois admis, et nous le regardons comme à l'abri de toute contestation, recherchons comment, dans le système d'Anaximandre, cet infini, ἄπειρον, donnait lieu à l'existence de toutes choses.

Il ne s'agit pas ici de modifications successives, comme dans la doctrine de ceux qui, à l'exemple de Thalès, de Phérécyde, d'Anaxi-

[1] L. II.

mène et d'Héraclite, admettent un principe
unique, lequel, par l'action d'une puissance
qui lui est inhérente, s'est transformé en tout
ce qui existe. Non, tel n'est pas le système
d'Anaximandre. Ce qu'il appelle l'infini, ἄπειρον,
n'est autre chose, au rapport d'Aristote [1],
qu'une sorte de chaos primitif, en d'autres
termes, un mélange (μίγμα) d'un nombre
indéterminé de principes élémentaires. Eh
bien ! en vertu d'un mouvement nécessaire, il
s'est opéré entre les principes élémentaires,
dont l'ensemble ou plutôt la confusion constituait le chaos primitif, un dégagement qui a
eu pour résultat la séparation mutuelle d'éléments de nature similaire. Plusieurs passages
de Simplicius peuvent être invoqués pour établir incontestablement le point dont il s'agit.
« Ce n'est point, dit Simplicius [2], par la trans-
« formation d'un premier principe qu'Anaxi-
« mandre explique la génération des choses,
« mais bien par la séparation des contraires,
« grâce au mouvement éternel. Οὗτος δὲ οὐκ

[1] *Métaph.*, L. XII, C. 2.
[2] *Phys.*, fol. 6, b.

« ἀλλοιωμένου τοῦ στοιχείου τὴν γένεσιν ποιεῖ, ἀλλ'

« ἀποκρινομένων τῶν ἐναντίων διὰ τῆς ἀιδίου κινησέως. »

Et ailleurs [1] : « Théophraste estime qu'en ce
« point il y a conformité entre l'opinion d'A-
« naximandre et celle d'Anaxagore ; car ce
« philosophe dit qu'un dégagement s'étant
« opéré au sein de l'infini, les éléments de
« même nature se portèrent les uns vers les
« autres, et qu'ainsi, par l'agglomération de
« parcelles similaires, se constituèrent l'or, et
« la terre, et toutes les autres choses ; ce qui
« ne veut pas dire qu'elles arrivèrent à l'exi-
« stence, puisqu'elles existaient déjà dans
« leurs éléments. Καὶ ταύτά φησιν ὁ Θεοφράστος
« παραπλησίως τῷ Ἀναξιμάνδρῳ λέγειν τὸν Ἀναξαγόραν·
« ἐκεῖνος γάρ φησιν ἐν τῇ διακρίσει τοῦ ἀπείρου τα συγγίνη
« φέρεσθαι πρὸς ἄλληλα, καὶ ὅτι ἐν τῷ πάντι χρύσος ἦν
« γενέσθαι χρύσον, ὅτι δε γῆ γῆν, ὁμοίως δε καὶ τῶν
« ἄλλων ἑκάστον, ὡς οὐ γινομένων, ἀλλ' ὑπαρχόντων
« πρότερον [2].

Il résulte évidemment de ces différents textes
qu'Anaximandre suppose au sein de l'infini,

[1] *Phys.*, fol. 6, b.

[2] A ces deux textes de Simplicius, on peut joindre encore

un mouvement nécessaire qui eut pour effet de dégager les uns d'avec les autres les éléments de nature différente et de déterminer l'agrégation des principes similaires. C'est ainsi que s'opéra l'arrangement et l'organisation des diverses parties de la nature matérielle. Les astres, le ciel, la terre, ce nombre infini de mondes qui peuplent l'immensité de l'espace, tout résulta de ce travail de dégagement déterminé au sein du chaos primitif par la vertu d'un mouvement dont l'origine et la fin se perdent également dans l'éternité. Eusèbe, qui en sa *Préparation évangélique*, avait recueilli la tradition de la doctrine d'Anaximandre, nous décrit ainsi les phases successives de ce développement cosmique. « Anaxi« mandre (dit-il), pose l'infini comme principe « des choses et comme contenant en soi la « cause de toute génération et de toute des« truction. C'est du sein de l'infini qu'il prétend « que se dégagent les astres, les cieux et tous

ce passage de Saint-Augustin : *Non enim ex und re, sicut Thales, sed ex suis propriis principiis quasque res nasci putavit. (De Civit. D. VIII, 2.)*

« les mondes qui remplissent l'immensité. La

« génération et la destruction sont attribuées

« par lui à un mouvement circulaire et in-

« hérent à l'infinité des choses. Il dit que la

« terre est de forme cylindrique, et que sa pro-

« fondeur est le tiers de sa largeur. Il ajoute

« qu'un dégagement s'opéra, lors de la forma-

« tion de ce monde, entre les principes éternels

« du chaud et du froid, et qu'une sorte de

« sphère ignée se répandit autour de l'air qui

« enveloppe la terre, comme l'écorce autour de

« l'arbre. Qu'ensuite cette sphère s'étant rom-

« pue sur plusieurs points, et s'étant brisée en

« plusieurs fragments circulaires, il en résulta

« le soleil, la lune et les astres. Il dit encore que

« dans l'origine, l'homme naquit d'animaux

« d'une forme différente de la sienne. Ce qui

« avait fait naître en lui cette opinion, c'est

« qu'il avait remarqué que les autres animaux

« ne tardent pas à pourvoir eux-mêmes à leur

« subsistance, au lieu que l'homme a, pendant

« bien long-temps, besoin d'être nourri ;

« qu'ainsi dans l'origine il n'avait pu vivre

« sous la forme qui est aujourd'hui la sienne.

« Telle est la doctrine d'Anaximandre [1]. »
Un passage de Plutarque [2] sur la formation
des premiers animaux, peut venir compléter
la description retracée par Eusèbe. Les pre-

---

[1] Θαλῆτα πρῶτον πάντων φασιν ἀρχὴν τῶν ὅλων ὑποσ-
τήσασθαι τὸ ὕδωρ. ἐξ αὐτοῦ γὰρ εἶναι τὰ πάντα, καὶ εἰς
αὐτὸ χωρεῖν. μεθ' ὃν Ἀναξίμανδρον θάλητος ἑταῖρον γενόμενον,
τὸ ἄπειρον φάναι τὴν πᾶσαν αἰτίαν ἔχειν τῶν τοῦ παντὸς
γενέσεώς τε καὶ φθορᾶς. ἐξ οὗ δή φησι τούς τε οὐράνους
ἀποκεκρίσθαι καὶ καθόλου τοὺς ἅπαντας ἀπείρους ὄντας
κόσμους. Ἀπεφήνατο δὲ τὴν φθορὰν γίνεσθαι, καὶ πολὺ πρότερον τὴν γένεσιν, ἐξ ἀπείρου αἰῶνος ανακυκλουμένων ἀπάντων
αὐτῶν· ὑπάρχειν δέ φησι τῷ μὲν χήματι τὴν γῆν κυλιν-
δροειδῆ, ἔχειν δὲ τοσοῦτον βάθος ὅσον ἂν εἴη τρίτον πρὸς τὸ
πλάτος. φησὶ δὲ τὸ ἐκ τοῦ αἰδίου γόνιμον θερμοῦτε καὶ
ψυχροῦ, κατὰ τὴν γένεσιν τοῦδε τοῦ κόσμου ἀποκριθῆναι,
καί τινα ἐκ τούτου φλόγος σφαῖραν περιφυῆναι τῷ περὶ τὴν
γῆν ἄερι, ὡς τῷ δένδρῳ φλοίον. ἧς τινος ἀπορραγείσης, καὶ
εἰς τινας ἀποκλασθείσης κύκλους, ὑποστῆναι τὸν ἥλιον, καὶ
τὴν σελήνην, καὶ τοὺς ἀστέρας. Ἔτι φησὶν ὅτι κατ'ἀρχάς ἐξ
ἀλλοειδῶν ζώων ὁ ἀνθρώπος ἐγεννήθη· ἐκ τοῦ τὰ μὲν ἄλλα δι'
ἑαυτῶν ταχὺ νέμεσθαι, μόνον δὲ τὸν ἄνθρωπον πολυχρονίου
δεῖσθαι τιθηνήσεως. διὸ καὶ κατ'ἀρχὰς οὐκ ἂν ποτε τοιοῦτον
ὄντα διαζωθῆναι. Ταῦτα μὲν οὖν ὁ Ἀναξίμανδρος. (Eusèbe,
Præp. evang. L. I, C, 8.)

[2] Plut. *De placit.*, 5, 19.

miers animaux, dit Anaximandre, prirent
« naissance dans l'élément humide ; ils étaient
« recouverts d'une sorte d'écorce épineuse.
« Avec le temps, ils s'élevèrent vers une région
« plus sèche et leur écorce se brisa ; mais ils
« ne vécurent que peu de temps. Ἀναξίμανδρος
« ἐν ὑγρῷ γεννηθῆναι τὰ πρῶτα ζῶα, φλοιοῖς περιεχόμενα
« ἀκανθώδεσι· προβαινούσης δὲ τῆς ἡλικίας ἀποβαίνειν ἐπὶ
« τὸ ξηρότερον καὶ περιρηγνυμένου τοῦ φλοίου ἐπ᾽ ὀλίγον
« χρόνον μεταβιῶναι. » Maintenant, parmi ces premiers animaux, l'homme avait-il sa place ; et
s'il l'avait, était-ce sous sa forme actuelle? Le
passage d'Eusèbe, précédemment cité, résout
la question négativement; et ce passage trouve
sa confirmation dans un texte d'Origène, où
il est dit qu'Anaximandre jugeait que les hommes avaient existé d'abord sous la forme de
poissons, et qu'ils n'avaient habité la terre
que lorsqu'ils étaient devenus en état de se
pourvoir à eux-mêmes. « Ἐν ἰχθύσιν ἐγγενέσθαι
« πρῶτον ἀνθρώπους ἀποφαίνεται (Ἀναξίμανδρος). Καὶ
« τράφεντας ὥσπερει παιδια, καὶ γινομένους ἱκανοὺς αὑτοῖς
« βοηθεῖν, ἐκβληθῆναι τηνικαῦτα, καὶ γῆς λαβέσθαι [1] ».

---

[1] Orig., L. I.

Telles furent les tentatives d'Anaximandre pour expliquer l'origine et la formation des choses. Assurément son point de départ n'est pas celui de Thalès ; mais dans les développements de sa doctrine cosmogonique, se rencontrent quelques réminiscences du système de son devancier. Chez Anaximandre, comme chez Thalès, c'est dans le principe humide que prennent naissance les premiers animaux, ἐν ὑγρῷ γεννηθῆναι τὰ πρῶτα ζῶα [2]. Une conséquence directe de cette doctrine, c'est que, parmi ces premiers animaux, l'homme n'était pas encore. Aussi, Anaximandre le considère-t-il, au moins sous sa forme actuelle, comme un produit ultérieur, distinguant ainsi dans l'organisation de la nature, des phases successives dont chacune amenait avec elle un nouveau progrès. Anticipant à une distance de plus de deux mille ans sur les conjectures de la science moderne, le philosophe de Milet avait aussi, dans ce mystérieux passé où se perd l'origine des choses, entrevu une succession d'époques

---

[2] Plut. *De placit.*, 5, 19.

qui, à travers une série de formations de plus
en plus progressives, aboutissaient à celle de
l'homme, le maître et le roi de cette terre.
Quant aux raisons auxquelles Anaximandre
attribuait cette ultériorité, comme elles sont
relatées tout à la fois par Eusèbe et par Origène,
il faut bien croire qu'elles ont été réellement
apportées par Anaximandre. Toutefois, il est
peut-être permis aussi de supposer que l'ami
de Thalès, Θαλήτος κοινήτης, comme dit Eusèbe,
préparé par la doctrine de son maître à considérer la terre comme ayant été primitivement
une masse fangeuse, un mélange d'éléments
froids, humides et aqueux, n'a regardé l'apparition de l'homme, sous sa forme actuelle,
comme possible qu'après que l'action solaire
eut desséché cet immense marais, et que
d'autres causes encore, réunies à celle-là, eurent fait de la terre un séjour où l'homme pût
habiter, vivre et se nourrir.

De même que, dans la formation des choses,
certaines époques ont précédé l'apparition de
l'homme et la constitution de la masse terrestre telle qu'elle est aujourd'hui, de même aussi

d'autres époques cosmogoniques suivront, qui
amèneront avec elles de nouveaux caractères,
de nouvelles combinaisons, et probablement
d'autres races d'êtres vivants, ou tout au moins
de nouvelles transformations chez celles qui
existent. Anaximandre conçoit, en effet,
que l'action continue du mouvement éternel
doive amener dans l'univers une série indéfinie de *modifications,* lesquelles toutefois n'al-
tèrent pas la nature primitive du tout, mais
varient seulement la combinaison des parties
dont ce tout se compose, τὰ μὲν μέρη μεταϐάλλειν,
τό δὲ πᾶν ἀμεταϐλητόν εἶναι [1]. En vertu de cet éternel mouvement, il s'opère, au sein des éléments qui constituent l'infinité des choses, un
incessant travail de génération et de destruction, d'où résultent sans cesse de nouvelles
transformations de cet univers. C'est ce qu'é-
tablit le passage suivant de Simplicius [2] : « Ceux
« qui, comme Anaximandre, ont supposé un
« nombre infini de mondes, ont conjecturé

[1] Diog. Laert.
[2] *Phys,,* fol. 257, b.

« en même temps pour ces mondes une al-
« ternative éternelle de formation et de dis-
« solution. Οἱ μὲν γὰρ ἀπείρους τῷ πλήθει τοὺς κόσ-
« μους ὑποθέμενοι, ὡς οἱ περὶ Ἀναξίμανδρον, γινομένους
« αὐτοὺς καὶ φθειρομένους ὑπέθηντο ἐπ᾽ ἄπειρον. »

Une sorte de fatalité semble, dans le système
d'Anaximandre, présider au mouvement éternel qui agite la masse infinie ; et aux modifications successives, résultat de ce mouvement.
Nous ne trouvons chez Anaximandre ni l'action de ce νοῦς moteur et ordonnateur, de ce
Dieu distinct de la matière, et supérieur à elle,
que devait un jour concevoir Anaxagore, ni
même la présence de cette ame du monde,
que Thalès avait envisagée comme diffuse
dans toutes les parties de l'univers, et mêlée
à l'ensemble des choses matérielles, τῷ ὅλῳ
ψυχὴν μιγῆναι. Aussi, à la différence de la doctrine
d'Anaxagore, qui est fondée sur le théisme ; à
la différence de la doctrine de Thalès, qui repose sur le panthéisme ; la cosmogonie d'A-
naximandre porte tous les caractères de l'a-
théisme, ou si l'on voulait y voir du panthéisme, il faudrait bien reconnaître qu'il ne

peut s'agir ici que d'un panthéisme tout matérialiste, et entièrement opposé à celui de
Thalès, où se rencontrent des signes de spiritualisme; en d'autres termes, et pour nous
servir ici d'une comparaison qui nous paraît
propre à jeter quelque jour sur notre pensée,
nous serions tentés de voir entre la doctrine
de Thalès et celle d'Anaximandre, une différence assez analogue à celle qui existe entre le
panthéisme de Spinoza et le naturalisme de
Lamettrie. Anaximandre n'admet pas, comme
Thalès, une ame répandue au sein du tout,
τῷ ὅλῳ ψύχην μιγῆναι. Un passage d'Eusèbe, emprunté à Plutarque, en offre la preuve évidente. Plutarque et Eusèbe, entre autres reproches qu'ils adressent à Anaximandre, le
blâment de n'avoir point admis un être dont
la puissance puisse suppléer au défaut d'activité de la matière : « Car, disent ces deux écri-
« vains, Anaximandre supprime toute cause
« efficiente. En effet, l'infini n'est, après tout,
« que la matière : or, la matière ne peut rien
« produire, si l'on n'admet pas en même temps
« un être qui soit cause agissante. Ἁμαρτάνει

« οὖν τὴν μέν ὕλην ἀποφαινόμενος, το δε ποιοῦν αἴτιον

« ἄναιρων. Το γὰρ ἄπειρον οὐδέν ἄλλο ἤ ὕλη ἔστιν. Οὐ δυ-

« νάται δε᾿ ἡ ὕλη εἶναι ἐνεργεία, ἐὰν μὴ το ποιοῦν ὑποθηται[1].

Indépendamment du témoignage de Plutarque et d'Eusèbe, celui d'Aristote nous apprend
également qu'en dehors de l'ἄπειρον, Anaximandre n'admet rien de divin. L'ἄπειρον possède le caractère de divinité implicitement à
ceux d'immortalité et d'incorruptibilité : Καὶ
τοῦτὸ εἶναι τὸ θεῖον. ἀθανατόν γαρ και ἀνόλεθρον, ὥσπερ
φήσιν ὁ Ἀναξίμανδρος [2]. Essaierait-on de soutenir
que par l'ἄπειρον Anaximandre entend tout à la
fois la matière et l'esprit, le monde et l'ame
du monde, et qu'il le fait ainsi équivaloir au
ψύχην τὼ ὁλῶ μιγῆναι de Thalès? Mais d'abord aucun passage, soit de Diogène, soit d'Aristote,
soit de Simplicius, soit de Cicéron, ne justifierait
une semblable conjecture; et, d'autre part,
cette même conjecture serait péremptoirement
démentie par l'autorité de Plutarque et d'Eu-

[1] Eusèbe, *Præp. evang.*, L. XIV, C, 14, *De philosophorum sententiis; ex Plutarchi libro quem de philosophorum
decretis ad res physicas pertinentibus conscripsit.*

[2] *Phys.* L. III , C. 4.

sèbe, qui tous deux accusent Anaximandre de
n'avoir admis à côté de l'infini matériel aucun
être doué de puissance active, et d'avoir ainsi
supprimé la cause efficiente, ἁμαρτανει ἀναιρων
τὸ ποιοῦν αἴτιον. La cosmogonie d'Anaximandre
est donc bien évidemment matérialiste.

A l'exemple de Thalès, Anaximandre s'occupa d'astronomie. C'est ce qui est attesté
par plusieurs témoignages, et entre autres par
celui d'Eusèbe, qui dit en sa *Préparation évangélique* [1] : « Thalès de Milet fut le premier d'en-
« tre les Grecs qui s'occupa de philosophie
« naturelle, du cours et des éclipses de soleil,
« des phases de la lune, ainsi que de l'équi-
« noxe. Aussi devint-il très célèbre par toute
« la Grèce. Thalès eut pour disciple Anaxi-
« mandre, fils de Praxias, Milésien comme
« son maître. Anaximandre fut le premier qui
« construisit des gnomons, instruments pro-
« pres à apprécier le cours du soleil, ainsi que
« la succession des années, des saisons et des
« équinoxes. Θαλῆς ὁ Μιλήσιος, φυσικός πρῶτος Ἑλλήνων

---

[1] L. X., C. 14.

« γεγώνως, περι τρόπων ἠλίου καὶ ἐκλειψέως, καὶ φωτίσμων

« σελήνης, καὶ ἰσημηρίας διειλέχθη. Εγένετο δ᾽ὁ ἄνηρ

« ἐπισημότατος εν τοῖς Ελλήσι. Θαλοῦ δὲ᾽ ἄκουστης

« Ἀναξίμανδρος, πραξιάδου μὲν παῖς, γενος δὲ᾽ καὶ αὐτος

« . Μιλήσιος.Οὗτος πρῶτος γνώμονας κατεςκεύασε πρὸς διαγ-

« νωσιν τρόπων τε᾽ ἠλίου, καὶ χρόνων, καὶ ωρῶν, καὶ

ἰσημερίας. » Le témoignage d'Eusèbe, en ce point,
est confirmé par celui de Diogène de Laërte,
qui, se fondant sur le récit de Favorinus, dit
qu'Anaximandre inventa le style des cadrans
solaires, et le mit sur ceux de Lacédémone;
qu'il fit aussi des instruments pour marquer
les solstices et les équinoxes; qu'il décrivit le
premier le périmètre de la terre et de la mer,
et construisit la sphère. « Εὖρε δὲ᾽ καὶ γνώμονα

« πρῶτος, καὶ ἐστῆσεν ἐπὶ τῶν σκιοθηρων ἐν Λακεδαίμονι,

« κατά φησι Φαβωρῖνος ἐν παντοδαπῆ ἱςτορίᾳ, τροπάς τε καὶ

« ἰςημερίας σημαίνοντα. καὶ ὡροσκόπια κατεσκεύασε·

« καὶ γῆς καὶ θαλασσης περιμέτρον πρωτος ἔγραψεν· ἄλλὰ

« καὶ σφαῖραν κατεσκεύασε. » Le soleil lui paraît une
masse composée du feu le plus pur, καθαρότα-
τον πῦρ [1], et qui égale en volume celle de la terre,

---

[1] Diog. L.

οὐκ ἐλάττωνα τῆς γῆς. Quant à la lune, Anaximandre la ·regarde comme n'étant pas lumineuse par elle-même, τὴν τε σελήνην ψευδοφαῆ [1], et comme empruntant sa lumière du soleil, ἀπο ἡλίου φωτίζεσθαι. Enfin il envisage la terre comme un corps de figure régulière, cylindrique [2], suivant Eusèbe, ainsi qu'il résulte d'un passage de la *Préparation à l'Évangile,* cité plus haut; sphérique, au contraire, suivant Diogène de Laërte, σφαιροειδῆ. La terre paraît être à Anaximandre le point central de l'univers, μέσην τὴν γῆν κεῖςθαι, κέντρου ταξιν ἐπέχουσαν, οὖσαν σφαιροειδη [3], opinion parfaitement conforme au témoignage des sens, mais démentie par la raison, et qui servit de base à la plupart des systèmes astronomiques de l'antiquité, si on en excepte peut-être celui des Pythagoriciens. On attribue encore à Anaximandre la découverte de l'obliquité de l'écliptique, ainsi qu'il résulte de ces mots de Pline :

[1] Diog. L.

[2] On sait que telle fut aussi l'opinion de Xénophane. Peut-être, au reste, Eusèbe a-t-il pris ici l'opinion de Xénophane pour celle d'Anaximandre.

[3] Diog. L.

« *Obliquitatem zodiaci intellexisse, hoc est rerum*
« *fontem aperuisse, Anaximandrus Milesius tra-*
« *ditur primus, olympiade quinquagesimâ octa-*
« *vâ.* » Toutefois, la forme un peu dubitative
dont l'historien latin revêt sa pensée semble indiquer moins une certitude qu'une simple probabilité en ce qui concerne la réalité de cette
découverte astronomique d'Anaximandre. Enfin on attribue à Anaximandre les premières
cartes géographiques. Mais, ainsi que l'a fait
observer Bailly [1], il s'agirait de savoir si c'est
réellement une invention qui appartient à
Anaximandre, ou s'il eut connaissance des
cartes égyptiennes, bien antérieures à lui,
puisqu'elles furent dressées sous Sésostris [2],
c'est-à-dire, suivant les calculs de Fréret [3],

[1] Hist. de l'Astron. anc.

[2] Ce fait, dit Bailly, nous est fourni par Apollonius de
Rhodes, en son poème des *Argonautes* (ch. IV, v. 272) où il
dit que la diversité des chemins, les limites de la terre et de
la mer avaient été marquées sur des colonnes de la ville
d'Œa, en Colchide, par un conquérant égyptien. Or, ce
conquérant égyptien, c'est évidemment Sésostris, qui, dans
sa grande expédition, avait en effet soumis la Colchide.

[3] Défens. de la chronol., p. 242-243.

vers l'an 1570 avant notre ère. Quant à ce que Pline [1] raconte du tremblement de terre prédit par Anaximandre, et qui renversa Lacédémone, nous croyons, avec Bailly, que cette prédiction doit être mise au rang des fables populaires; car, ainsi que le dit le savant astronome, indépendamment de ce qu'une pareille prédiction est difficile, si elle n'est pas impossible, ce désastre arriva la quatrième année de la soixante-dix-septième olympiade, c'est-à-dire à une époque où Anaximandre n'aurait pas eu moins de cent quarante-un ans.

[1] L. 2.

CHAPITRE IV.

PHÉRÉCYDE.

Aɪɴsɪ qu'Anaximandre, Phérécyde fut contemporain de Thalès, et mourut même avant
lui, s'il faut ajouter foi au récit de Diogène
de Laërte, qui fait mention d'une lettre que
Phérécyde aurait écrite à Thalès, quelques
jours avant sa mort. La date de cette mort
est rapportée par Tennemann, en ses *Tables
Chronologiques*, à la seconde année de la cin-
quante-neuvième olympiade, c'est-à-dire à
l'an 543 avant notre ère. Les récits varient
sur le genre de mort de Phérécyde. Toujours
est-il que sa vie ne fut pas de longue durée;

car, selon Tennemann, dont l'opinion en ce point ne manque pas de vraisemblance, Phérécyde serait né vers la quarante-cinquième olympiade, c'est-à-dire vers 680 avant l'ère chrétienne. Il n'aurait donc vécu qu'environ cinquante-sept ans. On ne s'accorde guère sur le lieu de sa naissance. Quelques-uns ont voulu le faire originaire de Syrie, trompés sans doute par l'épithète de Σύριος que lui donnent les historiens et les biographes. Une lecture attentive de la vie de Phérécyde, dans Diogène de Laërte, ne doit laisser aucun doute à cet égard; car si, au début de la biographie de Phérécyde, Diogène emploie l'épithète équivoque de Σύριος, il dit, en un autre endroit de cette biographie, qu'on a conservé dans l'île de Syra, ἐν Σύρᾳ τῇ νήσῳ, une horloge solaire établie par Phérécyde. Il est donc évident que l'épithète de Σύριος ne saurait être prise dans le sens de Syrien ou originaire de Syrie, mais bien dans le sens de natif de Syra, l'une des Cyclades.

Une sorte de merveilleux semble planer sur la vie de Phérécyde. On pourrait voir dans

la vie de Diogène de Laërte les récits de
Théopompe sur les prophéties attribuées à
notre philosophe : Un jour que, du rivage où
il se promenait, il aperçut un navire voguant
à pleines voiles, il prédit qu'il allait être sub-
mergé, et il en fut ainsi. Une autre fois, après
avoir bu de l'eau d'un puits, il annonça que
dans trois jours il y aurait un tremblement de
terre, et le phénomène eut lieu Une autre
fois encore, étant venu d'Olympie à Messène,
il conseilla à son hôte, Périlaüs, d'émigrer
avec sa famille. Périlaüs n'en fit rien, et, peu
après, Messène tomba aux mains des ennemis.

Ces récits merveilleux, et d'autres analogues, tiennent une grande place dans la biographie de Phérécyde par Diogène de Laërte.
Mais, en revanche, en tout ce qui touche aux
travaux scientifiques de ce philosophe, les
documents sont, dans Diogène et ailleurs,
très rares et très incomplets. Quelques mots
de Diogène de Laërte nous induisent à croire
que Phérécyde se livra, comme Thalès, aux
études astronomiques ; car Diogène dit que de
son temps on voyait encore dans l'île de Syra

une horloge solaire, ἡλιοτρόπου, attribuée à Phérécyde. Ses travaux paraissent s'être étendus encore à d'autres points. Théopompe, dans Diogène de Laërte, rapporte que Phérécyde fut le premier qui composa un traité écrit, γράψαι sur la nature et sur les Dieux; et Diogène ajoute que, de son temps, on conservait encore le livre qu'avait écrit Phérécyde de Syra, sur l'Origine des choses, livre qui commençait ainsi : « Dans l'origine, et de toute « éternité, étaient Jupiter, le Temps et la « Terre : Ζεὺς μὲν καὶ χρόνος εἰς ἀεὶ, καὶ χθών ἦν. » Enfin, Cicéron, en ses *Tusculanes*, cite Phérécyde comme le premier philosophe qui ait avancé et soutenu le dogme de l'immortalité des ames : *Pherecydes Syrius primùm dixit animas hominum esse sempiternas;* et Cicéron ajoute que Pythagore, son disciple, vint ensuite étayer cette opinion et l'appuyer de raisonnements : *Hanc opinionem discipulus ejus Pythagoras maximè confirmavit* [1]. On rencontre donc, dans les travaux attribués à Phérécyde par Théopompe, par Diogène et par

[1] *Tusc.*, 1, 16.

Cicéron, une double tendance, l'une vers la philosophie naturelle, l'autre vers la philosophie morale, et, dans ce dernier ordre, nous trouvons agitée la question de l'immortalité de l'ame humaine. Ainsi, sur cet important problème, la philosophie ionienne paraît avoir devancé et préparé la solution pythagoricienne. C'est un point qui peut-être n'a pas été suffisamment remarqué ni mis en lumière dans l'histoire des doctrines philosophiques ; et si, comme nous le croyons, l'initiative en une solution si grave appartient réellement à la philosophie ionienne, c'est un mérite qu'il faut lui reconnaître et un titre qu'il faut lui restituer. Sans doute, l'immortalité des ames est un dogme consacré par le pythagorisme ; mais, d'après le témoignage de Cicéron, Pythagore paraît l'avoir reçu de Phérécyde, son maître, et n'avoir fait que le développer, *confirmavit,* tandis que Phérécyde fut le premier, *primùm dixit,* qui introduisit ce dogme dans la philosophie.

Quant au fragment de Phérécyde mentionné plus haut, et cité par Diogène de Laërte,

comme constituant le début de son livre, il
nous paraît de nature, malgré son exiguïté, à
indiquer le véritable caractère de la doctrine
cosmogonique de ce philosophe. De toute
éternité, le temps, χρόνος εἰς ἀεί, puis, au sein
de cette éternité, deux principes, l'un divin,
Ζεύς, l'autre matériel et terrestre, χθών : telle
est la donnée fondamentale de la cosmogonie
de Phérécyde. Or, autant qu'il est permis de
baser un jugement sur un fragment aussi peu
considérable, la doctrine de Phérécyde sur
l'origine des choses dut préparer celle d'A-
naxagore, comme l'opinion de ce même
Ionien, sur la nature immortelle de l'ame avait
dû amener sur ce même point la doctrine de
Pythagore. En effet, sauf les développements,
qui nous manquent complètement dans le
système du philosophe de Syra, les données
fondamentales offrent entre elles, de part et
d'autre, c'est-à-dire dans la doctrine de Phérécyde et dans celle d'Anaxagore [1], une assez
remarquable analogie. Le principe divin, Ζεύς,

[1] Voir, plus loin, l'art. *Anaxagore.*

chez Phérécyde, paraît se trouver vis-à-vis l'élément matériel, χθών, dans un rapport à peu près semblable à celui que devait concevoir Anaxagore entre l'esprit, νούς, et le chaos matériel, πάντα ὁμοῦ. Ajoutons que, chez Phérécyde comme plus tard chez Anaxagore, le principe divin et le principe matériel coëxistent entre eux de toute éternité. Sans donc vouloir forcer les analogies, il nous paraît que, eu égard aux données essentielles et fondamentales, le système cosmogonique de Phérécyde a pu préparer celui d'Anaxagore, comme sur certains points de philosophie morale, la doctrine du sage de Syra avait pu préparer celle du philosophe de Samos et de Crotone; et, nous le répétons, sur chacun de ces deux points, une exacte et équitable appréciation exige qu'on restitue à Phérécyde les titres de priorité qui légitimement lui appartiennent.

La cosmogonie de Phérécyde qui, ainsi qu'il vient d'être montré, offre, quant au fond, une remarquable analogie avec celle d'Anaxagore, l'un de ses successeurs, diffère, en plusieurs points essentiels, de celle de Thalès, et non

moins de celle d'Anaximandre, ses contemporains. Le fond de la cosmogonie de Thalès, et d'Anaximandre, c'est le panthéisme ;
chez Phérécyde, c'est le théisme. Nous
ne voulons pas dire assurément que le
théisme de Phérécyde aille jusqu'à faire du
monde matériel une création de Dieu, reconnu ainsi comme seul principe, premier et
éternel. Non ; au christianisme seul il devait
être donné d'établir et d'accréditer une telle
doctrine. Le théisme de Phérécyde ne repose
point, comme le théisme chrétien, sur l'unité
de principe, mais bien sur la dualité. Chez lui,
deux principes sont en présence, l'un divin,
ζεύς, l'autre matériel, χθών, et tous deux coéternels, εἰς αἰ [1], de telle sorte que l'action
du premier sur le second, ne saurait jamais
être acte de création, mais uniquement acte
d'organisation et de conservation. Or, si la
coéternité des deux principes différencie le
théisme de Phérécyde d'avec le théisme chrétien, la distinction de ces deux mêmes prin-

[1] Diog. de Laërte.

cipes ne différencie pas moins essentiellement sa doctrine d'avec celle de Thalès et d'Anaximandre, attendu que la cosmogonie de ces deux philosophes porte évidemment, bien qu'à un point de vue différent pour chacun d'eux, tous les caractères du panthéisme. Une première différence entre la cosmogonie de Phérécyde d'une part, et celle de Thalès et d'Anaximandre d'autre part, se trouve donc le caractère théistique de la doctrine du philosophe de Syra. Une seconde, non moins essentielle, se rencontre dans la nature du principe matériel adopté par ces diverses cosmogonies. En effet, d'une part, Anaximandre admet un nombre indéfini d'éléments primordiaux, ἄπειρον, et Phérécyde n'en admet qu'un seul. D'autre part, Thalès et Phérécyde s'accordent, il est vrai, à n'admettre qu'un seul principe élémentaire, mais ce principe n'est nullement le même pour tous deux, attendu que, pour Thalès, c'est l'eau, ὕδωρ, et que pour Phérécyde, c'est la terre, χθών, ainsi qu'il résulte du fragment de Phérécyde, cité plus haut, et aussi d'un passage

de Sextus-Empiricus, qui dit en ses hypotyposes pyrrhoniennes [1] «que pour Phérécyde
« de Syra la terre est l'élément primordial. »
Tout ce qu'il y a de véritablement commun
entre Phérécyde et ses deux contemporains,
Thalès et Anaximandre, c'est le caractère des
travaux et la nature des investigations. Tous
trois se préoccupèrent vivement du problème
de l'origine des choses; tous trois aussi di-
rigèrent spécialement leurs recherches sur les
questions astronomiques; et cette même nature d'investigations, nous la retrouverons
ultérieurement chez tous leurs successeurs ;
car elle constitue le caractère spécial de la secte
ionienne, au sein de laquelle on rencontre
l'uniformité des travaux au milieu de la variété
des solutions.

Phérécyde, ainsi qu'il résulte du passage de
Cicéron cité plus haut, et aussi d'un passage
d'Eusèbe : Πυθαγωρας Φερεκύδου γνωριμος [2], eut pour
disciple le fondateur de l'école Italique. Au
rapport d'Alexandre, dans Diogène de Laërte,

[1] L. III, C. 4.

[2] *Præpar. evang.* L. X, C. 4.

il avait été élève de Pittacus, l'un dès sept sages.
Suidas conjecture qu'il avait puisé dans les
livres sacrés des Phéniciens une partie des
connaissances qu'il transmit aux Grecs, et
l'historien Josèphe [1] croit qu'il s'était fait
initier aux mystères de l'Egypte.

[1] L. XIV, C. 13.

CHAPITRE V.

ANAXIMÈNE.

—

Il ne faut pas confondre le philosophe Anaximène avec deux autres écrivains du même nom, l'un orateur, l'autre historien. Ceux-ci furent l'un et l'autre de Lampsaque. Anaximène le philosophe naquit à Milet, patrie de Thalès et d'Anaximandre. Il eut pour père Eurystrate. Ses maîtres furent Anaximandre, et, au dire de quelques-uns, Parménide [1]. Suivant Apollodore, dans Diogène de Laërte, Anaximène naquit dans le cours de la soixante-troisième olympiade, et mourut l'année de la prise de Sardes par Cyrus. Mais il y a évidemment ici une grave erreur de calcul; car, d'une

[1] Diog. de Laërte.

7

part, la première année de la soixante-troisième olympiade correspond à l'année 528,
et d'autre part, l'époque de là prise de Sardes
correspond à l'année 538 avant notre ère ; de
telle sorte que l'époque de la mort de notre
philosophe serait antérieure à celle de sa naissance. Nous aimons mieux adopter en ce point
l'opinion de Ménage, qui fait naître Anaximène
en 554, c'est-à-dire la quatrième année de la
cinquante-sixième olympiade, et celle de Tennemann, qui place la mort de ce philosophe
en la première année de la soixante-dixième
olympiade, c'est-à-dire l'an 500 avant J.-C. ;
de telle sorte que dans ce calcul, l'existence
d'Anaximène aurait été d'environ cinquante-
quatre ans [1].

[1] Diogène de Laërte cite deux lettres écrites par Anaximène
à Pythagore. Si ces lettres étaient authentiques, il s'ensui-
vrait qu'Anaximène fut le contemporain du chef de l'école
de Crotone. Mais l'authenticité de ces deux lettres a été contestée par le savant critique Fabricius. Au reste, que ces
lettres soient authentiques ou apocryphes, il n'en est pas
moins certain que l'opinion d'Apollodore, telle qu'elle est
rapportée dans Diogène de Laërte sur l'époque de la naissance et de la mort d'Anaximène, est erronée.

Bien que disciple d'Anaximandre, Anaximène ne fut pas plus fidèle à la doctrine cosmogonique de son maître que ce dernier ne
l'avait été à celle de Thalès. Anaximandre,
renonçant à l'hypothèse neptunienne de Thalès, avait posé, comme principe des choses,
l'infini, ἄπειρον, sujet au changement quant à
ses formes, restant perpétuellement le même
quant au fond ; en d'autres termes, un nombre indéterminé d'éléments tous éternels et
constamment identiques à eux-mêmes, mais
pouvant donner lieu, par leurs diverses combinaisons, à une série indéfinie de modifications. Anaximène, abandonnant à son tour
cette doctrine qu'Anaxagore devait réhabiliter
plus tard, se rapproche du système de Phérécyde et de celui de Thalès, en reconnaissant un principe unique. Seulement, ce n'est
plus la terre ni l'eau, mais un élément plus
subtil, l'air, qu'Anaximène considère comme
principe générateur. Nous avons en ce point
un nombre imposant de témoignages que
nous allons produire successivement.

En premier lieu, Aristote, au premier livre

de sa Métaphysique [1], en mentionnant les divers principes admis par les divers philosophes, cite Anaximène et Diogène comme ayant l'un et l'autre adopté l'air à titre d'élément premier et de principe des corps simples : Αναξιμενης δὲ ἀερα καὶ Διογενης πρότερον ὕδατος καὶ μάλιστ' ἀρχὴν τιθέασι τῶν ἁπλῶν σωμάτων.

Sextus-Empiricus, en ses hypotyposes pyrrhoniennes [2], dans le chapitre intitulé : *des Principes matériels*, dit qu'Anaximène regardait l'air comme le principe de toutes choses, τῶν ὅλων ἀρχὴν ἀέρα.

Le même historien, dans son Traité *contre les Dogmatiques* [3], πρὸς τοὺς μαθηματίκους, mentionne Anaximène au nombre de ceux qui ont adopté un principe unique ; et bientôt il détermine plus précisément sa pensée, en ajoutant que, pour Anaximène, ce principe est l'air. « Un principe unique à tout ce qui existe est « admis par Hippasus, par Anaximène et par « Thalès. Ce principe, source de tout ce qui

---

[1] C. 3.

[2] L. III, C. 3.

[3] L. IX, *advers. Physic.*

« est, Hippasus, et avec lui, ainsi que le veu-
« lent quelques-uns, Héraclite d'Éphèse, dit
« que c'est le feu, Anaximène l'air, Thalès
« l'eau, Xénophane, au dire de certains his-
« toriens, la terre; car il prétend que tout
« en vient, et que tout y retourne [1]. »

[1] Le passage de Sextus d'où est extraite cette citation est
extrêmement curieux, en ce qu'il expose et résume en quelques lignes les systèmes des philosophes anciens sur les principes des êtres. Le voici en son entier:

« Parmi ceux qui ont cherché à expliquer la constitution
« de l'univers, les uns ont tout dérivé d'un principe unique,
« les autres de plusieurs principes. Et parmi ceux qui ont
« tout dérivé d'un seul principe, les uns lui ont refusé toute
« qualité, les autres lui ont reconnu quelque qualité. Et
« parmi ceux qui lui ont reconnu quelque qualité, les uns
« ont dit que ce principe était l'air, d'autres l'eau, d'autres
« encore le feu. Et parmi ceux qui ont admis une pluralité
« de principes, les uns en ont reconnu deux, d'autres qua-
« tre, d'autres cinq, d'autres six. Et parmi ceux qui ont
« adopté une infinité de principes, les uns ont posé des
« principes semblables aux choses produites, les autres des
« principes dissemblables. Il est un système qui fait dériver
« l'universalité des choses d'un principe unique, privé de
« toute qualité : c'est le système des Stoïciens. Car, dans leur
« opinion, le principe de toutes choses c'est la matière,
« privée de toute qualité, et pouvant se prêter à tous les

Cicéron [1] s'énonce dans un sens tout-à-fait analogue sur ce même point : « *Anaximenes*

« changements. Ses modifications donnent lieu aux quatre
« éléments qui sont le feu, l'air, l'eau, la terre. Ceux qui re-
« connaissent un principe unique, mais doué de quelque
« qualité sont Hippasus, Anaximène et Thalès. Hippasus,
« et, avec lui, ainsi que le veulent certains historiens, Hé-
« raclite d'Éphèse, dit que ce principe unique est le feu ;
« Anaximène dit que c'est l'air ; Thalès, l'eau ; Xénophane,
« au dire de quelques-uns, la terre ; car il dit que tout en
« vient et que tout y retourne. Parmi ceux qui admettent
« pluralité et nombre déterminé de principes, il en est qui
« en reconnaissent deux, la terre et l'eau, comme le poëte
« Homère, et aussi Xénophane de Colophon, qui a dit que
« *tous tant que nous sommes, nous venons de la terre*
« *et de l'eau.* Euripide aussi reconnaît deux principes ; mais
« chez lui ces deux principes sont la terre et l'air. Empé-
« docle en reconnaît quatre : Jupiter, Junon, Pluton, Nestis.
« Ocellus de Lucanie et Aristote en reconnaissent cinq. Car
« simultanément aux quatre éléments ils ont admis un cin-
« quième corps doué d'un mouvement circulaire. Empédocle
« a admis six principes des choses, à savoir : quatre princi-
« pes matériels, la terre, l'eau, l'air, le feu, et deux prin-
« cipes actifs ou efficients, l'amour et la discorde. Quant à
« ceux qui ont admis un nombre infini de principes, ce sont
« Anaxagore, Démocrite et Epicure. » (*Sextus-Empiricus,*
adv. Mathem., L. 9, *adv. Physic.*)

[1] *De natur. Deor.,* 1, 10.

« *aëra Deum statuit, esseque immensum et infi-*
« *nitum, et semper in motu.* »

Enfin, Diogène de Laërte, en sa *Biographie
d'Anaximène*, rend encore un témoignage
semblable : οὗτος ἀρχὴν ἀέρα εἶπε, καὶ τὸ ἄπειρον.

Sur ce dernier témoignage, pourtant, une
observation est à faire : Au dire de Diogène,
il semblerait qu'Anaximène aurait admis
comme principe tout à-la-fois l'*air* et l'*infini*,
ἀέρα καὶ τὸ ἄπειρον. S'il en était ainsi, le système d'Anaximène se rapprocherait par l'une
de ses faces de celui d'Anaximandre ; mais
tout concourt à nous faire juger que le texte
de Diogène a été corrompu en cet endroit,
et qu'au lieu de καὶ τὸ ἄπειρον, c'est καὶ αὐτὸν ἄπειρον qu'il faut lire [1]. En effet, l'altération graphique de αὐτὸν en τὸν d'abord, et puis en τὸ,
est une de celles qui se rencontrent si fréquemment dans les anciens manuscrits, et,
de ce côté, rien de formel ne contredit

[1] Sauf meilleur avis, cette correction du texte de Diogène
de Laërte nous paraît suffisamment motivée, et nous proposons cette nouvelle leçon non-seulement comme préférable,
mais comme la seule qui nous paraisse pouvoir être adoptée.

notre conjecture. D'autre part, cette locu-
tion : Οὗτος ἀρχὴν ἀέρα εἶπε, καὶ αὐτὸν ἄπειρον est
grammaticalement irréprochable, et peut sans
difficulté être admise comme le texte véritable
de Diogène de Laërte. Enfin, si l'on sort des
considérations purement grammaticales et
philologiques pour s'élever à des raisons d'un
ordre supérieur, n'est-il pas vrai que la phrase
de Diogène, telle que la donnent les éditions,
οὗτος ἀρχὴν ἀέρα εἶπε, καὶ τὸ ἄπειρον, implique
en elle-même contradiction ? Un philosophe
peut, sans absurdité, adopter pour principe
des choses, soit un élément unique, comme
Thalès, Phérécyde, Héraclite, soit l'infini,
comme Anaximandre et Anaxagore; mais il
ne peut adopter l'un et l'autre à la fois, et cela
par cette raison péremptoire que le premier
terme serait contenu dans le second. Anaximène n'a donc pu dire que le principe des
choses était l'air et l'infini. Tous les témoignages s'accordent d'ailleurs à établir de la
manière la plus formelle qu'il a reconnu l'air
comme principe unique. Nous avons cité plus
haut des textes d'Aristote et de Sextus-Empi-

ricus ; nous pouvons y joindre des textes de Cicéron, de Plutarque et de Galien. Anaximène, dit Plutarque, reconnut l'air comme infini, Ἀναξιμένης ἀέρα ἄπειρον ἀπεφήνατο, et il n'ajoute absolument rien qui puisse faire croire qu'Anaximène vît en cela deux principes distincts l'un de l'autre. Galien énonce la même pensée à peu près dans les mêmes termes, et tout-à-fait dans les mêmes limites : Ἀναξιμένης δε καὶ Διογένης ὁ Ἀπολλωνιάτης, ἀέρα. Enfin Cicéron, dans un passage de son traité *de Naturâ Deorum*[1], dit qu'Anaximène adoptait l'air comme principe divin ; mais il n'ajoute nullement qu'il lui associât au même titre l'infini ; seulement (et ce sens est tout-à-fait conforme à celui que confère au passage de Diogène de Laërte la leçon que nous avons proposée plus haut) il dit, comme Plutarque, qu'Anaximène reconnaissait comme attributs à l'élément qu'il posait comme principe, l'immensité, l'infinité et l'éternité du mouvement : « *Anaximenes aëra Deum statuit, esseque immen-*

« *sum et infinitum, semper in motu.* » De ces diverses considérations réunies, il nous paraît résulter avec évidence qu'Anaximène n'adoptait
pas deux principes, mais un seul, et qu'à ce
titre il doit être rangé dans une même catégorie
avec Thalès, Phérécyde, Héraclite, sauf cette
différence, toutefois, que le principe unique
était l'eau pour Thalès, la terre pour Phérécyde, le feu pour Héraclite, tandis que pour
Anaximène, comme ultérieurement pour Diogène d'Apollonie, ce principe unique, c'est
l'air.

Les philosophes qui, comme Phérécyde et
Xénophane, adoptèrent pour principe des
choses la terre, en donnèrent pour raison que
tout en vient et que tout y retourne ; ἐκ δὲ
πάντα γαίης, καὶ εἰς γῆν πάντα λύεσθαι [1]. Les philosophes qui, comme Thalès, adoptèrent l'eau pour
principe des choses, en apportèrent pour raison que l'humide est l'aliment de tous les
êtres, et, comme le dit Aristote [2] que « les

---

[1] Vers attribué à Xénophane.

[2] *Métaph.* 1, 3.

« germes de toutes choses sont naturellement
« humides. » Eh bien ! c'est aussi sur une analogie de même genre qu'Anaximène paraît
avoir fondé sa doctrine cosmogonique. L'air
remplit un rôle très important dans tous les
phénomènes de la nature animée. Il est pour
les végétaux la condition de leur conservation
et de leur croissance ; il est pour l'homme un
principe de vie. De-là à conclure que l'air est
aussi pour l'univers un principe vital, une
sorte d'ame répandue dans toutes ses parties,
il n'y avait qu'un pas, et telle est l'analogie
qui semble avoir guidé Anaximène. Le témoignage de Plutarque et d'Eusèbe en fait foi :
οἷον ἡ ψύχη (φήσιν) ἡ ἡμετέρη οὖσα συγκρατεῖ ἡμᾶς,
καὶ ὅλον τὸν κόσμον πνεῦμα καὶ ἀὴρ περιέχει [1]. L'air
est donc pour Anaximène ce que l'eau est
pour Thalès, ce que la terre est pour Phérécyde : tout en vient et tout y retourne ;
ἀρχὴν τῶν ὄντων ἀέρα ἀπεφήνατο· ἐκ γὰρ τούτου τὰ πάντα
γίνεσθαι, καὶ εἰς αὐτὸν πάλιν ἀναλύεσθαι [2].

Ceux d'entre les Ioniens qui, tels qu'Anaxi-

[1] *Plutarch. ap., Euseb., Præparat. evang.,* 1, 8.
[2] *Id., Ibid.*

mandre et Anaxagore, admirent un nombre
indéterminé de principes, ou, si l'on veut,
l'infini, ἄπειρον, expliquèrent la formation et
l'ordre des choses par le mouvement, par le
dégagement des éléments les uns d'avec les
autres au sein du chaos primitif, enfin par l'a-
grégation mutuelle des éléments de même nature qui, soit en vertu des lois nécessaires du
mouvement, comme chez Anaximandre, soit,
comme le veut Anaxagore, en vertu de l'action
d'une intelligence motrice et ordonnatrice, se
portèrent les uns vers les autres; mais il n'en
put être ainsi des philosophes qui, tels que
Thalès, Phérécyde, Héraclite, Diogène, Anaximène, adoptèrent un principe unique. Ici,
où pouvait être le dégagement, et entre quels
éléments pouvait s'opérer l'agrégation? Ces
derniers philosophes durent donc recourir à
une autre explication, et ils la trouvèrent dans
le double phénomène de la condensation et
de la dilatation, lequel présuppose nécessairement le mouvement, attendu qu'une substance, quelle qu'elle fût, ne pourrait ni se condenser ni se dilater, si un mouvement, soit

inhérent à sa nature propre , soit produit par
quelque cause extérieure , ne venait rapprocher ou écarter les unes des autres ses molécules. Eh bien donc, en vertu de ce mouvement,
la condensation et la dilatation venant à s'opérer, il en résultait une première modification,
ἀλλοίωσις , comme dit Aristote , puis une série
de modifications dans l'élément primordial.
Ainsi, chez Thalès , la condensation de l'eau
produisait la terre; sa raréfaction produisait
l'air, puis le feu. Chez Phérécyde, la raréfaction
de la terre produisait, en une série de degrés
ascendants , l'eau , l'air, le feu. De même encore , chez Anaximène, toutes choses se forment , par condensation ou dilatation, d'un
élément primordial, qui, ici, n'est plus l'eau
ni la terre, mais l'air. La raréfaction de l'air
produit le feu ; sa condensation produit l'eau;
un degré supérieur de condensation produit la
terre. Le feu, l'eau et la terre donnent, à leur
tour, naissance à tout le reste. Ainsi, originairement, tout est air; les choses n'ont pas
entre elles une différence de nature , mais
tout simplement une différence de degré,

suivant qu'elles résultent d'une densité plus
ou moins considérable opérée dans l'élément
primordial. Cet élément primordial est infini;
les choses qui résultent de sa condensation ou
de sa dilatation sont finies : « *Anaximenes*
« *infinitum aëra dixit esse, à quo omnia gigne-*
« *rentur; sed ea, quæ ex eo orirentur, definita;*
« *gigni autem terram, aquam, ignem, tùm ex*
« *his omnia* [1]. »

Maintenant ces modifications opérées dans
l'élément primordial par une série de conden-
sations et de dilatations, Anaximène les
considérait-il comme déterminées par les lois
fatales du mouvement, ou comme le résultat d'un dessein intelligent et d'une volonté
providentielle ? Aristote dit positivement [2]
qu'Anaxagore fut le premier d'entre les Ioniens
qui vint dire qu'il y avait dans la nature,
comme dans les animaux, une intelligence
qui est la cause de l'arrangement et de l'ordre
de l'univers, et que par-là lui seul parut avoir

---

[1] Cicer. *Quæst. acad.*, 11, 37.
[2] *Métaph.*, 1, 3.

conservé sa raison au milieu des folies de ses devanciers. Or, au nombre de ces devanciers se trouve Anaximène, dont la doctrine est ainsi convaincue de matérialisme et d'athéisme. Toutefois, on ne peut s'empêcher de reconnaître dans cette même doctrine un puissant effort tenté pour dégager le premier principe du milieu des liens matériels que lui avaient imposés les systèmes de Thalès et de Phérécyde. L'air est un élément moins grossier et plus subtil que l'eau et que la terre ; il y a en sa nature quelque chose de supérieur et de plus céleste. C'est un progrès assurément sur les cosmogonies de Thalès et de Phérécyde, et à ce progrès un autre doit succéder bientôt avec Héraclite, qui posera comme élément primordial et fondamental un principe plus subtil encore que l'air, c'est-à-dire, le feu ; jusqu'à ce que, de tentative en tentative, et de principes de moins en moins grossiers, la philosophie aboutisse, avec Anaxagore, à concevoir un être immatériel, moteur et organisateur de la matière, le νοῦς. Ainsi, la cosmogonie d'Anaximène offre pour caractère une tendance

non équivoque à matérialiser de moins en
moins le principe des choses. Toutefois, un
abîme la sépare encore de celle d'Anaxagore.
Ce dernier reconnaît deux principes coéternels,
la matière et l'esprit, l'ὕλη et le νοῦς ; chez
Anaximène au contraire, nous ne rencontrons
que le premier de ces deux principes, et, pour
adopter ici le langage du péripatétisme et de
la scholastique, si nous trouvons en son système la *cause matérielle,* nous n'y trouvons pas
également la *cause efficiente* [1]. Cette absence
de la *cause efficiente* donne occasion à Plutarque de jeter un blâme sur la cosmogonie d'A-
naximène : « Ce philosophe, dit Plutarque, est
« dans l'erreur lorsqu'il prétend poser un seul
« principe, l'air, comme cause de tout ce qui
« existe. Il est impossible que la matière soit
« à elle seule le principe des êtres ; il faut
« encore et à côté d'elle une cause efficiente.
« Ainsi, par exemple, un lingot d'argent ne
« suffit pas à lui seul pour faire une coupe ; il

---

[1] *Causa materialis, causa efficiens* dans le langage de la
scholastique, équivalent à ce qu'Aristote appelle d'une part
τὸ ὑποκείμενον, d'autre part ἀρχὴ τῆς κινήσεως.

« faut encore quelqu'un qui la fasse, c'est-à-
dire ici, l'orfèvre. De même de l'airain, du
« bois, et de toute autre substance matérielle.

« Ἁμάρτανει δὲ καὶ οὗτος (Ἀναξιμένης)· ἐξ ἁπλοῦ γὰρ καὶ

« μονοειδοῦς ἀέρος καὶ πνεύματος δοκεῖ συνίστανται τὰ ζῶα.

« Ἀδύνατον δὲ ἀρχὴν μίαν τὴν ὕλην τῶν ὄντων ὑποστῆναι,

« ἀλλὰ καὶ τὸ ποιοῦν αἴτιον χρὴ τιθέναι. Οἷον οὐκ ἄργυ-

« ρος ἀρχεῖ πρὸς τὸ ἔκπωμα γίνεσθαι, ἐὰν μὴ τὸ ποιοῦν ᾖ,

« τοῦτ' ἔστιν ὁ ἀργυροκόπος· Ὁμοίως καὶ ἐπὶ τοῦ χαλκοῦ,

« καὶ ξύλων, καὶ τῆς ἄλλης ὕλης [1]. »

A l'exemple de Thalès, de Phérécyde et
d'Anaximandre, Anaximène fut physicien et
astronome. De ses systèmes physiques, l'histoire de la philosophie ne nous a conservé que
son explication du double phénomène du froid
et du chaud, qu'il attribuait l'un à la condensation, l'autre à la dilatation des corps, prenant ainsi l'effet pour la cause. Ici encore,
comme dans son système cosmogonique, il

---

[1] Eusèbe, *Præp. evang.*, L. XIV, C. 14, *cui titulus :
Philosophorum de principiis sententiæ, ex Plutarchi libro, quem de philosophorum decretis ad res physicas
pertinentibus conscripsit.*

paraît guidé par une analogie ; car il apporte
pour exemple l'élévation ou l'abaissement de
température qui se produit dans notre souffle,
suivant que nous l'exhalons la bouche ouverte,
ou les lèvres serrées : « Lorsque, disait-il, nous
« exspirons de l'air en tenant les lèvres ser-
« rées, il est froid ; au contraire il est chaud
« quand nous l'exspirons en ouvrant la bouche.
« Ψύχεται γαρ ἡ πνοή πισθεῖσα καὶ πυκνοθεῖσα τοῖς χείλεσιν,
« ανειμένου δὲ τοῦ στόματος εκπίπτουσα γίνεται θερμον
« ἀπὸ μανότητος [1]. » Dans ses théories astronomiques [2], Anaximène regardait les astres comme
exécutant un mouvement autour de la terre,
κινεῖσθαι δὲ τὰ ἄστρα οὐχ ὑπὲρ γῆν, ἀλλὰ περὶ γῆν [3].
Il paraît, au rapport d'Aristote, avoir considéré la terre comme un plan supporté par l'air :
« αὐτὸ δὲ τοῦτο ποιεῖν τῷ πλατεί φησι τὴν γῆν πρὸς τὸν
« ὑποκείμενον ἀερα. » Il passe encore pour l'inventeur du cadran solaire. Ainsi, dans ces divers ordres de sciences, cosmogonie, géographie, astronomie, Anaximène se propose les

---

[1] *Plut. de plac. phil.* 1.
[2] Voir la note *a* à la fin du volume.
[3] Diogène de Laërte.

mêmes questions à résoudre que Thalès, Phérécyde, Anaximandre. Pour tous les philosophes ioniens, depuis Thalès jusqu'à Archélaüs, les problêmes demeurent les mêmes;
les solutions seules sont différentes.

CHAPITRE VI.

HÉRACLITE.

DIOGÈNE de Laërte, en son livre sur la *Vie et les Opinions des Philosophes illustres,* fait mention de plusieurs Héraclites, dont le nom était resté célèbre dans la Grèce : un poète lyrique, qui composa les *Louanges des douze Dieux;* un poète d'Halycarnasse en Doride, qui écrivit des élégies, et sur lequel Callimaque avait laissé quelques distiques; un troisième, originaire de Lesbos, auteur d'une *Histoire des Macédoniens,* et enfin Héraclite d'Éphèse, le philosophe, antérieur par sa naissance à tous ceux qui viennent d'être nommés.

L'époque à laquelle naquit Héraclite d'É-
phèse n'est précisée par aucun historien de la
philosophie; mais elle peut être inférée d'un
passage de Diogène de Laërte, où il est dit qu'il
florissait vers la soixante-neuvième olympiade, ἤκμαξε κατὰ τὴν ἐννάτην ὀλυμπιάδα. Or, on
peut raisonnablement supposer qu'il pouvait
être âgé alors de trente à trente-six ans, ce
qui ferait remonter sa naissance à la soixan-
tième olympiade, c'est-à-dire vers l'année 540
avant l'ère chrétienne. A n'envisager que l'é-
poque à laquelle il florissait, Héraclite fut
donc postérieur aux Ioniens Thalès, Anaximandre, Phérécyde, Anaximène; à Pythagore, père de l'école italique; à l'éléate Xénophane, dont quelques-uns disent qu'il avait
été le disciple; et il dut avoir pour contemporains le pythagoricien Ocellus de Lucanie,
l'éléate Parménide, et l'abdéritain Leucippe.
Le père d'Héraclite (Blyson, selon les uns, et
selon d'autres, Hération [1]) était le premier
citoyen d'Éphèse. Lorsqu'il mourut, Héraclite,

[1] Diog. de L.

qui pouvait, à ce qu'il paraît, hériter de sa
magistrature, s'en démit en faveur de son
frère, soit qu'il craignît, ainsi qu'Antisthène
le rapporte à sa louange, que les préoccupations politiques ne vînssent contrarier ses goûts
pour la philosophie, soit que cette mélancolie
qui lui était naturelle, et qui devait acquérir chez
lui un si funeste développement, lui inspirât dès
lors une profonde répugnance pour le commerce des hommes, inséparable de la pratique
des affaires publiques. Peut-être ces deux causes
se réunirent-elles pour produire chez Héraclite la détermination de rester étranger aux
affaires de l'Etat. Aussi, lorsque, plus tard,
ses concitoyens le prièrent de leur donner des
lois, il s'y refusa formellement [1], alléguant
pour motif que la corruption des Éphésiens
était si grande et tellement invétérée, qu'il
n'y voyait plus de remède. Il est permis de
croire que l'aspect de la dégradation morale
où était tombée sa patrie, comme au reste
toutes les grandes villes de la Grèce asiatique,

---

[1] Diog. de L., vie d'Héraclite.

contribua puissamment à nourrir et à exas_
pérer cette mélancolie qui faisait le fond de
son tempérament. L'exil prononcé contre
son ami Hermodore avait encore aigri sa misanthropie. On sait combien était ombra-
geuse la démocratie grecque ; un talent
transcendant encourait presque toujours la
suspicion de tyrannie et, comme inévitable
conséquence, le bannissement. C'est à ce
titre probablement, s'il faut en croire les témoignages qui nous sont restés, que fut exilé
Hermodore. Ce bannissement exaspéra tellement Héraclite, qu'au rapport de Diogène de
Laërte, il s'écria que les Éphésiens, parvenus
à l'âge viril, avaient mérité la mort, et ceux
d'entre eux qui n'avaient pas encore atteint cet
âge, l'exil, pour avoir chassé Hermodore, le
citoyen le plus éminent d'Éphèse, et pour
avoir dit à cette occasion : « Point d'homme
« supérieur parmi nous; s'il en est un, qu'il
« s'en aille ailleurs et chez d'autres peuples. »

Ἀξίον Ἐφήσιοις ἡβηδὸν ἀποθανεῖν πᾶσι, καὶ τοῖς ἀνήβοις
τὴν πόλιν καταλιπεῖν, οἵτινες Ἑρμόδωρον ἑωυτῶν ὀνήιστον
ἐξέβαλον, λέγοντες· Ἡμέων μηδὲ εἷς ὀνήιστος ἔστω. Εἰ δέ τις

τοιοῦτος, ἄλλη τε καὶ μετ'ἄλλων [1]. Cicéron rapporte le même fait avec les mêmes circonstances et dans les mêmes termes [2] : « *Est apud* « *Heraclitum physicum de principe Ephesio-* « *rum Hermodoro : universos, ait, Ephesios* « *esse morte mulctandos, quod cùm civitate* « *expellerent Hermodorum, ita locuti sint :* « *Nemo de nobis unus excellat, sed si quis* « *exstiterit, alio in loco et apud alios sit.* » Ces diverses circonstances aigrirent tellement la misanthropie d'Héraclite, qu'il interrompit, dit-on, toute espèce de rapport avec ses concitoyens. Il passait son temps, raconte Diogène de Laërte, à jouer avec des enfants devant le temple d'Artémis (la Diane des Latins), et il disait à ceux qui venaient là pour le regarder : « Qu'y a-t-il en ceci qui « vous étonne, ô hommes pervers ? Ne vaut-« il pas mieux faire ce que je fais que de « m'occuper avec vous des affaires de l'état ? »

Τί, ω κάκιστοι, θαυμάζετε; ἔφη. ἢ οὐ κρεῖττον τοῦτο ποιεῖν

[1] Diog. de L.

[2] *Tusc. quœst., lib.*, 5.

ἢ μεθ' ὑμῶν πολιτεύεσθαι [1]; il finit par quitter Éphèse et par se retirer dans les montagnes où il se nourrissait d'herbes et de racines. Ce genre d'alimentation ayant déterminé chez lui une hydropisie, il lui fallut rentrer à Éphèse, et là il allait interrogeant les médecins, et leur demandait sous une forme énigmatique de quelle façon ils s'y prendraient pour convertir la pluie en sécheresse. Et comme ses questions restaient incomprises, il tenta lui-même sa guérison en s'enfermant dans une étable à bœufs, espérant chasser l'hydropisie par la chaleur du fumier, βολίτων ἀλέᾳ. Mais ce fut en vain, et il mourut âgé de soixante ans. Néanthès de Cyzique, dans Diogène, ajoute à ce récit, que n'ayant pu se dégager du fumier (βόλιτα) dont il s'était fait couvrir, il y fut mis en pièces par des chiens.

Malgré l'aversion qu'il témoignait à ses concitoyens, Héraclite préférait sa patrie à tout autre lieu de la Grèce ou de l'Asie. C'est ainsi

[1] Diog. Laërt.
[2] Diog. de Laërt.

qu'au rapport de Démétrius dans ses ὁμώνυμα [1],
il avait refusé d'aller à Athènes, où son nom
était en grande considération ; et bien qu'il ne
fût pas apprécié à sa véritable valeur par ses
concitoyens, il aima mieux rester à Ephèse.
Il avait également résisté aux instances
qu'avait faites le roi de Perse, Darius fils
d'Hystaspe, pour l'attirer à sa cour. Diogène
de Laërte rapporte et la lettre de Darius, et la
réponse d'Héraclite [2]. Ces lettres sont-elles authentiques? La chose nous paraît fort dou-
teuse. Quoi qu'il en soit, les voici l'une et
l'autre.

« Le roi Darius, fils d'Hystaspe, à Héraclite
« d'Éphèse, homme renommé pour sa science,
« salut.

« Tu as écrit un livre de *la Nature*, diffi-
« cile à comprendre et à expliquer. Dans cer-
« tains passages, interprété à la lettre, ce
« livre paraît renfermer une remarquable ex-
« plication de cet univers, et des êtres qu'il

[1] Diog. de Laërt.

[2] Voir dans Diogène, à l'art. *Héraclite*, le texte grec
de ces deux lettres.

« contient, et des lois divines qui président
« aux mouvements qui s'y opèrent. Mais beau-
« coup d'autres passages sont obscurs, de telle
« sorte que les hommes même les plus versés
« dans la science, ne savent y retrouver ta
« pensée. C'est pourquoi, moi, Darius, fils
« d'Hystaspe, je veux devenir ton disciple dans
« la science des Grecs. Viens donc prompte-
« ment auprès de moi, dans ma demeure
« royale. Les Grecs, pour la plupart du temps,
« ont peu de considération pour les sages, et
« dédaignent leurs admirables enseignements.
« Auprès de moi, au contraire, toute distinc-
« tion t'est réservée. Tu trouveras ici chaque
« jour de nouveaux honneurs, et une existence
« accommodée à tous tes souhaits. »

Réponse d'Héraclite. — « Héraclite d'É-
« phèse au roi Darius, fils d'Hystaspe, salut.

« Tous les hommes délaissent la vérité et la
« justice, pour s'abandonner, insensés qu'ils
« sont, à la cupidité et à la vanité. Pour moi,
« étranger à toute pensée de ce genre, et dé-
« sireux d'éviter le dégoût et l'envie qui ac-
« compagnent toujours les hautes distinctions,

« je ne viendrai pas à la cour de Perse, con-
« tent que je suis du peu que je possède et qui
« suffit pleinement à mes désirs. »

Si maintenant, de la partie purement bio-
graphique du travail que nous avons entrepris, nous passons au côté plus spécialement
philosophique, nous aurons à indiquer, dans
la mesure de la possibilité et de nos forces, les
points capitaux de la doctrine d'Héraclite.

On prévoit qu'une pareille tâche ne saurait
être accomplie qu'avec beaucoup de difficultés, et dans des limites assez étroites. Que
nous reste-t-il aujourd'hui d'Héraclite ? Quelques lambeaux de phrases, sans dépendance
aucune les uns des autres, dépourvus, par
conséquent, de toute lucidité, tout à la fois
par le fait de leur isolement, et par le genre
de style familier à l'auteur. En un mot, nous
ne connaissons aujourd'hui Héraclite que par
quelques textes plus ou moins obscurs, épars
dans Platon, Aristote, Sextus de Mytilène,
Diogène de Laërte, Plutarque, Clément d'A-
lexandrie. Il est bien vrai qu'il existe plusieurs
lettres attribuées à Héraclite, et que Henri

Estienne a recueillies avec d'autres textes, sans trop examiner, ce nous semble, si elles peuvent être légitimement rapportées au philosophe d'Ephèse. Nous inclinons à penser, pour notre part, que ces lettres, au nombre de cinq, à savoir : trois à Hermodore et deux à Amphidamas, n'appartiennent pas réellement à Héraclite, et voici les raisons sur lesquelles nous nous appuyons.

En premier lieu, Diogène de Laërte, qui reproduit dans leur intégrité la lettre de Darius à Héraclite et la réponse d'Héraclite à Darius, ne donne point ces cinq autres lettres. Non seulement il ne les donne pas, mais il n'en fait pas la moindre mention. Or, que résulte-t-il de ce silence ? l'une de ces deux

---

' Voir le recueil de Henri Estienne, intitulé *Poesis philosophica*. — Au rapport de Tenneman, ces mêmes fragments ont été, pour la plupart, recueillis, traduits et expliqués en allemand, par Fr. Schleiermacher, dans le 3.ᵐᵉ cahier du tome 1.ᵉʳ du *Musœum des Alterthumswissenschaften*, Berlin, 1808. — Nous avouons ne pas savoir l'allemand, et l'on conçoit qu'il a dû nous être impossible de lire et de consulter le mémoire de Fr. Schleiermacher.

choses : ou que ces lettres n'auraient été
écrites que postérieurement à Diogène, et
seulement alors mises sur le compte d'Héraclite ; ou bien qu'elles existaient déjà au temps
de Diogène, et que cet historien qui, très
certainement, dans cette seconde hypothèse,
ne pouvait ignorer leur existence, n'en tint
aucun compte dans sa biographie, parce qu'il
les jugeait apocryphes.

En second lieu, parmi les fragments qui
nous restent d'Héraclite, dans les auteurs
anciens, nous ne trouvons reproduit ni cité
par Platon, ni par Aristote, ni par Sextus, ni
par Diogène, ni par Plutarque, ni par Clément
d'Alexandrie, aucun passage, aucune phrase,
aucun mot de ces mêmes lettres.

Enfin, ces lettres nous semblent porter
l'empreinte d'une origine moins ancienne, et
quelques-unes d'entre elles renferment plusieurs passages qui accusent des idées plus
avancées que celles que pouvait avoir Héraclite. Tel est sur-tout ce passage d'une lettre
à Amphidamas: « Si mon corps succombe,
« il tombera sous les lois du destin ; mais il

« n'en sera pas de même de mon ame ; car,
« étant une substance immortelle, elle prendra
« son vol vers les régions célestes, et les de-
« meures éthérées me recevront. » Ne sont-
ce point là des dogmes absolument identiques
à ceux qu'on retrouve dans les croyances du
Platonisme ? D'ailleurs, si l'on songe que
plus tard bon nombre de stoïciens, ainsi qu'il
résulte des témoignages des historiens de la
philosophie, et notamment de Cicéron, adoptèrent plusieurs opinions d'Héraclite, entre
autres, son hypothèse de l'origine des choses
par le feu [1], ne peut-on pas conjecturer avec
assez de vraisemblance que quelque disciple
de l'Académie ou du Portique se soit exercé,
sous le nom d'Héraclite, à un travail d'imagination, analogue à celui qui se pratiquait dans
les écoles des anciens rhéteurs, et qu'il en soit
sorti les cinq lettres mentionnées, que plus
tard, en l'absence d'une judicieuse critique,

[1] *Vos autem dicitis omnem vim esse ignem.* (*Cicer. de nat. Deor.*, L. III, C. 14.) C'est l'académicien Cotta qui s'adresse en ces termes aux Stoïciens représentés par Balbus.

on aura regardées comme l'œuvre véritable du philosophe d'Ephèse?

A l'époque où apparut Héraclite, les travaux des philosophes ioniens s'étaient exclusivement concentrés sur l'explication du monde matériel. Thalès, Anaximandre, Phérécyde, Anaximène, avaient été des astronomes et des physiciens. Héraclite ne renonça point aux spéculations tentées par ses devanciers; mais il les porta plus loin, en les faisant sortir du cercle de la philosophie naturelle pour les étendre à la philosophie morale, et fut ainsi, avec Archélaüs, Ionien comme lui, l'un des précurseurs de Socrate. C'est l'opinion de Sextus-Empiricus, quand il dit que [1] «Thalès,

---

[1] Φυσικον μὲν οὖν μόνον ὑπεστήσαντο μέρος Θάληστε καὶ Αναξιμένης καὶ Αναξίμανδρος, Εμπεδοκλῆς τε καὶ Παρμενίδης καὶ Ηράκλειτος· ὧν Θαλῆς μὲν καὶ Ἀναξιμένης καὶ Ἀναξιμάνδρος κατὰ πάντας καὶ ἀναμφιλέκτως· ὁ δ'Εμπεδοκλῆς καὶ Παρμενίδης, ἔτι δὲ Ηράκλειτος, οὐ κατὰ πάντας... Εζητείτο δὲ καὶ περὶ Η'ράκλειτου εἰ μὴ μόνον φυσικος ἔστιν, ἀλλὰ καὶ ήθικὸς φιλόσοφος. (*Sext.-Emp. adv. Math. L. VII.*)

« Anaximandre, Anaximène, Empédocle, Par-
« ménide et Héraclite fondèrent uniquement
« la philosophie naturelle; que c'est là le sen-
« timent général et incontesté en ce qui con-
« cerne Thalès, Anaximène et Anaximandre;
« mais que, relativement à Empédocle, Parmé-
« nide et Héraclite, tel n'est pas l'avis de tout le
« monde. Car (ajoute-t-il) on s'est plusieurs
« fois demandé si Héraclite n'appartient pas
« à la philosophie morale tout aussi bien qu'à
« la philosophie naturelle, ἐζητεῖτο δὲ καὶ περὶ
« Ἡρακλείτου εἰ μὴ μόνον φυσικός ἐστιν, ἀλλὰ καὶ ἠθικὸς
« φιλόσοφος » Indépendamment du témoignage
de Sextus, on peut invoquer celui de Diogène de
Laërte, qui dit positivement que le livre d'Héraclite roulait sur un triple objet, *l'univers, la politique, la théologie,* διήρηται δὲ εἰς τρεῖς λόγους, εἴς
τε τὸν περὶ τοῦ παντός, καὶ πολιτικὸν, καὶ θεολογικόν [1].
Si la première de ces trois parties appartient
à la philosophie naturelle, la seconde et la
troisième assurément rentrent dans la philosophie morale; et la question qui nous occu-

---

[1] Diog. de L., sur Héraclite,

pait nous paraît ainsi péremptoirement résolue. Quant au titre du livre d'Héraclite, on
est assez peu d'accord sur ce point. Selon les
uns, le traité d'Héraclite était intitulé : *les
Muses,* Μοῦσαι, selon d'autres, *de la Nature,*
περί φύσεως [1]; Diodote le grammairien le désigne sous ce titre : Ακριβὲς οἰακισμα πρὸς στάθμην
βίου, *Règle sûre pour la conduite de la vie;*
d'autres sous cet autre titre éncore : Γνῶσιν
ἠθῶν, *la Science des Mœurs* [2]. Cette multiplicité de titres attribués au livre d'Héraclite
nous porte à croire que ce livre embrassait
toutes ces matières en même temps ; qu'ainsi
c'était tout à la fois un traité de physique et
de morale, et qu'en raison de l'importance
attachée par les disciples et plus tard par les
commentateurs ou les historiens à l'un ou à
l'autre de ces divers points de vue de la science,
il recevait tantôt l'une, tantôt l'autre de ces
dénominations. Diogène de Laërte dit que ce
livre roulait en général sur la nature, ἔστι μὲν

---

[1] Diog. Laërt., *ibid.*

[2] *Ib.*

ἀπὸ τοῦ συνέχοντος περὶ φυσίως, et c'est à cette occasion qu'il ajoute qu'il se divisait en trois parties, physique, politique, théologie. Ce même titre, *de la Nature,* est encore reproduit dans la lettre de Darius à Héraclite, relatée par Diogène de Laërte : « Tu as écrit, dit Darius à « Héraclite, un livre *sur la Nature,* καταβέβλησαι « λόγον περὶ φυσίως [1]. » Quel que fût, au reste, le véritable titre du livre d'Héraclite, il est certain, et c'est ici ce qui importe sur-tout, que l'objet de ce livre n'était pas unique, mais multiple, et qu'Héraclite n'y traitait pas seulement de l'univers, mais encore de la politique et de la théologie. C'est donc avec Héraclite, et à dater de lui, que la philosophie ionienne cesse d'être exclusivement la science de la nature pour devenir en même temps une science morale.

Antérieurement à Héraclite, plus d'une explication avait été tentée de la formation du monde matériel, et les systèmes cosmogoniques pouvaient être rangés en deux grandes

---

[1] Voir plus haut cette même lettre.

catégories, suivant qu'ils se fondaient sur l'adoption d'un nombre indéterminé de principes, ou sur l'adoption d'une unité élémentaire. Héraclite, à l'exemple de Thalès, de Phérécyde et d'Anaximène, adopta l'unité. Mais pour Héraclite, ce principe unique n'est plus l'eau, ni la terre, ni l'air, mais le feu, parce que le feu lui paraît le plus puissant et le plus subtil des éléments. Et nous n'avançons rien ici qui ne soit confirmé, non-seulement par l'opinion généralement accréditée relativement aux systèmes des anciens Ioniens, mais encore par des textes formels et incontestables. Ainsi, Aristote, au premier livre de sa *Métaphysique :* « Le principe des corps simples « est le feu, selon Hippasus de Métaponte et Hé- « raclite d'Éphèse. » Ἱππασός δε πῦρ ὁ Μεταποντίνος καὶ Ἡράκλειτος ὁ Ἐφήσιος ἀρχὴν τιθέασι τῶν ἁπλῶν σωμάτων. Ainsi, Sextus de Mytilène, dans son *Traité contre les Dogmatiques :* « [1] Un seul élément « a été posé comme l'origine de toutes cho- « ses, par Hippasus, Anaximène et Thalès,

---

[1] L. VIII, *De ortu et interitu.*

« Cet élément primordial est, suivant Hippa-
« sus, et aussi dit-on, suivant Héraclite d'E-
« phèse, le feu. Ἱππάσος μὲν, καὶ, κατά τινάς,
« Ἡρακλεῖτος ὁ Ἐφέσιος, ἐκ πυρὸς ἀπέλαβον τὴν γένησιν.»
Ainsi encore, Diogène de Laërte, en sa *Biographie d'Héraclite* : « L'élément primordial,
« suivant ce philosophe, est le feu, πῦρ εἶ-
« ναι στοιχεῖον. » Ainsi, enfin Cicéron, en son
Traité de la Nature des Dieux [1] : « Vous et les
« vôtres, ô Balbus (c'est l'académicien Cotta
« qui s'adresse à Balbus le stoïcien), vous avez
« coutume de tout rapporter à la puissance
« du feu, suivant en ceci, à ce que je crois,
« la doctrine d'Héraclite. *Sed omnia vestri,
« Balbe, solent ad igneam vim referre, Hera-
« clitum, ut opinor, sequentes.* » Le feu étant
ainsi posé par Héraclite comme élément primordial et générateur, tout en vient et tout y
retourne, ἐκ πυρὸς τὰ πάντα συνεστάναι, καὶ εἰς τοῦτο
ἀναλύεσθαι [2]. « Le monde, dit Héraclite, et ce
texte nous est conservé par Clément d'Alexan-

[1] L. I, C. 26.
[2] Diog. de L.

drie [1], le monde n'est l'ouvrage ni des dieux, ni des hommes ; il a toujours été et il sera toujours. C'est un feu éternel, s'allumant et s'éteignant suivant des lois régulières, κόσμον ταὐτὸν ἀπάντων οὔτε τις θεῶν οὔτε ἀνθρώπων ἐποίησεν· ἀλλ ἦν ἀεί, καὶ ἔςτι, καὶ ἔσται πῦρ ἀειζωον, ἀπτόμενον καὶ ἀποσβεννύμενον μέτρῳ. » Des transformations du feu naissent l'eau, la terre, l'air, πυρὸς τρόπαι, πρῶτον θάλασσα· Θαλάσσης δὲ τὸ μὲν ἥμισυ γῆ. Τὸ δε ἥμισυ, πρήστηρ [2]. Clément d'Alexandrie, en mentionnant ces textes d'Héraclite, dit qu'il avait beaucoup emprunté à Orphée, Ἡρακλείτον Εφέσιον, ὅς παρ' Ορφέως τὰ πλεῖστα εἴληφεν. Il met en effet en regard l'un de l'autre un passage d'Orphée et un autre d'Héraclite, afin de faire mieux ressortir cette ressemblance et cette imitation. Orphée avait dit :

Ἔστιν ὕδωρ ψυχή. θάνατος δ'ὑδάτεσσιν ἀμοιβη,
Ἐκ δὲ ὕδατος γαῖα, τὸ δ'ἐκ γαίας πάλιν ὕδωρ,
Ἐκ τοῦ δὴ ψύχη ὅλον αἰθέρα ἀλλάσσουσα.

[1] *Strom.*, L. V.
[2] *Ibid.*

Héraclite dit à son tour :

Ψυχῆσιν θανατος ὕδωρ γενέσθαι· ὕδατι δὲ θάνατος γῆν γενέσθαι· ἐκ γῆς δὲ ὕδωρ γίνεται, ἐξ ὕδατος δὲ ψύχη.

De même Platon, dans le *Cratyle*, après avoir cité quelques vers d'Orphée [1], ajoute, par la bouche de Socrate s'adressant à Hermogène : Considère combien ces témoignages s'accordent entre eux, et comme tous ils vont bien à la doctrine d'Héraclite, καὶ πρὸς τα 'τοῦ Ἡρακλείτου πάντα τεινει. Quoi qu'il en soit de cette ressemblance du système d'Héraclite sur l'origine des choses avec la doctrine contenue dans plusieurs passages des poésies orphiques, il demeure évident que la cosmogonie d'Héraclite repose sur le système des transformations. A l'appui de cette assertion, nous citerons encore un texte d'Héraclite, rapporté par Plutarque, très analogue à ceux que nous venons de mentionner d'après Clément d'Alexandrie, et comme eux relatif à la

[1] Voici le sens de ces vers d'Orphée : l'Océan, au flux majestueux, s'unit avec sa sœur Théthys, née de la même mère. — Voir Hermann, *Orphica*, p. 473.

transformation des éléments, πυρὸς θάνατος, ἀέρι
γένεσις· καὶ ἀερός θάνατος, ὕδατι γένεσις. Tout donc,
dans l'univers, n'est, suivant Héraclite, que
développement et transformation d'un élément primordial ; tout vient de cet élément,
et tout y retourne, ἐκ πυρὸς τὰ πάντα συνεσταναι,
καὶ εἰς τοῦτο ἀναλύεσθαι [1], et cela en vertu de ce
qu'Héraclite appelait un flux perpétuel, ῥοή.
La nature entière ressemble à un fleuve qui
s'écoule sans cesse, ῥεῖν τὰ ὅλα ποταμοῦ δίκην [2].
Héraclide du Pont, l'un des commentateurs
du philosophe d'Ephèse, et l'un de ceux qui
prirent le nom d'Héraclitéens et propagèrent
sa doctrine, nous a conservé [3] un texte d'Héraclite où cette opinion est énoncée : ποταμοῖς
τοῖς αὐτοῖς ἐμβαίνομεν τε καὶ οὐκ ἐμβαίνομεν · εἴμεντε, καὶ
οὐκ εἴμεν. » Nous voguons et nous ne voguons
« pas sur les mêmes fleuves ; nous sommes et
« nous ne sommes pas. » Platon, dans le
Théétète, fait dire à Socrate s'adressant à Théé-

---

[1] Diog. de Laërte, IX.

[2] *Id. ibid.*

[3] *Liber de allegoriis Homericis qui sub Heraclidis
pontici nominis editus est.*

tète : » Soit qu'on soutienne avec Homère,
« Héraclite et leurs partisans, que tout est
« dans un mouvement et un flux continuel. »
Et dans un autre de ses Dialogues, le *Cratyle* :
« Héraclite dit quelque part que tout passe et
« que rien ne demeure, et, assimilant les
« êtres au cours d'une rivière, il dit qu'on ne
« peut naviguer deux fois sur le même fleuve,
« λέγει που Ἡράκλειτος ὅτι πάντα χωρεῖ, καὶ οὐδὲν
« μένει, καὶ ποταμοῦ ῥοῇ ἀπεικάζων τὰ ὄντα λέγει ὡς δίς
« ἰς τὸν αὐτὸν ποταμὸν οὐκ ἐμβαίης. » De cet écoule-
ment perpétuel des choses, ῥοή, résultent la
vie et la mort; ou plutôt il n'y a, à proprement dire, ni vie ni mort; ce sont là une
seule et même chose, de même que la veille
et le sommeil, la jeunesse et la vieillesse, et
Héraclite s'en explique positivement dans un
texte conservé par Plutarque [1] : Τοῦτο τ'ένι ζῶν
καὶ τεθνῆκος, καὶ τὸ ἐγρηγορὸς καὶ τὸ καθεῦδον, καὶ νέον καὶ
γηραῖον. Τά δε γάρ μεταπεσόντα ἐκεῖνα ἔστι. Κἀκεῖνα πάλιν
μεταπεσόντα ταῦτα. Dans un autre passage également mentionné par Plutarque, Héraclite

[1] *De Placit. philos.*.

semble comparer le mouvement des choses
et du monde au mouvement oscillatoire des
cordes d'un arc ou d'une lyre, παλίντονος ἁρμο-
νίη κόσμου, ὅκως λύρης καὶ τόξου, de telle sorte que
toutes choses reviennent au même point pour
s'en écarter encore, y retourner de nouveau,
et ainsi de suite, dans une série indéfinie de
mouvements harmoniques réglés par la nécessité ou le destin, ἀνάγκη, εἱμαρμένη, d'après
l'expression d'Héraclite rapportée par Plutarque [1], ἀνάγκην ἣν εἱμαρμένην οἱ πολλοὶ καλοῦσιν.

Nous avons établi que, dans la doctrine
d'Héraclite, l'univers est un feu toujours vivant,
πῦρ ἀείζωον, s'allumant et s'éteignant suivant
des lois régulières, comme le dit Héraclite lui-
même dans un texte conservé par Clément
d'Alexandrie, ἁπτόμενον μέτρῳ καὶ ἀποσβεννύμενον
μέτρῳ [2]. C'est donc du feu que procède la formation et la dissolution de toutes choses,
ἐκ πυρὸς τὰ πάντα συνεστάναι, καὶ εἰς τοῦτο ἀναλύεσθαι [3]. Le feu est l'élément générateur ; il pro-

---

[1] *Plut. in opusculo* περὶ τῆς ἐν Τιμαίῳ ψυχογονίας.

[2] *Clem. Alex. Strom.*, L. V.

[3] Diog. de Laërte, L. IX.

duit toutes choses par sa raréfaction et sa condensation, ἀραιώσει καὶ πυκνώσει [1]. Condensé, le feu devient vapeur; cette vapeur prenant de la consistance se fait eau; l'eau, par l'effet d'une nouvelle condensation, devient terre. C'est là ce qu'Héraclite appelle mouvement de haut en bas, ταύτην ὁδὸν ἐπὶ τὸ κάτω εἶναι [2]. Inversement, la terre raréfiée se change en eau, de laquelle vient à peu près tout le reste, par le moyen d'une évaporation (ἀναθυμίασις) qui se produit à la surface de la mer, et c'est ici le mouvement de bas en haut, ἡ ἐπὶ τὸ ἄνω ὁδός [3]. Mais, dans le système d'Héraclite, le feu n'est pas seulement agent vivificateur, il est encore agent destructeur Le monde est produit par le feu, pour périr ensuite par le feu, et cela, à certaines périodes alternatives, durant l'éternité du temps, κατὰ τινὰς περιόδους ἐνάλλαξ τὸν σύμπαντα αἰῶνα, et ces révolutions s'opèrent suivant les lois du destin, καθ' εἱμαρμένην [4]. Tout change-

[1] *Id. ibid.*

[2] *Id. ibid.*

[3] *Id. ibid.*

[4] *Id. ibid.*

ment se produit donc par l'action de deux puissances opposées, κατ' ἐναντιωτήτα. De ces deux principes contraires, celui qui, par son action, produit la génération, est appelé par Héraclite, la guerre et la discorde, et, comme dit Plutarque [1], Héraclite donne à la guerre, le nom de père, de roi et de maître de toutes choses, Ἡράκλειτος γὰρ ἄντικρυς πόλεμον ὀνομαζει πατερα καὶ βασιλια καὶ κύριον πάντων. Et ce texte de Plutarque est encore confirmé en ce point, par un texte de Proclus sur le *Timée*, πόλεμος πάτηρ πάντων, et par ce texte plus formel encore d'Aristote : καὶ Ἡράκλειτος ἐκτῶν διαφερόντων καλλίστην ἁρμονίαν, καὶ πάντα κατ' ἔριν γίγνεσθαι [2]. D'autre part, celui des deux principes opposés, dont l'action produit la destruction et l'embrasement, ἐκπυρώσιν, est appelé par Héraclite la concorde et la paix, τῶν δε ἐναντίων τό μὴν ἐπὶ τὴν γενέσιν ἄγον καλεῖσθαι πόλεμον καὶ ἔριν, τὸ δ' ἐπι τὴν ἐκπυρώσιν, ὁμολογίαν καὶ εἰρήνην [1]. Cette dernière assertion peut pré-

---

[1] περὶ Ἰσιδος καὶ Ὀσίριδος.

[2] *Eth. nich.*, VIII, 1.

[3] Diog. de L.

senter au premier coup-d'œil quelque chose de
bizarre et de paradoxal. On a peine à concevoir
que la discorde ou la guerre puisse être source
de génération, et la concorde ou la paix cause
d'embrasement et de destruction. Et pourtant,
cette apparente contradiction nous paraît pouvoir s'expliquer dans la doctrine d'Héraclite.
Car, d'abord, pour constituer la variété de
l'univers, il a fallu que le feu, principe primitif et générateur, subît plusieurs transformations distinctes les unes des autres, et devînt,
par une série de modifications successives,
vapeur, eau, terre. Or, ces transformations et
ces modifications n'ont pu s'opérer que sous
l'action d'un principe d'altération et de répulsion, et ce principe c'est ce qu'Héraclite,
dans son langage imagé, appelle la guerre et
la discorde, πόλεμος, ἔρις. D'autre part, pour que
cette variété cesse d'être, et pour que tout re-
vienne à l'état primitif, qui est l'état d'ignition, ἐκπύρωσις, il faut bien que ce qui est multiple se convertisse à l'unité ; ce qui est divers,
à la ressemblance ; ce qui est opposé, à l'identité ; en un mot, il faut que tout s'homogénise

et retourne à l'unité de l'état originel ; et ce
retour ne peut s'opérer que sous l'action d'un
principe d'assimilation, d'affinité, et c'est ici,
toujours dans le langage métaphorique du
philosophe d'Ephèse, la paix et la concorde,
εἰρήνη, ὁμολογία. Nous ne voyons, pour notre
part du moins, aucune autre explication raisonnable à apporter au système d'Héraclite.

Dans la doctrine du philosophe d'Ephèse,
l'action du principe de répulsion, appelé mé-
taphoriquement du nom de guerre et de di
corde, πόλεμος, ἔρις, doit avoir pour effet de
constituer la variété au sein de la nature. C'est
à cette pensée fondamentale que nous pensons
pouvoir rattacher quelques textes conservés,
soit par Clément d'Alexandrie, soit par Héraclide de Pont, soit par Stobée. On lit dans
Clément d'Alexandrie : Ὀρθῶς εἶπεν Ἡράκλειτος·
« Ἄνθρωποι, θεοί· θεοί, ἄνθρωποι λόγος γε αὐτός.» Héraclide de Pont, dans le livre des *Allégories Homériques*, dont il est l'auteur présumé, cite
cette autre pensée d'Héraclite : « Θεοὶ θνητοί, ἄν-
« θρωποί τε ἀθάνατοι, ζῶντες τὴν ἐκείνων θάνατον, θνήσ-
« κοντες τὴν ἐκείνων ζωήν. » Ainsi, au point de vue

d'Héraclite, tout est dans tout : l'humanité
dans la divinité, la divinité dans l'humanité;
la vie dans la mort, et la mort dans la vie; le
sommeil dans la veille, et la veille dans le
sommeil; de telle sorte que les contraires se
rencontrent et se pénètrent réciproquement.
Enfin, de ce même genre nous paraît être en_
core ce texte d'Héraclite, cité par Stobée [1] :
« Νοῦσος ὑγίαν ἐποίησεν, ἥδυ καὶ ἄγαθον, λιμός κό-
« ρον, κάματος ἀνάπαυσιν. La maladie a produit
« la santé, chose agréable et bonne, la di_
« sette l'abondance, le travail le repos. »
Dans ces diverses pensées d'Héraclite, à
travers un style obscur et énigmatique,
nous voyons éclater partout l'opposition des
caractères. Mais, au fond de cette opposition,
le philosophe d'Ephèse semble pourtant re_
connaître et proclamer une harmonie. C'est
en ce sens probablement que, dans un frag_
ment conservé par Platon, en son *Banquet,*
Héraclite dit que l'unité, en s'opposant à elle_
même, produit l'accord. « Τὸ γάρ ἕν φησι Ἡρά-

---

[1] *Stob. ex titulo* περὶ φρονησέως.

« κλειτος διαφερόμενον αὑτοῦ αὑτο ξυμφέρεσθαι , ὥσπερ
« ἁρμονίαν τοξου τί και λύρας· » « Or, il serait ab-
« surde (ajoute Platon, par la bouche d'E-
« ryximaque, l'un des interlocuteurs du dia-
« logue) , il serait absurde de dire que
« l'harmonie soit une opposition, ou qu'elle
« résulte de choses opposées ; mais , suivant
« toutes probabilités , Héraclite voulait dire
« que c'est de choses d'abord opposées, comme
« l'aigu et le grave, et ensuite mises d'accord,
« que résulte l'harmonie musicale. ἀλλ' ἴσως
« τόδε ἐβούλετο λέγειν Ἡράκλειτος, ὅτι ἐκ διαφερομένων
« πρότερον τοῦ ὀξίος και βαρίος, ἐπεῖτα ὕστερον ὁμολογη-
« σάντων, γέγονεν ὑπὸ τῆς μουσικῆς τέχνης ἡ ἁρμονία. »
C'est en ce même sens encore que nous paraît
conçu le texte suivant d'Héraclite, mentionné
par Aristote [1] : « Συνάψειας οὖλα, και οὐχι οὖλα, συμ-
« φερόμενον και διαφερόμενον, συνάδον και διᾶδον. Και
« ἐκ πάντων ἕν, και ἐξ ἑνος πάντα. » «Alliez le doux
« avec son contraire, le ressemblant avec le
« dissemblant , le concordant avec le discor-
« dant. Du *tout* le *un,* et du *un* le *tout.* » Et

[1] *De Mundo, c.* 5.

ce texte, Aristote le commente et l'explique
ainsi qu'il suit : « On s'est demandé, dit-il,
« comment le monde a pu se constituer
« d'éléments opposés, à savoir, le sec et l'hu-
« mide, le chaud et le froid, et comment,
« ainsi composé, il n'est pas depuis long-
« temps tombé en dissolution. C'est comme
« si l'on se demandait comment un état
« peut subsister composé d'hommes de fa-
« milles différentes, de pauvres et de riches,
« de vieux et de jeunes, de forts et de faibles,
« de bons et de méchants. Eh bien ! moi je
« dis que, à l'exemple d'un état, la nature em-
« brasse tous les caractères et toutes les varié-
« tés ; et que de la multiplicité résulte l'unité,
« du désaccord l'accord, de l'opposition l'har-
« monie, qui ne pourrait jamais sortir de l'as-
« semblage de choses de même nature... Et
« l'art dans ses procédés, se conforme en ce
« point à la nature. Ainsi, la peinture, par le
« mélange du blanc et du noir, du pâle et du
« rouge, produit des images semblables aux
« modèles. Ainsi, la musique, par le mélange
« des sons aigus et graves, hauts et bas, fait

« résulter l'harmonie d'un ensemble de sons
« différents les uns des autres. Ainsi, la gram-
« maire, du mélange des voyelles et des con-
« sonnes, fait sortir l'art de parler. Et c'est là
« ce que nous semble avoir voulu dire l'ob-
« scur Héraclite quand il a écrit : *Alliez le*
« *doux avec son contraire, le semblable avec le*
« *dissemblable, le concordant avec le discordant,*
« *Du tout, le un, et du un le tout.* »

Ce même sens encore se retrouve très évidemment dans ce texte de Diogène de Laërte,
en sa vie d'Héraclite : « Διὰ τῆς ἐναντιοτρόπης ἡρ
« μόσθαι τὰ πάντα. » De l'opposition des parties ré-
« sulte l'harmonie du tout. » Et il se présente
encore avec les mêmes caractères de lucidité
dans deux passages d'Aristote que nous allons
reproduire. Le premier, tiré de l'*Éthique à Eu-*
dème [1], est ainsi conçu : « Héraclite blâme le
« poète (Homère) d'avoir dit : *Périsse la dis-*
« *corde chez les dieux et chez les hommes ;* car,
« ajoute le philosophe d'Éphèse, il ne saurait
« y avoir d'harmonie sans l'aigu et le grave, ni

[1] L. VII, C. 1.
[2] L. VIII, C. 1.

« d'êtres vivants sans le mâle et la femelle,
« c'est-à-dire sans les contraires. Οὐ γὰρ ἂν εἶναι
« ἁρμορίαν μὴ ὄντος ὀξίος καὶ βαρέος, οὐδὲ τὰ ζῶα ἄνευ θη-
« λίος καὶ ἄῤῥενος, ἐναντίων ὄντων. » Le second est tiré
de l'*Éthique à Nicomaque* [1], et conçu en ces termes : « Héraclite disait que de l'opposition
« vient l'accord, des contraires l'harmonie, et
« que du combat des forces entre elles naissent
« toutes choses. Καὶ Ἡράκλιτος τὸ ἀντάξουν σύμφερον
« καὶ ἐκ τῶν διαφερόντων καλλίστην ἁρμορίαν, καὶ πάντα
« κατ' ἐρὶν γίγνεσθαι. » Au fond de ces différents
textes la même pensée se retrouve, malgré la
variété des termes. Héraclite y parle partout
de l'assemblage des contraires, mais d'un assemblage harmonique ; et, comme le dit Platon dans le *Banquet*, « Héraclite voulait pro-
« bablement dire que c'est de choses d'abord
« opposées, mais ensuite mises d'accord, que
« résulte l'harmonie. »

A l'exemple de Thalès et des autres Ioniens,
Héraclite s'occupa d'astronomie et de météorologie. Au rapport de Diogène de Laërte, il
ne décide rien touchant la nature du ciel qui

[1] L. VIII, C. 1.

nous environne. Seulement, il y suppose des
bassins, dont la partie concave est tournée
vers nous, et qui servent de récipient à des
évaporations qui y forment des flammes que
nous appelons astres. Les flammes qui forment le soleil sont, plus que toutes les autres, pures et vives ; car les autres astres étant
plus éloignés de la terre, leur chaleur et leur
lumière ont moins d'intensité. La lune est
très près de la terre ; mais l'espace où elle est
située n'est point parfaitement pur. Quant
au soleil, il est dans un espace transparent et
limpide, et à une distance raisonnable de la
terre ; et c'est pourquoi il possède plus de
chaleur et de lumière. La grandeur réelle du
soleil équivaut à sa grandeur apparente, ὁ ἥλιος
ἔστι τὸ μέγεθος οἷος φαίνεται. Les éclipses de soleil et de lune viennent de ce que les bassins
qui forment ces astres se tournent du côté
qui nous est opposé ; et les phases mensuelles
de la lune tiennent à ce que le bassin qui la
forme possède un mouvement graduel de rotation sur lui-même. Les jours et les nuits,
les mois, les saisons, les années, les vents et

autres phénomènes de cet ordre, ont leurs
causes dans les différences des évaporations.
L'évaporation pure, venant à s'enflammer dans
le cercle du soleil, produit le jour ; l'évaporation contraire lui succède et amène la nuit.
La chaleur augmentée par la lumière des évaporations pures produit l'été ; au contraire,
l'évaporation obscure augmente le froid et
amène l'hiver. Héraclite explique d'une manière analogue plusieurs autres phénomènes
astronomiques et météorologiques.

Parmi les fragments qui nous restent des
écrits d'Héraclite, tout n'est pas exclusivement relatif à la philosophie naturelle. La
philosophie morale, ainsi que nous croyons
l'avoir suffisamment établi au commencement de ce mémoire, d'après des textes de
Sextus de Mytilène et sur-tout de Diogène de
Laërte, ne fut pas étrangère aux travaux du
philosophe d'Éphèse ; et dans ce second ordre
de spéculations, comme dans le premier,
il s'offre tout à la fois plusieurs textes [1] à

---

[1] Voir le *Poësis philosophica* d'Henry Estienne, et Diogène de Laërte.

citer et plusieurs témoignages à invoquer.

Indépendamment de quelques apophtheg-
mes relatifs soit à la politique, soit à la morale
sociale ou individuelle, et qui trouveront leur
place plus loin, Héraclite paraît avoir dirigé
quelques-unes de ses investigations sur la légitimité de nos puissances intellectuelles et
sur la valeur et la portée des moyens de connaître départis à l'homme. « Héraclite, dit
« Sextus de Mytilène [1], nous regarde comme
« pourvus de deux instruments pour atteindre
« à la vérité, à savoir : les sens et la raison,
« αἰσθήσει καὶ λογῳ. A l'exemple des philoso-
« phes mentionnés plus haut (ces philosophes
« sont Parménide et Empédocle), il estime
« que le témoignage de sens n'est pas digne
« de foi (ἄπιστον), et il pose la raison comme
« criterium unique. Il répudie le témoignage
« des sens en ces termes : Κακοὶ μάρτυρες ἀνθρώ-
« ποισιν ὀφθαλμοι καὶ ὦτα βαρβαρους ψυχας ἐχόντων [2]. Ce

[1] Advers. Mathem., lib. VII. — Nous reproduisons (pag.
154-155) le texte grec, et nous nous attachons ici à en
donner une traduction très exacte.

[2] Stobée, au titre περὶ ἀφροσύνης, mentionne la même pen-

« qui revient à dire qu'il n'appartient qu'à des
« intelligences barbares d'ajouter foi à des
« sens dépourvus de raison. Il pose la raison
« comme le seul juge de la vérité, non telle
« ou telle raison individuelle, mais la raison
« universelle et divine, τον κοινὸν καὶ θεῖον λόγον·
« Maintenant quelle est cette raison univer-
« selle et divine? C'est ce qu'il faut expliquer
« en peu de mots : Héraclite regarde le mi-
« lieu dans lequel nous vivons et qui nous
« enveloppe comme contenant en soi la rai-
« son et la sagesse. Dans l'état de veille, nous
« attirons à nous par l'aspiration cette raison
« divine, et nous devenons ainsi intelligents.
« Dans l'état de sommeil, au contraire, nous
« perdons ce que nous avons acquis, pour
« redevenir encore raisonnables au retour de
« l'état de veille ¹; car, dans l'état de som-

sée d'Héraclite en ces termes : « κακοὶ γίνονται ὀφθαλμοὶ καὶ
« ὦτα ἀφρώνων ανθρώπων ψυχὰς βαρβαρους ἐχόντων. »

¹ Plutarque prête à Héraclite une pensée analogue, lorsqu'il lui fait dire qu' « il y a un monde commun pour ceux
« qui veillent, tandis que le sommeil crée pour chacun de

« meil, l'obstruction des sens intercepte toute
« espèce de commerce entre notre ame et
« l'ame universelle, et, par le fait de cette
« séparation, notre esprit perd la puissance
« qu'il avait acquise. A l'état de veille, au
« contraire, les sens, qui sont comme les fe-
« nêtres de l'ame, venant à se rouvrir, per-
« mettent à cette ame d'entrer en commu-
« nion avec l'ame ambiante, avec l'ame uni-
« verselle, et par le fait de cette communion,
« nous redevenons raisonnables. De même
« que des charbons s'allument ou s'éteignent,
« suivant qu'on les approche ou non du feu,
« de même cette parcelle de l'ame universelle
« qui est venue animer notre corps, devient
« à-peu-près privée de raison par la sépara-
« tion, κατὰ τὸν χωρισμὸν ἄλογος, tandis que, par
« la communication qu'établissent les canaux
« des sens, elle redevient semblable à l'ame
« universelle, ὁμοιοσδὴς τῷ ὅλῳ. Or, c'est précisé-

« nous un monde particulier. Ὁ Ἡράκλειτός φησι τοῖς ἐγρη-
« γόροσιν ἕνα καὶ κοινὸν κόσμον εἶναι, τῶν δὲ κοιμωμένων
« ἕκαστον εἰς ἴδιον ἀποστρέφεσθαι. » (*Plut. de Superst.* 3.)

« ment cette raison universelle et divine.,
« avec laquelle il nous faut entrer en com-
« munion pour devenir raisonnables, qu'Hé-
« raclite pose comme le *criterium* de la vé-
« rité. D'où il suit que ce qui paraît vrai au
« jugement de tous, c'est la raison univer-
« selle et divine; tandis que les conceptions
« de la raison individuelle n'apportent en
« elles rien de certain, et cela, par la cause
« contraire..... Et, après avoir parfaitement
« montré que c'est moyennant communion
« avec la raison divine que nous faisons et
« savons toutes choses, Héraclite ajoute :
« *C'est pourquoi il faut se confier à la raison*
« *générale. Toutes les fois que nous nous met-*
« *tons en communion avec elle, nous sommes*
« *dans le vrai, et dans le faux, au contraire,*
« *toutes les fois que nous nous abandonnons à*
« *notre sens individuel.* Διὸ δεῖ ἕπεσται τῷ ξυνῷ.
« Διὸ καθ' ὅτι αὐτοῦ τῆς μνήμης κινωνησωμεν, ἀληθεύο-
« μεν· ἃ δὲ ἂν ἰδιάσωμεν, ψευδόμεθα.

« Ainsi (ajoute Sextus-Empiricus) Héra-
« clite, dans le texte qui vient d'être cité, pose
« très évidemment la raison générale comme

« *criterium* du vrai. L'universalité d'une
« croyance lui paraît entraîner avec elle la
« certitude, puisqu'une telle croyance est le
« produit de la raison universelle. Quant aux
« produits de la raison individuelle, Héraclite
« les regarde comme faux, τὰ μὲν κοινῇ φησι φαι-
« νόμενα πίστα, τὰ δὲ κατ᾽ ἰδίαν ἑκάστῳ ψευδῆ. [1] »

---

[1] Ὁ δὲ Ἡράκλειτος, ἐπεὶ πάλιν ἐδόκει δυσὶν ὠργανῶσθαι ὁ
ἄνθρωπος πρὸς τὴν ἀληθείας γνῶσιν, αἰσθήσει τε καὶ λόγῳ,
τούτων τὴν αἴσθησιν παραπλησίως τοῖς προειρημένοις φυσικοῖς
ἄπιστον εἶναι νενόμικε, τον δὲ λόγον ὑποτίθεται κριτήριον,
ἀλλὰ τὴν μὲν αἴσθησιν ἐλέγχει, λέγων κατὰ λέξιν·

« Κακοὶ μάρτυρες ἀνθρώποισιν ὀφθαλμοὶ καὶ ὦτα βαρβά-
« ρους ψυχὰς ἐχόντων. »

Ὅπερ ἴσον ἦν, τῶν βαρβάρων ἔστι ψυχῶν ταῖς ἀλόγοις
αἰσθήσεσι πιστεύειν. Τὸν δὲ λόγον, κριτὴν τῆς ἀληθείας ἀποφαίνεται οὐ τὸν ὁποιονδήποτε, ἀλλὰ τὸν κοινόν καὶ θεῖον. Τίς
δ᾽ ἐστιν οὗτος συντόμως ὑποδεικτέον. Ἀρέσκει γὰρ τῷ φυσίκῳ
τὸ περιέχον ἡμᾶς λογικόν τε ὂν καὶ φρενῆρες. Τοῦτον δὴ οὖν
τὸν θεῖον λόγον καθ᾽ Ἡράκλειτον δι᾽ ἀναπνοῆς σπάσαντες,
νοεροὶ γινόμεθα· καὶ ἐν μὲν ὕπνοις ληθαῖοι, κατὰ δὲ ἔγερ-
σιν πάλιν ἔμφρονες. ἐν γε τοῖς ὕπνοις μυσάντων τῶν αἰσθητικῶν πόρων, χωρίζεται τῆς πρὸς τὸ περιέχον συμφυίας ὁ ἐν
ἡμῖν νοῦς, μόνης τῆς κατὰ ἀναπνοὴν προσφυσίως σωζομένης,

Cette doctrine d'Héraclite, relative au *criterium* de la vérité, devait être renouvelée en

οἱονεὶ τινος ῥίζης· χωρισθείς τε ἀποβάλλει ἣν πρότερον εἶχε μνημονίκην δύναμιν· ἐν δὲ ἐγρεγορόσι πάλιν διὰ τῶν αἰσθητικῶν πόρων, ὥσπερ διά τινων θυρίδων προσκύψας, καὶ τῷ περιεχοντι συμβαλών, λογικὴν ἐνδύεται δύναμιν. Ὅνπερ οὖν τρόπον οἱ ἄνθρακες πλησιάσαντες τῷ πυρί, κατὰ ἀλλιώσιν διάπυροι γίνονται, χωρισθέντες δε σβέννυνται· οὕτω καὶ ἡ ἐπιξενωθεῖσα τοῖς ἡμετεροις σώμασιν ἀπὸ τοῦ περιεχοντος μοῖρα, κατὰ μὲν τὸν χωρισμον χεδὸν ἄλογος γίνεται, κατὰ δε τὴν διὰ τῶν πλείστων πόρων συμφυσιν ὁμοιοσδὴς τῷ ὅλῳ καθίστατεαι. Τοῦτον δὴ τὸν κοινὸν λόγον καὶ θεῖον, καὶ οὗ κατὰ μετοχην γινόμεθα λογικοι, κριτήριον ἀληθείας φησὶν ὁ Ηρακλειτος ὅθεν τὸ μὲν κοινῇ πᾶσι φαινόμενον, τοῦτό εἶναι πιςτόν· τῷ κοινῷ γὰρ καὶ θείῳ λόγῳ λαμβανεται τὸ δὲ τινι μονῳ προσπιπτον, ἄπιστον ὑπαρχειν, διὰ τὴν ἐναντίαν αἰτίαν.... Διὰ τούτων γε ῥητῶς παραστήσας ὅτι κατα μετοχὴν τοῦ θείου λόγου πάντα πραττομεν τε καὶ νοουμεν, ὀλίγα προδιεθὼν, ἐπιφερει·

α Διὸ δεῖ ἕπεσθαι τῷ ξυνῷ. Διὸ καθ' ὅτι ἂν αὐτοῦ τῆς α μνήμης κινωνήσομεν, ἀληθενομεν· ἅ δὲ ἂν ἰδιάσωμεν, ψευδόα μεθα. ν

Νῦν γὲ ῥητότατα καὶ ἐν τούτοις τὸν κοινόν λόγον κριτήριον ἀποφαίνεται. Καὶ τὰ μὲν κοινῇ φησι φαινόμενα, πιστα, ὡς ἂν τῷ κοινῳ κρινόμενα λόγῳ, τὰ δὲ κατ' ἰδίαν, ἑκάστῳ, ψευδῆ. (*Sextus-Empiric., adv. Malhem., L. VII.*)

plusieurs de ses points principaux, plus de
deux mille ans après lui, au XIX.ᵉ siècle et en
France, par l'école théocratique, en opposition
aux doctrines de l'école cartésienne, qui
avait adopté pour *criterium* l'évidence, c'est-
à-dire la décision de la raison individuelle.
En Grèce même, dans la période philosophique
postérieure à Socrate, elle trouva des partisans dans le stoïcisme, et, en dehors du stoïcisme, elle eut pour propagateur Œnésidème
de Gnosse. « Œnésidème, dit Sextus [1], admet
« une différence entre les jugements. Les uns
« sont le produit de la raison générale, et ils
« sont vrais ; les autres le produit de la raison
« individuelle, et ils sont faux. » Ce n'est pas,
du reste, la seule similitude qui existe entre
la doctrine d'Héraclite et celle d'Œnésidème;
et, sans vouloir exagérer ici les analogies, on
ne saurait méconnaître entre ces deux philo-

---

[1] Οἱ μὲν περὶ τὸν Αἰνησίδημον λέγουσι τινὰ τῶν φαινομένων
διαφοράν· καὶ φασι τούτων τὰ μὲν κοίνως φαινεσθαι, τὰ δε
ἰδίως τινί· ὧν ἀληθῆ μὲν εἶναι τὰ κοίνως πᾶσι φαινόμενά.
ψευδῆ δὲ τὰ μὴ τοιαῦτα. (*Sext-Empiric., adv. Mathem.,
lib.* VII.)

sophes plus d'un point de contact. Au rapport
de Sextus, historien de la secte empirique,
Œnésidème, le père et le chef de cette école,
avait coutume de dire que la doctrine sceptique est une introduction à la philosophie
d'Héraclite [1]. Toutefois, Sextus n'accepte
point pour sa part cette sorte de parenté ni
de filiation entre les deux doctrines. « Pour
« moi, dit-il, je ne sais si la doctrine scepti-
« que n'est pas plus contraire que conforme à
« la philosophie d'Héraclite ; car un philoso-
« phe sceptique traite de décisions téméraires
« toutes les choses qu'Héraclite prétend éta-
« blir dogmatiquement. Il n'accepte pas les
« assertions d'Héraclite, relativement aux em-
« brâsements périodiques du monde ; il n'ac-
« cepte pas davantage l'opinion dogmatique-
« ment émise par Héraclite, qu'il se trouve
« dans le même sujet des qualités contraires
« les unes aux autres. En un mot, à chaque

[1] *Hyp. Pyrrh.*, L. I, C. 29. ἐπεὶ δὴ οἱ περὶ τὸν Αἰνησι-
δήμον ἔλεγον εἶναι τὴν σκεπτίκην ἐγώγην ἐπὶ τὴν Ἡρακλει-
τείαν φιλοσοφίαν·

« dogme d'Héraclite, il répond, en se riant
« de la témérité dogmatique de ce philoso-
« phe : *Je ne comprends pas ceci ; je ne définis*
« *rien ,* disposition d'esprit en opposition
« avec les doctrines d'Héraclite. Or, il est ab-
« surde de dire qu'une doctrine qui est con-
« traire à une autre, en est une introduction.
« Il est donc absurde de dire que la doctrine
« sceptique est une sorte d'introduction à la
« philosophie d'Héraclite [1]. »

Pour achever la tâche que nous avons entreprise, il resterait à mentionner quelques
opinions d'Héraclite qui n'ont une liaison bien
intime et bien directe, ni entre elles, ni avec
celles que nous avons exposées jusqu'ici, et
qu'il serait peut-être bien difficile, à l'état de
dislocation où nous possédons ce qui nous
reste de ses écrits, de rattacher à un ensemble
systématique. Telles sont les pensées suivantes :

« Αὐη ψύχη σοφωτατη, καὶ ἀρίστη [2] « L'ame sèche

---

[1] *Hyp. Pyrrh.*, L. I, C. 29.
[2] *Stob. ex titulo* περὶ σωφροσύνης

« est la meilleure. » Apparemment parce qu'elle se rapproche le plus de la nature du feu, principe par excellence.

« Ὦναξ οὐ τὸ μαντεῖον ἔστι τό ἐν Δελφοῖς, οὔτε λεγει, οὔτε « κρύπτει, ἀλλά σημαίνει [1]. Le Dieu dont l'oracle « est à Delphes ne révèle clairement ni ne « tient cachées les choses qu'on lui de- « mande, mais il les indique. »

« Σίβυλλα μαινομενῳ στόματι ἀγελαστα καί ἀκαλλώ- « πιστα καί ἀμύριστα φθεγγομενη, χιλίων ἐτῶν ἐξικνεῖται « τῇ φωνῇ διά τὸν θεον [2] La sibylle parle d'inspira- « tion, sans jamais sourire, sans ornement « ni ordre dans le discours, et sa parole, gui- « dée par le Dieu, peut embrasser l'espace de « mille années. »

« Βλάξ ἄνθρωπος ἐπι πάντι λόγῳ φιλεῖ ἐπτοῆσθαι [3]. « L'homme faible a coutume de s'effrayer de « toute espèce de discours. »

Telles sont encore les maximes suivantes,

---

[1] *Plutarch.*
[2] *Clem. Alex. Strom.*, 5.
[3] *Plutarch.*

qui ont trait plus spécialement à la philosophie morale, politique et sociale :

« Ὕϐριν χρὴ σϐεννύειν μᾶλλον ἤ πυρχαίην [1]. Il faut
« éteindre l'orgueil avec plus de soin qu'un
« incendie. »

« Σωφρονεῖν ἀρετη μεγιστή· και σοφιη αληθεα λεγειν και
« ποιεῖν [2]. Etre sage est une très grande vertu,
« et la sagesse consiste à conformer ses pa-
« roles et ses actions à la vérité. »

« Ἄνθρωποισι πᾶσι μετεστι γιγνώσκειν ἑαυτους και
« σώφρονειν [3]. Il appartient à tous les hommes
« de se connaître soi-même et de posséder
« la sagesse. »

« Ἀνθρώποις γίνεσθαι ὁχοσα θέλουσιν οὐν ἄμεινον [4].
« Le mieux pour les hommes n'est pas de
« voir se réaliser tout ce qu'ils veulent. »

« Μενει τοὺς ἀποθνήσκοντας ὁσα οὐν ἐλπονται οὐδε
« δοκεουσιν [5]. La mort nous réserve bien des

---

[1] Diog. de L.
[2] Stob. ex titulo περὶ φρονησίως·
[3] Stob. ex titulo περὶ σωφροσύνης.
[4] Stob. ex titulo περὶ φρονησίως·
[5] Theodoret.

« choses que nous ne pouvons ni prévoir ni
« conjecturer. »

« Μάχεσθαι χρη τον δημον ύπερ. τού νόμου όπως ύπερ
« τειχεος. Un peuple doit combattre pour ses
« lois comme pour ses murailles. »

« Είναι εν το σοφόν, επίστασθαι γνώμην, ήτε οίη εγχυ-
« θερνήσαι πάντα διά πάντων [*]. Il n'y a qu'une seule
« sagesse, c'est de comprendre la pensée qui
« doit gouverner toutes choses en tout point. »

Le livre d'Héraclite fut écrit en prose ionienne. L'absence de tout caractère métrique
et l'usage du dialecte ionien y sont suffisamment attestés par les fragments qui nous restent de ce philosophe. Ses ouvrages paraissent,
du reste, avoir été écrits en un style très obscur. Théophraste, au rapport de Diogène,
prétendait que l'obscurité des écrits d'Héraclite provenait de sa mélancolie, ύπο της μελαγ-
χολίας. Néanmoins, toujours au rapport de
Diogène, l'opinion la plus générale était
qu'Héraclite avait écrit son livre en un style

, *Diog. de L.*, L. IX, C. 1.

, Diog. de L., L. IX, C. 1.

très obscur, afin qu'il ne fût pas profané par
le vulgaire, et qu'il ne fût compris que de
ceux qui seraient capables de profiter de ses
leçons. Dans cette dernière hypothèse, l'obscurité d'Héraclite résultait d'un parti pris
chez ce philosophe de ne se rendre intelligible
qu'à ses disciples. C'est ainsi que paraît l'a-
voir envisagé Cicéron, quand il met dans la
bouche de l'académicien Cotta ces paroles
adressées à l'épicurien Velléius : « *Neque tu*
« *me celas, ut Pythagoras solebat alienos, nec*
« consulto *dicis occulte* tanquàm Heraclitus[1]. »
Au reste, calculée ou non, il fallait bien que
l'obscurité l'emportât de beaucoup sur la lucidité dans les écrits d'Héraclite, puisque
l'épithète de σκοτεινός resta attachée à son nom.
Ainsi, Aristote, dans un passage déjà cité plus
haut : « Αὐτό δε τοῦτο και τὸ παρὰ τῷ σκοτεινῳ Ἡρακλείτῳ
λεγομενον [2]. C'est là ce qu'a dit l'obscur Héraclite. »
Le même Aristote, dans un passage de sa
Rhétorique [3] : « Il est difficile de se reconnaî-

---

[1] *De nat. Deor., lib.* I, *cap.* 26.
[2] *De mundo,* C. 5.
[3] L. III, C. 5.

« tre dans les écrits d'Héraclite, parce qu'on
« ne sait si tel mot se rapporte à ce qui pré-
« cède ou à ce qui suit, comme, par exem-
« ple, lorsqu'au début de son livre, il dit :
« Τοῦ λόγου τοῦ δ'ἐοντὸς ἀεὶ ἀξύνετοι ἄνθρωποι γίνονται. »
« On ne sait à quoi rapporter ce mot ἀεὶ. »
Héraclide du Pont, auteur présumé d'un livre
connu sous le nom d'*Allégories homériques*,
reproche aussi à Héraclite son obscurité et
l'accuse d'envelopper sa pensée de formes
symboliques : Ὁ γοῦν σκοτεινός Ἡράκλειτος ἀσαφῆ καὶ
διὰ συμβόλων εἰκαζεσθαι δυνάμενα θεολογεῖτὰ φύσικα.[1].
Diogène de Laërte, déjà mentionné à cet
égard, rapporte l'épigramme de Timon le
sillographe : Ἡράκλειτος αἰνικτῆς, *Héraclite le fai-
seur d'énigmes.* Cicéron, également mentionné
plus haut, s'exprime ainsi dans son *De finibus*,
en s'adressant à l'épicurien Lucius Manlius
Torquatus, en présence de C. Valérius Triarius:
« *Et tamen vide, ne si ego non intelligam, quid*
« *Epicurus loquatur, quià græcé, ut videor, lucu-*

---

[1] *Ex libro de allegoriis Homericis qui sub Héraclidis,
pontici nominis editus est.*

« *lenter sciam, sit aliqua culpa ejus qui ità loquitur*
« *ut non intelligatur. Quod duobus modis sine re-*
« *prehensione fit. Si aut de industriâ facias, ut*
« *Heraclitus, cognomento qui* σκοτεινός *perhibetur,*
« *quià de naturâ nimis obscuré memoravit, aut*
« *quùm rerum obscuritas, non verborum, facit ut*
« *non intelligatur oratio, qualis est in Timæo*
« *Platonis* [1]. » Enfin, Diogène de Laërte, dont
nous invoquons pour la troisième fois en ce
même point le témoignage, raconte qu'Euripide ayant envoyé à Socrate le livre d'Héraclite, sur la *Nature*, περι φυσεως, le maître de
Platon, avec cette bonhomie un peu caustique
qu'il portait en toutes ses relations sociales,
répondit que ce qu'il en avait compris lui avait
paru très bon, et qu'il aimait à croire qu'il en
était de même de ce qu'il n'avait pu comprendre : « Α῾ μὲν συνῆκα, γενναῖα· οἶμαι δὲ καὶ ἅ
μὴ συνῆκα [2] » Héraclite déposa son livre dans
le temple d'Artémis. Sa conviction, ou peut-
être sa présomption, était telle, que, au rap-

[1] *De Finibus bonorum et malorum*, L. II, C. 5.
[2] Diog. de L. sur Héraclite.

port d'Aristote, il ajoutait le même degré de confiance à ce qu'il conjecturait, que d'autres à ce qu'ils savaient. « Ἔνιοι δὲ πιστεύουσιν οὐδὲν « ἧττον οἷς δοξάζουσιν ἢ ἕτεροι οἷς ἐπιστανται. Δη- « λοι δὲ Ἡράκλειτος [1]. » Plus tard, sa doctrine fut exposée par plusieurs philosophes, entre autres par Antisthène, par Héraclide de Pont, par Sphorus le Stoïcien, par Pausanias, qui reçut de là, le nom d'Héracléipiste, par Nico- mède, par Denys et par le grammairien Dio- dote. Sur plusieurs points de sa doctrine, Hé- raclite fit école en Grèce. Platon, Œnésidème, les Stoïciens, firent des emprunts à son sys- tème, et son livre fut une source à laquelle puisèrent plusieurs sectes philosophiques, postérieures à lui et à Socrate [2].

[1] Arist. Ethic. ad Nicom, L. VII, C. 5.
[2] Ce mémoire sur Héraclite a été lu, en 1869, devant l'A- cadémie des sciences morales et politiques.

CHAPITRE VII.

DIOGÈNE D'APOLLONIE.

—

L'HISTORIEN qui a raconté la vie et exposé les opinions des philosophes célèbres[1], ne précise ni la date de la naissance, ni la date de la mort de Diogène d'Apollonie. Il se contente de dire que ce philosophe vécut aux temps d'Anaxagore, et qu'au rapport d'Antisthène, il fut disciple d'Anaximène. Suivant le calcul de Tennemann, en ses tables chronologiques, Diogène d'Apollonie florissait vers la

[1] Tel est en effet le titre du livre de Diogène de Laërte. Περι βιων, δογμάτων και ἀποφθεγμάτων τῶν ἐν φιλοσοφίᾳ ευδοκιμησάντων βιϐλίαι.

soixante-dix-septième olympiade, c'est-à-dire,
vers l'an 472 avant notre ère. Or, d'après les
mêmes tables, Anaximène ne mourut qu'en
500 ; Diogène d'Apollonie put donc être son
disciple. D'autre part, Anaxagore naquit en
428 et mourut en 500 ; Diogène, par conséquent, dut être le contemporain d'Anaxagore.

A l'époque où florissait Diogène d'Apollonie, Athènes, qui devait devenir un jour le
centre des grandes écoles philosophiques fondées par Platon, Aristote, Zénon, Épicure,
commençait à exercer en Grèce le glorieux
rôle de métropole de la science. Diogène d'A-
pollonie y devança Anaxagore et Archélaüs,
ces deux précurseurs de Socrate. Il y subit des persécutions; et Démétrius de Phalère, en son apologie de Socrate, rapporte que
Diogène fut à Athènes l'objet d'une haine si
ardente, que sa vie y courut des dangers.
Quelle fut la cause de cette haine ? Le sacerdoce athénien, qui devait plus tard proscrire
Anaxagore et tuer Socrate, fit-il sur Diogène
l'essai d'une persécution destinée à atteindre
un jour les successeurs de ce philosophe? C'est

une question à laquelle il nous est impossible d'apporter une solution précise.

Les premiers philosophes ioniens, Thalès, Phérécyde, Anaximandre, avaient eu des successeurs, mais n'avaient pas, à proprement dire, fondé d'écoles. Nous avons vu, en effet, Anaximandre renoncer aux hypothèses cosmogoniques de Phérécyde et de Thalès, et Anaximène, à son tour, abandonner l'hypothèse d'Anaximandre. Mais Anaximène laissa un véritable héritier et propagateur de ses doctrines dans la personne de Diogène d'Apollonie. La doctrine cosmogonique de Diogène offre d'abord ceci de commun avec celles de Thalès, Phérécyde, Héraclite, qu'elle pose comme principe de toutes choses un seul élément ; et la raison sur laquelle se fonde Diogène pour assigner ainsi à toutes choses un principe unique, c'est la nécessité de reconnaître entre les choses une série d'actions exercées et reçues ; ce qui ne pourrait avoir lieu si tout ne procédait pas d'un seul et même principe, καὶ ταῦτα ὀρθῶς λέγει Διογένης, ὅτι εἰ μὴ ἦν ἐξ ἑνὸς ἅπαντα, οὐκ ἂν ἦν τὸ ποιεῖν καὶ πάσχειν ὑπ,

ἀλλήλων [1]. Mais, indépendamment de ce rapport
général de ressemblance qui existe entre la cosmogonie de Diogène et celle des Ioniens, qui,
tels qu'Héraclite, Phérécyde, Thalès, ont admis un principe unique, cette même doctrine
soutient un rapport tout spécial de similitude
avec la cosmogonie d'Anaximène. « Anaximène
« et Diogène, dit Aristote [2], établissent que
« l'air est le principe des corps simples. » « Dio-
« gène d'Apollonie, dit l'historien ancien qui
« a raconté la vie et exposé les opinions des
« philosophes célèbres, regarde l'air comme
« étant l'élément générateur, στοιχεῖον εἶναι τὸν
ἀέρα [3]. Or, l'on sait que ce fut là précisément
la donnée fondamentale de la cosmogonie
d'Anaximène. A l'exemple d'Anaximène encore, Diogène semble avoir été conduit à l'a-
doption de son principe par une analogie. La
vie humaine ayant son principe dans l'ame,
et l'ame, pour Diogène comme pour Anaximène, étant le souffle, c'est-à-dire l'air, tous

[1] Arist. *de Generat. et Corrupt.*, L. I, C. 6.

[2] Métaph., L. I, C. 3.

[3] Diogène de Laërte, vie de Diogène d'Apollonie.

deux en concluent que l'air doit être également le principe de la vie universelle. De là, dans la doctrine de Diogène, une sorte de déification de cet élément. « *Quid aër* (dit Cicéron [1]) *quo Diogenes utitur Deo, quem sensum habere potest, aut quam formam Dei?* » L'air est donc, pour Diogène, une sorte d'ame du monde; et de même que l'ame humaine a la conscience et la pensée, de même aussi la conscience et la pensée doivent appartenir à l'ame universelle. Telles sont du moins les doctrines qu'attribuent à Diogène, non-seulement Cicéron dans sa *Nature des Dieux,* mais encore Simplicius, qui avait lu le livre de Diogène, intitulé *de la Nature.* Au rapport de Simplicius, la cosmogonie de Diogène conférait à l'air tous les attributs de la divinité; à savoir : la grandeur, la puissance, la science, l'éternité, ἀλλὰ τοῦτο μὲν δῆλον δοκεῖ εἶναι, ὅτι καὶ μέγα, καὶ ἰσχυρόν, καὶ αἰδίον τε καὶ ἀθάνατον, καὶ πολλὰ εἰδὸς ἔστι [2]. En vertu de sa puissance et

---

[1] *De natur. Deor.* I, 12.

[2] Simplicius, fol. 33, *phys.* — *ibid,* en parlant du même principe, αἰδίον καὶ ἀθάνατον σῶμα.

de son intelligence, le principe suprême est
regardé par Diogène d'Apollonie comme l'auteur de l'ordre et de l'harmonie qui se manifeste dans tous les phénomènes de l'univers.
« Car, dit-il (toujours au rapport de Simpli-
« cius), sans une intelligence, il ne serait
« pas possible que toutes choses fussent dis-
« tribuées comme elles le sont, et que tout
« eût sa mesure, l'hiver et l'été, la nuit et le
« jour, la pluie, le vent et le beau temps; tou-
« tes choses que l'on trouvera parfaitement ré-
« glées, pour peu que l'on se donne la peine
« d'y réfléchir. Οὐ γὰρ ἂν (φήσιν) οὕτω δεδάσθαι οἷόντε
« ἦν ἄνευ νοησίως, ὥστε πάντων μέτρα ἔχειν, χειμῶνος τε
« καὶ θέρους, καὶ νύκτος καὶ ἡμέρας, καὶ ὑτῶν μαι ἀνέμων
« καὶ εὐδίων, καὶ τὰ ἄλλα, εἴ τις ϐούλεται ἐννοεῖσθαι, εὑρίσ-
« κοι ἂν οὕτω διακείμενα ὡς ἀνυστόν κάλλιστα [1] » De
l'harmonie qui éclate dans les phénomènes
de l'univers, Diogène d'Apollonie, faisant ici
l'application du principe de causalité, destiné
plus tard, sous Anaxagore et sous les philo-

---

[1] *Ibid,,* fol. 32 b.

sophes ultérieurs, à devenir le fondement le
plus solide de la Théodicée, déduit l'existence
d'un principe suprême, doué d'intelligence,
νόησιν ἔχον, qui domine et gouverne tout, πάντων
κρατεῖν, et ce principe suprême, c'est cet élément que les hommes appellent l'air, ὁ ἀὴρ
καλούμενος ὑπὸ τῶν ἀνθρώπων. Ainsi revêtu des attributs d'intelligence et de puissance, l'air, à
titre d'être par excellence, s'ajoute à tout,
règle tout, pénètre tout, et il n'est pas une
seule chose qui ne participe de son essence.

Καί μοί δοκεῖ τὸ τὴν νόησιν ἔχον εἶναι ὁ ἀὴρ καλούμενος ὑπὸ
τῶν ἀνθρώπων, καὶ ὑπὸ τούτου πάντα κοβερνᾶσθαι, καὶ πάντων κρατεῖν, καὶ ἐπὶ πᾶν ἀφῖχθαι, καὶ πάντα διατιθέναι,
καὶ ἐν παντὶ ἐνεῖναι, καὶ ἔστι μηδὲ ἕν, ὅτι μὴ μετέχει
τούτου [1].

---

[1] *Simplic.*, *Phys.*, Fol. 33, A. — Ces trois fragments de
Simplicius sont précieux à recueillir, en ce qu'ils jettent une
vive clarté sur la doctrine de Diogène d'Apollonie. Simplicius
avait connu le livre de Diogène sur *la Nature*, περὶ φυσίως.
On peut donc croire, en toute confiance, qu'il reproduit exactement le système de ce philosophe. Maintenant, ces fragments, et deux autres que nous citerons ultérieurement,
sont-ils des textes de Diogène lui-même recueillis par le savant
commentateur, ou ne font-ils qu'exprimer la pensée de Dio-

Ces trois derniers textes, empruntés à Simplicius et rapprochés de tous ceux qui ont été cités précédemment, nous permettent de déterminer avec une exacte précision le rôle attribué à l'air dans la cosmogonie de Diogène. Ce rôle est double. L'air est d'abord le principe matériel par excellence, στοιχεῖον τὸν ἀέρα [1], comme l'eau chez Thalès, la terre chez Phé-

gène sous une forme et des expressions qui seraient celles de Simplicius? C'est ce qui nous paraît très difficile à décider. L'une et l'autre conjecture a des chances de vérité. Toutefois, la présence dans l'un de ces textes (voir plus loin) de termes d'un sens très déterminé, tels que χροίη et ἡδονή, désignant, comme dans les fragments d'Anaxagore, des qualités générales, à savoir, l'un les qualités du corps, l'autre les qualités de l'esprit, nous portent à penser que ce sont ici de véritables textes de Diogène. En effet, nous retrouvons le même emploi des mêmes termes, dans plusieurs fragments d'Anaxagore, qui, ainsi que Diogène d'Apollonie, écrivait à une époque où la langue philosophique, encore très pauvre en termes généraux, devait nécessairement recourir à des termes d'un sens particulier et déterminé, pour désigner des qualités générales. Or, de ce genre, sont les termes χροίη et ἡδονή.

[1] Diog. de Laërte.

récyde, le feu chez Héraclite [1]. Mais il n'est pas seulement un corps éternel et immortel, αἴδιον καὶ ἀθάνατον σῶμα [2], il est de plus un principe intelligent, πολλὰ εἰδὸς, νοήσιν ἔχον, puissant, ἰσχυρὸν [3], et, à ce double titre, il pénètre, domine règle et gouverne toutes choses, πάντων κρατεῖ. [4] Qu'est-ce à dire ? N'est-ce pas conférer à l'air tous les attributs de la matière et en même temps tous ceux de la divinité ? N'est-ce point déifier cet élément, tout en lui maintenant pourtant sa nature corporelle ? N'est-ce point, pour nous servir ici du langage scholastique, identifier l'une à l'autre et réunir en une seule et même substance la cause matérielle et la cause efficiente ? Or, c'est dans cette identification que nous paraît sur-tout résider le caractère d'originalité qui s'attache à la cosmogonie de Diogène. Pour Anaxagore, la cause matérielle et la cause efficiente

---

[1] Voir les trois dissertations sur les philosophes désignés.
[2] Voir ci-dessus les *Fragm.* de Simplicius.
[3] *Ibid.*
[4] *Ibid.*

sont parfaitement distinctes, car il appelle
l'une ὕλη et l'autre νοῦς. Pour les autres Ioniens (si l'on en excepte Thalès, chez qui
semble prévaloir l'idée d'une sorte d'ame du
monde au point de vue panthéistique[1], et
Phérécyde, qui paraît avoir admis un Dieu
coéternel à la matière[2]), la cause matérielle,
celle qu'Aristote devait plus tard qualifier du
nom de τὸ ὑποκείμενον, est la seule dont ils paraissent tenir compte, tandis qu'ils semblent
négliger et omettre l'ἀρχὴ τῆς κινησέως, c'est-à-
dire la cause efficiente, omission qui vaut à
plusieurs d'entre eux, ainsi que nous l'avons
vu, les reproches d'Aristote et ultérieurement
de Plutarque, qui, sur les traces d'Aristote,
déclare qu'il ne peut concevoir que la cause
matérielle, le τὸ ὑποκείμενον, le sujet, puisse se
modifier lui-même, et que, par exemple, le
bois se change lui-même en lit et l'airain en
vase ou en statue. Pour Diogène, au contraire, il n'y a pas de cause matérielle sans

---

[1] Κοσμον εμψύχον (D. L.) τῷ ὅλῳ ψύχην μιγῆναι (Arist.)
[2] ζεὺς μὲν καὶ χρόνος εἰς ἀεὶ καὶ χθων ἦν (D. L.).

cause efficiente, et c'est en quoi il se sépare
des philosophes mentionnés en dernier lieu.
Seulement (et ce point différencie sa cosmogonie d'avec celle d'Anaxagore), il réunit ces
deux causes en un seul et même être, qui est
l'air. Il avait compris que l'organisation de
cet univers requérait l'intervention d'un être
intelligent et puissant ; mais il n'avait pu s'é-
lever encore à la conception d'un être immatériel, et c'est pourquoi il avait identifié l'une
à l'autre la cause matérielle et la cause efficiente. La distinction radicale de ces deux
causes, et la personnification de la seconde
d'entre elles en un être qui ne fût point matière, devait être le résultat d'un progrès ultérieur, et ce progrès, c'est avec Anaxagore
que la philosophie l'opéra.

L'air donc, posé à titre tout à la fois de
cause matérielle et de cause efficiente, tel est
pour Diogène d'Apollonie le principe des choses, principe à deux faces, comme on voit,
ou, en d'autres termes, principe revêtu d'un
double attribut. Sous le point de vue du premier de ces attributs, c'est-à-dire à titre de

cause matérielle, l'air produit les mondes ; et
comment les produit-il ? Absolument comme
chez Anaximène, par condensation et raréfaction, avec cette différence toutefois que,
chez Anaximène, cette condensation et cette
raréfaction de l'élément générateur avaient
lieu en vertu des lois fatales du mouvement,
tandis que chez Diogène, ces modifications se
produisent sous l'empire d'une sorte de cause
providentielle, c'est-à-dire sous l'impulsion
d'une volonté intelligente et puissante, inhérente au principe générateur lui-même, qui
cumule la double fonction de cause matérielle
et de cause efficiente. La condensation de l'air
produit l'eau ; un degré ultérieur de condensation produit la terre. D'autre part, la raréfaction
de l'air produit le feu. A leur tour, le feu, l'eau,
la terre, produisent tout le reste. Tout s'opère
donc, en dernière analyse, par la condensation
et la raréfaction de l'élément générateur,
τὸν ἀέρα, πυκνούμενον καὶ ἀραιούμενον, γεννητίκον εἶναι τῶν
κόσμων [1]. Mais de même que tout vient de l'air

---

[1] Diog. de Laërte (*Vie de Diogène d'Apollonie*).

par condensation ou raréfaction, de même
aussi, par raréfaction ou condensation, tout
y retourne: de telle sorte que, comme le dit
Diogène d'Apollonie dans Diogène de Laërte,
rien ne sort du néant et rien n'y rentre, οὐδὲν
ἐν τοῦ μὴ ὄντος γίνεσθαι, οὐδὲ εἰς τὸ μὴ ὂν φθείρεσθαι[1].
Au sein de cette série indéfinie de transformations qui convertissent l'élément générateur en mille choses diverses, ou qui ramènent
toutes ces choses à la forme primitive de l'é-
lément générateur, la substance primordiale
qui subit toutes ces modifications constitue
un tout qui est et demeure infini, tandis que
le caractère de fini s'attache aux formes va-
riables et transitoires de la succession desquelles résultent les phénomènes de ce monde :
Διογένης τὸ μὲν πᾶν ἄπειρον, τον δὲ κόσμον πεπεράσθαι[2]. »

Le point de départ de la cosmogonie de
Diogène étant ainsi déterminé d'après des
témoignages irréfragables, il nous reste, toujours d'après les mêmes autorités, à suivre

---

[1] *Ibid.*

[2] *Plut. de Placit. philos.,* 1.

cette cosmogonie dans ses développements.

Lorsque, par l'effet de la condensation et de la raréfaction, qui sont elles-mêmes un résultat du mouvement, l'air, substance primordiale, se fut converti en eau, en terre et en feu, le mouvement continuant à agir sur ces divers corps, transformations de l'élément primitif, leur densité relative détermina la place que prit chacun d'eux dans l'ensemble des choses. Les molécules de terre et d'eau occupèrent la partie inférieure; les molécules d'air et de feu les plages supérieures. En d'autres termes, les corps les plus lourds constituèrent, par leur assemblage, la terre et l'eau; les plus légers gagnèrent les régions célestes, et, de leur agrégation, résultèrent les astres et le soleil. C'est ce qui résulte du témoignage d'Eusèbe, qui, dans un passage [1],

---

[1] *Præpar. evang.*, L. I, C. 8 : Διογένης ὁ Ἀπολλωνιάτης ἀέρα ὑφίσταται στοιχεῖον. κοσμοποιεῖ δὲ οὕτως· ὅτι τοῦ παντὸς κινουμένου, καὶ ᾗ μὲν ἀραιου, ᾗ δὲ πύκνου γινομένου, ὅπου συνεκύρησε τὸ πύκνον, συστροφὴν ποιῆσαι, καὶ οὕτω τὰ λοιπά, κατὰ τὸν αὐτὸν λόγον, τὰ κουφότατα, τὴν ἄνω τάξιν λαβόντα, τὸν ἥλιον ἀποτελέσαι.

dont nos précédentes lignes ne sont qu'une traduction, expose la manière dont Diogène d'Apollonie conçoit la formation du monde, οὕτως Διογένης ὁ Ἀπολλωνιάτης κόσμοποιεῖ. Les choses étant ainsi distribuées, leur ensemble renferme en son sein une multitude de variétés qui, chacune, trouvent leur raison d'être dans quelque qualité de l'être primitif. En d'autres termes, l'air, substance primordiale et génératrice, possédant suivant les temps et les lieux, différentes propriétés, et n'étant ni constamment, ni partout, égal à lui-même quant au degré de chaleur, d'humidité, de mouvement, il en résulte, en un nombre indéfini, autant de différences analogues dans les êtres auxquels il donne lieu, différences qui n'affectent pas seulement les phénomènes corporels, mais encore les phénomènes intimes et intellectuels [1]; car, ainsi qu'il a été

---

[1] Καὶ πολλαὶ ετεροιωσεις ἐνεισι καὶ ἡδονῆς καὶ χροιῆς ἄπειροι (Simplic. phys., L. I, fol. 33, a). — Remarquez ici que le mot ἡδονῆς désigne les qualités internes, et χροιῆς les qualités externes. Ces deux mêmes mots sont pris dans

vu précédemment, l'air, dans la cosmogonie
de Diogène, n'est pas seulement substance
matérielle, σῶμα, mais encore substance intelligente, πολλὰ εἶδος. Simplicius, dans un passage qui, en vertu des raisons apportées plus
haut [1], nous paraît être un texte même de
Diogène, explique ainsi ces différences, tant
internes qu'externes qui, dans les êtres dérivés,
sont déterminées par les diverses qualités de
l'être primitif. « Rien (est-il dit dans le pas-
« sage dont il s'agit) n'est absolument sem-
« blable à une autre chose. L'air lui-même,
« ainsi que la pensée, ne sont point partout et
« toujours égaux à eux-mêmes. L'air, en effet,
« revêt bien des qualités diverses; il est ou
« plus chaud ou plus froid, ou plus humide
« ou plus sec, ou plus calme ou plus agité;
« enfin, il y a en lui un nombre indéfini de

les mêmes acceptions dans un fragment d'Anaxagore, conservé aussi par Simplicius. On peut croire qu'à l'époque de
Diogène et d'Anaxagore, la langue philosophique ne possédait encore que fort peu de termes généraux.

[1] Voir plus haut la note commençant ainsi : ces trois fragments de Simplicius......

« variétés et de degrés, tant en ce qui touche
« les qualités internes que les qualités exté-
« rieures. L'ame de tous les animaux est une
« même chose, à savoir, un air plus chaud
« que l'air extérieur, au sein duquel nous
« vivons, mais en même temps, un air plus
« froid que celui qui constitue la substance du
« soleil. Toutefois, le degré de chaleur n'est
« pas le même pour l'ame de tous les animaux;
« il ne l'est pas même pour les ames des hom-
« mes; partout il diffère. Cette différence n'est
« pas grande, il est vrai, mais elle est suf-
« fisante pour empêcher toute équivalence.
« C'est de là que provient la diversité des êtres
« vivants, diversité qui porte tout à la fois sur
« leur forme extérieure, sur leurs habitudes
« et sur leur intelligence [1]. » Ce texte, em-

---

[1] Μετέχει δὲ οὐδὲ ἓν ὁμοίως τό ἕτερον τῷ ἑτέρω, ἀλλὰ
πολλοὶ τρόποι καὶ αὐτοῦ τοῦ ἀέρος καὶ τῆς νοησεως εἴσιν.
ἔστι γὰρ πολύτροπος καὶ θερμότερος καὶ ψυχρότερος, καὶ
ξηρότερος καὶ ὑγρότερος, καὶ στασιμώτερος καὶ ὀξυτέραν
κίνησιν ἔχων, καὶ ἄλλαι πολλαὶ ἑτεροιώσεις ἔνεισι καὶ ἡδονῆς
καὶ χροιῆς ἄπειροι. καὶ πάντων τῶν ζωῶν δὲ ἡ ψυχὴ τὸ αὐτὸ

prunté à Simplicius, est très explicite. C'est
des diverses qualités de l'air que résultent les
diversités tant externes qu'internes qui déterminent la distinction des espèces et des
individus ; car, à titre de substance matérielle, l'air est le principe des corps ; à titre
de substance intelligente, il est le principe
des ames et de la pensée. Aussi, pour expliquer la pensée en nous, Diogène, au rapport
d'Aristote et de Plutarque[1], suppose que l'air
se répand avec le sang par tout le corps,
ἐφίξης δεικνύσιν ὅτι νοήσεις γίνονται τοῦ ἀέρος σὺν τῷ αἱ-
ματι τὸ ὅλον σῶμα καταλαμβάνοντος διὰ τῶν φλεβῶν,
et qu'ainsi le cœur est le point central tout-à-
la-fois de la vie et de la pensée, Διογένης τὸ τῆς

ἔστιν, ἀὴρ θερμότερος τοῦ ἔξω, ἐν ᾧ ἔσμεν, τοῦ μέντοι παρὰ
τῷ ἡλίῳ πολλὸν ψυχρότερος· ὅμοιον δὲ τοῦτο τὸ θερμὸν οὐδενὸς
τῶν ζώων ἔστιν, ἐπεὶ οὐδὲ τῶν ἀνθρώπων, ἀλλὰ διαφερει,
μεγα μὲν οὐ, ἀλλ'ὥστε παραπλήσια εἶναι, οὐ μέντοι ἀτρεκεως
γε ὅμοιον γε ὄν. ἄτε οὖν πολυτρόπου ἐνούσης τῆς ἑτεροιωσίως,
πολύτροπα καὶ τὰ ζῶα, και πόλλα, και οὔτε ἰδεαν ἀλλήλοις
ἐοικότα, οὔτε δίαιταν, οὔτε νόησιν, ὑπὸ τοῦ πλήθους τῶν ἑτε-
ροιωσίων. (Simplic., phys., fol. 33, a).

[1] *Arist. de histor. animal. — Plut. de placit,* 4, 5.

ψύχης ἡγεμόνικον τίθησιν ἐν τῇ ἀρτηριάκῃ κοιλᾷ τῆς καρδίας, ἥτις ἐςτι καὶ πνευματίκη. L'ame, dans l'homme et dans les animaux, est donc l'air; et l'air étant tout à la fois le plus subtil d'entre les éléments et le principe de toutes choses, il s'ensuit pour l'ame la double propriété de connaître et de mouvoir; de connaître, puisqu'à titre d'air elle est principe et possède aussi la notion de tout le reste; de mouvoir, puisqu'à titre d'air encore elle est le plus subtil des êtres. C'est ainsi, du moins, qu'Aristote entend et interprète la doctrine du philosophe d'Apollonie : « Διογίνης δ'ώσπερ καὶ ἔτεροί τινες ἀέρα τοῦτον οἰηθεὶς πάντων λεπτομέρεστατον εἶναι καὶ ἀρχὴν, καὶ διὰ τοῦτο γινώσκειν τε καὶ κινεῖν τὴν ψυχὴν, ᾗ μὲν πρῶτον ἔστι καὶ ἐκ τούτου τά λοιπὰ γιγνώσκειν, ᾗ δὲ λεπτομερέστατον κινητικόν εἶναι [1]. »

De cet ensemble de considérations, que résulte-t-il pour le caractère général de la cosmogonie de Diogène ? C'est que l'ame universelle, en d'autres termes, le principe vital qui préside à l'existence de toutes choses, c'est l'air. L'air est le principe des phénomènes in-

---

[1] *De anima*, 1, 2.

tellectuels comme des phénomènes physiques,
en vertu de sa double nature de substance
intelligente et de substance corporelle. Ames
et corps, dans les hommes, dans les animaux,
dans la nature entière, ne sont autre chose
que l'air diversement modifié. Et Diogène
croyait avoir trouvé dans les phénomènes de
la vie des preuves de son assertion. Car,
comme il le dit dans Simplicius *, « L'homme
« et les autres animaux qui respirent, vivent
« d'air, et l'air constitue leur ame et leur pen-
« séc, et si la respiration cesse, la vie et la
« pensée cessent du même coup. Ἄνθρωπος γὰρ
« καὶ τὰ ἄλλα ζῶα ἀναπνιοντα ζωεῖ τῳ ἀερι, καὶ τοῦτο αὐ-
« τοῖς καὶ ψυχὴ ἔστι καὶ νόησις. καὶ ἐὰν τοῦτο ἀπαλλαχθῇ,
« ἀποθνήσκει, καὶ ἡ νόησις ἀπολείπει. » Et cette même
pensée se trouve encore attribuée à Diogène
par Aristote, en son *Histoire des animaux :*
« Diogène établit, dit Aristote, que la se-
« mence animale contient de l'air, et que la
« pensée se forme par la circulation de l'air
« avec le sang par tout le corps à travers les

---

*. *Phys.,* fol. 82, b,

« veines. Διογενης δεικνυσιν ὁτι και τὸ σπερμα τῶν ζώου

« πνευματῶδες ἐστι, και νοησεις γίνονται τοῦ ἀερος σύν

« τῳ ἁιματι τὸ ὁλον σῶμα καταλάμβάνοντος διὰ τῶν

« φλέбων. »

Telles furent, dans leur ensemble, et autant qu'il nous est possible de les retracer aujourd'hui, les doctrines de Diogène. Grâce à
Simplicius, à qui nous sommes redevables
de la conservation de plusieurs fragments
de ce philosophe, cette doctrine n'a pas péri
tout entière. Dépourvue d'originalité, du
moins en ce qui touche au principe qu'elle
pose comme fondamental, puisque ce principe avait été adopté et proposé déjà par un
autre Ionien, elle constitua du moins un savant développement du système d'Anaximène.

On ignore si Diogène d'Apollonie composa
plusieurs ouvrages. Simplicius avait vu son
livre *de la Nature*, περὶ φυσίως, titre commun
à la plupart des premiers traités composés
par les philosophes anciens. C'est à ce livre
probablement qu'appartenait la phrase citée
par Diogène de Laërte, qui qualifie notre philosophe de savant et éloquent écrivain, ανήρ

φυσικὸς, καὶ ἄγαν ἐλλόγιμος. « Diogène d'Apollonie, dit cet historien, avait écrit un livre qui commençait par ces mots : « L'homme « qui veut établir une doctrine doit, à mon ´ « avis , partir d'un principe incontestable , « énoncé en un langage simple et grave. »

« Ἀρχὰ δὲ αὐτο τοῦ συγγράμματος ἦδε. Λόγον πάντος « αρχόμενον δοκεῖ μοι χρεὸν εἶναι τὴν ἀρχὴν ἀναμφισβή- « τητον παρεχεσθαι· τήνδε ἑρμηνείαν, ἀπλῆν καὶ σεμνον. »

CHAPITRE VIII.

ANAXAGORE.

ANAXAGORE, fils d'Eubulus ou Hégésibulus, naquit en Ionie, comme avant lui Thalès, Anaximandre, Anaximène et Héraclite. La patrie d'Anaxagore fut Clazomène, qu'il devait quitter un jour pour aller fixer son séjour à Athènes. Les historiens de la philosophie s'accordent à dire qu'il naquit vers 500 avant l'ère chrétienne. Tennemann, dans ses tables chronologiques, assigne à sa naissance une date précise, à savoir, la première année de la soixante-dixième olympiade, l'an 500 avant J.-C., la même année où naquit le pythago-

ricien Philolaüs; et cette opinion de Tennemann est confirmée par le témoignage de
Diogène de Laërte, qui, sur la foi d'anciens
chroniqueurs et biographes, rapporte qu'A-
naxagore commençait d'avoir vingt ans quand
Xerxès passa l'Hellespont, c'est-à-dire la première année de la soixante-quinzième Olympiade, l'an 480 avant l'ère chrétienne. Or,
pour qu'Anaxagore commençât d'avoir vingt
ans la première année de la soixante-quinzième olympiade, il fallait qu'il fût né la première année de la soixante-dixième, laquelle
est précisément la date que Tennemann assigne à sa naissance. Les premières années de
son adolescence et de sa jeunesse présentent
quelques caractères analogues à ceux qu'on
retrouve dans la vie d'Héraclite. Comme Héraclite, Anaxagore était d'une famille illustre
et opulente, et comme lui aussi, il renonça à
ces richesses et à ces grandeurs, pour suivre,
avec la plus complète abnégation et le plus
généreux dévouement, la vocation qui l'entraînait vers la philosophie et la vie contemplative. Affaires publiques et affaires privées,

rang, fortune, famille, Anaxagore abandonna tout pour la science ; et quelqu'un lui disant un jour : La patrie n'est-elle donc plus rien pour toi? Ma patrie, répondit-il, est au contraire l'objet de toutes mes pensées, et du doigt il montrait le ciel.

Les premières années d'Anaxagore se passèrent à Clazomène et en d'autres villes d'Ionie. Pendant le séjour qu'il y fit, il dut recueillir les enseignements de plusieurs d'entre les philosophes, ses prédécesseurs ou ses contemporains. Aristote ' et Sextus-Empiricus ' placent au nombre de ses maîtres le Clazoménien Hermotime. Quant à Anaximène, que quelques-uns lui donnent aussi pour maître, la chose paraît beaucoup moins vraisemblable, attendu qu'au rapport d'Apollodore, dans Diogène de Laërte, Anaximène serait mort environ au temps de la prise de Sardes par Cyrus, c'est-à-dire 538 avant notre ère, c'est-à-dire encore trente-huit ans avant la naissance d'Anaxa-

---

' Métaph., 1, 3.

ᵃ Adv Mathem., IX, 7.

gore. Il est bien vrai que, dans sa Biographie
d'Anaxagore, Diogène de Laërte dit positivement qu'il fut le disciple d'Anaximène, οὗτος
ἤκουσεν Ἀναξιμένους. Mais il faut remarquer que
Diogène de Laërte est ici en contradiction flagrante avec lui-même, puisque, tout en prétendant faire d'Anaxagore un disciple d'Anaximène, il place la naissance d'Anaxagore dans
la première année de la soixante-dixième
olympiade, c'est-à-dire, l'an 500 avant l'ère
chrétienne, et paraît en même temps adopter
l'opinion d'Apollodore, qui fait mourir Anaximène en 588, ce qui laisse entre la mort d'A-
naximène et la naissance d'Anaxagore un intervalle de trente-huit ans, et s'oppose ainsi
péremptoirement à toute contemporanéité
entre ces deux philosophes. L'assertion de
Diogène de Laërte, qui fait d'Anaxagore un
disciple d'Anaximène, est donc suffisamment
réfutée par Diogène de Laërte lui-même. Res-
teraient à expliquer ce passage de Simplicius[1],
Ἀναξιμένους φιλοσοφίας κοινωνήσας, et cet autre pas-

---

[1] Comment. in phys. Arist.. p. 6; b.

sage de Cicéron : *Anaxagoras qui accepit ab Anaximene disciplinam*[1]. Mais de l'un ni de l'autre de ces deux textes, peut-on légitimement induire qu'Anaxagore ait été le disciple d'Anaximène, et ne faut-il pas bien plutôt entendre par-là qu'entre Anaximène et Anaxagore, il y eut transmission de doctrines philosophiques? Il nous paraît donc très improbable et contraire aux données les plus évidentes de la chronologie, qu'Anaxagore ait été le disciple direct d'Anaximène. Né trente-huit ans après lui, et comme lui en Ionie, il dut très certainement avoir connaissance de ses doctrines, comme au reste, des doctrines de Phérécyde, d'Anaximandre et de Thalès, qui, eux aussi, étaient Ioniens, et avaient vécu à Milet, non loin de Clazomène. Mais ce fut là le seul lien scientifique qui exista entre Anaximène et Anaxagore.

Anaxagore, après avoir recueilli en Ionie les traditions philosophiques laissées par Thalès, Phérécyde, Anaximandre et Anaximène,

[1] *De nat Deor.*, 1, 11.

quitta la Grèce des colonies, et vint s'établir
à Athènes, non point à l'âge de vingt ans,
mais bien vers l'âge de quarante, suivant l'ingénieuse conjecture de Schaubach, qui, à la
leçon vulgairement adoptée dans Diogène de
Laërte, substitue une leçon qui s'accorde
mieux avec le reste du texte de cet historien [1]. Est-il probable, en effet, qu'Anaxagore ait quitté l'Ionie pour Athènes, au moment où Xerxès portait la guerre en Attique ?
D'ailleurs, il résulte du témoignage de Diogène et de Suidas qu'Anaxagore mourut à
soixante-douze ans, peu de temps après sa
condamnation et après avoir passé trente ans
à Athènes, ἔνθα καί φασιν αὐτὸν ἐτῶν διατρίψαι τριά-

---

[1] Voici la leçon proposée par Schaubach, et les motifs
qu'il apporte à l'appui :

*Pro ἐτῶν εἰκόσιν legendum est ἐτῶν τεσσαρακόντα quod
non temerè fieri patet si litteras ad exprimendum nume-
rum hæc scripta esse putamus κ´ (εἴκοσι) pro μ´ (τεσσαρα-
κότα). Quis enim qui Anaxagoram vigesimo ætatis suæ
anno Athenas profectum esse putet, quùm Xerxes illi
urbi excidium minaretur? Huc accedit quòd hæc ratio
cum ipso Diogene pugnet.*

κοντα. Or, si Anaxagore n'eût eu que vingt ans quand il vint à Athènes, il serait donc mort vers l'âge.de cinquante ans, et non point à soixante-douze, ainsi que le disent positivement Diogène et Suidas. Anaxagore avait donc environ quarante ans lorsqu'il vint s'établir à Athènes, dont, quelques années plus tard, il devait faire la métropole de la science, et où il devait compter parmi ses disciples Périclès, Euripide, Démocrite, Archélaüs, Thucydide et peut-être Socrate lui-même. Nous pouvons, sur ces divers points, invoquer le témoignage des historiens. Et d'abord, en ce qui touche Démocrite, Diogène de Laërte dit qu'il suivit les leçons de Leucippe, et, aussi, suivant quelques-uns, celles d'Anaxagore, Λευκιππω παρεβαλε, καὶ Ἀναξαγορα κατὰ τινάς. Le témoignage du même Diogène peut être invoqué en ce qui concerne Archélaüs : Ἀρχέλαος μαθήτης Ἀναξαγόρου. Archélaüs, disciple d'Anaxagore. Il peut l'être encore en ce qui regarde Socrate et Euripide : αμφότεροι δὲ ἤκουσαν Ἀναξαγόρου καὶ οὗτος (Σωκρατης) καὶ Ευριπίδης. « Tous deux suivirent les leçons « d'Anaxagore. » Au témoignage de Diogène de

Laërte, nous pouvons joindre, en ce qui touche
Socrate, celui de Suidas qui, en traitant de
Socrate, dit qu'il s'initia à la philosophie par
les leçons d'Anaxagore, puis de Damon, ensuite d'Archélaüs, ἀκοῦσαι Ἀναξαγόρου τοῦ Κλαζομενίου, εἶτα Δαμῶνος, εἶτα Ἀρχελάου. De même, en ce
qui touche Euripide, nous pouvons citer encore non-seulement Suidas [1], mais encore Diodore de Sicile [2] et Cicéron [3]. Pour ce qui est
de Périclès, les mêmes témoignages peuvent
être produits. Diogène de Laërte rapporte que
Périclès se présenta devant les juges du philosophe en disant qu'il était disciple d'Anaxagore,
καὶ μὲν ἐγώ, ἔφη, τούτου μαθητής εἰμι. « Anaxagore,
« dit l'historien Diodore [4], fut le maître de Péri-
« clès. » Et Cicéron, en plusieurs endroits de ses
écrits, cite également Périclès comme disciple

---

[1] Εὐριπίδης διήκουσε δὲ καὶ Ἀναξαγόρου Κλαζομενίου.

[2] Εὐριπίδης μαθήτης ὢν Ἀναξαγορου τοῦ φυσικοῦ. (1,7).

[3] *Euripides fuerat enim auditor Anaxagoræ (Tuscul.* III, 14).

[4] Ἀναξαγοραν τον σοφιστὴν διδάσκαλον ὄντα Περικλέους.
(XII, 39,)

d'Anaxagore. « *Pericles Xanthippi filius, ab Ana-*
« *xagorâ physico eruditus,* dit-il dans son *Bru-*
« *tus.* Et ailleurs [1] : *Periclem non clamator ali-*
« *quis ad clepsydram latrare docuerat, sed ut acce-*
« *pimus, Clazomenius ille Anaxagoras, vir sum-*
« *mus in maximarum rerum scientiâ.* » Enfin,
si aux noms déjà mentionnés on ajoute, sur
l'autorité de Marcellinus, celui de Diogène, il
résulte qu'Anaxagore compta parmi ses disciples les plus illustres d'entre ses contemporains.

Avant Anaxagore, Athènes ne pouvait opposer aucun nom célèbre à ceux des philosophes qui avaient déjà illustré les colonies
grecques de l'Ionie ou de l'Italie. On peut
donc dire avec vérité, que ce fut dans la première année de la quatre-vingt-unième olympiade, que la philosophie vint établir son siége
à Athènes, où Anaxagore devait trouver plus
tard, tant d'illustres successeurs Athènes devint ainsi la seconde patrie d'Anaxagore; mais
la gloire qui, plus tard, s'attacha à son nom
et à ses doctrines, n'en revient pas moins légi-

[1] *De Oratore,* III, 84.

timement.à sa ville natale ;.et c'est ici le lieu
de contempler les merveilleuses destinées de
l'Ionie, à. qui il échut de voir sortir de son
sein les fondateurs de toutes les grandes doctrines du premier âge de la philosophie
grecque. En effet, indépendamment de Thalès,
d'Anaximandre, d'Anaximène et d'Archélaüs,
tous quatre de Milet, indépendamment d'Héraclite, né à Ephèse, et d'Anaxagore qui prit
naissance à Clazomène, l'Ionie eut encore
la gloire de produire Xénophane, père de la
philosophie Eléatique, et Pythagore, chef de
la secte Italique. Si l'on ajoute à cela qu'Elée
et Abdère étaient toutes deux colonies ioniennes, ne devient-il pas vrai de dire que l'Ionie
fut le berceau de la philosophie grecque? Elle
avait doté l'Italie de ses grands chefs d'école,
Pythagore [1] et Xénophane [2]; ce fut elle encore qui dota Athènes de son premier philo-

---

[1] Né à Samos, en 584, première année de la 49.me olympiade, selon Meiners.

[2] Né à Colophon dans la 40.me olympiade, c'est-à-dire vers
l'an 602 avant l'ère chrétienne, selon Sotion, Apollodore et
Sextus.

sophe dans la personne d'Anaxagore. D'après
les témoignages les plus accrédités, trente ans
environ s'écoulèrent entre l'époque où Anaxagore fonda son école et l'époque de son accusation et de sa condamnation, φάσιν οὗτον
ἐτων διατριψαι τριακοντα, dit Diogène de Laërte.
Au rapport du même historien, les opinions
ne s'accordent pas, concernant les causes et
l'issue de cet événement. Sotion d'Alexandrie [1]
rapporte que Cléon l'accusa d'impiété pour
avoir dit que le soleil était une masse incandescente, μύδρον διάπυρον, que Périclès, son disciple, prit sa défense devant les juges, et qu'il
fut condamné à une amende de cinq talents [2]
et à l'exil. Avec cette opinion de Sotion, dans
Diogène de Laërte, concorde le récit de l'historien Josèphe [3] : « Les Athéniens, dit-il,
« regardaient le soleil comme une divinité, et
« ils condamnèrent Anaxagore pour avoir dit
« que c'était une masse incandescente » νομιζόν-

[1] Floriss. vers 70 ap. J.-C.
[2] Un talent équivalait à environ 1000 fr. de notre monnaie.
[3] C. Apion., t. II, p. 493, éd. Haverkamp.

« τῶν Ἀθηναίων τὸν ἥλιον εἶναι Θεόν, ὅθ᾿ αὐτὸν ἔφη μύ-
« δρον διάπυρον, θανάτου αὐτὸν κατέγνωσαν. » Olym-
piodore, en ses commentaires sur la météorologie d'Aristote[1], s'exprime en termes analogues :
« Anaxagore ayant dit que le soleil était un
« globe de feu, c'est-à-dire un astre incan-
« descent, fut, pour cette audacieuse asser-
« tion, condamné à l'exil par les Athéniens.
« Ὡς καὶ τὸν Ἀναξαγόραν μύδρον καλέσαι τον ἥλιον (μύδρος
« γὰρ ἐστιν πεπυρωμένος σίδηρος) διὰ καὶ ὁ Ἀναξαγόρας
« ἐξωστρακίσθη ἐκ τῶν Ἀθηναίων, ὡς τοιοῦτόν τι τολμησάς
« εἰπεῖν. » Satyrus, en sa *Biographie des Hommes
illustres*, rapporte que ce fut Thucydide qui,
par jalousie contre Périclès, son ennemi politique, accusa Anaxagore, maître de Périclès,
non-seulement d'impiété, mais encore de
trahison, et obtint contre lui, sans qu'il fût
présent, une condamnation à mort, ἀπόντα κατα-
δικασθῆναι θανάτου. Et comme on lui annonçait
tout à la fois, ajoute Satyrus, et sa condamnation et la mort de ses enfants, il répondit,
sur le premier point, qu'il y avait long-temps

[1] P. 5, a.

que la nature avait prononcé cette sentence
contre lui, et, sur le second, qu'il savait bien
qu'il avait engendré des mortels, ὅτι ᾔδειν αὐτοὺς
θνητοὺς γεννήσας. paroles attribuées également à
Solon, par les uns, et par d'autres à Xénophon.
Hermippus, dans ses biographies, dit qu'Anaxagore fut mis en prison et menacé de mort ; mais
que Périclès, s'étant présenté devant le tribu-
nal, demanda si quelqu'un avait à blâmer la vie
d'Anaxagore, et que, chacun se taisant, je
suis, reprit Périclès, disciple d'Anaxagore, et
je vous conjure de ne pas condamner à mort
un homme calomnié, mais de me croire et de
le mettre en liberté. Hermippus ajoute qu'il
en fut fait ainsi ; mais qu'Anaxagore, irrité de
sa mise en accusation, se retira volontairement d'Athènes. Enfin, Hiéronyme [1], au second livre de ses *Commentaires*, assure que
Périclès amena devant les juges Anaxagore
affaibli par la maladie et se traînant à peine,
et qu'il dut son acquittement moins à son innocence qu'à la pitié qu'il inspira. Quoi qu'il

---

[1] Philosophe péripatéticien, vers 268 av. J.-C.

en soit de ces relations diverses, il paraît certain, d'après le témoignage positif de Diogène, qu'Anaxagore ne termina pas ses jours à Athènes, mais à Lampsaque [1], en Asie-Mineure. Un de ses amis témoignant le regret de le voir mourir hors de sa terre natale, « Tout chemin, dit-il, mène aux enfers, πανταχόθεν ὁμοία ἐστιν ἡ εἰς ἄδου καταβάσις. »

Anaxagore mourut la première année de la quatre-vingt-huitième olympiade, l'an 428 avant notre ère. Au rapport de Suidas, il mit lui-même fin à ses jours, κατέστρεψε τὸν βίον ἀποκαρτερήσας. Déjà, s'il faut en croire Plutarque dans la *Vie de Périclès*, il avait fait une semblable tentative à Athènes, mais en avait été empêché par Périclès. Anaxagore était né, d'après les appréciations qui nous ont paru les plus probables, l'an 500, c'est-à-dire la première année de la soixante-dixième olympiade; il avait donc vécu soixante-douze ans, βεβιωκέναι δὲ ἑβδομήκοντα δύο [2]. Les habitants de Lam-

---

[1] καὶ τέλος ἀποχωρήσας εἰς Λάμψακον αὐτόθι κατεστρέψεν.

[2] Diog. de L.

psaque lui rendirent les honneurs funèbres, et,
au témoignage de Diogène de Laërte, gravè-
rent sur sa tombe cette inscription :

Ενθάδε πλεῖστον ἀληθείας ἐπὶ τέρμα περήσας
'Οὐρανίου κόσμου κεῖται 'Αναξαγόρας.

« Ici repose Anaxagore, celui de tous les
« hommes qui sut pénétrer le plus profondé-
« ment les secrets du monde céleste. »

Cette inscription nous conduit naturellement à déterminer la nature des travaux du
philosophe de Clazomène. Ainsi qu'il résulte
du témoignage même de cette épitaphe,
Anaxagore s'occupa sur-tout d'astronomie.
Rappelons - nous d'ailleurs cette réponse
qu'il fit à quelqu'un qui lui demandait s'il
ne songeait plus à sa patrie : « Ma patrie,
« dit-il en montrant le ciel, est l'objet de
« toutes mes pensées. » Et une autre fois,
comme on lui demandait à quelle fin il était
né, : A cette fin, répondit-il, de contempler
le ciel, le soleil et la lune [1]. Ce fait, rapporté

[1] Diog. de L.

par Diogène de Laërté, est rapporté en même temps et presque dans les mêmes termes par Aristote [1]. Comme un jour, dit Aristote, on demandait à Anaxagore quel motif pouvait exister chez un homme de préférer l'existence au néant : ce motif, répondit Anaxagore, c'est le besoin de contempler le ciel et l'ordre de l'univers : Θεωρῆσαι τον οὐρανον καὶ τὴν περὶ τον ὅλον κόσμον τάξιν. Les études astronomiques et cosmologiques étaient donc chez Anaxagore une sorte de vocation irrésistible, et en s'y adonnant il obéit tout-à-la-fois à l'impulsion de sa propre nature et au mouvement de son époque. Les premiers Ioniens, Thalès, Anaximandre, Anaximène, avaient été physiciens et astronomes [2]. Il impliquait, en effet, que la philosophie, à son début, fût autre chose que la science de la nature matérielle, et les premières investigations devaient sur-tout et avant tout avoir pour objet les phénomènes

[1] *Eudem.*, L. I, C. 5.

[2] Voir, sur ce point, les chapitres précédents, aux noms indiqués.

du monde physique. Or, parmi ces phénomènes, les plus apparents et ceux qui, par
leur régularité et leur action sur les productions du sol, devaient sur-tout appeler l'attention, étaient les phénomènes astronomiques
et météorologiques. A l'exemple donc de ses
prédécesseurs, Anaxagore tourna principalement son attention vers l'étude de ces phénomènes ; mais ses doctrines astronomiques et
météorologiques ayant elles-mêmes leur fondement dans sa doctrine cosmogonique, c'est
par l'exposé de celle-ci que nous devons commencer.

Afin de procéder ici d'après une méthode
comparative, dont l'application nous paraît
devoir apporter avec elle, en la matière qui
nous occupe, d'utiles résultats, réunissons
d'abord dans un exposé sommaire les opinions des philosophes antérieurs à Anaxagore, ou ses contemporains, ou immédiatement postérieurs, concernant l'origine et la
formation des choses, et reconnaissons bien
quel était sur ce point l'état de la science à
l'époque à laquelle il appartient.

Ces philosophes, antérieurs à Anaxagore, ou ses contemporains, ou immédiatement postérieurs à lui, peuvent être rangés en deux catégories, suivant qu'ils regardent l'univers comme le développement d'un élément unique, ou comme le résultat de la combinaison de plusieurs éléments. Dans la première de ces deux catégories viennent prendre place Thalès, Phérécyde, Anaximène, Diogène d'Apollonie, Héraclite et Hippasus de Métaponte. En effet, Thalès adopte comme élément primordial, l'eau [1]; Phérécyde, la terre [2]; Anaximène et Diogène, l'air [3]; Héraclite d'Ephèse et Hippasus de Métaponte [4], le feu. Dans la seconde de ces deux catégories se rangent Xénophane, Hippon de Rhégium, Œnopide de Chio, Onomacrite, Empédocle, Anaximandre, Leucippe, Démocrite. Mais entre ces divers philosophes de la seconde catégorie des distinc-

---

[1] Aristote, *Métaph.*, L. I, C. 3.

[2] *Sextus-Empiricus, hypot. pyrrh.*, L. III, C. 4.

[3] Aristote, *Mét.*, L. I, C. 3.

[4] Aristote, *ibid.* — Voir nos dissertations précédentes sur chacun de ces philosophes, à l'exception d'Hippasus.

tions sont à admettre à côté de la ressemblance
qui les unit, et ces distinctions consistent en
ce que, parmi eux, les uns adoptent deux
éléments générateurs, les autres trois, l'un
d'entre eux quatre, plusieurs d'entre eux un
nombre indéfini. Ainsi, au rapport de Sextus [1], Xénophane adopte la terre et l'eau ;
Hippon de Rhégium, le feu et l'eau ; Æno-
pide de Chio, le feu et l'air ; Onomacrite, le
feu, l'eau et la terre ; Empédocle, le feu,
l'eau, la terre et l'air ; et enfin, au rapport
d'Aristote et de Cicéron [2], Anaximandre, Leucippe et Démocrite admettent un nombre
indéfini d'éléments. Maintenant, à laquelle
de ces deux catégories appartient Anaxagore ?
Nous nous proposons d'établir que c'est à la
seconde, c'est-à-dire à celle des philosophes
qui admettent une pluralité d'éléments, et,
dans cette seconde catégorie, à l'ordre de
ceux qui, à l'exemple d'Anaximandre, Leu-

---

[1] *Sextus ; loc., cit.*

[2] Aristote, *de generat et corrupt.*, L. I, C. 1. — Cicéron,
Acad., I, L. II, par. 37.

cippe et Démocrite, en admettent un nombre indéterminé, ἄπειρον.

Pour atteindre le but que nous nous proposons, à savoir, la restitution de la philosophie d'Anaxagore, nous aurons recours à de nombreux textes d'Aristote, de Sextus-Empiricus, de Diogène de Laërte, de Cicéron, qui déterminent avec toute la précision désirable le caractère de la doctrine cosmogonique du philosophe de Clazomène. Mais, indépendamment de ces textes, une ressource plus précieuse encore nous est offerte dans une série de fragments d'Anaxagore lui-même. Parmi ces fragments, qui existent au nombre de vingt-cinq, un est emprunté au traité de Sextus-Empiricus, πρὸς τοὺς μαθηματικοὺς, et a trait à une opinion émise par Anaxagore, sur la difficulté qui existe pour l'intelligence humaine assistée des sens, ces instruments si imparfaits et si grossiers, d'arriver à la possession de la vérité. Un second, sur la véritable nature du soleil, qu'Anaxagore assimile à un corps en ignition, se trouve tout à la fois dans l'apologie de Platon, dans les mémoires

de Xénophon, dans l'écrit de Plutarque sur
les opinions des philosophes, et dans Diogène
de Laërte, à l'article *Anaxagore*. Enfin un
troisième sur l'état primitif de l'univers, qui,
dans l'opinion d'Anaxagore, n'était autre chose
que le chaos (πάντα ἦν ὁμοῦ), auquel l'esprit fit succéder l'ordre et l'harmonie, (εἶτα
νοῦς ἐλθὼν αὐτὰ διεκόσμησε) se rencontre dans Diogène de Laërte. Les vingt-deux autres fragments d'Anaxagore se trouvent dans la
première partie du commentaire de Simplicius sur la *Physique* d'Aristote et sur le *Traité
du ciel* de ce même philosophe; et les raisons
qui nous portent à juger que ces passages sont
véritablement des fragments d'Anaxagore
nous paraissent suffisamment décisives. En
premier lieu, ces passages sont écrits en dialecte ionien, et se distinguent ainsi du reste
du texte de Simplicius. En outre, il résulte
des paroles mêmes de Simplicius que la doctrine d'Anaxagore ne lui était pas simplement
arrivée par tradition, mais qu'il l'avait étudiée
et connue dans plusieurs d'entre les écrits
mêmes du philosophe de Clazomène : rt

μεν εἰς ἐμε ἐλθοντα βιβλια [1]. Nous avons cru devoir réunir dans des notes annexées à ce mémoire [2] la série complète de ces fragments dont nous avons essayé une traduction, nous réservant de les invoquer successivement dans le cours de cette dissertation, à mesure que le besoin s'en offrirait, et de les étayer en même temps de témoignages et de passages empruntés à Aristote, à Platon, à Diogène, à Sextus, à Cicéron, à Lucrèce. Ces divers rapprochements nous semblent de nature à jeter un grand jour sur le sens de ces fragments, qui, seuls et destitués de toute explication extrinsèque, pourraient, il faut en convenir, ne donner qu'une idée très vague des doctrines d'Anaxagore.

L'un des fragments conservés par Simplicius, dans son commentaire sur la physique d'Aristote [3], nous offre en un sens parfaite-

[1] *Simplic. in phys.*, Arist., p. 36, b.

[2] Voir à la fin du volume.

[3] P. 33. b. — Voir, pour la série complète et la traduction de ces fragments, les notes à la fin du volume.

ment déterminé l'opinion d'Anaxagore sur l'é-
tat primitif de l'univers. Aux yeux du philosophe de Clazomène, cet état fut le chaos,
ὁμοῦ πάντα χρήματα. Au sein de ce chaos, il
suppose un nombre infini d'éléments matériels, ἄπειρα πλῆθος, ce qui vient, en ce point,
assimiler la cosmogonie d'Anaxagore à celle
d'Anaximandre, de Leucippe et de Démocrite, qui eux aussi, au rapport d'Aristote [1]
et de Cicéron [2], adoptent un nombre infini
d'éléments, en même temps que cette même
cosmogonie se distingue essentiellement de
celle de Thalès, de Phérécyde, d'Anaximène,
de Diogène d'Apollonie, d'Hippasus de Métaponte, de Xénophane, d'Hippon de Rhégium, et d'Empédocle, qui, les uns et les autres, reconnaissent un nombre déterminé d'é-
léments, ceux-là un seul, ceux-ci deux, trois,
ou quatre [3]. Maintenant ces éléments, infinis

[1] *De generat. et corrupt.*, L. I, C. 1.

[2] Acad., 1, 2.

[3] Consulter sur ces divers points Aristote, *Métaph.*, L. I,
C. 3. — *Sextus-Empiricus, Hypot., Pyrrh.*, L. III, C. 4.

en nombre, Anaxagore les envisage comme d'une extrême ténuité ; τὸ σμιχρὸν ἄπειρον, et, par une conséquence ; de cette extrême ténuité, comme imperceptibles aux sens, οὐδὲν εὔδηλον ὑπὸ σμιχρότητος, ce qui vient en ce point établir une similitude entre la cosmogonie d'Anaxagore et celle de Démocrite et d'Épicure, qui ont appelé du nom d'ἄτομοι, *atomes,* ces infiniment petits dont le philosophe clazoménien caractérise la nature par l'expression de σμίχρον ἄπειρον. Au milieu de la confusion de ces éléments infinis en nombre et en ténuité, Anaxagore semble pourtant admettre une exception en ce qui concerne l'air et l'éther. Car il dit expressément [1] que l'air et l'éther, tous deux infinis, enveloppaient toutes choses, πάντα γὰρ ἀὴρ τέ καὶ αἰθὴρ κατεῖχεν, ἀμφότερα ἄπειρα ἐόντα. N'est-ce pas dire implicitement que l'air et l'éther se distinguaient de la masse des choses, et échappaient ainsi à cette confusion générale caractérisée par le πάντα ὂν ὁμοῦ. Maintenant qu'entend Anaxagore par

---

[1] Voir aux notes le premier fragment d'Anaxagore.

l'air et l'éther ? Entend-il une seule et même
substance, à laquelle il donnerait, par une
sorte de redondance, une double dénomination ? Il n'en est rien assurément, car l'expression αμφότερα signifie clairement qu'il s'agit ici
de deux éléments distincts. Or, si dans l'un
de ces éléments, ἀήρ, l'air, nous retrouvons incontestablement l'élément primordial adopté
par Anaximène de Milet et Diogène d'Apollonie,
il nous sera aisé de démontrer que le second
de ces mêmes éléments, nommé par Anaxagore *éther*, αἰθήρ, n'est autre chose que l'élément primordial adopté par Héraclite d'Ephèse
et par Hippasus de Métaponte, sous la dénomination de πῦρ, *le feu*. C'est ce qui résulte, avec
la plus lumineuse évidence, de plusieurs passages d'Aristote, de Simplicius et de Plutarque,
que nous citons ici textuellement. «Anaxagore,
« dit Aristote[1], emploie à tort cette dénomina-
« tion, car il dit *éther* au lieu de *feu*. Αναξαγόρας
« δὲ κατακέχρηται τῷ ὀνόματι τούτῳ οὐ καλῶς ὀνομαζει
« γὰρ αἰθερα ἀντὶ τοῦ πυρός.» Et, dans ce même traité

[1] *De Cælo*, 1, 3.

du ciel[1] : «Le feu et l'éther sont la même chose
« pour Anaxagore » τὸ γὰρ πῦρ καὶ τὸν αἰθέρα προς-
« αγορεύει τὸ αὐτο. » Simplicius, dans son commentaire sur le traité *du ciel* par Aristote[2] : « Anaxa-
« gore a fréquemment dit l'éther pour le feu.
« Ἀναξαγόρας πολλάκις τῷ ὀνόματι τοῦ αἰθέρος ἀντὶ τοῦ
« πυρὸς ἐχρήσθη. » **Ainsi**, dans le système cosmogonique d'Anaxagore , l'air et l'éther, ou
plutôt l'air et le feu, enveloppent toutes choses,
κατεῖχεν, et par conséquent, se distinguent de
la masse totale, ainsi que d'ailleurs il s'en explique lui-même dans un des fragments conservés par Simplicius , καὶ γὰρ ὁ ἀήρ καὶ ὁ αἰθήρ
ἀποκρίνεται ἀπὸ τοῦ περιέχοντος τοῦ πολλοῦ[3], et, par une
conséquence dernière, l'air et le feu deviennent l'un et l'autre , dans la cosmogonie d'A-
naxagore , éléments d'une nature spéciale et
déterminée, contrairement au nombre indéfini des autres éléments dont l'ensemble constitue le chaos primitif; ce qui vient, en ce point,

[1] *Ibid.* L. III , C. 3.
[2] P. 148, b.
[3] Voir aux notes le fragm. 2.

assimiler en une certaine mesure cette cosmogonie aux doctrines réunies d'Anaximène
et d'Héraclite.

Au sein de cet état qu'Anaxagore suppose
comme primordial, non seulement tout est
confondu, πάντα ὁμοῦ¹, πάντα συγκρινόμενα, σύμμιξις
πάντων χρημάτων, mais encore tout est dans tout,
πᾶν ἐν παντί², ἐν παντὶ δεῖ νομίζειν ὑπάρχειν πάντα
χρήματα³. Or, si tout est dans tout, chaque
parcelle participe de la nature du tout, ἐν παντὶ
πάντος μοῖρα⁴, et toutes ces parcelles, constituées
ainsi uniformément entre elles, deviennent,
dans la doctrine d'Anaxagore les *Homéoméries,*
principes et éléments de toutes choses, ὁμοιομέρη στοιχεῖα. A la vérité, le nom d'*Homéoméries*
ne se rencontre dans aucun des vingt-sept
fragments conservés par Simplicius ; mais, en
revanche, il se trouve fréquemment dans Ari-

¹ Voir aux notes les fragments conservés par Simplicius,
et notamment, en ce qui concerne le passage dont il s'agit,
les fragments 1, 2, 6, 16, 17.

² *Ibid.* fragment 5.

3 Fragment 15.

4 Fragment 7.

stote, dans Sextus-Empiricus, dans Diogène de Laërte, à l'occasion des doctrines du philosophe de Clazomène. Il résulte d'ailleurs du témoignage de Simplicius lui-même, que cette dénomination avait été réellement adoptée par Anaxagore : τά εἴδη, ἅπερ ὁμοιομερείας καλεῖ, dit Simplicius « *les espèces qu'il appelle Homœoméries.*» Stobée [1] rend un témoignage analogue : ὁμοιομερείας αὐτας ἐκάλεσεν καὶ ἀρχάς τῶν ὄντων. » Il en est de même de Plutarque [2]: ὁμοιομερείας αὐτὰς ἐκάλεσεν. » Il ne saurait donc, ce nous semble, y avoir lieu à contestation en ce point, et tout établit d'une manière irréfragable que les expressions ὁμοιομέρη, ὁμοιομερείαι, ὁμοιομέρη στοιχεῖα, appartiennent originairement à Anaxagore. Il reste à déterminer avec précision ce qu'il faut entendre par ces Homœoméries. Voici d'abord l'explication apportée par plusieurs philosophes et philologues anciens. *Particulas inter se similes ,* dit Cicéron[3], « molécules ou parcelles

---

[1] *Eclog. phis.,* L. 11, 12, p. 296, édit. Heeren.
[2] *Placita philos.,* 1, 8.
[3] *Quæs!. Acad.,* IV, 37.

« homogènes. » Aristote en apporte une explication analogue : « τὰ ὁμοιομέρη στοιχεῖα τίθησιν, ὧν
« ἑκάστου τό μέρος συνώνυμον ἐστι [1] Anaxagore appelle
« *Homæoméries* les corps dans lesquels chaque
« partie s'appelle du même nom que le tout. »
Et si quelque équivoque pouvait rester dans
cette interprétation d'Aristote, le passage suivant de Jean le Grammairien [2] suffirait à la
lever : ὁμοιομέρεια δέ ἐστιν, ἧς το μέρος τῶ ὅλῳ
ὅμοιον. » Du même genre est encore l'explication
proposée par Lucrèce dans les vers suivants :

Nunc et Anaxagoræ scrutemur ὁμοιομέρειαν
Quam Græci memorant, nec nostrá dicere linguá
Concedit nobis patrii sermonis egestas ;
Sed tamen ipsam rem facile est exponere verbis,
Principium rerum, quam dicit ὁμοιομέρειαν.
Ossa videlicet è pauxillis atque minutis
Ossibu', sic et de pauxillis atque minutis
Visceribus viscus gigni, sanguemque creari
Sanguinis inter se multis coentibu' guttis,
Ex aurique putat micis consistere posse
Aurum, et de terris terram concrescere parvis,

---

[1] *De generat. et corrupt.*, 1, 1.

[2] Sur la physiq. d'Aristote, a. 10.

Ignibus ex ignem, humorem humoribus esse,
Cætera consimili fingit ratione putatque[1].

« Recherchons maintenant en quoi consiste
« l'*Homœomérie* d'Anaxagore, pour nous servir
« du terme grec, puisque la pauvreté de notre
« idiôme national s'oppose à ce que nous le
« disions en notre langue. Il est aisé du reste
« d'expliquer ce qu'entend Anaxagore par le
« principe qu'il appelle *homœomérie*. Par
« exemple, les os se sont formés de petits os;
« les viscères de petits corps de même nature;
« le sang de l'agglomération de petites gouttes
« de sang; l'or de l'agrégation de parcèlles
« d'or; la terre, le feu, l'eau, de l'assemblage
« de petites parcelles d'eau, de feu, de terre;
« et ainsi de toutes choses. »

Enfin, nous pouvons encore invoquer en ce
point l'autorité de Diogène de Laërte et de Cicéron. Diogène, en sa *Vie d'Anaxagore*, s'é-
nonce ainsi : « Les homœoméries sont le prin-
« cipe des choses, et de même que l'or se
« constitue de parcelles similaires, de même

---

[1] L. I, v. 830, *sq.*

« l'agrégation des homœoméries constitue
« l'ensemble de l'univers[1]. » Cicéron, de son
« côté, caractérise ainsi le système cosmogo-
« nique du philosophe de Clazomène : « *Anaxa-*
« *goras materiam infinitam dixit esse à quâ*
« *omnia gignerentur, sed ex eâ particulas inter*
« *se similes, minutas.* [2] » Anaxagore admet
« comme principe des choses une matière in-
« finie, et la regarde comme composée de par-
« celles similaires d'une extrême ténuité. »

Maintenant, les explications invoquées, le
sens étymologique des dénominations grecques, et, plus que tout le reste, les textes
d'Anaxagore lui-même ne s'accordent-ils pas
à établir que les *homœoméries,* au sens où les
prend le philosophe de Clazomène, ne sont
autre chose que des corpuscules constitués
homogéniquement les uns aux autres? Et d'où
vient cette similarité? De ce que chacun d'eux

---

[1] Ἀρχὰς δὲ τὰς ὁμοιομερειας· καθάπερ γὰρ ἐκ τῶν ψηγ-
μάτων λεγομένων τον χρυσον συνεστάναι, οὕτως ἐκ τῶν ὁμοιο-
μερων σωμάτων το πᾶν συγκρινέσθαι.

[2] Acad., 1, L. II, C. 37.

participe de tous les caractères de l'ensemble
et possède en soi, réduites aux proportions de
l'infiniment petit, les diverses propriétés du
tout. Et nous n'avançons rien ici qui ne puisse
pleinement se justifier par la citation de textes
d'Anaxagore lui-même. « Dans le mélange
« universel (fragm. 3, conservé par Simpli-
« cius) toute chose contenait les germes du
« tout, ainsi que les formes et les qualités du
« tout. » Τουτέων δὲ οὕτως εχόντων, χρὴ δοκέειν ἐνεῖναι
πολλά τε καὶ παντοῖα, ἐν πᾶσι τοῖς συγκεκρινομένοις, καὶ
σπερματα πάντων χρημάτων, καὶ ἰδέας παντόιας ἔχοντα, καὶ
χροίας καὶ ἡδονάς.» Et ailleurs (fragm. 7 et 8) : «Cha-
« que chose participe de la nature du tout, ἐν
«παντὶ πάντος μοῖρα. » Et ailleurs (fragm. 15) : « Il
« faut songer que tout est dans tout, ἐν πάντι
δεῖ νομεζειν ὑπάρχειν πάντα χρήματα. » Et enfin (fragm.
16), (et c'est peut-être ici le plus décisif de ces
divers passages) : «Tout était confondu, de telle
« sorte qu'une chose quelconque, par exemple
« ce morceau de pain, était un mélange de
« cette chair et de cet os, ayant du reste cela
« de commun avec l'universalité des choses »
Ἦν ὁμοῦ πάντα χρήματα, ὥστε ὁτιοῦν οἷον τὸν ἄρτον τόνδε,

καὶ σαρκὸς τᾶσδε καὶ τοῦ δὲ τοῦ ὀστοῦ μίγμα εἶναι ὁμοίως τῷ πάντι » Telles sont les homœoméries d'Anaxagore, corpuscules similaires entre eux, *particulas inter se similes,* comme parle Cicéron, et puisant cette similarité dans la propriété que possède chaque parcelle du tout d'être, sous la forme d'un infiniment petit, un abrégé de l'univers, en ce sens que tout ce qui est dans l'ensemble se retrouve en proportions infiniment petites dans chacune des parties.

Tel est, dans la cosmogonie d'Anaxagore, le point de départ. Recherchons maintenant comment le philosophe de Clazomène explique le passage de l'état primitif à l'état actuel.

Le principe de cette transformation a été le mouvement, et, à son tour, le mouvement a été l'œuvre de l'Esprit. C'est ce qui résulte clairement d'un passage de la physique d'Aristote [1], relatif à Anaxagore : πάντων ἠρεμούντων « τὸν ἄπειρον χρόνον, κίνησιν ἐμποιῆσαι τὸν νοῦν καὶ διακρῖναι. Anaxagore envisage donc le repos comme l'état primitif de l'univers, mais le repos

[1] L. 8, C. 1.

dans la confusion et le chaos, ainsi qu'il résulte
des textes antérieurement cités. C'est par le
mouvement qu'elles sont sorties du chaos, leur
état primitif, pour entrer dans leur condition
présente, qui est le dégagement et l'ordre, et
ce mouvement, principe d'harmonie, Anaxagore l'envisage, non comme un attribut inhérent à la matière, mais comme procédant
de l'être immatériel, de l'Esprit, κινῆσιν εμποιῆσαι
τὸν νοῦν καὶ διακρῖναι. Nous venons de citer un
texte d'Aristote ; appuyons-le d'un texte d'A-
naxagore lui-même, conservé par Simplicius [1] :
« Au moment (dit-il) où l'esprit commença
« à imprimer le mouvement, il se distinguait
« de l'ensemble auquel ce mouvement était
« imprimé. Et, à mesure que l'esprit com-
« muniquait le mouvement, le dégagement
« s'opérait au sein de l'ensemble. Et le mouve-
« ment de chacun des éléments, à mesure
« qu'ils recevaient l'impulsion et qu'ils se dé-
« gageaient les uns des autres, ne faisait qu'ac-
« célérer et faciliter le dégagement universel. »

[1] Voir aux notes le fragm. 18, pour le texte grec.

Si maintenant nous recherchòns de quelle
nature était ce mouvement, Anaxagore l'envisage comme circulaire, περιχώρησις. Le résultat
de ce mouvement circulaire fut donc d'opérer
un dégagement entre l'infinie quantité des
éléments matériels, un dégagement, disons-
nous, et non une séparation absolue, attendu
que, même à l'état actuel, tout se tient, la séparation absolue étant impossible, ainsi que
le dit Anaxagore, dans un des fragments que
nous a conservés Simplicius, μὴ δ'ἐνδέχεσθαι πάντα διακριθῆναι [1]. Un dégagement donc s'opéra en
vertu du mouvement circulaire imprimé par
l'esprit, le νοῦς, à l'ensemble matériel. Durant
la période du chaos, qui précéda pendant une
durée indéterminée cette action de l'Esprit
moteur et ordonnateur, les éléments premiers,
ces infiniment petits, ainsi que les appelle
Anaxagore, ἄπειρα σμικρότητα, existaient d'une
existence éternelle, αἴδια, mais confondus entre
eux, πάντα ὁμοῦ. Il fallut l'intervention de l'Esprit, et le mouvement qui en émane, pour que

---

[1] Voir aux notes, fragm. 10.

ces éléments premiers, ces infiniment petits se dégageassent du sein de la confusion primitive. A mesure que s'opérait l'agrégation mutuelle d'éléments homogènes, « le doux, l'hu- « mide, le froid et l'obscur (nous citons ici les « termes du dix-neuvième fragment conservé « par Simplicius) se réunirent là où est au- « jourd'hui la terre, tandis que le léger, le chaud « et le sec, se portèrent vers les régions élevées « de l'éther [1]. » De la réunion du froid, de l'humide et du dense, résultèrent la terre et les pierres ; car, dit Anaxagore dans le vingtième fragment conservé par Simplicius [2] « l'action « du froid convertit les nuées en eau, l'eau en « terre, la terre en pierres. » Lorsque, par l'action du mouvement émané du νοῦς, le dégagement des éléments se fut effectué, ainsi que la formation des corps simples ou *homœoméries* par l'agrégation mutuelle des éléments homogènes, il put et il dut arriver que, sous l'influence de telle ou telle cause, s'opérât de

---

[1] Voir aux notes pour le texte grec, fragm. 19.
[2] Voir aux notes, fragm. 20.

temps à autre entre les éléments de même
nature et au sein d'une même homœomérie
une dissolution qui succédait ainsi à l'agrégation. C'est dans cette succession de l'agrégation
et de la dissolution qu'Anaxagore fait consister
ce double phénomène, qu'Aristote, dans son
langage péripatéticien, appelle du nom de
γίνεσις et de φθόρα, *génération* et *destruction*.
Pour Anaxagore, il n'y a, à proprement dire,
ni naissance, ni destruction; dans sa doctrine,
naître c'est s'agréger, et périr c'est se dissoudre. Et ceci résulte évidemment d'un texte
d'Anaxagore lui-même, conservé par Simplicius [1] : « C'est à tort, dit-il, que les Grecs se
« servent des mots naître et périr. Car rien ne
« naît, rien non plus ne périt. Il n'y a au
« monde qu'agrégation et dissolution. Ainsi,
« naître se dirait mieux s'agréger, et périr se
« dissoudre. » Nous pourrions également, à
cette occasion, citer un passage de la *Métaphysique* d'Aristote [2] : « Anaxagore de Clazo-

---

[1] Voir aux notes, fragm. 22.
[2] L. I, C. 3.

« mène, dit Aristote, prétend que les choses
« formées de parties homogènes ὁμοιομέρη ne
« naissent et ne périssent qu'en ce sens que
« leurs parties se réunissent ou se séparent
« (συγκρίσει καὶ διακρίσει μόνον), mais qu'en un
« autre sens que celui-là, elles ne naissent
« ni ne périssent, et qu'elles sont éternelles
« (διαμένειν ἄιδια.) » Ce travail incessant d'agrégation et de dissolution (συγκρίσις, διακρίσις), qui
s'effectue entre les éléments constitutifs des
homœoméries, amène au sein de la nature
matérielle une série non interrompue de
modifications (ἀλλοίωσις); car, ainsi que le dit
Aristote dans sa Physique [1], au point de vue
d'Anaxagore, *naître* équivaut à *se modifier*,
soit par agrégation, soit par dissolution, τὸ
γενέσθαι τοιονδε καθ' ἕστηκεν ἀλλοιοῦσθαι. Remarquons,
toutefois, à cette occasion, qu'Aristote blâme
chez Anaxagore l'emploi des mots ἀλλοίωσις,
ἀλλοιοῦσθαι, auxquels il voudrait voir, dans le
système du philosophe clazoménien, substituer constamment ceux de συγκρίσις et διακρίσις.

[1] L. I, C. 4.

15

Voici, à cet égard, le passage entier d'Aristote : « Les philosophes qui font de l'unité le
« tout, et qui dérivent toutes choses d'un
« principe unique, sont nécessairement con-
« duits à appeler la génération une *modifica-*
« *tion*, ἀλλοίωσιν, et à dire qu'arriver à l'être,
« c'est *se modifier*, ἀλλοιοῦσθαι. Mais ceux qui
« admettent plusieurs éléments comme prin-
« cipes, tels qu'Empédocle, Anaxagore et
« Leucippe, doivent tenir un autre langage ;
« et pourtant Anaxagore a manqué de propriété
« dans l'expression ; car, dans sa terminologie,
« naître et périr équivalent à *se modifier*, ἀλλοιοῦ-
« σθαι, bien qu'il reconnaisse plusieurs éléments
« à l'exemple de plusieurs autres. Ainsi, Em-
« pédocle pose quatre éléments matériels, et
« en tenant compte des principes moteurs, six
« en totalité[1]. De leur côté, Anaxagore, Leu-
« cippe et Démocrite admettent une infinité

---

[1] Les quatre éléments matériels d'Empédocle sont le feu
d'une part, et, d'autre part, l'air, l'eau, la terre. Ses deux
principes moteurs sont l'amitié et la discorde. (Voir Arist.
Mét., L. I, C. 3.)

« d'éléments... Ceux donc qui font tout dé-
« river d'un élément unique, peuvent et doi-
« vent nécessairement donner à la naissance
« et à la destruction, γίνεσις και φθόρα, le nom
« d'altération, ἀλλοίωσις; car, à leur point de
« vue, le sujet subsiste toujours identique et
« un; et c'est précisément cet état de choses
« que nous appelons modification, ἀλλοίωσις.
« Mais, pour ceux qui admettent plusieurs
« éléments, arriver à l'être doit être autre
« chose que se modifier. La génération et la
« corruption résultent alors, soit de l'alliance,
« soit de la séparation des éléments; et c'est
« ce qui a fait dire à Empédocle que rien ne
« naît, mais que tout se réduit à un mélange
« et à une dissolution : φύσις, ονδενος εστιν, ἀλλὰ
« μόνον μίξις τε διαλλάξις τε μιγόντων [1]. Telle est, en ce
point, la critique d'Aristote, qui, nous l'a-
vouons, nous paraît un peu minutieuse et
d'ailleurs assez peu fondée en raison, attendu
que de l'agrégation et de la dissolution des

---

[1] *De Generat. et Corrupt.*, L. I, C. 1.

éléments entre eux résultent nécessairement
au sein du monde matériel des transformations, des modifications, et que les mots
ἀλλοίωσις, ἀλλοιοῦσθαι, désignent fidèlement ces
passages d'un état à un autre, amenés par l'alliance ou la séparation des molécules matérielles. De ces modifications successives, Anaxagore fait résulter l'état présent de l'univers.
Ainsi, au rapport de Diogène de Laërte en sa
Vie d'Anaxagore, l'action réciproque du feu,
de l'eau et de la terre produisit originairement
les animaux : sorte de syncrétisme adopté
en ce point par Anaxagore, entre les doctrines d'Héraclite, de Thalès et de Phérécyde.
Sortis originairement de l'action mutuelle des
trois éléments mentionnés, les animaux se
perpétuèrent ensuite par voie de génération [1].
En même temps, par l'effet du dégagement
des principes élémentaires, s'opérait la distribution relative des corps dont l'ensemble
constitue l'univers. Les plus pesants vin-

---

[1] ζῶα γενέσθαι ἐξ ὑγροῦ καὶ θερμοῦ καὶ γεώδους· ὕστερον
δὲ ἐξ ἀλλήλων. Diog. de L., sur Anaxag.

rent occuper la région la plus basse, comme
la terre; les plus légers, la région la plus
haute, comme le feu; puis l'air et l'eau,
la région intermédiaire [1]. Dans cette disposition donc, la terre sert de base à l'eau et à
l'air, au-dessus desquels s'élève à son tour le
feu ou l'éther; car nous avons établi que,
dans le système d'Anaxagore, l'éther et le
feu sont une seule et même chose. Resser-
rée entre la terre d'une part, l'air et le feu
d'autre part, l'eau est considérée par Anaxagore comme douée d'une constante mobilité,
et ce philosophe semble avoir pressenti
les théories modernes sur le déplacement
des eaux de la mer qui abandonne certaines
plages pour en couvrir certaines autres, lorsque quelqu'un lui demandant si un jour vien-
drait où la mer occuperait la place des montagnes de Lampsaque : oui, répondit-il, au
rapport de Diogène de Laërte, si le temps ne
finit pas, ἐὰν γε ὁ χρόνος μὴ ἐπιλίπη. Anaxagore

---

[1] Τῶν τε σωμάτων τὰ μὲν βαρέα τὸν κάτω τόπον, ὡς τὴν
γῆν, τὰ δὲ κοῦφα τὸν ἄνω. ἐπίσχειν, ὡς τὸ πῦρ, ὕδωρ καὶ
ἀέρα τὸ μέσον. (*Id. ibid.*)

avait d'ailleurs dirigé ses investigations sur plusieurs phénomènes appartenant à l'ordre des sciences physiques, astronomiques et météorologiques. C'est ainsi qu'au rapport de Diogène de Laërte, il disait que le vent provenait de l'action des rayons solaires sur l'air, anticipant en ce point sur certaines théories modernes qui attribuent ce phénomène soit à une raréfaction, soit à une condensation produite par un abaissement ou une élévation de température en certaines plages atmosphériques. C'est ainsi encore que, toujours d'après le même historien, il dit que le tonnerre provient du choc des nuées, les éclairs du frottement mutuel de ces mêmes nuées, les tremblements de terre de courants atmosphériques souterrains[1]. Il regardait, à ce qu'il paraît, la voûte céleste comme un continu de matière solide, et Silenus, dans Diogène de Laërte, rapporte que sous l'archontat de Dimylos, une pierre étant tombée du ciel, Anaxagore saisit

---

[1] Βρόντας σύγκρουσιν νέφων, ἀστραπὰς ἐκτρίψιν νέφων, σεισμὸν ὑπονοστήσιν ἀέρος εἰς γῆν.

cette occasion de dire que le ciel était une voûte de pierres entraînée dans un immense mouvement de rotation, et destinée un jour à se dissoudre et à tomber [1]. D'autres historiens, toujours d'après le témoignage de Diogène de Laërte, rapportent qu'Anaxagore avait annoncé la chûte de la pierre qui tomba près d'Œgos-Potamos, et qu'il avait prédit que cette pierre tomberait du soleil. C'est qu'effectivement il considérait le soleil comme une masse incandescente, μύδρον διάπυρον, ainsi qu'il résulte des témoignages de Diogène de Laërte et de Plutarque, auxquels pourraient être joints ceux de Xénophon et de Platon. Dans ses *Mémoires sur Socrate,* Xénophon rapporte qu'Anaxagore disait que le soleil était de même nature que le feu, et qu'il le comparait à une pierre enflammée, λίθον διάπυρον. Platon, en son *Apologie de Socrate,* met dans la bouche de son maître les paroles suivantes adressées à l'un

[1] Voir, pour ces détails, la *Vie d'Anaxagore,* dans Diogène de Laërte.

[2] Voir à cet égard le fragm. 24, aux notes.

de ses accusateurs : « Bon et honnête Mélitus,
« pourquoi parler ainsi ? Est-ce que je ne crois
« pas, comme tout le monde, que le soleil et
« la lune sont des divinités? — Et sur la réponse négative de Mélitus : « Non, il ne le
« croit pas, puisqu'il affirme que le soleil est
« une pierre et la lune une terre. » Socrate
« répond : «Croyez-vous donc, mon cher Mé-
« litus, accuser Anaxagore, et méprisez-vous
« assez ceux qui nous écoutent, et les croyez-
« vous assez ignorants pour ne pas savoir que
« les livres d'Anaxagore sont pleins de ces
« sortes d'assertions? » Telle était donc l'opinion d'Anaxagore sur la nature du soleil.
Quant à la grandeur de cet astre, il en porte
un jugement opposé à celui d'Héraclite. Le
philosophe d'Éphèse avait avancé que le soleil n'était pas plus grand en réalité qu'il ne
paraît à nos yeux ; Anaxagore, au contraire,
par un incontestable progrès, soutient que le
soleil est plus grand que le Péloponnèse, vou-
lant probablement par-là, non pas tant donner une appréciation mathématiquement rigoureuse, qu'exprimer sa pensée par un signe

matériel qui pût impressionner plus vivement les intelligences de son époque, plus accessibles à des images qu'à des calculs. Conformément au passage de l'*Apologie* cité plus haut, Anaxagore disait que la lune était une terre habitable, et, au rapport de Diogène de Laërte, il ajoutait qu'elle avait, comme notre terre, des collines et des vallées, τὴν σελήνην οἰκήσεις ἔχειν, ἀλλὰ καὶ λόφους καὶ φαράγγας. Il paraît, du reste, d'après un texte [1] conservé par Simplicius, qu'il avait conçu l'existence d'êtres intelligents sur d'autres planètes que la terre. « Il y a, dit Anaxagore dans ce fragment, il y « a, dans d'autres mondes que le nôtre, des « hommes qui ont comme nous leurs villes, « leurs habitations, leurs travaux. Pour ces « êtres comme pour nous il y a un soleil, une « lune, des astres. Pour eux aussi la terre « produit des fruits de tout genre qu'ils re- « cueillent et font servir à leurs besoins. » Il enseignait encore au rapport de Diogène, que les comètes sont des corps incandescents, ré-

---

[1] Voir aux notes le fragm. 4.

sultat du choc mutuel des corps célestes, et
que les étoiles filantes sont des étincelles chas-
sées à travers les airs. Il ajoutait que dans l'o-
rigine le mouvement des astres ne s'opérait
pas suivant des lois régulières, τὰ ἄστρα κατ᾽ ἄρ-
χας μὴ θολοειδῶς ἐνεχθῆναι. Enfin il expliquait l'existence et la nature de la voie lactée, γαλαξία,
par la réflexion des rayons solaires renvoyés
par des astres non lumineux par eux-mêmes,
εἶναι ἀνακλάσιν φώτος ἡλίακου μὴ καταλαμπομένων τῶν ἄσ-
τρων.[1] Telles étaient, au rapport de Diogène de
Laërte, les opinions d'Anaxagore sur quelques
points d'astronomie, de météorologie et de
physique.

Dans les considérations précédentes, nous
nous sommes spécialement attachés à décrire
le côté matériel de la cosmogonie d'Anaxagore.
Mais cette cosmogonie (et ce n'est pas son
caractère le moins original) contient de plus
un élément intellectuel que nous n'avons fait
qu'indiquer, et qu'il nous reste à signaler plus
explicitement.

[1] Diog. de L.

L'ancienne philosophie, depuis Aristote [1], reconnaissait quatre sortes de causes. La première était l'espèce et la forme propre de chaque chose, le *quidditas* ou *causa formalis* des scholastiques, et le εἶδος μόρφης des péripatéticiens. La seconde était la matière ou le sujet, ἡ ὕλη, τὸ ὑποκείμενον dans le langage aristotélicien, *causa materialis* dans celui de la scholastique. Le troisième était le principe du mouvement, qu'Aristote appelle ἀρχὴ τῆς κινήσεως, et qui est nommé par la scholastique *causa efficiens*. Le quatrième enfin, est la raison ou le bien des choses, τὸ οὗ ἕνεκα καὶ τἀγαθόν, suivant la formule du Lycée, *causa finalis* suivant la terminologie scholastique et leibnitzienne. Parmi ces quatre sortes de principes, deux sur-tout prédominent, à savoir la cause matérielle, *causa materialis*, ἡ ὕλη, τὸ ὑποκείμενον, et la cause efficiente, *causa efficiens*, ἀρχὴ τῆς κινήσεως. Car, ainsi que le dit Sénèque [2], *esse debet aliquid undè fiat, deindè à quo fiat; hoc*

[1] *Métaph.*, L, I, C. 3.
[2] *Epist.*, 65.

causa est, illud materia. Omnis ars imitatio est naturæ. Itaque quod de universo dicebam huic transfer. Statua et materiam habuit quæ pateretur, et artificem qui materiæ daret faciem. Ergò in statuá materia æs fuit, causa artifex. Eadem conditio rerum omnium est. Ex eo constat quod sit, et ex eo quod facit. De ces deux causes, l'une la cause matérielle, l'autre la cause efficiente, les philosophes ioniens antérieurs à Anaxagore, avaient admis la première, bien qu'ils ne fussent pas d'accord sur sa nature. Mais en même temps ils s'étaient, pour la plupart, accordés à ne pas reconnaître, au moins ostensiblement, la seconde. Anaxagore, le premier, admit avec une rigoureuse précision, tout à la fois l'une et l'autre de ces causes, la première dans la présence et l'indéfinie multiplicité de ces infiniment petits dont le mélange et la confusion constituait l'état primordial des choses, ὁμοῦ πάντα χήματα ἦν, ἄπειρα καὶ πλῆθος καὶ σμικρότητα, le second dans l'intervention d'une intelligence motrice et ordonnatrice, νοῦς. C'est un moment solennel dans l'histoire de la philosophie que celui où l'idée d'une in-

telligence motrice et ordonnatrice, se dé-
gageant des formes poétiques qu'elle avait
revêtues jusqu'alors, vint se poser scientifiquement. L'avènement d'une semblable notion
est un de ces phénomènes qu'il faut religieu-
sement constater et recueillir, non-seulement
à cause de leur importance philosophique,
mais encore parce qu'ils témoignent histori-
quement d'un immense progrès intellectuel,
et qu'ils sont un signe en quelque sorte matériel et visible du perfectionnement moral d'une
époque et d'une race. C'est à Anaxagore qu'é-
chut en ce point le rôle glorieux d'instrument
de la Providence, en introduisant dans la
science l'idée d'un esprit moteur et ordonnateur de la matière. Sans doute avant Anaxagore, l'idée de Dieu existait au fond de toutes
les intelligences, puisqu'elle était la base des
croyances religieuses et des cultes populaires;
mais elle y existait sous une forme irréflexive.
Anaxagore, en soumettant cette idée aux procédés de la réflexion, lui conféra une valeur
scientifique. Il ne la créa point; car l'idée de
Dieu, pas plus qu'aucune autre idée néces-

saire, ne peut être le produit d'une intelligence finie ; mais la trouvant toute constituée dans le culte national et dans les croyances populaires, il l'importa dans la science, après l'avoir dégagée de ses enveloppes symboliques, et produisit ainsi en philosophie une véritable révolution morale, puisque dès-lors l'organisation de l'univers cessa de s'expliquer par des causes purement physiques, telles que le développement et les transformations d'un principe élémentaire, ou la combinaison de plusieurs éléments entre eux, pour être rapportée aux plans sagement combinés d'une intelligence. C'est là un des côtés les plus profondément originaux de la doctrine d'Anaxagore, et l'un des points fondamentaux par lesquels cette doctrine diffère essentiellement d'avec les systèmes qui lui sont antérieurs ou contemporains.

Ce caractère spiritualiste de la cosmogonie d'Anaxagore peut se démontrer par un ensemble très imposant de témoignages.

Commençons par celui d'Aristote : « La plu-
« part des premiers philosophes, dit Aristote,

« ont cherché dans la matière le principe de
« toutes choses... On ne considéra d'abord
« les choses que sous le point de vue de la
« matière. Mais, quand on en fut là, la chose
« elle-même força d'avancer encore, et im-
« posa de nouvelles recherches. Si tout ce qui
« naît doit périr, et vient d'un principe uni-
« que ou multiple, pourquoi en est-il ainsi,
« et quelle en est la cause? Car ce n'est pas
« le sujet qui peut se changer lui-même.
« L'airain, par exemple, et le bois ne se chan-
« gent pas par eux-mêmes, et ne se font pas,
« l'un statue, l'autre lit; mais il y a quelque
« autre cause à ce changement. Or, chercher
« cette cause, c'est chercher un autre prin-
« cipe, le principe du mouvement... La vé-
« rité elle-même força donc, comme nous le
« disions, à recourir à un autre principe. En
« effet, il n'est guère vraisemblable que ni le
« feu, ni la terre, ni aucun autre élément de
« ce genre, soit la cause de l'ordre et de la
« beauté qui règne dans le monde, éternelle-
« ment chez certains êtres, passagèrement
« chez d'autres. D'un autre côté, rapporter un

« tel résultat au hasard ou à la fortune, n'eût
« pas été raisonnable. Aussi, quand un homme
« vint dire qu'il y avait dans la nature, comme
« dans les animaux, une intelligence qui est
« la cause de l'arrangement et de l'ordre de
« l'univers, cet homme parut seul avoir con-
« servé sa raison au milieu des folies de ses
« devanciers. Or, nous pensons avec certi-
« tude qu'Anaxagore entra le premier dans
« cette voie. Avant lui, Hermotime de Clazo-
« mène paraît l'avoir soupçonnée [1]. »

Le passage que venons de citer est emprunté
à la *Métaphysique* d'Aristote. Il nous serait facile de puiser dans les autres écrits du même
philosophe des témoignages analogues. Pour
nous arrêter, entre autres, à un passage décisif,
nous citerons ces mots empruntés à sa *Physi-*
que [2] : « Φήσι γάρ Αναξαγόρας· ὁμοῦ τῶν πάντων ὄντων
« καὶ ἠρεμούντων τὸ ἄπειρον χρόνον, κίνησιν ἐμπόιῆσαι τόν
« νοῦν καὶ διακρῖναι Anaxagore dit : Tout étant
« resté confondu et immobile pendant une

---

[1] *Métaph.*, L. I, C. 3 (trad. de M. Cousin).
[2] *Phys.*, L. I, C. 8.

« durée indéterminée, l'esprit vint apporter
« à toutes choses le mouvement et l'ordre. »

Diogène de Laërte, en sa vie d'Anaxagore,
attribue au philosophe de Clazomène la même
pensée et presque dans les même termes :
« πρῶτος τῇ ὕλῃ νοῦν ἐπίστησεν, ἀρξάμενος οὕτω τοῦ συγ-
« γράμματος· πάντα χρήματα ἦν ὁμοῦ, εἶτα νοῦς ἐλθὼν
« αὐτὰ διεκόσμησε. ». « Anaxagore fut le premier
« qui à la matière ajouta l'esprit ; il commença
« son livre en ces mots : tout était confondu ;
« l'esprit vint et ordonna toutes choses. »

Proclus, en son commentaire sur le *Timée*
de Platon, nous représente tous les prédécesseurs d'Anaxagore comme des hommes endor-
mis, et ce philosophe seul éveillé pour voir et
pour montrer à l'univers la vraie cause de toutes
choses : « Ἀναξαγόραν δοκεῖ καθευδόντων τὸν νοῦν πρῶ-
« τον αἴτιον τῶν γεγενημένων ἰδεῖν. » . : ···

Enfin Cicéron, dans son traité *de Naturâ*
Deorum : [1] « *Primus omnium rerum descriptio-*
« *nem et modum mentis infinitæ vi ac ratione*
« *designari ac confici voluit.*» Et, dans ses pre-

[1] L. I, C. 1.

16

mières *Académiques* [1] : « *Anaxagoras mate-*
« *riam infinitam, sed ex eā particulas, similes*
« *inter se, minutas, eas primùm confusas,*
« *posteà in ordinem adductas à mente divinā.* »

A ces différents textes, nous pouvons en
ajouter de plus précieux encore qui appartiennent à Anaxagore lui-même, et qui nous
ont été conservés par Simplicius. Dans l'un [2]
de ces textes, Anaxagore établit formellement
la distinction de l'Esprit d'avec la matière, du
νοῦς d'avec l'ensemble des choses, et se soustrait ainsi à toute accusation de panthéisme;
et en même temps il pose le νοῦς comme premier moteur, déniant ainsi à la matière la
faculté de se mouvoir par une force inhérente
à elle-même : Ἔπει ἤρξατο ὁ νοῦς κινεῖν, ἀπὸ τοῦ κινο-
μένου πάντος ἀπεκρίνετο. « Au moment où l'Esprit
« commença à imprimer le mouvement, il se
« distinguait de l'ensemble auquel ce mou-
« vement était imprimé. » Dans un second
de ces mêmes fragments, Anaxagore établit

l'immensité et l'omniprésence du νοῦς : « L'Es-
« prit, à titre d'être par excellence, est où
« sont toutes choses, au sein de l'ensemble,
« au sein de l'alliance et du dégagement [1] ; »
et de même que dans le fragment précédemment cité, il se séparait nettement de toute
espèce de panthéisme, de même, dans le fragment actuel, il répudie cette doctrine adoptée
et propagée par plusieurs Éléates, qui, prenant le contre-pied du panthéisme, tend à
faire de Dieu une unité abstraite et isolée,
qu'elle relègue dans une région où l'hypothèse seule peut atteindre, et qu'une sage métaphysique, docile aux lois de la méthode expérimentale, se refusera toujours à aborder.
Ainsi, dans la doctrine d'Anaxagore, point de
monde sans Dieu, mais aussi point de Dieu
sans monde. Le monde et Dieu sont l'un et
l'autre admis et posés par lui à titre d'êtres
coexistants, mais distincts, et de telle sorte
toutefois, que, nonobstant cette distinction,
Dieu pénètre toutes choses, soit présent par-

_____
[1] Voir aux Notes, fragm. 25.

tout, et qu'ainsi, sur chaque point de l'ensemble, il y ait une incessante relation entre
le monde et Dieu. Enfin un troisième fragment, que nous allons citer en entier, est relatif à la nature et aux attributs du νοῦς :
« Chaque chose (dit Anaxagore) participe de
« la nature du tout. Mais l'Esprit est infini,
« libre, sans mélange, et ne relève que de
« lui-même ; car si l'Esprit relevait d'autre
« chose que de lui-même, et qu'il ne fût pas
« libre de tout mélange, il participerait de la
« nature de toutes choses ; car, ainsi que déjà
« il a été dit, tout est dans tout. Dans un sem-
« blable mélange, il trouverait obstacle, et ne
« pourrait dominer comme s'il était pur de
« tout alliage. Il est, de tous les êtres, le plus
« subtil et le plus pur ; il a l'intelligence de
« toutes choses et une puissance immense.
« Toutes choses qui existent, petites et gran-
« des, sont soumises à l'Esprit. Le mouvement
« universel était dans sa dépendance, et c'est
« de lui que ce mouvement émane ; et dans
« ce mouvement, il y a eu dès l'origine jus-
« qu'à nos jours, et il y aura de nos jours

« vers l'avenir, progression indéfinie. Ce qui
« est mêlé, ce qui est dissous, tout tombe
« sous le regard de l'Esprit. Tout ce qui de-
« vait être, tout ce qui a été, tout ce qui est,
« tout ce qui sera, c'est l'Esprit qui a tout ré-
« glé. C'est de lui qu'émane ce mouvement
« circulaire qui entraîne les astres, le soleil,
« la lune, ainsi que l'air et l'éther, ces deux
« éléments éternellement distincts de l'en-
« semble des choses. Grâce à ce mouvement
« circulaire, le léger s'est séparé du dense, le
« chaud du froid, le sec de l'humide, la lu-
« mière des ténèbres [1]. »

Il résulte de ces divers textes réunis, qu'à
côté de l'élément matériel, Anaxagore admit
le premier dans la Cosmogonie, un élément
spirituel, le νοῦς. De plus, comme fait observer
Aristote [2], il sépare avec une précision parfaite,
φανέρως, les attributs de l'Esprit d'avec ceux
de la matière, en établissant que l'essence du
νοῦς est simple, ἁπλοῦν, sans mélange, ἀμιγῆ,
pure, καθαρόν, ayant en soi la connaissance et

[1] Voir aux notes, le fragm. 8.
[2] De Anima, L. I, C. 2.

le principe du mouvement pour tous les êtres.
τό τε γινώσκειν καὶ τὸ κινεῖν καὶ κινῆσαι τὸ πᾶν. Toutefois, et malgré cette diversité des attributs de la matière et de l'Esprit si ingénieuse-
ment discernée par Anaxagore et si lucidement
constatée par Aristote, il est pourtant un attribut qu'Anaxagore regarde comme commun
à l'une et à l'autre de ces deux natures, et cet
attribut, c'est l'éternité. Or, que suit-il de là?
C'est que la matière étant coéternelle à l'Esprit,
Dieu n'est pas créateur, mais seulement ordonnateur. L'idée de la création est une idée
toute chrétienne, qu'il ne faut pas chercher
dans la philosophie grecque, pas même dans
Platon, qui pourtant semble avoir, en plus
d'un point, pressenti le christianisme. Le Dieu
d'Anaxagore n'est donc pas une intelligence
créatrice, mais seulement une intelligence
ordonnatrice et motrice. Il suit, en effet, des
textes d'Aristote, de Diogène de Laërte,
d'Anaxagore lui-même, précédemment cités,
que, dans l'origine, tout était à l'état de chaos
et d'immobilité, πάντα ὁμοῦ, ἠρεμούντων πάντων,
état qui se prolongea pendant une durée in-

définie, ἄπειρον χρόνον, jusqu'à ce que l'Esprit, vint imprimer à l'ensemble des choses le mouvement, κίνησιν ἐμποιῆσαι νοῦν, lequel amena le dégagement mutuel des éléments jusque-là confondus, πᾶν τοῦτο διεκρίθη, et, par une conséquence de ce dégagement, l'ordre et l'harmonie, πάντα διεκόσμησε. Or, d'un Dieu moteur et ordonnateur du monde physique, tel que nous le trouvons chez Anaxagore, à un Dieu providence du monde moral, tel qu'il nous apparaît chez Platon [1]; l'intervalle est considérable, et cet intervalle, c'est au progrès des âges qu'il appartient de le combler. Toutefois, si Anaxagore n'a pas déterminé les attributs moraux de l'intelligence suprême avec la même précision que ses attributs métaphysiques, il semble au moins en avoir eu l'intention, quand il a écrit, au rapport d'Aristote [2], que le νοῦς est le principe du beau et du bien, Ἀναξαγόρας πολλαχοῦ τὸ αἴτιον τοῦ καλῶς καὶ ὀρθῶς τὸν νοῦν λέγει. N'est-ce pas là, en une certaine mesure, une sorte de pressentiment de cette pro-

---

[1] Voir notamment le *Timée*.

[2] *De Anima*, L. 1, C. 2.

vidence que Platon, dans son *Timée,* devait un jour appeler le Dieu bon?

Anaxagore apparut à une époque où, conformément aux lois qui gouvernent l'esprit humain, les investigations scientifiques devaient de préférence se porter sur le monde matériel, ses phénomènes, ses propriétés, son origine et sa formation. A l'exemple de Thalès, d'Anaximandre, d'Anaximène, d'Héraclite, il se livra surtout à l'étude de la philosophie naturelle. Toutefois, au milieu de ses préoccupations physiques et cosmogoniques, le philosophe de Clazomène ne demeura point étranger aux spéculations de la philosophie morale. Nous venons de voir qu'il mérite d'être appelé le créateur de la Théodicée. Ajoutons maintenant qu'il fut, avec Héraclite, le fondateur de la logique. En effet, le problème de la véracité de nos facultés intellectuelles et de la légitimité de nos connaissances semble avoir attiré son attention, et, chose qui peut et doit paraître étrange chez un philosophe adonné aux recherches physiques et cosmogoniques, Anaxagore paraît avoir résolu ce pro-

blème dans un sens plus éléatique qu'ionien,
en disant que le témoignage des sens ne pouvait en aucune façon nous conduire à la certitude, et en posant la raison comme le *criterium* unique du vrai. « Anaxagore, le savant
« physicien (dit Sextus-Empiricus), reproche
« aux sens leur imperfection, et prétend que
« leur faiblesse est pour nous un obstacle à juger
« de la vérité des choses. Il apporte en preuve
« de l'infidélité des sens l'exemple du chan-
« gement des couleurs. Car, dit-il, si nous
« prenons deux liquides colorés, l'un noir,
« l'autre blanc, et qu'ensuite nous venions à
« verser l'un dans l'autre goutte à goutte, la
« vue ne pourra discerner ces insensibles
« changements. Aussi, Anaxagore admet-
« il communément la raison comme *crite-
« rium.* [1] »

[1] « Ὁ μὲν φυσικώτατος Ἀναξαγόρας ὡς ἀσθενεῖς δια-
βάλλων τὰς αἰσθήσεις, ὑπὸ ἀφαυρότητος αὐτῶν φησι, οὐ
δυνατοί ἔσμεν κρίνειν τ'ἀληθές. τίθησι δὲ πίστιν αὐτῶν
τῆς ἀπιστίας τὴν παρὰ μικρὸν τῶν χρωμάτων ἐξαλλαγήν·
εἰ γὰρ δύο λάβοιμεν χρώματα, μηλάν καὶ λευκὸν, εἶτα ἐκ

. Cette sorte de scepticisme en matière de perception extérieure est encore attestée chez Anaxagore par Cicéron en ses *Académiques*[1].

« Le sage, dit Cicéron, se réglera sur les ap-
« parences pour agir ou ne pas agir, et il
« trouvera la neige blanche, sans être aussi
« difficile qu'Anaxagore qui le niait, et qui, de
« plus, soutenait qu'elle ne lui paraissait
« même pas blanche, puisque l'eau, dont
« elle n'est qu'une condensation, est noire.

« *Hujus modi igitur visis consilia capit agendi*
« *aut non agendi, faciliorque erit ut albam esse*
« *nivem probet quàm erat Anaxagoras, qui id*
« *non modò ità esse negabat, sed sibi, quid sci-*
« *ret aquàm nigram esse, undè illa concreta*
« *esset, ne videri quidem.* »　. . . . .

Ces textes de Cicéron et de Sextus, auxquels nous pourrions joindre le fragment suivant

---

θατέρου εἰς θάτερον κατὰ σταγόνα παρεγχέοιμεν, οὐ δυνή-
σεται ἡ ὄψις διακρίνειν τὰς παρὰ μικρὸν μεταβολάς... ὥστε
ὁ μὲν Ἀναξαγόρας κοινῶς τὸν λόγον ἔφη κριτήριον εἶναι. »
(*Sextus-Empiric.*, *adv. Mathem.*, L. 7).

. L. II, C. 3.

d'Anaxagore lui-même, conservé par Simplicius : Ὑπὸ ἀφαυρότητος αὐτῶν οὐ δυνατοί ἐσμεν κρίνειν
τἀληθές [1] : « à cause de leur faiblesse (de nos sens)
« nous ne sommes pas en état de discerner
« le vrai » ces textes réunis, disons-nous, ne
décèlent pas seulement chez Anaxagore, tout
physicien et tout Ionien qu'il soit, une tendance formelle vers cet idéalisme qui, dans
l'antiquité, eut pour représentants les plus
absolus Parménide et Zénon, et, dans l'âge
moderne, Berkeley; ils dénotent encore un
incontestable progrès dans l'esprit philosophique, en ce sens que la logique vient réclamer
et commence à prendre la place qui lui est due
dans les investigations scientifiques. Avec
Thalès, Anaximandre, Anaximène, la philosophie avait été exclusivement la science de
la nature matérielle. Avec Pythagore et son
école, les mathématiques et la morale étaient
venues par un premier progrès, s'ajouter à
l'astronomie, à la cosmogonie et à la physique
générale. Avec Héraclite et Anaxagore, com-

---

[1] Voir, aux notes, le fragm. 25.

mence à s'agiter le problème de la légitimité de la connaissance ; en d'autres termes ; par un progrès ultérieur, la logique commence à poindre. Avec Anaxagore, enfin, un nouveau rameau vient de croître sur l'arbre de la science, et la Théodicée a fait sa première apparition. Vienne maintenant Socrate, et il trouvera constitués tous les éléments de la philosophie morale ; il ne lui restera qu'à les recueillir et à les développer, et ainsi se trouvera réalisée cette pensée de Diogène de Laërte [1] « ἐκ τοῦ αὐξῆσαι εἰς τὸ εὑρεῖν ὑπελήφθη. »

[1] En sa *Biographie d'Archélaüs*.

CHAPITRE IX.

ARCHÉLAUS.

—

Aucune unité de doctrine ne préside à la solution des problèmes que se posa la philosophie ionienne. Les questions se représentent toujours les mêmes, pour être résolues en des sens toujours différents. Sauf Anaximène, dont le système cosmogonique fut reproduit et développé par Diogène d'Apollonie, il n'est pas un seul Ionien dont les doctrines aient fait école. Cette divergence caractérise la dernière période de la philosophie ionienne, comme elle avait marqué la première époque de son existence. Bien qu'élève et successeur d'Anaxagore, Archélaüs rejette le principe cosmogonique de son maître. Il répudie le système d'Anaximandre et d'Anaxagore, qui admettaient un nombre indéfini de principes, ἄπειρον, une sorte de totalité confuse, πάντα ὁμοῦ, pour se rapprocher du point de vue de ceux d'entre les Ioniens qui avaient reconnu un nombre déterminé d'éléments. Seulement, à la différence de ces derniers, qui tous avaient, bien que sous des formes diverses, adopté l'unité, Archélaüs admet et pose la dualité, δύο αἰτίας γενεσίως [1].

Maintenant, quelle était la nature des termes qui constituaient cette dualité? Ici, il devenait difficile qu'Archélaüs, qu'il le voulût ou non, ne suivît point quelqu'une des traces laissées par les doctrines antérieures. Chacun des quatre éléments reconnus jusqu'alors, l'eau, la terre, l'air, le feu, avait été successivement adopté à titre de principe unique. Archélaüs allait-il proposer un élément nouveau, ou bien tenterait-il une fusion

---

[1] Diog. de L.

entre les doctrines de quelques-uns de ses
devanciers? Ce dernier caractère est celui dont
se revêtit son système. Sous la dénomination
de chaud et de froid, il admet deux principes,
ἔλεγε δὲ δύο αἰτίας εἶναι γενεσίως, θερμον καὶ ψύχρον[1].
Mais le chaud et le froid ne sont point des
êtres réels; ils n'existent qu'à titre de modes
et de qualités; ils réclament donc l'un et
l'autre un sujet d'inhérence; et ce double
substratum ne peut être que le feu d'une part,
et l'eau d'autre part. Au rapport d'Origène[2],
Archélaüs estime que, dans l'origine, il y
avait entre ces deux éléments une sorte de
confusion et de mélange, μίγμα. A cette confusion succéda un dégagement, qui eut pour
résultat la séparation du chaud d'avec le froid[3],
en d'autres termes, du feu d'avec l'eau. Dès
lors s'exerça une action du premier de ces
deux éléments sur le second, et les effets de
cette action, tels qu'ils sont caractérisés dans

[1] Diog. de L., Monograph. d'Archélaüs.
[2] L. 3.
[3] Ἀποκρίνασθαι ἀπ' ἀλλήλων τὸ θερμον καὶ το ψυχρόν.
— Orig., L. 1.

Diogène de Laërte [1], furent la formation de la terre et de l'air. En effet (et nous retraçons ici la description donnée par cet historien de la philosophie), d'une part, l'action du feu fit passer une masse d'eau à un état intermédiaire entre le solide et le liquide, d'où résulta la terre; d'autre part, cette même action, en conférant à certaines autres molécules d'eau une plus grande fluidité, en forma l'air, de telle sorte que, dans l'ensemble des choses, l'air se superposa à la terre et à l'eau, et se trouva lui-même dominé par le feu.

« Πηγνυμένον [1] φησι τὸ ὕδωρ ὑπὸ τοῦ θερμοῦ, καθὸ μὲν εἰς

« τυρῶδες [2] συνίσταται, ποιεῖν γῆν, καθὸ δὲ περιρρεῖ, ἀέρα

« γεννᾶν. ὅθεν ἡ μὲν ὑπὸ τοῦ ἀέρος, ὅδε ὑπὸ τῆς πύρος

« περιφορᾶς κρατεῖται. »

Il semble résulter de cette description que la terre forma d'abord une sorte de masse

---

[1] *Monog. d'Archélaüs.*

[2] Les éditions vulgaires de Diogène de Laërte donnent τηκόμενον et πυρώδες. Sur les traces d'un critique allemand, Ritter, nous avons adopté πηγνύμενον et τυρῶδες, qui offrent un sens bien plus satisfaisant.

fangeuse, τυρῶδες, un immense marais, opinion
conforme à celle de plusieurs géologues de
nos jours [1], et qui paraît en même temps s'accorder avec les plus anciennes traditions, et
notamment avec les récits bibliques, qui nous
représentent ces deux éléments, l'eau et la
terre, à l'état primitif de confusion et de mélange [2] ; puis, par l'action constante du feu, le
règne animal apparut, éclos du limon terrestre, et, comme dernier produit de cette nouvelle
époque, l'homme, ainsi qu'il résulte du témoignage de Diogène de Laërte, interprète,
en ce point, de la doctrine d'Archélaüs :
« Τὰ ζῶα ἀπὸ τῆς ἰλύος γεννηθῆναι — γεννᾶσθαι φησί τὰ
« ζῶα ἐκ θερμῆς τῆς γῆς, οὕτω δὲ καὶ τούς ἀνθρώπους. »
Origène aussi nous a retracé les diverses phases de cette formation, telles que les avait
conçues le philosophe de Milet. « Voici, dit-il,
« ce que pensait Archélaüs de la naissance des
« animaux. A mesure que la terre recevait

---

[1] Voir notamment les travaux de M. Elie de Beaumont.

[2] « Et tenebræ erant super faciem abyssi, et spiritus Dei
« ferebatur super aquas. » (GENÈSE, C. I, vers 2.)

« l'action du feu, du mélange du chaud et
« du froid naissaient les différentes espèces
« d'animaux, ayant tous le même aliment,
« nourris qu'ils étaient du limon primitif. Du
« reste, ils vivaient peu. Plus tard, ils com-
« mencèrent à se reproduire entre eux. Alors,
« les hommes se séparèrent du reste des ani-
« maux, se choisirent des chefs, créèrent les
« arts, établirent des villes et toutes sortes
« d'institutions. Archélaüs ajoute que l'esprit
« était également en tous les êtres vivants; car
« chacun d'eux se sert semblablement de ses
« organes corporels, mais les uns avec plus
« de lenteur, les autres avec plus d'activité [1]. »

---

[1] Περὶ δὲ ζώων φησὶν ὅτι θερμαινομένης τῆς γῆς, τὸ πρῶτον ἐν τῷ κατὰ μέρος, ὅπου τὸ θερμὸν καὶ τὸ ψυχρὸν ἐμίσ-
γετο, ἀνεφαίνετο τά τε ἄλλα ζῶα, πολλὰ καὶ ἀνόμοια, πάντα
τὴν αὐτὴν δίαιταν ἔχοντα, ἐκ τῆς ἰλύος τρεφόμενα· ἦν δὲ
ὀλιγοχρόνια. ὕστερον δὲ αὐτοῖς καὶ ἐξ ἀλλήλων γένεσις
ἀνέστη, καὶ διεκρίθησαν ἄνθρωποι ἀπὸ τῶν ἄλλων, καὶ ἡγεμό-
νας, καὶ νόμους καὶ τέχνας, καὶ πόλεις, καὶ τὰ ἄλλα συνέσ-
τησαν. Νοῦν δὲ λέγει πᾶσιν ἐμφύεσθαι ζώοις ὁμοίως. χρή-
σασθαι γὰρ ἕκαστον καὶ τῷ σώματι ὁμοίως, τὸ μὲν βραδυτέρως,
τὸ δὲ ταχυτέρως. (Orig., L. 1.)

Dans ce passage, deux points sont à remarquer : en premier lieu, l'apparition des animaux et de l'homme est conçue et décrite chez Archélaüs à peu près selon les mêmes idées que chez Anaximandre. Chez l'un comme chez l'autre, on aperçoit, bien que déterminée d'une manière assez vague, une succession d'époques, dont la dernière est l'apparition de l'homme à titre d'être supérieur, et, comme tel, se séparant du reste des animaux et posant les bases de la civilisation. Un second point, c'est que la doctrine d'Archélaüs admet un Esprit, νοῦν, qui anime également tous les êtres et préside à leurs mouvements et à leurs actes. Cet Esprit est également en tous, ἐμφύεσθαι ὁμοίως. Le sens de cette dernière assertion est-il que l'*Esprit*, le νοῦς, ne manque à aucun être, ou bien qu'il est égal d'un être à un autre? Ici l'interprétation est condamnée au doute. Toutefois, des derniers mots du passage d'Origène, qui vient d'être cité, n'est-il pas permis d'inférer qu'Archélaüs reconnaissait un esprit uniformément répandu dans tous les êtres, égal à lui-même en chacun

d'eux, mais inégalement· servi par les organes, de telle sorte que toute la différence
d'un être à un autre fût un simple résultat de
la conformation corporelle? Nous n'ignorons
pas combien il importe d'être sobre de conjectures dans l'exposition de doctrines anciennes, sur lesquelles nous ne possédons
plus aujourd'hui que des témoignages incomplets. Toutefois, cette hypothèse, si elle n'est
pas absolument vraie, nous paraît au moins
très soutenable. Toujours est-il que cette adoption du νοῦς, héritage recueilli par Archélaüs de
la doctrine d'Anaxagore, son maître, répand
sur ce système une sorte de spiritualisme,
qu'il faut avoir soin de ne pas méconnaître,
sous peine de fausser le véritable caractère de
la philosophie d'Archélaüs. Le νοῦς d'Archélaüs
est aux animaux et à l'homme ce que le νοῦς
d'Anaxagore est à la nature entière, un principe moteur et régulateur. La philosophie
ionienne finit donc par le théisme et le spiritualisme, puisque, avec Anaxagore, elle reconnaît un Dieu au-dessus de la nature, et,
avec Archélaüs, une ame dans les animaux et

dans l'homme. Derniers produits de l'Ionisme, les doctrines d'Anaxagore et d'Archélaüs préparent en plusieurs points celles de Socrate et de Platon, et portent en elles les germes de tous les progrès à venir.

Indépendamment de ses travaux cosmogoniques, Archélaüs paraît s'être occupé d'astronomie et de physique; et Diogène de Laërte rapporte quelques-unes de ses opinions relatives à l'une et à l'autre de ces deux sciences. Ainsi il disait que le tout est infini, τὸ πᾶν ἄπειρον, et que le soleil est le plus grand de tous les astres; ce qui n'est vrai que par rapport aux astres qui composent notre système solaire. Il disait encore que la voix est un effet de la percussion de l'air; que la mer occupe les cavités formées par la terre, c'est-à-dire les vallées. Il fallait bien qu'Archélaüs s'adonnât spécialement à l'étude de la nature, puisqu'il fut surnommé le physicien, ἐκλήθη φύσικος.[1] Suivant Diogène de Laërte, il y eut une autre raison encore à ce surnom : c'est que la phi-

---

[1] Diog. de L.

losophie naturelle s'éteignit avec lui pour faire
place à la philosophie morale mise au monde
par Socrate, εἴληξιν ἐν αὐτῷ ἡ φυσικὴ φιλοσοφία, Σωκράτους τὴν ἠθικὴν εἰσαγαγόντος. Néanmoins Archélaüs
paraît n'être pas demeuré étranger à la philosophie morale, et Diogène de Laërte nous a conservé de lui une maxime relative à l'origine de
l'idée de juste et d'injuste : τὸ δίκαιον εἶναι καὶ τὸ
αἰσχρὸν οὐ φύσει ἀλλὰ νόμῳ, maxime d'un sens très
ambigu, susceptible, à notre avis, de deux interprétations entièrement opposées l'une à
l'autre, et qui peut signifier, ou que la source
de l'idée de juste et d'injuste est ailleurs que
dans la nature matérielle, c'est-à-dire, apparemment, dans la loi morale, ou, que la distinction admise entre le bien et le mal ne
vient pas de la nature, mais seulement des lois,
ce qui tiendrait à faire de cette distinction quelque chose de purement factice. Diogène de
Laërte ajoute d'ailleurs que les lois, le beau et
le bien avaient fait plus d'une fois la matière
des discours et des entretiens d'Archélaüs, καὶ
γὰρ περὶ νόμων πεφιλοσόφηκε, καὶ καλῶν, καὶ δικαίων, et
que Socrate, ayant reçu de lui les premiers

germes de la science morale, ne fit que les développer, et passa ainsi pour en être le créateur, παρ' οὗ λαβὼν Σωκράτης τῷ αὐξῆσαι εἰς τὸ εὑ-ρεῖν ὑπελήφθη.

Archélaüs avait eu pour maître Anaxagore de Clazomène. « Anaxagore, dit Eusèbe, eut trois « disciples, Périclès, Euripide et Archélaüs. « Ce dernier succéda, dans la ville de Lamp-« saque, à son maître Anaxagore, et ensuite « étant venu à Athènes, il y continua son en-« seignement, et réunit autour de lui un très « grand nombre de disciples athéniens, par-« mi lesquels Socrate[1]. » Archélaüs vint donc de Lampsaque à Athènes quelque temps après la mort d'Anaxagore; aucun doute sur ce point. Mais quelque chose de plus contesté, c'est de savoir s'il était né à Athènes, et s'il ne faisait qu'y retourner après l'avoir quittée sur les traces de son maître proscrit, ou s'il avait pris naissance en Ionie, à Milet, cette antique pa-

---

[1] Ὁ δὲ Ἀρχέλαος ἐν Λαμψάκῳ διεδέξατο τὴν σχολὴν τοῦ Ἀναξαγόρου. μεταβὰς δὲ εἰς Ἀθήνας, ἐκεῖ ἐχόλασε, καὶ πόλλους ἔσχεν ἀθηναίων γνωρίμους, ἐν οἷς καὶ Σωκράτην. *Praeparat. Evang.*, L. X, C. 14.

trie de Thalès , d'Anaximandre et d'Anaximène. Ici, les opinions se combattent. Simplicius , s'appuyant sur le témoignage de
Théophraste , assigne Athènes pour lieu natal
à Archélaüs. Diogène de Laërte, biographe des
philosophes anciens et historien de leurs doctrines , laisse la question indécise, en disant
qu'Archélaüs était soit d'Athènes , soit de Milet, « Ἀρχέλαος, Ἀθηναῖος, ἢ Μιλήσιος. ». On voit
que c'est un point difficile à résoudre. Quoi
qu'il en soit, et qu'Archélaüs fût né à Milet
ou à Athènes, son nom, en toute hypothèse,
nous paraît pouvoir être rangé parmi ceux
des philosophes ioniens. En effet, ne fut-il
pas disciple d'Anaxagore ? Ne suivit-il pas
en Ionie son maître exilé ? Ne succéda-t-il pas
à Anaxagore dans l'école de Lampsaque, et ne
transféra-t-il pas ensuite à Athènes cette même
école ? De plus, dans la série des philosophes
Ioniens, malgré l'absence d'unité de doctrines,
on peut constater une succession non interrompue de maîtres et de disciples , depuis
Thalès jusques et y compris Archélaüs. C'est
ce qu'établit très lucidement Diogène de Laërte,

lorsque, dans son *Introduction* (προίμιον),
il rattache les uns aux autres, par un lien de
succession continue, Thalès, Anaximandre,
Anaximène, Anaxagore et Archélaüs « Θαλοῦ
« μὲν γὰρ Ἀναξίμανδρος, οὗ Ἀναξιμένης, οὗ Ἀναξαγόρας,
« οὗ Ἀρχέλαος » Né à Athènes, ou né à Milet,
Archélaüs est donc, dans l'une et l'autre hypothèse, un philosophe ionien. Maintenant,
ajouterons-nous avec Diogène de Laërte, qu'il
fut le premier qui transporta d'Ionie à Athènes
la philosophie naturelle? « πρῶτος ἐκ τῆς Ἰονίας
« τὴν φυσικὴν φιλοσοφίαν μετήγαγεν Ἀθήναζε. » Non, assurément. Car il est universellement reconnu que ce fut à Anaxagore qu'appartint ce
rôle; et le témoignage de Clément d'Alexandrie ne laisse aucun doute en ce point lorsqu'il dit « qu'à Anaximène succéda Anaxagore;
« que celui-ci apporta d'Ionie à Athènes la
« philosophie, et qu'il eut pour successeur
« Archélaüs, Ἀναξαγόρας μετήγαγεν ἀπὸ τῆς Ἰονίας
« Ἀθήναζε τὴν διατρίβήν· τούτου διεδέχετο Ἀρχέλαος. »
Diogène de Laërte a donc erré en ce point, en
attribuant à Archélaüs ce qui ne convient qu'à
Anaxagore. Archélaüs enseigna, il est vrai, à

Athènes ; mais il ne fit qu'y continuer l'école
qu'y avait fondée avant lui Anaxagore, école
temporairement transférée à Lampsaque pendant que grondait la persécution sacerdo-
tale. Elève d'un illustre maître, Archélaüs
eut un disciple plus illustre encore dans la
personne de Socrate. On sait par les témoignages de Platon [1] et de Xénophon [2] quel
avait été d'abord le goût de Socrate pour les
recherches physiques. Eh bien ! n'est-ce pas
à l'école d'Anaxagore et d'Archélaüs qu'il avait
puisé cette ardeur pour la philosophie naturelle? Et cet amour plus vif encore que Socrate
porta ensuite aux spéculations morales, croit-
on qu'il n'en devait rien aux leçons de ses
maîtres? Sans doute son propre instinct l'y
portait ; et il obéissait en ceci tout à la fois à
l'esprit du temps et à sa propre nature. Mais
enfin, n'avait-il pas fréquemment assisté aux
entretiens d'Archélaüs sur les lois, le beau et
le bien ; et n'avait-il pas dû y puiser un ardent

[1] Apologie.
[2] *Memorab.*

désir de voir clair en ces questions sur lesquelles reposent l'ordre intellectuel, moral et
social? Par ce point donc, le mouvement socratique, qui devait un jour avoir de si grands
résultats, trouva dans la philosophie ionienne
sa première impulsion ; et peut-être est-il permis de dire, sans tomber en exagération aucune, que, mère déjà de toutes les philosophies qui avaient rempli l'espace de ces deux
premiers siècles [1], l'Ionie eut encore le glorieux privilége de voir les germes sortis de son
sein prendre racine sur le sol attique, et y produire du développement de leur sève vigou-
reuse cet arbre immense dont Socrate est le
tronc, et dont Platon, Aristote, Épicure, Zénon, et toutes les sectes antiques sont les rameaux.

[1] De 600 à 400.

FIN.

NOTES.

' NOTE SUR ANAXIMÈNE.

Anaximène s'occupa de géographie et d'astronomie. On lui attribue d'avoir supposé la terre plate. Peut-être les cartes qu'Anaximandre avait dressées et qui donnaient à la terre l'apparence d'un plan, ont-elles produit cette erreur? Anaximène imagina et enseigna le premier la solidité des cieux. Plutarque (*de placit. philos.*) dit qu'il les supposait de terre, c'est-à-dire, d'une matière solide et dure; en effet, quand on a réfléchi sur le mouvement qui entraîne toutes les étoiles de l'orient vers l'occident, en conservant leur ordre et leurs distances, on a pu penser d'abord que le ciel était une enveloppe sphérique et solide, à laquelle les étoiles étaient attachées comme des clous.

Anaximène passe pour l'inventeur des cadrans solaires. Cette invention serait une suite assez naturelle de celle du gnomon qu'Anaximandre avait érigé à Lacédémone. Mais, il est fort douteux que l'un et l'autre appartiennent aux philosophes grecs. Cette connaissance était très ancienne dans l'Asie. Bérose, l'astronome chaldéen, passa dans la Grèce, il y porta le gnomon, la division du jour en douze heures, et sans doute ces cadrans dont il a été nommé ainsi l'inventeur. N'oublions pas que la plupart des découvertes attribuées aux Grecs, ne sont que des connaissances communiquées. Ce qui nous paraît probable, c'est que le cadran solaire, ainsi que le gnomon et la division du jour, furent transportés de Babylone dans la Grèce, par Bérose. La division du jour seulement fut d'abord adoptée ; les deux instruments restèrent sans usage chez un peuple qui n'avait pas encore assez d'aptitude pour s'approprier des instruments inconnus et étrangers. On les oublia, et les deux philosophes Anaximandre et Anaximène les réinventèrent de nouveau, ou en firent revivre la connaissance ; et dans l'un et l'autre cas, les Grecs ne manquèrent pas de leur attribuer tout l'honneur, ou par justice ou par vanité. Jusqu'à cette époque, les Grecs qui n'avaient point de cadrans ni d'horloges, connaissaient les divisions du jour ou les heures par l'ombre du soleil ; l'heure du dîner était fixée quand l'ombre avait de dix à douze pieds. Les anciens avaient des esclaves dont les fonctions étaient d'examiner l'ombre, et d'avertir du moment où elle avait la longueur fixée. (*Consulter à ce sujet les mémoires de l'Acad. des inscrip.* t. IV, p. 151.)

Il paraît qu'Anaxagore fut l'inventeur du cadran solaire. Cette invention tenait à celle du gnomon, qui est due à Anaximandre. Saumaise a prétendu qu'Anaximène pouvait être l'auteur des cadrans solaires, parce que long-temps après lui, dit-on, les Grecs ne connaissaient pas encore les heures comme division du jour. Saumaise observe que les anciens grammairiens, les écrivains même postérieurs à Alexandre, n'ont pas employé le mot *heure*, ou ne lui ont pas donné la même signification que nous lui donnons aujourd'hui. Il est vrai que chez les anciens les heures signifiaient les saisons de l'année. Il n'y en eut d'abord que trois : le printemps, l'été, l'hiver. L'automne fit la quatrième ; et quand on s'avisa de partager le jour en douze intervalles égaux, ou du moins quand on en adopta l'usage, ces intervalles furent appelés heures, c'est-à-dire les saisons du jour. Mais Saumaise n'a pas fait attention qu'il y a des écrivains antérieurs à Alexandre, tels que Hérodote (*Euterpe*) et Xénophon (*Memorab. in Socrat.*), qui parlent de la division du jour en douze heures, et qui en parlent comme d'une chose universellement connue. Il est donc probable qu'elle l'était au temps d'Anaximène, et nous avons même soupçonné que Bérose, quinze ou seize siècles avant J.-C., porta les cadrans dans la Grèce, qu'ils y furent oubliés, et depuis réinventés. (Bailly, *Histoire de l'Astronomie ancienne.*)

---

6 NOTE SUR ANAXAGORE.

Voici le texte et la traduction des vingt-trois fragments d'Anaxagore, qui paraissent avoir été conservés par Simplicius dans son commentaire sur la *Physique* d'Aristote, et dans son commentaire sur le *Traité du Ciel* de ce même philosophe. — Nous donnons en même temps le texte et la traduction de deux autres fragments d'Anaxagore, dont l'un a été conservé par Sextus-Empiricus, et l'autre par Platon, Xénophon, Diogène de Laërte et Plutarque.

FRAGMENT I. (*Simplic., Comment. in phys. Aristot.,* p. 33, b.)

Ὁμοῦ πάντα χρήματα ἦν, ἄπειρα καὶ πλῆθος καὶ σμικρότητα. Καὶ γὰρ τὸ σμικρὸν ἄπειρον ἦν. Καὶ πάντων ὁμοῦ ἐόντων, οὐδὲν εὔδηλον ἦν ὑπὸ σμικρότητος. Πάντα γὰρ ἀήρ τε καὶ αἰθήρ κατεῖχεν, ἀμφότερα ἄπειρα ἐόντα. Ταῦτα γὰρ μέγιστα ἔνεστιν ἐν τοῖς σύμπασι καὶ πλήθει καὶ μεγέθει.

Toutes choses étaient confondues, infinies en nombre et en ténuité ; car, sous le rapport de la ténuité, c'était encore l'infini ; et tout étant ainsi confondu, rien n'était visible à cause de la ténuité. L'air et l'éther enveloppaient toutes choses, étant eux-mêmes infinis tous deux ; car, dans l'ensemble des choses, l'air et l'éther sont les plus considérables en quantité et en grandeur.

FRAGMENT II (*ibid.*).

Καὶ γάρ ὁ ἀὴρ καὶ ὁ αἰθὴρ ἀποκρίνεται ἀπὸ τοῦ περιέχοντος τοῦ πολλοῦ· καὶ τόγε περιέχον ἀπειρόν ἐστι τὸ πλῆθος.

L'air et l'éther se distinguent de la matière ambiante; et cette matière ambiante est infinie en quantité.

FRAGMENT III (*ibid.*).

Τουτέων δὲ οὕτως ἐχόντων, χρὴ δοκεειν ἐνεῖναι πολλά τε καὶ παντοῖα, ἐν πᾶσι τοῖς συγκρινομένοις, καὶ σπέρματα πάντων χρημάτων, καὶ ἰδέας παντοίας ἔχοντα, καὶ χροιὰς καὶ ἡδονάς.

Les choses étant ainsi, il faut croire que tout, en ce mélange universel, contenait les germes de toutes choses, ainsi que les formes de toute espèce, et les qualités tant externes qu'internes.

FRAGMENT IV (*ibid.*; p. 8, a).

Ἀνθρώπους τε συμπαγῆναι, καὶ τἆλλα ζῶα, ὅσα ψυχὴν ἔχει, καὶ τοῖς γε ἀνθρώποισιν εἶναι καὶ πόλεις συνῳκημένας, καὶ ἔργα κατεσκευασμενα, ὥσπερ παρ' ἡμῖν, καὶ ἡελιόν τε αὐτοῖσιν εἶναι καὶ σελήνην, καὶ τἆλλα, ὥσπερ παρ' ἡμῖν, καὶ τὴν γῆν αὐτοῖσι φύειν πολλά τε καὶ παντοῖα, ὧν ἐκεῖνοι τὰ ὀνήιστα συνενεικάμενοι εἰς τὴν οἴκησιν χρῶνται. Ταῦτα μὲν οὖν μοι λελεκται, ὅτι οὐκ ἂν παρ' ἡμῖν ἀποκριθείη, ἀλλὰ καὶ ἄλλη.

Les hommes y vivent en société; on y trouve aussi d'autres

êtres vivants, des villes habitées, des travaux commencés et
entrepris, absolument comme en notre monde, et un soleil,
et une lune, et d'autres choses semblables à celles que nous
voyons; et la terre y donne des productions de tout genre
que ses habitants font servir à leurs besoins, et qu'ils trans-
portent dans leurs demeures. Je dis que de telles choses, résultat du dégagement des éléments matériels, n'existent pas
seulement pour nous, mais encore en d'autres mondes.

FRAGMENT V (ibid., p. 35, a.).

Οὔτε γάρ τοῦ σμικροῦ γέ ἐστι τόγε ἐλάχιστον, ἀλλ' ἔλασ-
σον, ἀεί τὸ γάρ ἐὸν οὐκ ἔστι τὸ μὴ οὐκ εἶναι, ἀλλά καὶ τοῦ
μεγάλου ἀεί ἐστι μεῖζον, καὶ ἴσον ἐστὶ τῷ σμικρῷ πλῆθος.
Πρὸς ἑωῦτο δὲ ἑκαστόν ἐστι καὶ μέγα καὶ σμικρόν. Εἰ γάρ
πᾶν ἐν παντί, καὶ πᾶν ἐκ παντὸς ἐκκρίνεται, καὶ ἀπὸ τοῦ
ἐλαχίστου δοκέοντος ἐκκριθήσεται τι ἔλαττον ἐκείνου, καὶ τὸ
μέγιστον δοκέον ἀπο τινος ἐξεκρίθη ἑοῦτοῦ μεῖζονος.

Au sein de l'infinie ténuité, on ne peut dire d'une chose
qu'elle est la plus petite de toutes, mais seulement qu'elle est
plus petite que telle autre; car l'être ne peut être assimilé au
non-être; mais ce qui est grand trouve toujours plus grand
que soi, et il en est de même pour ce qui est petit. En soi
donc et au point de vue absolu, tout est à la fois grand et
petit; car si tout est dans tout, il faut dire aussi que tout se
distingue de tout, et que ce qui paraît être le plus petit peut se
diviser en quelque chose de plus petit encore, de même que
ce qui paraît être le plus grand, peut provenir de la division
de quelque chose encore plus grand.

FRAGMENT VI (ibid., p. 33, b.).

Πρὶν δὲ ἀποκρινθῆναι ταῦτα, πάντων ὁμοῦ ἐόντων, οὐδὲ
χροιὴ εὔδηλος ἦν οὐδεμίη. Ἀπεκώλυε γάρ ἡ σύμμιξις πάντων

18

χρημάτων, τοῦ τε διεροῦ καὶ τοῦ ξηροῦ, καὶ τοῦ θερμοῦ καὶ
τοῦ ψυχροῦ, καὶ τοῦ λαμπροῦ καὶ τοῦ ζοφεροῦ, καὶ γῆς
πολλῆς ἐνεούσης, καὶ σπερμάτων ἀπείρων πλήθους οὐδὲν ἐοι-
κότων ἀλλήλοις. Οὐδὲ γὰρ τῶν ἄλλων οὐδὲν ἔοικε τῷ ἑτέρῳ τὸ
ἕτερον.

Avant que les éléments se dégageassent les uns d'avec les
autres, la confusion où ils se trouvaient rendait toute qualité
extérieure imperceptible. L'obstacle était dans ce mélange de
toutes choses entre elles, l'humide avec le sec, le chaud avec
le froid, la lumière avec les ténèbres, la terre avec une infinie
quantité de germes qui n'avaient aucune affinité les uns pour
les autres; de telle sorte que dans tout cet ensemble aucune
chose ne concordait avec une autre.

FRAGMENT VII (*ibid.*, p. 35, a.).

Ἐν παντὶ παντὸς μοῖρα ἔνεστι, πλὴν νοῦ· ἔστιν οἷσιν καὶ
νοῦς ἐστι.

Tout est dans tout, excepté l'esprit. Il est des êtres auxquels l'esprit aussi est uni.

FRAGMENT VIII (*ibid.*, p. 35, b.).

Τὰ μὲν ἄλλα παντὸς μοῖραν ἔχει· νοῦς δέ ἐστι ἄπειρον καὶ
αὐτοκρατές, καὶ μέμικται οὐδενὶ χρήματι, ἀλλὰ μόνος αὐτός
ἐφ' ἑωυτοῦ ἐστιν. Εἰ μὴ γὰρ ἐφ' ἑωυτοῦ ἦν, ἀλλὰ τεῳ ἐμέμικτο
ἄλλῳ, μετεῖχεν ἂν ἁπάντων χρημάτων, εἰ ἐμέμικτό τεῳ. Ἐν
παντὶ γὰρ παντὸς μοῖρα ἔνεστιν, ὥσπερ ἐν τοῖς πρόσθεν μοι
λέλεκται. Καὶ ἀνεκώλυεν αὐτὸν τὰ συμμεμιγμένα, ὥστε μη-
δενὸς χρήματος κρατεῖν ὁμοίως, ὡς καὶ μόνον ἐόντα ἐφ' ἑωυτοῦ. Ἔστι γὰρ λεπτότατόν τε πάντων χρημάτων, καὶ καθα-
ρώτατον, καὶ γνώμην γε περὶ παντὸς ἴσχει, καὶ ἰσχύει μέ-

γιστον. Ὅσα γε ψυχὴν ἔχει, καὶ μείζω καὶ ἐλάττω, πάντων νοῦς κρατεῖ. Καὶ τῆς περιχωρήσιος τῆς συμπάσης νοῦς ἐκράτησεν, ὥστε περιχωρῆσαι τὴν ἀρχήν. Καὶ πρῶτον ἀπὸ τοῦ σμικροῦ ἤρξατο περιχωρῆσαι, ἔπειτε πλεῖον περιχωρέει, καὶ περιχωρήσει ἐπὶ πλέον. Καὶ τὰ συμμισγόμενά τε καὶ ἀποκρινόμενα καὶ διακρινόμενα, πάντα ἔγνω νοῦς. Καὶ ὁποῖα ἔμελλεν ἔσεσθαι, καὶ ὁποῖα ἦν, καὶ ὅσα νῦν ἐστι, καὶ ὁποῖα ἔσται, πάντα διεκόσμησε νοῦς· καὶ τὴν περιχώρησιν ταύτην, ἣν νῦν περιχωρέει τά τε ἄστρα, καὶ ὁ ἥλιος, καὶ ἡ σελήνη, καὶ ὁ ἀήρ, καὶ ὁ αἰθήρ, οἱ ἀποκρινόμενοι. Ἡ δὲ περιχώρησις αὕτη ἐποίησεν ἀποκρίνεσθαι, καὶ ἀποκρίνεται ἀπό τε τοῦ ἀραιοῦ τὸ πυκνὸν, καὶ ἀπὸ τοῦ ψυχροῦ τὸ θερμον, καὶ ἀπὸ τοῦ ζοφεροῦ τὸ λαμπρον, καὶ ἀπὸ τοῦ διεροῦ τὸ ξηρόν. Μοῖραι δὲ πολλαὶ πολλῶν εἰσι. Παντάπασι δὲ οὐδὲν ἀποκρίνεται ἕτερον ἀπο τοῦ ἑτέρου, πλὴν νοῦ. Νοῦς δὲ πᾶς ὅμοιος ἐστι, καὶ ὁ μείζων, καὶ ὁ ἐλάσσων. Ἕτερον δὲ οὐδὲν ἐστιν ὅμοιον οὐδενὶ ἄλλῳ. Ἀλλ᾽ ὅτεῳ πλεῖστα ἔνι, ταῦτα ἐνδηλότατα ἓν ἕκαστόν ἐστι καὶ ἦν.

Chaque chose participe de la nature du tout. Mais l'esprit est infini, libre, sans mélange, et ne relève que de lui-même; car si l'esprit relevait d'autre chose que de lui-même, et qu'il ne fût pas libre de tout mélange, il participerait de la nature de toutes choses; car, ainsi que déjà il a été dit, tout est dans tout. Dans un semblable mélange il trouverait obstacle, et ne pourrait dominer comme s'il était pur de tout alliage. Il est, de tous les êtres, le plus subtil et le plus pur; il a l'intelligence de toutes choses et une puissance immense. Toutes choses qui existent, petites et grandes, sont soumises à l'esprit. Le mouvement universel était dans sa dépendance, et c'est de lui que ce mouvement émane; et dans ce mouvement, il y a eu dès l'origine jusqu'à nos jours, et il y aura de nos jours vers l'avenir, progression indéfinie. Ce qui est mêlé, ce qui est dissous, tout tombe sous le regard de l'esprit. Tout ce qui devait être, tout ce qui a été, tout ce qui est, tout ce qui sera, c'est l'esprit qui a tout réglé. C'est de lui qu'émane ce mouvement circulaire qui entraîne les astres, le soleil, la lune, ainsi que l'air et l'éther, ces éléments éternellement distincts de l'ensemble des choses. Grâce à ce mouvement circulaire, le léger s'est séparé du dense, le chaud du froid, le sec de l'humide, la lumière des ténèbres. Toutefois chaque chose est composée de bien des parties. En effet, rien n'est absolument séparé de tout le reste, sauf l'esprit. L'esprit est partout égal à lui-même, en quelques êtres, grands ou petits, qu'il réside. En dehors de l'esprit, il n'est rien qui puisse rencontrer absolument son semblable en un autre être. Mais les éléments les plus nombreux impriment constamment à l'être en qui ils résident un caractère d'individualité et d'unité.

FRAGMENT IX (*ibid.*, p. 38, a.).

Οὐδὲ διακρίνεται, οὐδὲ ἀποκρίνεται ἕτερον ἀπο του ἑτέρου.

Il n'existe ni séparation ni distinction absolues entre les choses.

FRAGMENT X (*ibid,* p. 106, a).

Μὴ δ' ἐνδεχεσθαι πάντα διακριθῆναι.

La séparation absolue est impossible.

FRAGMENT XI (*ibid.* , p. 37, b).

Οὐ κεχώρισται τὰ ἐν ἑνι κόσμῳ, οὐδὲ ἀποκεκοπται πελεκει, οὕτε το θερμον ἀπο του ψυχρου, οὕτε τὸ ψυχρὸν ἀπο του θερμοῦ.

Les choses d'un même monde ne peuvent être séparées ni scindées les unes d'avec les autres, comme par la hache, telles que le chaud d'avec le froid, ou le froid d'avec le chaud.

FRAGMENT XII (*ibid.* , p. 35 , a).

Καὶ ὅτι δὲ ἴσαι μοῖραί εἰσι τουτε μεγάλου καὶ τοῦ σμικροῦ,
πλῆθος καὶ οὑτῶς ἂν εἴη. Καὶ ἐν παντὶ πάντα, οὐδὲ χωρὶς
ἔστιν εἶναι. Ἀλλὰ πάντα παντὸς μοῖραν μετέχει· ὅτε δὲ τοὐ-
λαχιστον μὴ ἔστιν εἶναι, οὐκ ἂν δύναιτο χωρισθῆναι, οὐδ᾽ ἂν
λίαν ἀφ᾽ ἑωϋτου γενεσθαι. Ἀλλ᾽ ὕπερ περι ἀρχὴν εἶναι, καὶ
νου πάντα ὁμου. Ἐν πᾶσι δὲ πολλὰ ἔνεστι, καὶ τῶν ἀποκρινομένων ἴσα πλῆθος ἐν τοῖς μειζόσί τε καὶ ἐλάττοσι.

Puisque les parties du grand et du petit sont égales, le
grand et le petit sont égaux entre eux en quantité. Tout est
dans tout; la séparation est impossible. Chaque chose participe de la nature de toute les autres choses. Et puisqu'on ne
peut pas dire qu'il y ait une chose plus petite qu'aucune autre, il n'y a pas de séparation ni de scission absolue possible.
Mais ce qui était dans l'origine est encore aujourd'ui, c'est-
à-dire le mélange de toutes choses. Chaque chose contient
une foule d'éléments, et chaque chose, prise à part, grande
ou petite, en contient une grande quantité.

FRAGMENT XIII (*ibid.* , p. 35, a et 37, a).

Ἕτερον οὐδὲν ἐστιν ὁμοιον οὐδενὶ ἑτερῳ ἀπειρων ἐοντων.
Au sein de l'infinité, rien n'a son semblable.

FRAGMENT XIV (*ibid.* , p. 33 , b).

Τούτεων δὲ οὕτω διακεκριμένων γινώσκειν χρή, ὅτι πάντα
οὐδὲν ἐλάσσω ἐστιν, οὐδὲ πλείω, οὐδὲ ἀνυστον πάντων πλείω
εἶναι, ἀλλὰ πάντα ἴσα ἀει.

Les choses une fois séparées les unes des autres, il faut
comprendre qu'aucune ne gagne ni ne perd en quantité, car
il ne peut se faire que quelque chose s'ajoute au tout. Ainsi,
toutes choses demeurent égales à elles-mêmes.

FRAGMENT XV (*Simpl. in Arist. de cœlo*, p. 149, b).

Ἐν παντὶ δεῖ νομίζειν ὑπάρχειν πάντα χρήματα.

Il fant songer que tout est dans tout.

FRAGMENT XVI (*Simplic. in Arist. Phys.*, p. 106, a).

Ἦν ὁμοῦ πάντα χρήματα, ὥστε ὁτιουν οἷον τον ἄρτον
τόνδε, καὶ σαρκος τῆς δε καὶ τοῦδε τοῦ ὀστοῦ μίγμα εἶναι
ὁμοίος τῷ παντί.

Tout était confondu, de telle sorte qu'une chose quelconque, par exemple, ce pain, était un mélange de cette
chair et de cet os, et cela conformément à l'universalité des
choses.

FRAGMENT XVII (Diog. Laërt. II, δ).

Πάντα χρήματα ἦν ὁμοῦ· εἶτα νοῦς ἐλθὼν αὐτὰ διεκόσμησε.

Tout était confondu; l'esprit vint et établit l'harmonie.

FRAGMENT XVIII (*Simplic. in Arist. Phys.*, p. 67, a).

Ἐπεὶ ἦρξατο ὁ νους κινεῖν, ἀπο του κινομενου παντος ἀπεκρίνετο. Καὶ ὅσον ἐκίνησεν ὁ νους, πᾶν τουτο διεκρίθη Κι-
νουμενου δε καὶ διακρινομενων ἡ περιχωρησις πολλῷ μᾶλλον
ἐποίει διακρίνεσθαι.

Au moment où l'esprit commença à imprimer le mouvement, il se distinguait de l'ensemble auquel ce mouvement
était imprimé. Et à mesure que l'esprit communiquait le
mouvement, le dégagement s'opérait au sein de l'ensemble.
Et le mouvement circulaire de chaque élément, à mesure
qu'ils recevaient l'impulsion et qu'ils se dégageaient les uns des
autres, ne faisait qu'accélérer et faciliter le dégagement universel.

FRAGMENT XIX (*ibid..* p. 38 b).

Το μὲν πυκνον καὶ διερὸν, καὶ ψυχρὸν καὶ ζοφερὸν ἐνθάδε συνεχώρησεν, ἔνθα νῦν ἡ γῆ. Τὸ δὲ ἀραιον καὶ τὸ θερμον καὶ τὸ ξηρον ἐξεχώρησεν εἰς τὸ πρόσω τοῦ αἰθερος.

En vertu du mouvement circulaire imprimé par l'esprit à l'ensemble matériel, le dense, l'humide, le froid et l'obscur se réunirent là où est aujourd'hui la terre. Le léger, le chaud et le sec se portèrent dans les régions élevées de l'éther.

FRAGMENT XX (*ibid.*, p. 38, b).

Οὕτω γὰρ ἀπο τουτεων ἀποκρινομένων συμπηγνυται γῆ· ἐκ μὲν γὰρ τῶν νεφελῶν ὕδωρ ἀποκρίνεται, ἐκ δὲ τοῦ ὕδατος γῆ· ἐκ δὲ τῆς γῆς λίθοι συμπήγνυνται ἀπο τοῦ ψυχροῦ.

Ces éléments étant dégagés, voici comment se forma la terre : Des nuées vint l'eau, et de l'eau la terre, et de la terre les pierres, par l'action du froid.

FRAGMENT XXI (*ibid.*, p. 8, a).

. . . . . οὕτω τουτεων περιχωρουντων τε καὶ ἀποκρινομενων παρ' ἡμῖν ὑπο βιης τε καὶ ταχύτητος Βίην δὲ ἡ ταχύτης αὐτῶν οὐδενι ἐοικε χρήματι τὴν ταχυτητα τῶν νυν ἐόντων χρηπάτων ἐν ἀνθρώποις, ἀλλὰ πάντως πολλαπλασίος ταχύ ἐστι.

Le mouvement et le dégagement sont chez nous le produit de la force et de la vitesse. Or, c'est la vitesse qui produit la force. Mais la vitesse originelle ne ressemble en rien à ce qui aujourd'hui, parmi les hommes, paraît posséder cette qualité ; mais elle est infiniment supérieure.

FRAGMENT XXII (*ibid.* p. 34. B.).

Το δὲ γίνεσθαι καὶ ἀπόλλυσθαι οὐκ ὀρθῶς νομίξουσιν οἱ
Ἕλληνες. Οὐδὲν γὰρ χρῆμα γίνεται, οὐδὲ ἀπολλυται, ἀλλ' ἀπ'
ἐόντων χρηματων συμμισγεται, καὶ διακρίνεται. καὶ οὕτως ἄν
ὀρθῶς καλοῖεν το τε γίνεσθαι συμμισγεσθαι, καὶ το ἀπόλλυσθαι διακρίνεσθαι.

C'est à tort que les Grecs se servent des mots naître et périr.
Car rien ne naît, rien ne périt. Il n'y a au monde qu'aggréga-
tion et dissolution. Ainsi, naître se dirait mieux s'aggréger, et
périr se dissoudre.

FRAGMENT XXIII (*ibid.* p. 33, b.).

Ὁ δὲ νους, ὅσα ἐστι τε κάρτα, καὶ νῦν ἐστιν ἵνα καὶ τὰ
ἄλλα πάντα, ἐν τῷ πολλὰ περιέχοντι· καὶ ἐν τοῖς προσκρι-
θεῖσι, καὶ ἐν τοῖς ἀποκεκριμένοις.

L'Esprit, à titre d'être par excellence, est où sont toutes
choses, au sein de l'ensemble, au sein de l'alliance et du dégagement.

FRAGMENT XXIV (Plat. Apol. — Xenoph. *Memor.* IV. — Diog. Laert. II. — Plut. Plac. *Philos.* II, 20.).

Τὸν ἥλιον εἶναι μύδρον διάπυρον.

Le soleil est une masse en ignition.

FRAGMENT XXV (Sext. empiric. adv. mathem. VII, 90.).

Ὑπὸ ἀφαυρότητος αὐτῶν οὐ δυνατοί ἐσμεν κρίνειν τἀληθές.

A cause de leur faiblesse (de nos sens), nous ne sommes
pas en état de discerner le vrai.

FIN DES NOTES.

HISTOIRE

DE

L'ÉCOLE DE MÉGARE

ET DES

ÉCOLES D'ÉLIS ET D'ÉRÉTRIE

DE L'IMPRIMÉRIE DE CRAPELET

RUE DE VAUGIRARD, N° 9

DE

L'ÉCOLE DE MÉGARE

ET DES

ÉCOLES D'ÉLIS ET D'ÉRÉTRIE

PAR

M. C. MALLET

ANCIEN ÉLEVE DE L'ÉCOLE NORMALE, PROFESSEUR DE PHILOSOPHIE
AU COLLÉGE ROYAL DE SAINT-LOUIS

PARIS

Vᵉ MAIRE-NYON, LIBRAIRE | AMYOT, LIBRAIRE
QUAI CONTI, 13 | RUE DE LA PAIX, 6

LADRANGE, LIBRAIRE | DELALAIN, LIBRAIRE
QUAI DES AUGUSTINS, 19 | RUE DES MATHURINS-ST-JACQUES, 5

1845

PRÉFACE.

Je poursuis, dans ce livre, la tâche que j'ai entreprise de retracer l'histoire de quelques-unes d'entre les vieilles écoles grecques. Cette étude sur la philosophie mégarique vient ainsi naturellement se joindre a mes travaux antérieurs sur Protagoras, sur Pyrrhon, sur Épicure, sur les philosophes ioniens.

Je n'entreprends ici ni la condamnation, ni la réhabilitation de l'école de Mégare. Ceux qui ont tenté l'une ou l'autre, comme Bayle ou Spalding, n'ont obtenu ni de leurs contemporains, ni de la postérité, la confirmation de leur arrêt. Un historien de la philosophie peut, en un sens défavorable ou propice, porter sur tel homme ou sur telle école un jugement passionné; mais un semblable jugement est condamné à demeurer sans écho. Dans la critique philosophique, comme ailleurs, les sympathies ne sont acquises qu'à l'impartialité.

La méthode que j'ai suivie déjà dans mon *Histoire de la Philosophie Ionienne*, m'a paru également applicable à cette nouvelle publication. Ici encore j'ai adopté pour plan une série de monographies, précédées d'une introduction générale, cherchant ainsi à concilier l'aperçu synthétique de l'ensemble avec l'exposé analytique des détails.

Indépendamment des documents qui nous sont fournis par l'antiquité, et qu'on rencontre épars dans Platon, dans Aristote, dans Diogène de Laërte, dans Sextus, dans Plutarque, dans Eusèbe, dans Athénée, dans Cicéron, dans Aulu-Gelle, j'ai dû m'entourer des principaux travaux publiés plus récemment, et surtout en Allemagne, sur la philosophie mégarique. L'excellent travail de M. Deycks m'a été surtout d'un très-utile et puissant secours. Toutefois, je me suis imposé la loi de ne faire de mon livre ni un commentaire, ni surtout une reproduction de la dissertation de ce savant critique. J'ai voulu exposer les doctrines des Mégariques d'après mes propres recherches, et apprécier ces doctrines d'après mes propres impressions. Aussi, ai-je proposé, sur plusieurs points importants de cette philosophie, des solutions tout à fait différentes de celles que les travaux de Schleiermacher et de Deycks ont accréditées en Allemagne, et que l'autorité attachée au nom de ces grands critiques ont fait adopter chez nous.

L'histoire d'une école philosophique dont tous les travaux ont péri, offre toujours de graves difficultés. Mais peut-être ces difficultés augmentent-elles encore quand il

s'agit d'une philosophie contentieuse et subtile, comme fut celle de Mégare. Ce serait
mon excuse, j'espère, auprès de ceux qui
jugeraient qu'il reste, en ce travail, des
points à compléter ou à éclaircir.

C. MALLET.

Paris, 26 avril 1845.

HISTOIRE

DE

L'ÉCOLE DE MÉGARE

ET DES

ÉCOLES D'ÉLIS ET D'ÉRÉTRIE.

INTRODUCTION.

La Mégaride, l'une des parties les moins considérables de la Grèce proprement dite, était située à l'entrée de l'isthme de Corinthe. Cette contrée ne consistait véritablement qu'en une seule ville, Mégare, dont le port, appelé Nisée, s'ouvrait sur le golfe Saronique. C'est en cette ville que fut le siége de cette école philosophique dont nous entreprenons, en ce livre, de retracer les destinées.

La fuite des disciples de Socrate à Mégare immédiatement après la mort de leur maître ne fut pas, ainsi qu'on a paru le

a

croire quelquefois, l'occasion, bien moins encore la cause, de l'établissement de l'école de Mégare. Le fondateur de cette école, Euclide[1], résidait à Mégare du vivant même de Socrate, dont il était l'un des plus anciens disciples; et, lors même que n'eût pas eu lieu cette fuite de Platon et des Socratiques, qui, au rapport d'Hermodore dans Diogène de Laërte[2], allèrent chercher asile chez Euclide, celui-ci n'en eût pas moins créé cette école, à l'établissement de laquelle nous ne sachions pas que Platon ou qui que ce fût d'entre les Socratiques ait pris la moindre part. Il y a plus : à l'époque où eut lieu cette fuite à Mégare, l'école d'Euclide était vraisemblablement déjà fondée. Nous ne saurions, à la vérité, en apporter des preuves authentiques. Mais l'ancienneté du séjour d'Euclide à Mégare, l'âge de ce philosophe, qui était l'un des plus anciens disciples de Socrate, enfin son zèle ardent pour la science, sont autant de

[1] Voir, plus loin, notre Mémoire sur ce philosophe.

[2] Πρὸς τοῦτόν (Εὐκλείδα) φησιν ὁ Ἑρμόδωρος ἀφικέσθαι Πλάτωνα καὶ τοὺς λοιποὺς φιλοσόφους. (Diog. L., l. II, in Euclid.)

circonstances qui peuvent être invoquées à
l'appui de l'opinion que nous avançons.
Resterait l'objection qui pourrait être tirée
de la fréquentation de l'école de Socrate
par Euclide, et des nombreux voyages qu'il
faisait, au rapport de Platon [1], pour venir
entendre son maître. Mais une semblable
objection n'aurait rien de bien formidable,
attendu qu'Euclide pouvait parfaitement
concilier entre elles ces deux qualités de
disciple de Socrate et de chef d'école, et
que rien n'empêchait l'élève du philosophe
athénien d'être lui-même à Mégare le fondateur d'une secte philosophique. La fondation de l'école de Mégare nous paraît
donc avoir précédé la mort de Socrate et la
fuite de ses disciples. Or, on le sait, la mort
de Socrate eut lieu en 400 avant l'ère chrétienne. On peut donc rapporter approximativement à l'année 405 l'établissement
de l'école dont Euclide fut le fondateur.

La durée de cette école paraît avoir été
d'environ un siècle. L'école de Mégare dis-

[1] Voir surtout l'introduction du *Théétète*.

paraît de la scène philosophique à l'époque [1]
où s'élèvent à Athènes l'école stoïcienne
avec Zénon, disciple de Stilpon, l'un des
Mégariques, et l'école épicurienne. Dans
cet intervalle de temps, c'est-à-dire de 405
à 300 environ, l'école de Mégare avait été
contemporaine de plusieurs sectes plus ou
moins célèbres. A une époque encore voisine
de celle de sa propre fondation, elle avait
dû voir s'élever l'école cynique avec Antisthène (380), et l'école cyrénaïque avec
Aristippe (380). Un peu plus tard, elle
avait vu surgir la première Académie avec
Platon (370), le Lycée avec Aristote (334),
et le scepticisme avec Pyrrhon (321). Enfin, sur son déclin, elle vit naître la philosophie d'Épicure, qui en quelques-uns de
ses dogmes, notamment celui du principe
des choses, compta parmi ses sectateurs
l'un des derniers Mégariques, Diodore Cronus [2], et la philosophie stoïcienne, dont le
fondateur, Zénon, avait été disciple d'un

---

[1] 300 ans environ avant J.-C.
[2] Voir notre Mémoire sur ce philosophe.

autre Mégarique, Stilpon. Quelle fut la part d'action que put recevoir de ces écoles contemporaines le Mégarisme, quelle fût la part d'action qu'il lui fut donné d'exercer sur elles ? C'est ce que nous essaierons de déterminer dans la suite de ce travail, en même temps que nous retracerons les principaux points de doctrine dont l'ensemble constitue la philosophie mégarique, et après que nous aurons indiqué la série des philosophes qui, à partir d'Euclide, forme l'école dont nous entreprenons ici d'écrire l'histoire.

Cette série est assez nombreuse. Elle contient, postérieurement à Euclide, les noms d'Ichthyas, de Pásiclès, de Thrasymaque, de Clinomaque, d'Eubulide, de Stilpon, d'Apollonius Cronus, d'Euphante, de Bryson, d'Alexinus, de Diodore Cronus. Ces noms sont loin d'être tous également célèbres. Il en est qui sont demeurés très-obscurs, soit à cause de la médiocrité de ceux qui les ont portés, soit à cause du silence de l'histoire à leur endroit, soit même pour ces deux causes combinées. Euclide,

Eubulide, Stilpon, Diodore, sont les seuls
sur lesquels il nous ait paru possible de
rallier quelques documents importants.

Le fondateur de l'école de Mégare fut
Euclide, lequel, au rapport de Suidas, eut
pour successeurs dans la direction de l'é-
cole qu'il avait créée, Ichthyas, puis Stilpon :
Μέθ' ὃν (Εὐκλείδα) Ἰχθύας, εἶτα Στίλπων, ἔσχον τὴν
σχολήν¹. A ce point de vue, on peut distinguer trois époques dans l'existence de l'é-
cole de Mégare : celle de son origine et de
sa fondation par Euclide; celle de son développement sous Ichthyas ; celle de sa fin
sous Stilpon. La longue durée de la vie de
Stilpon permit à ce philosophe d'assister
et d'appartenir à cette triple époque². Disciple de la vieillesse d'Euclide, il fut ensuite
l'élève de ceux à qui le fondateur léguait
son œuvre, parmi lesquels, Ichthyas et
Thrasymaque; et plus tard, après Ichthyas,
devenu à son tour chef de l'école³, il assista

---

¹ Suidas, v. Εὐκλείδης.

² Voir, dans notre Mémoire sur Stilpon, la justification
de cette assertion.

³ Σχολὴν ἔσχε, suivant l'expression, déjà citée, de Suidas.

au progrès, puis au déclin du Mégarisme,
qu'il put voir s'éteindre dans la personne
de son fils Bryson, d'Alexinus, de Diodore
Cronus, et faire place à deux grandes écoles, l'Épicurisme et le Stoïcisme, auxquelles
désormais l'empire de la science allait appartenir.

Que si nous essayons de déterminer ici
les rapports de filiation qui existèrent entre
ces divers philosophes, il nous faudra rattacher à Euclide, à titre de disciples, Ichthyas,
Pasiclès, Thrasymaque, Clinomaque, Eubulide, Stilpon. Chacun de ces élèves d'Euclide eut, à son tour, des disciples. Ichthyas,
le successeur d'Euclide dans la direction de
l'école, devint le maître de ceux d'entre les
disciples qui, tels que Clinomaque, Eubulide et Stilpon, n'avaient pu assister qu'aux
derniers enseignements du fondateur. Pasiclès, contemporain d'Ichthyas à l'école
d'Euclide, devint ensuite le maître de Stilpon[1]. Il en fut de même de Thrasymaque,

---

[1] Μαθητής (Στίλπων) Πασικλέους τοῦ Θηβαίου (Suid. V. Στίλπων).

disciple d'abord d'Euclide, en même temps qu'Ichthyas. Thrasymaque, au rapport de Diogène de Laërte[1], eut aussi Stilpon pour disciple. A Clinomaque, qui fut d'abord disciple d'Euclide dans les dernières années de ce philosophe, puis d'Ichthyas son successeur, on ne connaît qu'un seul disciple, à savoir, Bryson, fils de Stilpon. Un autre mégarique, qui probablement fut l'un des élèves immédiats d'Euclide dans les dernières années du fondateur, puis disciple de son successeur Ichthyas, Eubulide, devint à son tour le maître d'Alexinus d'Élis, d'Euphante d'Olynthe, et d'Apollonius Cronus[2]. Nous ne connaissons pas de disciple à Alexinus, non plus qu'à Euphante. Pour ce qui est d'Apollonius Cronus, il fut le maître de Diodore. Restent enfin Stilpon et son fils Bryson. Or, Bryson, élève de Clinomaque, comme il a déjà été dit, n'eut

---

[1] Ἀκοῦσαί φασιν αὐτὸν (Στίλπωνα) ἀλλὰ καὶ Θρασυμάχου τοῦ Κορινθίου. (Diog. L., l. II, in *Stilp.*)

[2] Μεταξὺ δὲ ἄλλων ὄντων τῆς Εὐβουλίδου διαδοχῆς Ἀλεξῖνος ἐγίνετο, ἠλεῖος ἀνήρ.... Εὐβουλίδου δὲ καὶ Εὐφάντος γέγονεν ὁ Ὀλύνθιος..... Εἰσὶ δὲ καὶ ἄλλοι, ἐν οἷς καὶ Ἀπολλώνιος ὁ Κρόνος. (Diog. L., l. II, in *Euclid.*)

de disciple qu'en dehors de l'école de Mégare, et ce disciple fut Pyrrhon [1]. Quant à
Stilpon, disciple d'Euclide dans ses derniers jours, puis d'Ichthyas, de Pasiclès et
de Thrasymaque, s'il ne forma point d'é-
lèves pour l'école de Mégare proprement
dite, au moins faut-il reconnaître qu'il
compta parmi ses disciples Plistane d'Élis,
Ménédème d'Érétrie, et Asclépiade de Phliasie, qui, tous trois, furent, dans la suite,
disciples de Phædon à Élis, et dont les
deux derniers devaient un jour fonder l'é-
cole d'Érétrie [2]. Dans l'ordre de filiation des
familles philosophiques, Stilpon est donc
le lien qui unit les écoles d'Érétrie et d'Élis
à l'école de Mégare [3].

---

[1] Πύῤῥων διήκουσε Βρύσωνος, τοῦ Κλεινομάχου μαθήτου.
(Suid. V. Πύῤῥων).

[2] Διάδοχος δ' αὐτοῦ (Φαίδωνος) Πλείστανος, ἠλεῖος. Καὶ τρί-
τοι ἀπ' αὐτοῦ περὶ Μενέδημον τὸν Ἐρετριέα, καὶ Ἀσκλεπιάδην τὸν
Φλιάσιον, μετάγοντες ἀπὸ Στίλπωνος. (Diog. L., l. II, in
Phæd.)

[3] Voir, pour l'école de Mégare, le tableau synoptique
ci-joint.

TABLEAU SYNOPTIQUE

où les philosophes de l'École de Mégare sont rangés dans leur ordre relatif de succession et de filiation, avec l'indication des époques auxquelles ils florissaient.

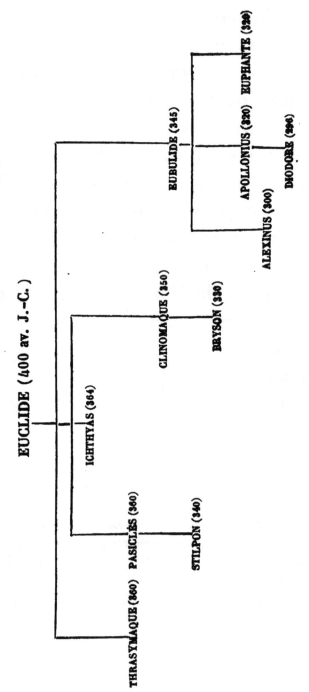

EUCLIDE (400 av. J.-C.)

THRASYMAQUE (360) PASICLÈS (360)

STILPON (340)

ICHTHYAS (364)

CLINOMAQUE (350)

BRYSON (330)

BUBULIDE (345)

ALEXINUS (300)

APOLLONIUS (320) EUPHANTE (320)

DIODORE (296)

L'école de Mégare, indépendamment de ses travaux philosophiques, produisit plusieurs œuvres littéraires. Eubulide avait composé un drame. Euphante avait écrit des tragédies, des histoires, un traité sur la royauté[1]. Toutefois, il ne reste aujourd'hui de ces monuments littéraires rien qu'une simple mention faite par Athénée et Diogène de Laërte. Ce n'est donc point une littérature, c'est une philosophie que nous nous proposons d'exposer et d'apprécier.

Les travaux philosophiques du Mégarisme embrassèrent tout à la fois la logique (et nous y renfermons la dialectique), l'ontologie, la morale. Chacun de ces points, et la logique d'abord, va devenir successivement l'objet de nos recherches.

Nous ne saurions adopter comme légitime l'identification qu'on établit quelquefois entre la logique et la dialectique. La logique, envisagée dans toute la compréhension de son objet, est cette partie de la philosophie de l'esprit humain qui traite

[1] Voir les art. *Eubulide* et *Euphante*.

de nos facultés intellectuelles au point de vue des conditions de légitimité applicables à leur action. La dialectique, à son tour, n'est qu'une dépendance de la logique. La dialectique est cette partie de la logique qui traite du raisonnement, de ses formes, de ses lois. La logique de l'école de Mégare ne se renferma point tout entière dans la dialectique, bien que celle-ci cependant y occupât la place la plus grande et la plus importante. Pour mieux marquer cette place, nous ferons deux parts dans la logique mégarique, l'une laissée aux théories étrangères à la dialectique, l'autre aux questions qui, par leur nature, se rattachent directement à cette science. C'est par celle-ci que nous commencerons.

La dialectique est le côté dominant, non-seulement dans la logique des Mégariques, mais encore dans leur philosophie tout entière. Elle y tient une place si grande et si importante, que le surnom de *dialecticiens*, διαλεκτικοί [1], fut généralement imposé

---

[1] Diog. L., l. II, *in Euclid.*

à tous les représentants de cette école. Maintenant, de quels éléments cette dialectique se composait-elle? C'est ce qu'il importe de rechercher.

Signalons, en premier lieu, des travaux sur les axiomes, les catégorêmes, et autres matières de ce genre. Ces travaux paraissent avoir appartenu plus spécialement à Clinomaque, ainsi qu'il résulte du témoignage de Diogène de Laërte[1]. Or, Clinomaque est antérieur à Eubulide, contemporain d'Aristote. L'école de Mégare eut donc la gloire de devancer le Stagyrite sur plusieurs d'entre les théories dont devaient un jour se constituer ceux de ses écrits vulgairement désignés sous le nom d'*Organon*. Maintenant, dans quelle mesure les premiers Mégariques avaient-ils traité et approfondi ces théories? Les documents historiques sont complétement muets à cet égard. Ce qu'on sait pourtant avec certitude, c'est qu'en ce point le Mégarisme eut l'initiative sur le Péripatétisme.

---

[1] L. II, *in Diod. Cr.* — Voir le chapitre *Clinomaque*.

Ces travaux de Clinomaque sur les axiomes, les catégorêmes, et autres questions
analogues, avaient eux-mêmes, d'ailleurs,
des antécédents dans la dialectique mégarique. Le fondateur même de l'école, Euclide, avait enseigné une dialectique qui se
constituait de deux principaux procédés.
L'un était le rejet du raisonnement par
analogie (τὸν διὰ παραβολῆς λόγον ἀνήρει), l'autre
était la réfutation des démonstrations, non
par leurs prémisses, mais par leurs conséquences (ταῖς ἀποδείξεσιν ἐνίστατο, οὐ κατὰ λήμματα, ἀλλὰ κατ' ἐπιφοράν)[1]. Ainsi, Euclide avait
traité du raisonnement antérieurement à la
publication des *Analytiques*, comme Clinomaque des axiomes, catégorêmes, et autres
questions de ce genre, antérieurement aux
Catégories et aux *Topiques*. Leur successeur à tous deux, Diodore Cronus, devait,
ultérieurement et à son tour, prendre place
parmi les plus puissants dialecticiens (valens dialecticus, sapientiæ dialecticæ professor, comme l'appellent Cicéron et Pline)

---

[1] Sur chacun de ces deux points, voir le chap. *Euclide.*

en discutant la question de la légitimité du jugement conditionnel [1], τὸ συνημμένον, et en posant à cette légitimité des conditions plus rigoureuses que celles de Philon et de Chrysippe.

Ce caractère de dialecticien n'appartient pas seulement à Euclide et à Clinomaque; il est commun à tous les philosophes de Mégare, et justifie pleinement le surnom dont nous parlions plus haut, et qui, au rapport de Diogène de Laërte [2], leur fut décerné par Denys de Carthage. Il pénètre et domine tous leurs travaux; à telle enseigne que mainte fois on est tenté de se demander si telle théorie ontologique posée par le Mégarisme, sur la question du *possible*, par exemple, ou sur celle du *mouvement*, n'est pas tout simplement un exercice éristique entrepris dans le but de montrer que la dialectique a la puissance de tout nier, comme de tout confirmer, et peut ainsi servir à toutes fins.

---

[1] Voir le chapitre *Diodore Cronus*.
[2] L. II, *in Euclid.*

Cette dialectique, fondée dans l'école de Mégare par Euclide et Clinomaque, se convertit en éristique sous la plupart de leurs successeurs, et notamment sous Eubulide, Stilpon, Alexinus, Diodore. « Habebam mo- « lestos vobis (dit Cicéron) Stilponem, Dio- « dorum atque Alexinum, quorum sunt con- « torta et aculeata quædam sophismata. Sic « enim appellantur fallaces conclusiunculæ.» Et Diogène de Laërte, en sa biographie d'Euclide, dit positivement que les philosophes de Mégare furent surnommés *éristiques,* ἐριστικοί.

Cette éristique, l'école de Mégare l'avait empruntée tout à la fois des Sophistes et des Éléates. Une remarquable analogie n'existe-t-elle pas entre les arguments qu'Alexinus ou Eubulide proposaient, à titre d'exercice logique, à leurs disciples, et ces raisonnements que, dans son dialogue intitulé *le Disputeur,* Platon met dans la bouche des sophistes Euthydème et Dionysodore ? Et, d'autre part, ces subtiles démonstrations par lesquelles Diodore Cronus [1] s'ingénie à

---

[1] Voir le chapitre qui concerne ce philosophe.

prouver la non-existence du mouvement, du moins en tant qu'actuel, ne sont-elles pas, les unes, la simple reproduction, et les autres, à l'exception d'une seule, une imitation des arguments employés dans le même but par Zénon d'Élée ? Dès Zénon, son fondateur, la dialectique avait dégénéré en éristique. Les sophistes étaient venus, qui l'avaient poussée jusqu'au bout dans cette fatale voie. Et lorsque d'éminents esprits, tels que Socrate et Platon, n'avaient pu complétement se soustraire à ces habitudes de discussion contentieuse et subtile, à cette *rage de dispute* (λύσσαν ἐρίσμου), comme parle Timon en ses *Silles*[1], est-il surprenant que des philosophes qui relevaient directement de l'Éléatisme, puisque, au rapport de Cicéron[2], Xénophane passait pour être le père commun des Éléates et des Mégariques, aient subi cette loi de leur époque ?

Indépendamment de l'élément éristique,

---

[1] Voir ce passage de Timon au chapitre *Euclide*, p. 14, à la note.

[2] *Acad. quæst.* II, 42 : « Megaricorum disciplina, cu- « jus, ut scriptum video, princeps Xenophanes. »

emprunté tout à la fois des Sophistes et des Éléates, un élément socratique est aussi à signaler dans la dialectique de l'école de Mégare. Cet élément est double : c'est, d'abord, cette méthode qui consistait à attaquer une démonstration moins dans ses prémisses que dans ses conséquences, « οὐ κατὰ λήμματα, ἀλλὰ κατ' ἐπιφορὰν, » ainsi que dit Diogène de Laërte en sa biographie d'Euclide ; c'est, ensuite, la forme dialogique que les Mégariques paraissent avoir assez généralement adoptée dans leurs écrits ; ce qui, d'après le même historien, en cette même biographie, contribua à leur valoir le surnom de *dialecticiens* : « Διαλεκτικοί, οὓς οὕτως ὠνόμασε πρῶτος Διονύσιος ὁ Καρχηδόνιος, διὰ τὸ πρὸς ἐρώτησιν καὶ ἀπόκρισιν τοὺς λόγους διατίθεσθαι. »

Cette dialectique, ainsi constituée d'éléments socratiques, éléatiques, sophistiques, fut transmise en une mesure considérable par le Mégarisme au Portique. Cette transmission s'opéra spécialement de Stilpon, l'un des principaux représentants du Mégarisme, et le second successeur d'Euclide dans la direction de cette école, à Zénon de

Cittium, disciple de ce même Stilpon et fondateur du Portique.

La dialectique, une fois écartée, et envisagée séparément, ainsi que nous venons de
le faire, le reste de la logique mégarique se
compose de deux questions : la question du
nominalisme et du réalisme; la question de
la certitude des sens.

Toutefois, ces deux problèmes n'obtiennent pas dans la logique de l'école de Mégare une égale importance. Car le second
seul paraît avoir été traité et résolu en commun et d'une manière uniforme par tous
les philosophes de cette école; tandis qu'il
est douteux que le premier ait été traité et
résolu par d'autres Mégariques que par
Stilpon [1].

Il existe dans le discours des termes généraux; et c'est même de ces sortes de termes que se compose exclusivement la langue
des sciences. Ces mots généraux accusent
évidemment la présence, en l'esprit, de certaines notions générales, dont ils sont les

---

[1] Voir le chapitre *Stilpon*.

signes. A ces notions, phénomènes tout subjectifs, répond-il au dehors quelque réalité objective? En d'autres termes, y a-t-il, dans la nature, des genres et des espèces? Question que le bon sens résout si lucidement, mais dont l'éristique a su faire la matière d'un débat qui a consumé stérilement l'activité de plusieurs écoles et de plusieurs siècles. Il appartenait à une philosophie disputeuse, telle que eelle de Mégare, d'agiter une telle question ; et elle la résolut en un sens exclusivement nominaliste. Ce rôle, dans l'école de Mégare, paraît avoir été particulièrement celui de Stilpon qui, au rapport de Diogène de Laërte, rejetait les universaux, ἀνῄρει τὰ εἴδη[1], suivant, en ceci, les traces de Diogène de Sinope, l'un de ses maîtres. Maintenant, ce même problème, et surtout cette même solution, trouvèrent-ils place dans les travaux des autres Mégariques? C'est un point sur lequel les documents historiques ne nous permettent de rien affirmer avec certitude.

----

[1] L. II, *in Stilpon.*

Il n'en est pas de même du problème de la certitude des sens, qui paraît avoir dominé toute la philosophie mégarique, et y avoir reçu une solution uniforme. Ce problème, et la solution qui lui fut apportée, sont d'une très-haute importance dans l'appréciation de la philosophie de Mégare, attendu que, sans eux, toute l'ontologie mégarique devient inexplicable.

On sait que dans la logique de plusieurs d'entre les écoles grecques, il était reçu en axiome que les sens étaient des témoins trompeurs, et qu'il ne fallait se fier qu'à l'autorité de la raison. Ce principe était adopté même par certains philosophes qui, tels que Démocrite et Héraclite, appartenaient à des écoles qui, sur la plupart des points, n'ont rien de commun avec l'idéalisme. C'est ainsi, qu'au rapport de Diogène de Laërte [1], Démocrite niait toute réalité sous les apparences sensibles, Δημοκρίτης μηδὲν εἶναι τῶν φαινομένων. C'est ainsi encore qu'Héraclite, au rapport de Sextus Empiricus,

---

[1] L. IX, *in Pyrrh.*

répudie le témoignage des sens. « Héra-
« clite, dit Sextus, regarde l'homme comme
« pourvu de deux instruments pour cher-
« cher à saisir la vérité, à savoir les sens et
« la raison. A l'exemple des philosophes
« mentionnés plus haut [1], il estime que le
« témoignage des sens n'est pas digne de
« foi, et il pose la raison comme crite-
« rium unique [2]. » Mais c'était surtout
chez les Éléates que ce principe logique
avait reçu une adoption sans réserve. Au
rapport de Diogène de Laërte, Parménide,
ce véritable fondateur de l'école éléatique,
admettait la raison comme criterium unique du vrai, et rejetait le témoignage des
sens comme émanant de faux et inhabiles
appréciateurs : « Κριτήριον δὲ τὸν λόγον εἶπε (Παρ-
« μενίδης), τάς τε αἰσθήσεις μὴ ἀκριβεῖς ὑπάρχειν [3]. »
Et cette assertion de Diogène est confirmée
encore par le témoignage d'Aristoclès dans
Eusèbe. « Ces philosophes (dit Aristoclès)

---

[1] Ces philosophes, mentionnés plus haut dans le texte
de Sextus, sont Parménide et Empédocle.
[2] Sext. Emp., *Adv. math.*, l. VII.
[3] Diog. L., l. IX, *in Parmenid.*

« estiment qu'il faut renier les sens et l'ap-
« parence, et n'avoir foi qu'en la raison.
« Tel fut le sentiment de Xénophane et de
« Parménide. Οἴονται δεῖν τὰς μὲν αἰσθήσεις καὶ τὰς
« φαντασίας καταϐάλλειν, αὐτῷ δὲ μόνον τῷ λόγῳ πισ-
« τεύειν· τοιαῦτα γάρ τινα πρότερον μὲν Ξενοφάνης καὶ
« Παρμενίδης ἔλεγον [1]. » Ce même axiome logique touchant les conditions et le principe
de la certitude fut admis également par les
philosophes de l'école de Mégare. Nous
avons sur ce point le témoignage du même
Aristoclès, qui, dans le passage déjà cité,
ajoute aux noms de Xénophane et de Parménide ceux de Stilpon et des Mégariques [2],
comme devant être rangés parmi ceux des
philosophes qui estiment qu'il faut renier
les sens et l'apparence, et n'avoir foi qu'en
la raison, « δεῖν τὰς μὲν αἰσθήσεις καὶ τὰς φαντασίας
« καταϐάλλειν, αὐτῷ δὲ μόνον τῷ λόγῳ πιστεύειν [3]. »

Un tel principe logique recélait des conséquences qui devaient décider du caractère de l'ontologie mégarique. En effet, que

[1] *Præpar. evang.*, l. XIV, c. 17.
[2] Πρότερον μὲν Ξενοφάνης καὶ Παρμενίδης ἔλεγον, ὕστερον δὲ
οἱ περὶ Στίλπωνα καὶ τοὺς Μεγαρίκους. (*Ibid.*)
[3] *Ibid.*

nous découvrent les sens? La pluralité, le mouvement, le changement. D'autre part, que nous révèle la raison, sinon l'absolue unité, et, avec elle, à titre de conséquences nécessaires, l'absolue immobilité et l'absolue immutabilité, en dehors desquelles l'unité périrait pour se convertir en diversité? Or, si les sens sont trompeurs, et si le témoignage de la raison est le seul auquel il faille se fier, on est conduit, par une irrésistible conséquence, à identifier l'être à l'unité, la diversité au non-être, et à proscrire tout mouvement et tout changement, pour se rallier au dogme de l'absolue immobilité et de l'absolue immutabilité, ces deux corollaires nécessaires de l'absolue unité. C'est ce qu'avaient fait les Éléates, et c'est ce que firent, sur leurs traces, les Mégariques. La suite du passage déjà cité d'Aristoclès dans Eusèbe ne peut laisser aucun doute à cet égard : « Tel fut (dit « Aristoclès) le système, d'abord de Xéno- « phane et de Parménide, et plus tard, de « Stilpon [1] et des Mégariques; d'où il suit

---

[1] Lors même qu'Aristoclès se serait trompé à l'endroit

« que ces philosophes admirent l'unité de
« l'être, la diversité du non-être, et l'impos-
« sibilité pour quoi que ce soit de naître,
« de périr, de se mouvoir. Τοιαῦτα γάρ τινα πρό-
« τερον μὲν Ξενοφάνης καὶ Παρμενίδης ἔλεγον, ὕστερον
« δὲ οἱ περὶ Στίλπωνα καὶ τοὺς Μεγαρίκους · ὅθεν ἠξιοῦν
« οὗτοί γε τὸ ὂν ἓν εἶναι, καὶ τὸ μὴ ὂν ἕτερον εἶναι, μηδὲ
« γεννᾶσθαί τι, μηδὲ φθείρεσθαι, μηδὲ κινεῖσθαι τὸ
« παράπαν [1]. » Ces conclusions ontologiques
(on ne saurait trop le redire, car elles ne
paraissent avoir été jamais rattachées à
leurs véritables prémisses) découlent du
principe logique qui pose l'autorité de la
raison exclusivement de celle des sens. En
admettant, sur les traces des Éléates, ce
principe logique, les Mégariques s'enga-
geaient à admettre en même temps toutes
les conséquences ontologiques qu'il renfermait; et ils n'ont reculé devant aucune,
puisque nous les voyons concentrer l'être
dans l'unité, et admettre tous les corollaires

de Stilpon (ce qui, d'ailleurs, n'est nullement prouvé), son
témoignage demeurerait tout entier en ce qui concerne
l'ensemble de l'école mégarique.
[1] Euseb., *Præp. evang.*, l. XIV, c. 17.

logiques de l'absolue unité, à savoir, l'impossibilité pour l'être de naître, de périr, de se mouvoir. Supprimez le principe logique, et aussitôt l'ontologie des Mégariques aussi bien que des Éléates n'est plus qu'une indéchiffrable énigme. Rétablissez ce principe, et l'ontologie des deux écoles mentionnées s'ensuit si naturellement, qu'*a priori* et en l'absence même des documents historiques qui attestent son authenticité, on pourrait l'en déduire tout entière.

Parmi ces documents historiques, nous avons cité le texte d'Aristoclès, si précieux pour l'intelligence de l'ontologie mégarique. Il nous serait facile d'y joindre plusieurs autres textes empruntés à Sextus Empiricus. Seulement, cette double différence serait à signaler : en premier lieu, que le texte d'Aristoclès s'applique à tous les Mégariques, tandis que ceux de Sextus ne concernent que Diodore; en second lieu, que le texte d'Aristoclès résume en quelques mots (unité absolue, immobilité, immutabilité) l'ontologie tout entière des Mé-

gariques, tandis que les textes de Sextus [1],
infiniment plus détaillés, n'ont trait qu'à
un seul point de cette ontologie, à savoir,
la négation du mouvement, et encore, dans
les limites où cette négation fut admise par
Diodore. Cette distinction une fois posée,
il devient de notre tâche de signaler Diodore comme ayant apporté de grands développements à l'un des points spéciaux
de l'ontologie mégarique, à savoir, la question de l'immobilité. Quant au point fondamental de cette ontologie, la question de
l'unité absolue, Diodore se sépare de ses
devanciers pour s'enrôler sous le drapeau
de l'atomisme relevé avec éclat par Épicure [2]. D'autre part, et sur la question de
l'immobilité, Diodore reste Mégarique.
Parmi les nombreux arguments [3] sur lesquels il appuie sa solution, les uns lui ap-

---

[1] Voir, plus loin, ces textes dans notre Mémoire sur
Diodore Cronus.

[2] Cette assertion se trouve justifiée dans notre Mémoire
sur Diodore.

[3] Voir, dans notre Mémoire sur Diodore, la série de ces
arguments.

partiennent en propre, les autres sont empruntés par lui à la philosophie des Éléates, et notamment à Zénon. Et qu'on n'objecte pas ici l'incompatibilité qui existe entre la doctrine de l'atomisme et celle de l'immobilité. Cette incompatibilité est niée par Diodore [1]. Assurément, c'est une très-grave erreur que celle où tombe ici ce philosophe en prétendant constituer une doctrine ontologique de deux parties hétérogènes, empruntées, l'une à l'Éléatisme, l'autre à l'Épicurisme. Un tel partage est à tout jamais impossible. La doctrine de l'atomisme, c'est-à-dire la pluralité, entraîne nécessairement l'adoption du changement, et, comme condition de ce changement, l'adoption du mouvement ; tandis que le système de l'unité absolue amène, au contraire, comme conséquences indéniables, l'immutabilité et l'immobilité. Mais, de même que dans l'âge moderne, Descartes n'a pas aperçu la contradiction où il est tombé en admettant à la fois le plein absolu et le

[1] Voir le Mémoire sur Diodore Cronus.

mouvement, de même, dans l'antiquité, Diodore Cronus n'a pas vu que la pluralité que, implicitement à l'atomisme, il empruntait d'Épicure, contredisait l'immobilité, qu'il renouvelait des Éléates. Il l'a si peu vu, qu'il a essayé de prouver la convenance mutuelle de ces deux doctrines [1]. Ajoutons, afin de n'attribuer ici à Diodore que le système qui fut bien réellement le sien, que sa négation du mouvement n'a pas une extension absolue, et qu'elle n'atteint le mouvement qu'en tant que présent, non en tant qu'accompli [2]. On demandera si ce n'est pas une seconde contradiction à joindre à celle que nous venons de signaler dans l'alliance de la pluralité et de l'immobilité. Il faut bien en convenir ; attendu que le mouvement ne peut être regardé comme chose passée, s'il n'y a pas eu un instant où il était chose présente ; et qu'ainsi, l'admettre en tant qu'accompli, et le répudier en tant qu'actuel, c'est résoudre le problème par

---

[1] Voir le Mémoire sur Diodore Cronus.
[2] Voir *ibid*. la justification de ce point.

le oui et par le non tout à la fois. Cette inconséquence, quelque singulière qu'elle
puisse paraître, appartient bien réellement
à la doctrine de Diodore. Étrange destinée
que celle de ce philosophe, qui, d'une part,
empruntant aux Éléates l'immobilité, ne
l'emprunte qu'avec des réserves qui équivalent à une contradiction, et qui, de l'autre, adoptant des atomistes la pluralité,
aboutit, par cette adoption, à constituer au
sein de son système ontologique un inévitable antagonisme entre cet élément épicurien et celui qu'il a emprunté aux Éléates !

Nous avons essayé de mettre en parfaite
lumière le lien qui, dans la philosophie mégarique, unit l'ontologie à la logique. Trois
éléments constituent cette ontologie : unité,
immobilité, immutabilité, lesquels nous sont
donnés par la raison, dont le témoignage
certain doit être préféré aux dépositions
trompeuses des sens. Dans cette triplicité
d'éléments, l'immutabilité est la conséquence
de l'immobilité ; car là où rien ne se meut
quel changement est concevable? Et d'autre

part, l'immobilité est le résultat de l'unité, attendu que l'être *un* d'une unité absolue ne peut être conçu autrement qu'en un absolu repos. Tout se tient donc et s'enchaîne dans cette ontologie, qui n'est elle-même qu'une conséquence de cette logique tout à la fois éléatique et mégarique, qui consiste à répudier le criterium des sens, μὴ ἀκριβεῖς αἰσθήσεις, comme parle Aristoclès, pour n'admettre que celui de la raison, αὐτῷ δὲ μόνον λόγῳ πιστεύειν. Et qu'importe ici le schisme opéré par Diodore sur la question de l'unité, ainsi que les restrictions du même philosophe sur la question de l'immobilité? L'homogénéité de l'ontologie mégarique ne saurait en être altérée; car le passage déjà cité d'Aristoclès dans Eusèbe, ἠξιοῦν οὗτοί γε τὸ ὂν ἓν εἶναι, καὶ τὸ μὴ ὂν ἕτερον εἶναι, μηδὲ γεννᾶσθαί τι, μηδὲ φθείρεσθαι, μηδὲ κινεῖσθαι τὸ παράπαν, s'applique à tous les Mégariques, τοὺς Μεγαρίκους. Et il en est de même du passage suivant d'Aristote, en sa *Métaphysique* [1] : οὐσίαν τὸ ἓν ᾤοντο (Μεγάρικοι) εἶναι μάλιστα. Ce dernier texte s'applique sans

---

[1] L. XIV, c. 4.

restriction à tous les Mégariques devanciers ou contemporains du Stagyrite. Or, Aristote était contemporain d'Eubulide, lequel précéda Diodore. L'atomisme et le pluralisme de Diodore (ἐλάχιστα καὶ ἀμερῆ σώματα[1]) n'est donc, dans l'école de Mégare, qu'une simple exception qu'il faudrait bien se garder d'étendre au delà de ses limites réelles. Pour que l'ontologie mégarique en vînt là, il fallut tout l'intervalle qui s'écoula entre Euclide et Diodore, c'est-à-dire près d'un siècle; il fallut surtout le voisinage d'une grande philosophie, qui, par l'ascendant qu'obtient toute doctrine nouvelle sur un système déjà vieilli, eût la puissance de faire abandonner à l'un d'entre les derniers héritiers d'Euclide les traditions de l'école et celles du maître qui l'avait fondée. Mais la doctrine de l'identification de l'être à l'unité, οὐσίαν τὸ ἕν, comme parle le Stagyrite, n'en demeure pas moins, d'après les témoignages réunis d'Aristote et d'Aristoclès, le système général de l'école mégarique. Il en est de

---

[1] Sextus, *Adv. math.*, l. VIII.

même de cette autre doctrine de Diodore qui consiste à adopter le mouvement en tant que passé, κεκινῆσθαι συντελεστικώς[1]. Cette doctrine n'a, dans l'histoire de l'école mégarique, d'autre valeur que celle d'une exception, qui ne saurait être mise en balance avec la répudiation absolue du mouvement professée par tous les autres Mégariques.

A cette occasion, quelques critiques se sont demandé comment, dans la philosophie mégarique, la doctrine de l'unité de l'être, ἓν ὄν, pouvait se concilier avec celle de la pluralité des εἴδη. Quelques-uns d'entre ces critiques ont cru pouvoir rencontrer cette conciliation dans ce passage du *Parménide* où il est dit que, « de même que le jour, bien qu'étant un et identique, est pourtant en plusieurs lieux à la fois, sans pour cela se diviser d'avec lui-même, de même aussi chacune des idées, bien qu'étant une, peut se trouver ici et là, sans rien perdre de son identité : « Οἷον ἡ ἡμέρα, μία καὶ αὐτὴ οὖσα πολλαχοῦ ἅμα ἐστί, καὶ οὐδέν τι μᾶλλον αὐτὴ αὐτῆς χωρίς ἐστιν,

---

[1] Sext. Empir., *Adv. math*, IX.

ὂύτω καὶ ἕκαστον τῶν εἰδῶν, ἕν ἐν πᾶσιν, ἅμα ταὐτὸν εἴη[1].»

Assurément, une telle façon de démontrer la conciliation des deux doctrines n'a rien que de très-légitime. Mais il est une autre question qui domine le débat, et qui veut être préalablement résolue, celle de savoir si les Mégariques, qui ont bien évidemment adopté l'unité de l'être, ἐν ὄν, ont également admis les εἴδη. Or, cette question nous paraît avoir été bien témérairement résolue par l'affirmative. Si les Mégariques n'ont pas admis la doctrine des εἴδη, qu'avons-nous à nous occuper de la conciliation de cette doctrine avec celle de l'unité dans leur philosophie? Tout se ramène donc à rechercher si la doctrine des εἴδη fait ou ne fait pas partie de la philosophie mégarique; et ce point de discussion est devenu l'un des plus importants de ceux qui intéressent l'ontologie de cette école.

⟨L'argumentation de ceux qui prétendent faire de la doctrine des εἴδη une partie in-

---

[1] Ces paroles, que Platon prête à Parménide, n'ont d'autre but que d'établir qu'il n'y a rien d'inconciliable entre la doctrine de l'*un* ἕν, et celle des εἴδη.

tégrante de la philosophie mégarique porte tout entière sur un passage du *Sophiste* de Platon. L'Étranger d'Élée, interlocuteur de Théétète, parle de certains philosophes, qui, dans leurs doctrines adverses touchant la nature de l'*être*, ont l'air *de se livrer un combat de géants*, γιγαντομαχία. « Les uns, dit- « il, rabaissent jusqu'à la terre toutes les « choses du ciel et du monde invisible, et « n'embrassent avec leurs mains grossières « que les pierres et les arbres. Comme tous « les objets de cette nature tombent sous les « sens, ils affirment que cela seul existe, qui « se laisse approcher et toucher. Aussi, iden- « tifient-ils l'être avec le corps ; et si quelque « autre philosophe leur dit que l'être est « immatériel, ils lui témoignent un souve- « rain mépris, et ne veulent plus rien en- « tendre.... Aussi, leurs adversaires pren- « nent-ils soin de se réfugier dans un monde « supérieur et invisible, et ils les combat- « tent en s'efforçant de prouver que ce sont « des ESPÈCES intelligibles et incorporelles « qui constituent le véritable être (νοητὰ ἄττα « καὶ ἀσώματα εἴδη βιαζόμενοι ἀληθινὴν οὐσίαν εἶναι).

« Quant aux corps et à la prétendue réalité
« qu'admettent les premiers, ils les broient
« en parties si subtiles par leurs raisonne-
« ments, qu'au lieu de leur laisser l'être ils
« ne leur accordent que le devenir (γένεσιν
« ἀντ᾽ οὐσίας). Les deux partis, Théétète, se
« livrent sur ce point des combats inter-
« minables. » Les critiques s'accordent généralement à reconnaître les philosophes
ioniens ou abdéritains, peut-être les uns et
les autres à la fois, dans la première partie
de ce passage. Mais il n'en est pas de même
de la seconde. Ici commencent les dissentiments. Platon indique un système dont il
ne nomme pas les auteurs. A quelle philosophie a-t-il voulu faire allusion ?—A la sienne
propre, répond Socher [1], attendu que la
doctrine des νοητὰ καὶ ἀσώματα εἴδη, c'est la
doctrine de Platon lui-même.—Nullement,
dit à son tour Schleiermacher, qui, dans un
travail d'érudition sur le *Sophiste*, tente de
ruiner diverses conjectures proposées sur

[1] Jos. Socher, sur les ouvrages de Platon. Munich, 1820,
in-8°. (*All.*)

ce point, et de leur substituer une nouvelle hypothèse. Platon, dit Schleiermacher, ne parle point ici de sa propre doctrine, attendu que, quelques pages plus loin, il va repousser cette même doctrine, ainsi que la doctrine adverse, comme trop exclusives l'une et l'autre, et dire que le philosophe, entre ces deux systèmes contraires, doit faire comme les enfants dans leurs souhaits, c'est-à-dire, les adopter l'un et l'autre. D'autre part, il ne parle pas de l'école d'Élée, puisque, antérieurement déjà, il a signalé la doctrine de Parménide, à savoir que *le tout* est semblable au volume d'une sphère bien arrondie de tous côtés. Dans cette impossibilité d'attribuer soit à Platon lui-même, soit à Parménide et aux Éléates la doctrine énoncée, Schleiermacher n'aperçoit plus qu'un seul moyen, c'est de la rapporter aux Mégariques, attendu, dit-il, que les Mégariques, entre autres emprunts faits aux Éléates, avaient adopté leur théorie de la distinction de la *génération* d'avec *l'être,* ce dont parle précisément Platon quand il dit que les philosophes auxquels il fait allusion refu-

sent *l'être* aux corps, et ne leur accordent
que le *devenir*. Cette opinion de Schleiermacher fut adoptée avec empressement et
enthousiasme. Heindorf y voit une véritable
découverte. Un autre savant critique, qui a
composé sur l'école de Mégare un travail
très-considérable et très-étendu[1], M. Deycks,
s'y rallia également, en insistant sur cette
distinction adoptée par le Mégarisme entre
l'être et le *devenir*, et en l'éclairant du texte
suivant d'Aristoclès dans Eusèbe : « ἠξιοῦν
οὗτοί γε τὸ ὂν ἒν εἶναι, καὶ τὸ μὴ ὂν ἕτερον εἶναι, μηδὲ
γεννᾶσθαί τι, μηδὲ φθείρεσθαι, μηδὲ κινεῖσθαι τὸ παράπαν[2]. » La croyance du savant allemand est
si sincère et si profonde, qu'après avoir cité
l'opinion de Schleiermacher sur l'adoption
des εἴδη par le Mégarisme, il n'y voit pas la
matière du moindre doute, et regarde toute
confirmation ultérieure comme tout à fait
inutile : « Hæ fere sunt summi philosophi
« rationes, quas ego, quia certissimæ et ab

---

[1] *De Megaricorum doctrina ejusque apud Platonem et
Aristotelem vestigiis.* — Scripsit Fernidandus Deycks,
Bonnæ, apud E. Weberum, MDCCCXXVII.
[2] *Præpar. evang.*, l. XIV, c. 4.

« omni parte munitæ esse videantur, confir-
« matione egere non arbitror [1]. » Et ce n'est
pas seulement en Allemagne que l'opinion
de Schleiermacher obtint des adhésions.
Car, dans notre pays, l'éloquent traducteur
de Platon, rencontrant dans le *Sophiste* le
passage cité plus haut, attribue très-affirmativement aux Mégariques la théorie qui
s'y trouve contenue : « Par cette philosophie
« qui reconnaît les εἴδη νοητὰ καὶ ἀσώματα, Pla-
« ton ne peut entendre sa propre école ; car
« on verra plus bas qu'il met cette philoso-
« phie, avec le matérialisme des physiciens
« de l'école d'Ionie et la doctrine des Éléates,
« au nombre des hypothèses incomplètes
« qui ne peuvent rendre compte ni de l'être
« ni du non-être... Ajoutez que, dans ce
« dernier passage, on ne peut mieux distin-
« guer de l'école d'Élée, qui fait l'univers
« immobile dans l'unité, les partisans des
« idées, qui le font toujours le même dans
« les idées qui le dominent. On ne peut donc
« croire que Platon, dans le passage précé-

---

[1] P. 30 du travail dont le titre a été cité plus haut.

« dent, ait voulu parler des Éléates; et il faut
« chercher une autre école à laquelle on
« puisse rapporter à la fois ces deux pas-
« sages; et la seule qui se présente est celle
« de Mégare, sortie à la fois de l'école de
« Parménide et de l'école de Socrate, et con-
« temporaine de Platon [1]. »

Une dernière opinion nous reste à mentionner, laquelle diffère tout à la fois, d'une
part, de celle de Socher, d'autre part, de
celle de Schleiermacher et de MM. Deycks
et Cousin. Nous voulons parler de l'opinion
de Ritter.

Cette opinion offre deux phases, qu'il
faut savoir distinguer. D'abord, et dans son
Histoire de la Philosophie Ionienne [2], Ritter
avait jugé que dans le passage du *Sophiste*
il s'agissait de la philosophie d'Héraclite,
suffisamment désignée, disait-il, par ces
mots, savoir : qu'*au lieu de laisser l'être
aux corps, ces philosophes ne leur accordent que le devenir*, γένεσιν ἀντ' οὐσίας. C'est

---

[1] OEuvres complètes de Platon, traduites en français
par V. Cousin, t. XI, p. 517, *notes.*
[2] Berlin, 1821, in-8°. (*All.*)

bien là , ajoutait Ritter, le πάντα γίγνεσθαι καθ' εἱμαρμένην du philosophe d'Éphèse dans Diogène de Laërte[1]. Mais voici qu'ultérieurement, et un nouvel écrit à la main[2], le savant historien rentre dans l'arène polémique, fortifié par de sérieuses recherches et par un examen approfondi. Il ne vient pas défendre son ancienne opinion. Loin de là, il déclare l'abandonner complétement, et reconnaît que Platon, dans le passage dont il s'agit, n'a pas voulu parler des Héraclitéens. Est-ce pour se ranger à l'opinion de Socher, qui avait prétendu que Platon a voulu désigner sa propre doctrine? pas davantage; et il avoue partager en ce point la répugnance de Schleiermacher. Mais s'il répudie l'opinion de Socher, il n'adopte pas davantage celle qu'avaient soutenue en Allemagne Schleiermacher, Heindorf, M. Deycks, et, en France, M. Cousin. Les

---

[1] Voir, dans Diogène de Laërte, l. IX, la monographie d'Héraclite. — Sur ce même philosophe , voir aussi notre *Histoire de la philos. ionienne*, Paris, 1842, in-8°.

[2] Rhein, Mus. für Philol. , Geschichte und griech. Philos. (2ᵉ année, 3ᵉ partie, p. 305).

raisons qu'il apporte pour expliquer et justifier son dissentiment sont les suivantes.
« En premier lieu, il est bien clair que Platon n'a pu avoir en vue une doctrine récemment émise, mais bien un système
depuis longtemps répandu; sinon, il n'aurait pu dire : Ἐν μέσῳ δὲ περὶ ταῦτα ἄπλετος ἀμφοτέρων μάχη ἀεὶ ξυνέστηκε. Que M. Deycks ait
présenté de nombreuses considérations à
l'appui de la conjecture de Schleiermacher,
c'est ce qu'il faut reconnaître; mais rien n'y
ressemble à la chose capitale, savoir, à la
preuve que les Mégariques admettaient dans
l'unité de l'être une certaine pluralité. A
moins que, peut-être, on ne regarde comme
preuve une page du *Parménide* de Platon,
que M. Deycks, toujours d'après Schleiermacher, veut appliquer aux Mégariques,
mais par pure conjecture. Ainsi, l'opinion
à laquelle nous sommes obligés de refuser
notre assentiment n'a d'autre base que des
conjectures sur un passage obscur de Platon.
Mais nous avons, pour le combattre, d'autres arguments empruntés à une exposition
moins suspecte de la doctrine des Mégari-

ques. Car, non-seulement il nous paraît incroyable que la doctrine des Mégariques sur la pluralité des choses intelligibles ait été clairement exposée dans leurs écrits et portée à la connaissance de tout le monde, sans que parmi les anciens qui ont remarqué la conformité de leur doctrine avec celle des Éléates il en soit un seul qui ait laissé soupçonner la différence importante qui les séparait, mais encore nous avons à opposer à l'opinion de Schleiermacher ce que nous apprennent les anciens, savoir, que les Mégariques avaient admis la pluralité des noms. Comment donc eussent-ils passé sous silence un point plus important, savoir, qu'ils admettaient aussi la pluralité des choses? De plus, dans le passage de Cicéron déjà cité[1] nous trouvons une preuve évidente du peu de valeur de cette opinion. Non-seulement Cicéron, traduisant littéralement les

---

[1] Voici ce passage : « Megaricorum fuit nobilis disciplina, cujus, ut scriptum video, princeps Xenophanes, quem modo nominavi ; deinde eum secuti Parmenides et Zeno; itaque ab his Eleatici philosophi nominabantur. Post, Euclides, Socratis discipulus, Megareus, a quo

formules grecques, admet la parfaite conformité de la doctrine des Mégariques et de
celle des Éléates (ce qui est légitime si les
Mégariques ne faisaient que développer la
doctrine éléatique, mais non s'ils s'en séparaient sur un point capital), mais encore
les termes dans lesquels il expose la doctrine
mégarique, considérés comme une traduction littérale du grec, correspondent exactement aux expressions des Éléates, et désignent, dans leur langue habituelle, l'unité
absolue du bien qui constitue toute la vérité. Car, nous le répétons, *simile* en latin
c'est ὅμοιον en grec; et ce mot, qui a pour
synonymes ὁμόν, ἴσον ἑωυτῷ, πάντοσε τωυτόν, est
consacré par les Éléates à exprimer l'entière
suppression de toute différence et de toute
pluralité. De là vient que de la *ressemblance*,
Xénophane conclut à la forme sphérique
de l'univers, et Parménide à l'impossibilité
de toute dissolution. Enfin, les interprètes
postérieurs emploient continuellement ce

« iidem illi Megarici dicti, qui id bonum solum esse dice-
« bant quod esset unum, et simile, et idem semper. Hi
« quoque multa a Platone. (*Acad.*, II, 42.)

mot pour indiquer la suppression de toute pluralité dans l'unité des Éléates. Ceci me paraît suffisant pour couper court à toutes les conjectures. Cependant, d'autres faits indiquent que les Mégariques n'admettaient nullement la pluralité des εἴδη, car il est dit positivement que Stilpon combattit la théorie des εἴδη. Il est vrai que M. Deycks cherche à montrer que cette théorie était dirigée non contre les εἴδη du Platonisme, mais contre les représentations générales des objets sensibles. Nous doutons que cette distinction puisse convenir à l'ancienne théorie des εἴδη, et d'un autre côté nous ne trouvons chez les anciens aucune théorie des εἴδη que Stilpon eût pu combattre comme il l'a fait, si ce n'est la théorie Platonicienne. »

Tels sont les arguments que Ritter dirige contre l'opinion de Schleiermacher. Il écarte donc les Mégariques, comme Schleiermacher avait écarté les Platoniciens. Quelle conjecture propose-t-il donc de substituer à celle de Socher, à celle de Schleiermacher, à la sienne propre, alors que, dans son *His-*

toire de la Philosophie Ionienne, il pensait que Platon avait voulu désigner les Héraclitéens ? Il n'en propose aucune. « Pour ma part, dit-il[1], je n'ose me flatter de contribuer beaucoup à éclaircir ce passage. Le seul dessein de Platon paraît avoir été de réfuter deux doctrines opposées, dont l'une admettait une multitude de choses corporelles perceptibles aux sens extérieurs, l'autre une multitude de formes de l'être, incorporelles, accessibles à la raison seule, étrangères à tout changement, espèce d'atomes spirituels ou plutôt intelligibles, assez semblables aux monades de Leibnitz. Maintenant, qui a formulé cette dernière doctrine si originalement systématique ? Nous ne voulons point le décider ici, malgré les nombreuses indications que l'antiquité pourrait nous fournir. Notre seul but est de montrer qu'il n'est pas facile de reconnaître la doctrine des Mégariques, dans ce passage de Platon. »

Avant de proposer nos propres conjec-

---

[1] *Loc. cit.*

tures sur le point en litige, nous ferons observer que les diverses opinions de Socher, de Ritter, de Schleiermacher et des partisants de ce dernier, se combattent et se détruisent réciproquement, lorsqu'elles ne sont point abandonnées par leurs propres auteurs.

Et d'abord, Ritter a renoncé lui-même à l'opinion qu'il avait énoncée en son *Histoire de la Philosophie Ionienne;* et sagement il a fait. Que peut-il, en effet, y avoir de commun entre les *espèces intelligibles et incorporelles* dont parle Platon dans le passage dont il s'agit (νοητὰ ἄττα καὶ ἀσώματα εἴδη), auxquelles se ramènerait toute véritable existence (τὴν ἀληθίνην οὐσίαν εἶναι) et le feu adopté par Héraclite comme principe et fin de toutes choses [1]? Une autre raison encore, c'est que, dans un passage antérieur, Platon a parlé des muses d'Ionie et de Sicile, et implicitement rangé Héraclite parmi ces philosophes qui ont déterminé

---

[1] Voir notre Mémoire sur Héraclite dans notre *Histoire de la philosophie ionienne.*

le nombre et le nom des êtres. On ne peut donc admettre que Platon tombe ici en une si flagrante contradiction avec lui-même.

Il ne peut donc s'agir des Héraclitéens. S'agirait-il davantage des Platoniciens, ainsi que l'avait cru Socher? A tout prendre, et s'il fallait opter, cette opinion nous paraîtrait infiniment préférable à la conjecture primitive de Ritter. Toutefois, nous ne pensons pas que Platon ait voulu parler ici de sa propre doctrine. Nos raisons, en ce point, seraient à peu près les mêmes que celles qu'a données Schleiermacher dans son *Introduction au Sophiste*. Ces raisons se puisent dans la partie du dialogue du *Sophiste* qui suit immédiatement le passage en question. En effet, l'Étranger d'Élée, qui, dans ce dialogue, paraît être l'organe des opinions de Platon, après avoir demandé compte de leur manière de voir sur la nature de l'être, tant aux philosophes *qui rabaissent à la terre toutes les choses du ciel et de l'ordre invisible*, qu'à ceux *qui s'efforcent de ramener à certaines espèces intelligibles et incorporelles toute véritable existence*, aboutit à conclure que le philosophe est forcé de n'écouter ni ceux qui font le monde immobile, c'est-à-dire les partisans de la seconde des doctrines mentionnées, ni ceux qui mettent l'être dans un mouvement universel, c'est-à-dire les partisans du système qui ramène à la terre toutes les choses du ciel et de l'ordre invisible, et ne savent, comme il est dit dans le *Sophiste*, qu'embrasser grossièrement les pierres et les arbres.

Reste à discuter l'opinion de Schleiermacher, qu'adoptèrent Heindorf, puis, ultérieurement, MM. Deycks et Cousin. Cette opinion se compose de deux points. En premier lieu, le critique allemand s'attache à établir qu'il ne peut être question ici ni des Platoniciens, ni des Éléates; des Platoniciens, puisque, en rapprochant dans le *Sophiste* le passage dont il s'agit de celui où il est dit que le philosophe doit *faire comme les enfants dans leurs souhaits, c'est-à-dire prendre l'un et l'autre*, il se trouverait que Platon aurait énoncé comme

siennes deux doctrines réciproquement contradictoires; des Éléates, puisque, dans un
passage antérieur, Platon déclare positivement en avoir fini avec Parménide, et que,
d'ailleurs, dans la conclusion déjà mentionnée, il paraît faire deux parts entre les
partisans de l'immobilité, l'une (et il ne peut
s'agir ici que des Éléates) pour ceux qui
concilient l'immobilité avec l'unité absolue,
l'autre pour ceux qui la concilient avec la
pluralité des εἰδη. En second lieu, Schleiermacher entreprend d'établir que Platon a
voulu désigner les Mégariques. Platon, dit-
il, a voulu parler d'une école contemporaine qui posait l'essence immobile conçue
par la raison comme distincte de la génération qui est atteinte par les sens. Or,
cette école doit être l'école de Mégare, puisqu'elle avait emprunté de l'école éléatique
la doctrine de la distinction de la génération et de l'être. Telle fut la conclusion de
Schleiermacher, bien inférieure en solidité
à la critique qu'il avait dirigée, d'une part,
contre ceux qui pensaient que le passage
de Platon s'appliquait à Platon lui-même,

d'autre part contre ceux qui auraient été
tentés de croire qu'il s'appliquât aux Éléates. En effet, rien ne prouve, d'abord, que le
passage de Platon fasse allusion à une école
contemporaine. En second lieu, la distinction entre l'*être* et la *génération* (οὐσία, γένεσις) entraîne nécessairement l'adoption de
l'unité absolue, ainsi que nous le voyons
chez les Éléates, mais n'entraîne pas également les εἴδη : de telle sorte qu'il a pu très-
bien se faire (peut-être faudrait-il dire qu'il
a dû se faire) que les Mégariques, en adoptant la première de ces deux doctrines,
n'aient pas admis la seconde. A ces raisons,
qui nous paraissent considérables, il faut
joindre encore celles de Ritter, que nous
avons exposées plus haut. Non que nous
reconnaissions une égale gravité à toutes
les objections que Ritter a élevées contre
l'opinion de Schleiermacher ; mais, parmi
ces objections, il en est plusieurs qui, à
notre avis, n'admettent pas de réplique. En
tête de ces dernières, nous placerons celle
où Ritter dit que Cicéron, traduisant litté-

ralement les formules grecques, admet la parfaite conformité de la doctrine des Mégariques et de celle des Éléates; ce qui est légitime si les Mégariques n'ont fait que développer la doctrine éléatique, mais ce qui cesse de l'être, s'ils s'en séparaient sur un point capital, en adoptant les εἴδη, qui n'entraient nullement comme élément dans la philosophie éléatique. Qu'on y songe sérieusement : cette objection a une très-grande valeur. Pour la détruire, il faudrait pouvoir citer des textes ou des documents historiques qui établissent que le Mégarisme adoptait les εἴδη. Or, encore une fois, parmi les fragments qui nous restent de la philosophie mégarique, pas un seul ne peut être invoqué dans ce but; et, d'autre part, entre tous les historiens de la philosophie qui ont parlé du Mégarisme, pas un seul ne mentionne les εἴδη comme ayant constitué l'un des éléments de cette philosophie. Diogène de Laërte est le seul qui, à l'occasion du Mégarisme, parle des εἴδη, et c'est pour dire que Stilpon, l'un des principaux re-

présentants de cette philosophie, les a rejetés, ἀνῄρει [1]. Nous le demandons : quel
fondement reste-t-il à l'opinion de Schleiermacher ?

On insiste, et l'on demande quelle est
la doctrine que Platon, à défaut de celles
des Mégariques, a voulu désigner dans ce
passage du *Sophiste* où il parle de certains
philosophes, qui, se concentrant dans un
monde supérieur et invisible, essaient
d'établir que *ce sont des espèces intelligibles et incorporelles qui constituent le véritable être,* νοητὰ ἄττα καὶ ἀσώματα εἴδη τὴν ἀληθινὴν οὐσίαν εἶναι. Nous pourrions assurément
nous dispenser d'entrer dans ce nouveau
débat. Car enfin il pourrait nous suffire
d'avoir montré que l'allusion de Platon ne
s'adresse pas au Mégarisme. Toutefois, si,
en présence de l'écueil où sont venues
échouer les interprétations de tant d'habiles
critiques, il peut nous être permis d'avancer humblement notre conjecture, nous
dirons que si Platon a voulu, dans le pas-

[1] L. II, *in Stilpon.*

sage précité, désigner quelque école philosophique, c'est à l'école pythagoricienne
bien plus qu'à l'école mégarique qu'il a
voulu faire allusion. Toutes les probabilités ne sont-elles pas ici en faveur du Pythagorisme ? Le Pythagorisme ne fut-il pas le
premier et le plus immédiat adversaire de
ces philosophes (les Ioniens, sans contredit) qui, *rabaissant jusqu'à la terre toutes*
les choses du ciel et du monde invisible, et
n'embrassant de leurs mains grossières que
les pierres et les arbres, affirmaient que
cela seul est l'être, qui se laisse approcher
et toucher[1] *?* Le Pythagorisme n'était-il pas,
par opposition à l'Ionisme, cette philosophie qui prétendait établir que *le véritable*
être consiste en des espèces intelligibles et
incorporelles, et qui, *au lieu de laisser*
l'être aux corps, ne leur accordait que le
devenir[2] *?* Cette opinion, que nous proposons ici, n'emprunte-t-elle pas, d'ailleurs,
une grande valeur au témoignage de Dio-

---

[1] Platon, *Sophist.*
[2] *Id.*, *ibid.*

gène de Laërte, qui, en sa biographie de
Platon, dit très-affirmativement, d'après
Alcime en ses livres à Amyntas, que les travaux d'Épicharme furent d'un très-grand
secours à Platon, et regarde comme autant
d'emprunts faits au Pythagorisme par le
chef de l'Académie, les opinions suivantes, à savoir, que « les choses sensibles ne
« sont permanentes ni dans leur qualité ni
« dans leur quantité, mais qu'elles varient
« à chaque instant et s'écoulent, à peu près
« comme une somme dont on retrancherait
« quelque nombre ne serait plus la même
« ni dans la qualité des chiffres, ni dans la
« quantité totale; que, de plus, ce sont des
« choses qui s'engendrent continuellement
« et n'ont jamais de subsistance; qu'au
« contraire, les choses intelligibles sont
« celles qui n'acquièrent et ne perdent
« rien, et que telles sont les choses éter-
« nelles, dont la nature est toujours sem-
« blable et ne change jamais? »

Qu'est-ce à dire, sinon qu'Épicharme et
les Pythagoriciens avaient enseigné que les
choses sensibles ne possèdent que le deve-

nir (γένεσις), et que l'être (οὐσία) n'appartient qu'aux choses intelligibles ? Et n'est-
ce pas là précisément la doctrine que, dans
le passage du *Sophiste* dont il s'agit, Platon
oppose au système de ceux qui affirmaient
que cela seul est l'être, qui se laisse approcher et toucher ? Cette conjecture diffère
tout à la fois de celles de Socher, de Ritter,
de Schleiermacher, et nous ne sachions pas
qu'elle ait encore été avancée. Nous la proposons avec quelque confiance, appuyée
qu'elle se trouve, non sur de vagues interprétations, mais sur un passage formel d'un historien de la philosophie, qui
vivait à une époque où les véritables doctrines des philosophes antiques devaient
être bien plus fidèlement connues qu'aujourd'hui, grâce à des textes encore subsis-
tants et à des traditions encore vivantes.

Résumons en quelques propositions fondamentales cette longue discussion sur la
question de savoir si le Mégarisme admit
ou non les εἴδη.

En premier lieu, cette admission n'est
établie ni par la tradition, ni par le témoi-

gnage des historiens de la philosophie, ni par aucun texte.

En second lieu, la seule mention qui soit faite des είδη dans leur rapport avec la philosophie mégarique se trouve chez Diogène de Laërte, en sa biographie de Stilpon, et cet historien dit positivement que Stilpon rejeta les είδη. Or, lors même qu'on penserait avec M. Deycks que la théorie de Stilpon était dirigée, non contre les είδη du Platonisme, mais contre les représentations générales des objets sensibles, il ne suivrait pas de là que Stilpon et les autres Mégariques aient admis les είδη au sens où les prenait Platon; et tout ce qu'on en pourrait conclure raisonnablement, c'est que ce passage de Diogène de Laërte n'offre rien de décisif pour la question dont il s'agit.

En troisième lieu, l'allusion contenue dans le passage du *Sophiste* relatif à ces philosophes qui s'attachent à prouver que *ce sont les espèces intelligibles et incorporelles qui constituent le véritable être*, ne porte ni sur le Platonisme lui-même ainsi que l'estimait Socher, ni sur l'Héraclitéisme,

ainsi que d'abord avait opiné Ritter, ni
sur le Mégarisme, ainsi que l'a pensé
Schleiermacher, et, avec lui, plusieurs savants très-distingués en Allemagne et en
France. La doctrine des εἴδη appartient originairement aux Pythagoriciens; et c'est le
Pythagorisme que, dans le passage dont il
s'agit, Platon oppose à ces philosophes
(Ioniens et Abdéritains) qui, *rabaissant,*
comme il le dit, *jusqu'à la terre toutes les
choses du ciel et du monde invisible, et
n'embrassant de leurs mains grossières que
les pierres et les arbres, affirmaient que
cela seul est l'être, qui se laisse approcher
et toucher.*

Indépendamment du problème de l'u-
nité, de l'immobilité et de l'immutabilité de
l'*être*, l'ontologie mégarique entreprit encore de discuter la question du *possible,*
περὶ δυνάτων.

De même que par le rejet des εἴδη, le Mégarisme différa essentiellement du Platonisme, de même il se distingua formellement du Péripatétisme et du Stoïcisme par
l'identification du possible et du réel.

La puissance (δύναμις) diffère de l'acte
(ἐνέργεια), disait le Péripatétisme avec son
fondateur Aristote[1]. — Il y a du possible
dans ce qui n'est pas arrivé et même dans
ce qui ne doit jamais arriver, disait le Stoïcisme avec Chrysippe, l'un de ses principaux organes, « κἂν μὴ μέλλῃ γενήσεσθαι, δυνατόν
ἐστι[2]. » Le Mégarisme, au contraire, affirme
qu'il n'y a de possible que ce qui est ou sera
réel. Cette thèse est hardiment soutenue par
Diodore Cronus[3], ainsi que le confirment
les témoignages réunis d'Alexandre d'A-
phrodisée et de Cicéron. Et qu'on ne croie
pas que nous imposions ici au Mégarisme
tout entier une doctrine qui aurait été exclusivement celle d'un d'entre ses derniers
représentants. La doctrine de l'identification du possible avec le réel préexistait,
chez les Mégariques, à Diodore; et la
preuve, c'est qu'elle est attribuée à ces phi-

---

[1] Ce point trouvera prochainement sa confirmation et
son développement.

[2] Plutarch. *Repugn. stoic.* — Voir aussi, sur ce même
point, un passage de Cicéron, *de Fato*, VI : « Tu, Chry-
« sippe, et quæ non sint futura posse fieri dicis. »

[3] Voir le chapitre qui concerne ce philosophe.

losophes par Aristote, qui devança Diodore
d'environ un demi-siècle [1]. « Il en est, dit
« Aristote, qui prétendent, les philosophes
« de Mégare, par exemple, qu'il n'y a de
« puissance que là où il y a acte (ὅταν ἐνεργῇ
« μόνον δύνασθαι), et que là où il n'y a pas acte,
« il n'y a pas puissance (ὅταν δὲ μὴ ἐνεργῇ οὐ δύ-
« νασθαι), qu'ainsi celui qui ne construit
« point n'a pas le pouvoir de construire
« (τὸν μὴ οἰκοδομοῦντα οὐ δύνασθαι οἰκοδομεῖν), mais
« que celui qui construit a ce pouvoir au
« moment où il construit (ἀλλὰ τὸν οἰκοδομοῦντα
« ὅταν οἰκοδομῇ), et de même pour tout le
« reste (ὁμοίως δὲ καὶ ἐπὶ τῶν ἄλλων). » Et, après
cet exposé, Aristote entreprend de combattre la doctrine qui entreprend cette identification du possible et du réel. « Il n'est pas
« difficile, ajoute-t-il, de voir les conséquen-
« ces absurdes de ce principe. Évidemment
« alors, on ne sera pas constructeur si l'on
« ne construit pas ; car le propre du con-
« structeur, c'est d'avoir le pouvoir de con-
« struire. De même pour les autres arts. Il

---

[1] Aristote mourut en 322, et Diodore vers 296.

« est impossible de posséder un art sans
« l'avoir appris, sans qu'on nous l'ait trans-
« mis, et de ne plus le posséder ensuite sans
« l'avoir perdu.... Or, si l'on cesse d'agir,
« on ne possèdera plus l'art; et pourtant
« on se remettra immédiatement à bâtir;
« comment donc aura-t-on recouvré l'art?
« Il en sera de même pour les objets inani-
« més, le froid, le chaud, le doux; et, en un
« mot, tous les objets sensibles ne seront
« rien indépendamment de l'être sentant.
« On tombe alors dans le système de Pro-
« tagoras. Ajoutons qu'aucun être n'aura
« même la faculté de sentir, s'il ne sent
« réellement, s'il n'a la sensation en acte. Si
« donc nous appelons aveugle l'être qui ne
« voit point, quand il est dans sa nature de
« voir, et à l'époque où il est dans sa nature
« de voir, les mêmes êtres seront aveugles
« ou sourds plusieurs fois par jour. Bien
« plus, comme ce dont il n'y a pas puis-
« sance est impossible, il sera impossible
« que ce qui n'est pas produit actuellement
« soit jamais produit. Prétendre que ce qui
« est dans l'impossibilité d'être existe ou

« existera, ce serait dire une absurdité,
« comme l'indique le mot *impossible*. Un
« pareil système supprime le mouvement et
« la production. L'être qui est debout sera
« toujours debout ; l'être qui est assis sera
« éternellement assis. Il ne pourra pas se
« lever s'il est assis ; car ce qui n'a pas le
« pouvoir de se lever est dans l'impossibi-
« lité de se lever. Si l'on ne peut pas ad-
« mettre ces conséquences, il est évident
« que la puissance et l'acte sont deux choses
« différentes : or, ce système identifie la
« puissance et l'acte. Ce qu'on essaie de
« supprimer ainsi, c'est une chose de la plus
« haute importance [1]. »

Il nous reste un dernier élément à signaler dans l'ontologie mégarique : c'est
l'identification opérée par Euclide entre
l'*Être* et le *Bien*. « Euclide (dit Diogène de
« Laërte) refusait l'existence à toutes choses
« opposées au bien, et les faisait équivaloir
« au non-être. » Que suit-il de là, sinon que

---

[1] *Métaph.*, IX, 3.
[2] Voir, sur ce point, l'art. *Euclide*.

le fondateur de l'école de Mégare faisait de l'*Être* et du *Bien* une seule et même chose? C'est ici, dans l'ontologie mégarique, un élément original. Sur tous les autres points, à savoir : l'unité, l'immobilité, l'immutabilité, cette ontologie paraît, sauf quelques arguments de détail, n'offrir qu'une imitation de l'Éléatisme. Il n'en est pas de même de ce nouvel élément; car nous ne sachions pas que cette doctrine de l'identification de l'*Être* et du *Bien* ait jamais été celle de Parménide, ou de Mélissus, ou de Zénon. Au caractère d'originalité vient se joindre dans cette doctrine un mérite supérieur, en ce sens que cette identification de l'*Être* et du *Bien* est une des plus belles et des plus profondes conceptions dont puisse s'honorer la philosophie. Aussi, la voyons-nous adoptée et reproduite par nos grands métaphysiciens du xvii⁰ siècle, Fénelon, Malebranche, Leibnitz [1]. Et, bien antérieurement à cette époque, vers la fin de la période grecque, nous la rencontrons imitée et renou-

---

[1] Voir, au chap. *Euclide,* la justification de ce point.

velée par la philosophie d'Alexandrie, et notamment par Plotin. « L'unité primitive, « dit Plotin [1], est le principe de toutes cho- « ses ; elle est le *Bien* et la perfection abso- « lue ; elle est l'*Être* pur, sans aucun acci- « dent, dont on peut concevoir l'idée en « songeant qu'il se suffit constamment à « lui-même ; elle est exempte de tout besoin « et de toute dépendance ; elle est la pensée « elle-même en acte ; elle est le principe de « tout, la cause de tout ; elle est l'infiniment « grand ; elle est le centre commun de toutes « choses ; elle est le *Bien*, elle est Dieu. » Est-il possible de méconnaître en ce pas- sage l'imitation de cette doctrine d'Euclide qui, établissant une équation entre le *Bien* et l'*Être*, transportait au *Bien* tout ce qui convient à l'*Être*, et l'appelait des noms de φρόνησις, de θεός, et de νοῦς ?

L'ontologie, et surtout la dialectique, occupent le premier plan dans la philo- sophie mégarique. Une place secondaire fut laissée dans cette philosophie à la morale,

---

[1] *Ennéade*, VI, l. IX, 1, sq.

qui y eut pour principal organe Stilpon.

Dans l'origine de la philosophie grecque, la morale avait constitué l'un des éléments fondamentaux du Pythagorisme. Ultérieurement, elle avait occupé une place considérable dans les enseignements de Socrate, ainsi qu'en font foi les dialogues de Platon et surtout les Mémoires de Xénophon. Vers l'époque de la mort de Socrate, deux écoles avaient surgi, qui, bien que poursuivant des fins très-différentes l'une de l'autre, avaient toutes deux consacré spécialement leurs travaux à la morale : nous voulons parler du Cynisme et du Cyrénaïsme. Un peu plus tard étaient venus le Platonisme et le Péripatétisme, dans les spéculations desquels la morale tenait un rang considérable. Ce fut à cette époque qu'apparut Stilpon, qui se trouva ainsi le contemporain des divers représentants des doctrines morales péripatéticiennes, académiques, cyrénaïques et cyniques. Répudiant à la fois le rigorisme des disciples d'Antisthène et l'hédonisme des sectateurs d'Aristippe, écartant en même temps le système moral de Platon, qui con-

e

sistait à voir le souverain bien dans la plus
grande ressemblance possible de l'homme
avec Dieu par la pratique de la sagesse, du
courage, de la tempérance, de la justice, et
le système d'Aristote, qui plaçait l'excellence
morale dans le bonheur qui résulte pour
l'âme de l'équilibre des passions, il institua
une doctrine qui, tout en offrant quelque
analogie avec celle d'Aristote, possédait cependant, en une certaine mesure, un caractère d'originalité. Stilpon fit consister le
souverain bien dans l'impassibilité, *animus
impatiens,* suivant l'expression de Sénèque [1];
et lui-même sut joindre l'exemple au précepte, puisque, au rapport de Sénèque
et de Diogène de Laërte, il ne se départit
en rien de sa tranquillité, et répondit à Démétrius Poliorcète qu'il n'avait rien perdu,
au moment où la prise et le saccagement de
Mégare par les troupes du fils d'Antigone
venait de lui ravir ses biens, sa femme, ses
enfants. Doctrine factice, morale contre nature, que celle qui vient ainsi proposer à

[1] Voir le chap. *Stilpon.*

l'homme, à titre de souverain bien, une indifférence, que la perte non-seulement de la
fortune, mais des plus douces affections, ne
saurait émouvoir, et qui demeure inébranlable devant la ruine de la patrie! N'y a-t-il
pas plus de forfanterie que de véritable fermeté dans une semblable disposition d'âme,
et la morale de Stilpon n'était-elle pas empreinte de trop d'exagération pour être
vraie? Ajoutons qu'il lui manquait d'ailleurs
un caractère essentiel, en ce sens qu'elle ne
contenait rien qui prescrivît l'action à titre
de vertu individuelle et politique. Demeurer
impassible, même sous le coup des plus af-
freuses calamités, c'est déjà une maxime
qu'il est fort malaisé de faire passer de la
spéculation dans la pratique, et à l'application de laquelle la nature humaine semble
éternellement répugner. Mais enfin, supposé que ce pût être là un véritable précepte de morale, ce précepte embrasserait-il
tout ce qui importe à la destinée de l'homme;
et, pour l'accomplissement de cette destinée, suffirait-il qu'on demeurât inébranlable, pour nous servir de l'expression d'Ho-

race[1], au milieu de l'écroulement de l'uni
vers? Non, assurément. Ce n'est là qu'un rôle
passif; et l'action est une des conditions
essentielles imposées à l'accomplissement de
la destinée humaine. Le dogme de la résignation est le côté négatif de la morale. Il
existe un côté plus élevé, un élément vrai-
ment positif, qui consiste dans le déploiement réfléchi et libre de nos pouvoirs actifs
dans la triple sphère de la famille, de l'état,
de la société. Socrate et Platon avaient compris cette vérité. Si Stilpon parut la méconnaître, peut-être faut-il en attribuer la faute
aux malheurs des temps au milieu desquels
il vécut. La Grèce, sa patrie, était entrée
dans cette phase de décadence fatalement réservée à toute nation qui a exercé
l'empire. Les successeurs d'Alexandre se
disputaient non-seulement par la guerre,
mais par la trahison, par l'empoisonnement,
par le meurtre, la Macédoine et les provinces
conquises. La ville de Mégare, où Stilpon
était né, avait été successivement prise et

Si fractus illabatur orbis,
Impavidum ferient ruinæ.

reprise par les soldats de Ptolémée et de Démétrius, saccagée, ruinée, réduite en cendres. En de telles conjonctures, un précepte moral tel que celui qu'avait posé Stilpon, est une sorte de défi jeté au malheur; et l'on conçoit que l'homme de bien, devenu impuissant pour l'action, cherche alors à se réfugier systématiquement dans une sorte d'impassibilité, que la nature, plus puissante que la philosophie, condamnera le plus souvent à n'être qu'une vaine tentative, et que la conscience devra démentir. C'est ainsi que nous expliquerions l'avénement de la morale mégarique, et le crédit qu'elle rencontra plus tard dans plusieurs écoles philosophiques.

Tels furent, dans la triple sphère de la logique, de l'ontologie, de la morale, les travaux de l'école de Mégare. Parmi ces travaux, la première place, tout à la fois pour le nombre et l'importance qui leur était accordée, appartint, dans cette école, à cette partie de la logique qu'on appelle la dialectique. A défaut d'autres preuves de cette assertion, il nous suffirait d'invoquer le surnom de *dialecticiens*, διαλεκτικοί, qui est

resté attaché à ces philosophes. Observons
que la dialectique reçut des mains des Mégariques certains caractères qui ne sont
pas essentiellement les siens, qu'on ne lui
rencontre point, par exemple, dans les
écrits d'Aristote, et qu'elle devint surtout
la science des subtilités, de la dispute, de
l'éristique. De là, cet autre surnom d'*éristiques, ἐριστικοί*, également imposé aux Mégariques ; et, en général, un surnom est le
signe certain du véritable caractère d'une
école. Par ce côté de ses travaux, le Mégarisme se constitua l'héritier des Sophistes.
Il accrédita et propagea en Grèce cette dialectique contentieuse des Hippias et des
Euthydème, qui, assujettissant la pensée
aux formes d'une discussion subtile, procède contre la véritable fin de la philosophie, à savoir le culte du vrai, et lui substitue l'art frivole et puéril de soutenir avec
un égal avantage les thèses les plus diverses,
les opinions les plus opposées. L'avénement d'une telle philosophie est, chez une
nation, l'indice de l'affaiblissement des convictions ; et, une fois opéré, il ne contribue

pas médiocrement à leur entière ruine.

Héritier des Sophistes, quant à sa dialectique, le Mégarisme se rattache par d'autres points à l'Éléatisme. Les dogmes ontologiques de l'unité absolue, de l'immobilité, de l'immutabilité, sont des emprunts faits aux doctrines de Parménide et de Zénon. Nous n'ignorons pas que, sous l'influence de l'esprit socratique, une révolution s'était accomplie dans la philosophie grecque. Mais, dans l'ordre scientifique pas plus que dans l'ordre politique, une révolution, quelque radicale qu'elle soit, n'a la puissance de briser immédiatement et d'un seul coup la chaîne des traditions. Or, les vieilles traditions philosophiques avaient, en une certaine mesure, survécu en Grèce au mouvement socratique ; et c'est ce qui explique ce lien d'intime parenté qu'on voit se former et subsister entre plusieurs d'entre les écoles qui précédèrent Socrate et plusieurs d'entre celles qui le suivirent. Platon et les Alexandrins, indépendamment de la part d'originalité qui leur revient, ne développèrent-ils pas les traditions pythagoriciennes ?

Intermédiairement à la première Académie et au Néo-platonisme, Épicure ne
renouvela-t-il pas, en leur conférant des
proportions plus vastes que celles qu'elles
avaient reçues de Leucippe et de Démocrite, les doctrines abdéritaines? Eh bien!
dans cette transmission de systèmes légués
par la philosophie des premiers âges aux
sectes issues de Socrate, l'école de Mégare
apparaît surtout comme l'héritière des traditions éléatiques; et Cicéron, en ses Académiques [1], constate et affirme cette parenté
en rattachant à l'Éléate Xénophane l'origine
de l'école de Mégare : « Megaricorum fuit
« nobilis disciplina, cujus, ut scriptum video,
« princeps Xenophanes. Deinde eum secuti
« Parmenides et Zeno. Itaque ab his Eleatici
« nominabantur. Post, Euclides, Socratis
« discipulus, Megareus, a quo iidem illi
« Megarici dicti. » L'école de Mégare pour-
suivit donc, en ontologie, le rôle qui, antérieurement, sous Parménide, Mélissus et
Zénon, avait été celui de l'école d'Élée.

' L. II, 42.

Elle eut elle-même, du moins en quelques points de ses doctrines, des héritiers parmi les représentants des diverses écoles qui vinrent après elle. Sa dialectique fut imitée et reproduite par plusieurs Stoïciens, et l'on rencontre dans Chrysippe des arguments éristiques qui paraissent calqués sur ceux d'Eubulide. Sa morale, dont Stilpon avait été le principal organe, ne fut pas non plus sans quelque influence sur celle du Stoïcisme. Zénon de Cittium avait compté Stilpon parmi ses maîtres; et l'impassibilité, proclamée par Stilpon comme le souverain bien, devient, formulée en ce précepte : Ἀνέχου, *supporte*, l'un des éléments de la morale du Portique. Enfin, la conception ontologique d'Euclide, qui consistait dans l'identification mutuelle de l'*Être* et du *Bien*, eut, ainsi que nous l'avons déjà remarqué, des imitateurs dans l'Alexandrinisme avec Plotin, et dans la philosophie du xvııᵉ siècle avec Leibnitz, Malebranche et Fénelon.

{Stilpon est le lien qui rattache à l'école de Mégare les écoles d'Élis et d'Érétrie. En effet, ce philosophe eut, entre ses disciples, Plistane d'Élis, Ménédème d'Érétrie et Asclépiade de Phlionte. Ménédème, après avoir, avec Asclépiade, Æchipylle et Moschus, continué pendant quelque temps à Élis l'école de Phædon, la transporta dans sa patrie, où, sous un nouveau nom, elle n'eut d'autre durée que la vie de ce philosophe. Cette même époque (275 avant J.-C.) voit finir avec Polémon et Xénocrate la première Académie que Platon avait fondée ; avec Théophraste et Straton le Péripatétisme créé par Aristote. D'un autre côté, les Cyniques et les Cyrénaïques ne constituent plus des sectes spéciales, absorbés qu'ils sont par des écoles plus puissantes, celle de Zénon et celle d'Épicure. La scène philosophique appartient désormais à l'Épicurisme et au Stoïcisme ; à la seconde et à la troisième Académies avec Arcésilas et Carnéade ; enfin au scepticisme avec Timon, et, ultérieurement, avec Ænésidème, Agrippa et Sextus.

HISTOIRE

DE

L'ÉCOLE DE MÉGARE.

CHAPITRE PREMIER.

EUCLIDE.

Il faut bien se garder de confondre Euclide, chef de l'école mégarique, avec Euclide le mathématicien. Le lieu de la naissance de ce dernier est tout à fait inconnu. Mais l'un de ses commentateurs, Proclus Diadochus[1], nous apprend qu'il avait ouvert une école de mathématiques à Alexandrie, sous le règne de Ptolémée, fils de Lagus. Or, le chef de l'école de Mégare fut le contemporain de Socrate, et dut, par conséquent, précéder d'environ cent ans Euclide le géomètre.

Quant à la question de savoir si Euclide, fondateur de l'école dont nous exposons ici l'histoire, prit ou non naissance à Mégare, elle nous paraît impossible à résoudre avec certitude. Dio-.

---

[1] Διάδοχος (successeur); ainsi nommé parce qu'il succédait à Syrianus.

gène de Laërte, dont le témoignage pourrait avoir tant de valeur en cette matière, reste indécis entre Mégare et Géla[1], partagé qu'il est entre l'opinion du plus grand nombre, qui assignait pour patrie à Euclide la première de ces deux villes, et le sentiment d'Alexandre qui, en ses *successions*, διαδοχαῖς, lui attribue la seconde[2]. Le passage de Platon, qu'on a quelquefois invoqué pour établir qu'Euclide était né à Mégare, prouverait uniquement qu'il y résidait. Dans le *Phédon*, Echécrate demande s'il se trouvait des étrangers dans la prison de Socrate le jour de sa mort, et Phédon répond : « Oui, Cimmias et « Cébès, et de Mégare étaient venus Euclide et « Terpsion, Μεγάροθεν Εὐκλείδης τε καὶ Τερψίων. » Or, le mot Μεγάροθεν ne peut signifier qu'Euclide fût né à Mégare, mais seulement qu'il en était venu pour assister aux derniers moments de Socrate. Plus tard, il est vrai, Cicéron[3] et Suidas[4] paraissent indiquer Mégare comme la patrie d'Euclide ; mais il resterait encore à savoir

---

[1] Géla était une ville de la Grande-Grèce située sur la côte méridionale de la Sicile, entre Agrigente et Camarine.

[2] Εὐκλείδης ἀπὸ Μεγάρων τῶν πρὸς Ἰσθμῷ, ἢ Γελῷος, κατ' ἐνίους, ὥς φησιν Ἀλέξανδρος ἐν διαδοχαῖς. (Diog. Laert., l. II, in *Euclid.*)

[3] Euclides Megareus. (*Acad.*, II, 42.)

[4] Euclides Megarensis. (·in v. *Euclid.*)

si, dans la pensée de ces écrivains, de telles expressions ne signifient pas plutôt un lieu de résidence qu'un lieu de naissance; et, fussent-elles tout à fait affirmatives en ce dernier sens, elles ne sauraient renfermer une raison décisive pour la solution péremptoire de la question, attendu que ce témoignage est bien tardif, et que, antérieurement à Cicéron, c'est-à-dire à une époque où il était moins difficile de connaître la patrie d'Euclide, aucune solution formelle n'avait été apportée sur ce point. Faut-il, avec Brucker [1], conjecturer qu'Euclide naquit à Mégare d'une famille de Géla? Cette conjecture peut avoir sa part de probabilité; mais, encore une fois, rien de décisif ne saurait être établi sur ce point; et, Géla ou Mégare, la patrie d'Euclide nous paraît ne pouvoir être déterminée avec certitude.

Il en est de même de l'époque précise de la naissance de ce philosophe. Disciple de Socrate, ainsi qu'il sera établi dans ce qui va suivre, il devait être moins âgé que son maître. Toutefois, il est très-probable qu'il était moins jeune que Platon et la plupart des disciples de Socrate; de telle sorte que, pour époque de sa naissance, on pourrait, sans de graves chances d'erreur, prendre une moyenne entre celle de Socrate et celle

[1] *Hist. crit. philos.*, t. III.

de Platon, et la rapporter approximativement
aux dernières années de la LXXXII⁰ olympiade,
environ l'an 450 avant notre ère ; et de même
pour l'époque de sa mort qui, d'après ces bases,
aurait eu lieu vers l'année 374, c'est-à-dire vers
la troisième année de l'olympiade CI. On peut
donc estimer avec Tennemann[1] que ce philosophe florissait vers le commencement de la
LXXXV⁰ olympiade, vers l'an 400 environ avant
notre ère, c'est-à-dire à l'époque de la mort de
Socrate et à la retraite de ses disciples à Mégare.

Pour bien comprendre la philosophie d'Euclide, il faut savoir reconnaître en lui le disciple
tout à la fois de l'école éléatique et de Socrate.
Lorsqu'en parlant de l'école de Mégare, Cicéron[2] la fait descendre de l'école d'Élée, en leur
donnant pour père commun Xénophane, c'est,
il est vrai, aux Mégariques en général qu'il attribue cette origine et cette dépendance, mais
Euclide s'y trouve compris et spécialement désigné. Nous avons d'ailleurs, et en ce qui concerne
particulièrement Euclide, le témoignage formel

---

[1] *Hist. de la philos.*, tables chronologiques.
[2] *Acad.*, II, 42 : « Megaricorum fuit nobilis disciplina,
cujus, ut scriptum video, princeps Xenophanes. Deinde
eum secuti Parmenides et Zeno ; itaque ab his Eleatici nominabantur. Post, Euclides, Socratis discipulus, Megareus,
a quo iidem illi Megarici dicti. »

de Diogène de Laërte, qui dit que ce philosophe avait étudié la doctrine de Parménide, τὰ Παρμενί-δεια μετεχειρίζετο [1]. D'autre part, il est établi par des témoignages non moins positifs, que le fondateur de l'école de Mégare fut l'un des disciples de Socrate. Il existe dans Aulu-Gelle une traduction, dont nous n'oserions pas garantir la vérité quant aux détails, mais qui, adoptée en ce qu'elle contient de fondamental et d'essentiel, peut être invoquée pour établir la parenté philosophique qui existait entre Socrate et Euclide. Les Athéniens avaient défendu, sous peine capitale, à tout citoyen de Mégare, de mettre le pied dans Athènes. Nonobstant ce décret, Euclide venait chaque soir, sous un costume de femme, pour entendre Socrate, et repartait avant le jour pour Mégare, sous les mêmes habits, parcourant ainsi un espace de plus de vingt mille pas [2]. Ce

---

[1] L. II, *in Euclid.*

[2] Voici le passage entier d'Aulu-Gelle : « Philosophus Taurus, vir memoria nostra in disciplina platonica celebratus, cum aliis bonis multis salubribusque exemplis hortabatur ad philosophiam capessendam, tum vel maxime ista re animos juvenum expergebat Euclidem quam dicebat Socraticum factitavisse : Decreto, inquit, suo Athenienses caverant ut qui Megareus civis esset, si intulisset Athenas pedem, prehensus esset, ut ea res ei homini capitalis esset; tanto Athenienses, inquit, odio flagrabant finitimorum hominum megarensium. Tum Euclides, qui in diem Megaris esset quique etiam ante id decretum et esse Athenis et au-

témoignage d'Aulu-Gelle touchant la fréquentation de l'école de Socrate par Euclide, est
d'ailleurs confirmé par celui de Cicéron : *Socratis discipulus Euclides*[1]; par celui de Platon,
qui, d'abord au début de son *Théétète*[2], dit positivement qu'Euclide venait fréquemment de
Mégare à Athènes pour entendre Socrate, et qui,
de plus, en son *Phédon*[3], le met au nombre de
ceux d'entre les disciples de Socrate qui assis-
tèrent à la mort du maître; enfin par celui de
Diogène de Laërte[4], qui met Euclide avec Platon,

dire Socratem consueverat, postquam id decretum sanxe-
runt, sub noctem, priusquam advepcrasceret, tunica longa
muliebri indutus, et pallio versicolore amictus, et caput et
ora velatus, e domo sua Megaris Athenas ad Socratem
commeabat, ut vel noctis reliquo tempore consiliorum ser-
monumque ejus fieret particeps, rursusque sub lucem millia
passuum paulo amplius viginti, eadem veste illa tectus,
redibat. » (*Noct. attic.*, l. VI, c. 10.)

[1] *Acad.*, II, 42.

[2] Platon, au début du *Théétète*, fait ainsi parler Euclide : « Toutes les fois que j'allais à Athènes, j'interrogeais
« Socrate sur les choses qui m'étaient échappées. » Il s'a-
git ici des prédictions de Socrate sur Théétète.

[3] Échécrate : Y avait-il des étrangers? — Phédon : Oui,
Cimmias de Thèbes, Cébès et Phédonde; et de Mégare,
Euclide et Terpsion.

[4] Τῶν μὲν διαδεξαμένων αὐτόν, τῶν λεγομένων Σωκρατίκων,
οἱ κορυφαιότατοι μὲν Πλάτων, Ξενοφῶν, Ἀντισθένης, τῶν δὲ φε-
ρουμένων δίχα οἱ διασημότατοι τέσσαρες Αἰσχίνης, Φαίδων, Εὐκλείδης, Ἀρίστιππος. (Diog. L., *in Socrat.*)

Xénophon, Antisthène, Eschine, Phédon et Aristippe au nombre des plus illustres Socratiques.

Lorsqu'arrivèrent la condamnation et la mort de Socrate, ses disciples, et parmi eux, Platon, se réfugièrent à Mégare, et furent reçus chez Euclide qui, suivant toutes les probabilités, avait déjà, depuis plusieurs années, ouvert et fondé cette école qui, après lui, fut dirigée par Ichthyas, et plus tard par Stilpon. Quel fut le motif de cette fuite? Apparemment la persécution qui du maître menaçait de s'étendre aux disciples. Or, quels avaient été les persécuteurs de Socrate? Les beaux esprits du temps, dont ce philosophe avait si fréquemment blessé l'orgueil ; le parti sacerdotal, dont il avait attaqué les superstitions en annonçant à ses disciples un Dieu unique devant lequel s'évanouissaient les mensonges du polythéisme ; enfin le parti démagogique, contre les fureurs et les injustices duquel Socrate s'était fréquemment élevé. Après avoir triomphé du maître par un jugement solennel et une condamnation capitale, la persécution dut attaquer ou, du moins, menacer les hommes qui avaient assisté aux enseignements de Socrate, et recueilli à son lit de mort cet admirable testament philosophique que Platon a consigné dans le *Phédon*. Voilà quelle fut la véritable cause de la fuite des Socratiques à Mégare et du séjour qu'ils y firent.

L'ancien disciple de Socrate, celui qui avait si
longtemps partagé avec eux les enseignements
du maître, les y accueillit. Ce fut chez Euclide
qu'ils cherchèrent et trouvèrent un asile. Hermodore, dans Diogène de Laërte, le dit positivement, πρὸς τοῦτόν φησιν ὁ Ἑρμόδωρος ἀφικέσθαι Πλάτωνα, καὶ τοὺς λοιποὺς φιλοσόφους, μετὰ τὴν ὠμότητα
τῶν τυράννων [1]. Seulement, dans ce texte de Diogène, il est une chose dont on a peine à se rendre compte. Quels étaient ces tyrans devant lesquels fuyaient les Socratiques? Étaient-ce les
Trente, ainsi que le conjecture un critique allemand [2]? Mais une telle supposition ne pourrait
se faire que moyennant un anachronisme; et
voici les raisons historiques qui le démontrent.
L'établissement des trente tyrans remonte à la
prise d'Athènes par Lysandre, et ces trente ty-

---

[1] Diog. L., l. II, *in Euclid.*

[2] Ce critique est M. Deycks, qui a composé sur l'école
de Mégare un travail d'érudition très-consciencieux, bien
qu'il nous paraisse voir bien à tort, dans Platon et dans
Aristote, nombre d'allusions au mégarisme, dans maints
passages où le mégarisme est loin d'être suffisamment
indiqué. Voici, du reste, cette partie du texte de M. Deycks,
qui se rapporte à l'émigration des Socratiques : « Cum
« deinde, Socrate mortuo, Megaris esset, reliquos Socrati-
« cos atque ipsum Platonem, trigenta tyrannorum metu,
« ad eum affluxisse ferunt. Ita Hermodorus apud Diog.
Laert., II, 106. » (*De Megaricorum doctrina ejusque apud
Platonem et Aristotelem vestigiis scripsit Ferdinandus
Deycks.* Bonnæ, apud Weberum, 1827.)

rans n'étaient autre chose que trente archontes créés par le général lacédémonien. Or, la date précise de la prise d'Athènes et de l'établissement des *Trente* par Lysandre est l'an 404 avant notre ère. En 403, ils furent chassés par Thrasybule, après un despotisme de huit mois, au rapport de Xénophon, et remplacés par les *Dix*. En 402, les *Dix*, à leur tour, sont déposés, la forme démocratique rétablie, et une amnistie proclamée par Thrasybule. Or, la mort de Socrate n'eut lieu ni en 404, ni même en 402, mais bien en 400 avant notre ère. Les tyrans dont les Socratiques, au rapport de Diogène de Laërte, fuyaient la cruauté, δείσαντες ὠμότητα, ne pouvaient donc être ni les *Trente* ni même les *Dix*. Il n'est pas impossible, après tout, que Diogène de Laërte ait commis un anachronisme. Il se peut aussi, bien qu'avec moins de probabilité, que, par le mot τυράννων, cet historien de la philosophie entende les membres du nouveau gouvernement démocratique qui venait d'être rétabli en 402, lesquels devaient être les ennemis naturels des Socratiques, partisans, ainsi que leur maître, de l'ancienne oligarchie établie en 411 par Pisandre et Alcibiade[1]. Au reste, quelle qu'ait pu être

[1] Dans cette oligarchie, les assemblées du peuple avaient été remplacées par une assemblée de seulement cinq mille citoyens.

l'erreur ou l'opinion de Diogène à cet égard, il
demeure évident que la véritable cause de la
fuite des Socratiques à Mégare fut la crainte d'une
persécution de la part de ceux qui avaient mis à
mort le maître de Xénophon, de Platon et d'Euclide.

A l'époque où eut lieu cette fuite à Mégare,
Euclide était-il déjà chef de l'école? La chose,
sans pouvoir être authentiquement établie, est
infiniment probable. Ce qu'il y a de certain,
c'est que, pendant ce séjour des Socratiques à
Mégare, quelque court qu'il pût être, Platon
put prendre une connaissance assez exacte des
opinions philosophiques d'Euclide, lesquelles,
d'ailleurs, antérieurement à ce séjour, ne devaient pas être complétement ignorées de lui,
grâce aux fréquents voyages d'Euclide à Athènes
auprès de Socrate. Une réponse affirmative,
pourvu qu'elle soit faite et entendue dans les
véritables limites où elle doit l'être, est donc la
seule qui puisse légitimement être apportée à
cette question si souvent controversée : Platon
eut-il Euclide pour maître ? Oui, assurément,
Euclide doit-être compté, avec Socrate, avec
Cratyle, avec Hermogène, avec Théodore, avec
Philolaüs, avec Euryte [1], parmi les maîtres de

---

[1] Consulter, sur ces divers points, la Biographie de Platon, par Diogène de Laërte, l. III.

Platon. Mais, encore une fois, les relations philosophiques qui s'établirent entre ces deux disciples de Socrate furent plutôt fortuites que
recherchées par Platon, déterminées qu'elles
furent par une fréquentation commune de l'école
de Socrate, et par le séjour à Mégare à la suite
de la mort du maître. Quant à l'opinion de certains critiques qui, d'après un texte de Diogène
de Laërte, en sa biographie de Platon, paraissent
croire à un second voyage de Platon auprès d'Euclide, elle ne saurait être raisonnablement soutenue. En effet, que dit ce texte? que, d'après
le récit d'Hermodore, Platon, à l'âge de vingt-
huit ans, se rendit à Mégare auprès d'Euclide
avec quelques autres Socratiques, ἔπειτα γενόμενος
ὀκτώ καὶ εἴκοσιν ἐτῶν, κατάφησιν Ἑρμωδόρος, εἰς Μέγαρα ὑπεχώρησεν[1]. Or, si l'on rapproche ce texte
de celui que nous avons précédemment emprunté
à la biographie d'Euclide par le même Diogène[2],
et qui est ainsi conçu : πρὸς τοῦτον (Εὐκλείδα) φησὶν
ὁ Ἑρμόδωρος ἀφικέσθαι Πλάτωνα, καὶ τοὺς λοίπους φιλοσόφους, μετὰ τὴν ὠμότητα τῶν τυράννων, il sera aisé
de s'apercevoir que, dans la biographie de Platon, comme dans celle d'Euclide, le témoignage
de Diogène de Laërte ne se fonde que sur celui
d'Hermodore, invoqué ainsi deux fois, et qu'évi-

[1] Diog. L., l. III, in Plat.
[2] Id., l. II.

demment Hermodore n'a voulu parler que d'un
seul voyage.

Les écrits d'Euclide (dont aucun fragment, sauf
une maxime d'un caractère tout à la fois ontologique et moral, et que nous retrouverons en
son lieu, n'est venu jusqu'à nous), se compo-
saient de six dialogues. Διαλόγους δὲ συνέγραψεν ἕξ,
dit l'historien de la philosophie ancienne [1]; et,
en même temps, il nous en donne les titres : Λαμ-
πρίαν, Αἰσίχνην, Φοίνικα,, Κρίτωνα, Ἀλκιβιάδην,
Ἐρωτικόν. Cette forme dialogique est précisément
celle-là même qu'un autre disciple de Socrate,
contemporain d'Euclide, mais bien autrement
célèbre que le Mégarien, donna aussi à ses écrits;
et l'on peut même remarquer que les titres de
quelques uns d'entre les dialogues d'Euclide se
retrouvent aussi chez Platon [2]. Cette similitude
de forme entre les écrits de Platon et les écrits
d'Euclide était un résultat de la discipline socratique qui leur avait été commune à tous deux.
Dans ses enseignements vis-à-vis de ses disciples,
comme dans sa polémique contre ses adversaires,
Socrate évitait ces longs développements dans
lesquels excellaient Protagoras, Gorgias et généralement les sophistes, et usait de préférence
d'un dialogue vif, coupé, rapide, qui permettait

[1] Diog. L., *in Euclid.*
[2] Le *Criton.* — L'*Alcibiade.*

d'opposer à chaque proposition une réplique immédiate [1]. Ce fut à son école que Platon et Euclide puisèrent tous deux cette méthode dialogique qu'ils imposèrent à leurs écrits. Quant au sujet de chacun des six dialogues composés par Euclide, nous sommes à cet égard dans la plus complète ignorance; et Diogène de Laërte, qui nous en a transmis les titres, ne nous apprend absolument rien sur leur contenu. Tout ce qu'il est permis de conjecturer, c'est qu'une dialectique contentieuse et subtile, dans le goût de celle des derniers Éléates, dominait dans les écrits d'Euclide. On sait que Diogène de Sinope, par un jeu de mots que nous ne saurions faire

---

[1] Entre autres preuves décisives de cette assertion, nous pouvons citer un passage du *Protagoras* de Platon. Hippias, l'un des interlocuteurs, essayant une conciliation entre les deux adversaires, Protagoras et Socrate, s'exprime en ces termes : « Je vous conjure et je vous conseille, Protagoras « et Socrate, de passer un accord ensemble, vous soumet- « tant à nous comme à des arbitres qui vous rapprocheront « équitablement. Toi, Socrate, n'exige point cette forme « exacte du dialogue qui réduit tout à sa dernière brièveté, « si Protagoras ne l'a point pour agréable ; mais accorde « quelque liberté au discours, et lâche-lui un peu la bride, « pour qu'il se montre avec plus de grâce et de majesté. Et « toi, Protagoras, ne déploie point toutes tes voiles, et ne « va pas, t'abandonnant au vent favorable, gagner la pleine « mer de l'éloquence jusqu'à perdre la terre de vue ; mais « prenez l'un et l'autre un milieu entre les deux extrêmes.»

passer dans notre langue, disait χολή (la bile)
Εὐκλείδου au lieu de σχολή (l'école) Εὐκλείδου. On
connaît aussi ces *Silles* de Timon où Euclide
obtient sa part de l'amère critique qu'il déverse
sur tous les dialecticiens : « Je n'ai nul souci de
« tous ces diseurs de rien, ni de leurs pareils,
« nul souci de Phédon, ni de ce disputeur d'Eu-
« clide qui souffle aux Mégariens la rage de la
« dispute [1]. » Enfin, on sait l'horoscope philosophique que lui tira un jour Socrate, lorsque,
le voyant adonné tout entier à l'éristique : « Eu-
« clide », lui dit-il, « tu es fait pour vivre avec
« des sophistes, et non avec des hommes [2]. »

En quoi consistait donc la dialectique d'Euclide, et sur quels principes reposait-elle? Elle
dut assurément tenir une grande place en ses
écrits, une plus grande encore en ses enseignements. Mais aujourd'hui toutes les données qu'il
nous est possible de recueillir à cet égard se
réduisent à quelques indications très-laconiques
de Diogène de Laërte, que les commentateurs
nous paraissent avoir rendues plus obscures en

---

[1]   Ἀλλ' οὔ μοι τούτων φλεδόνων μέλει· οὐδὲ γὰρ ἄλλου
Οὐδενός, οὐ Φαίδωνος, ὅστις γε μέν, οὐδ' ἐριδάντεω
Εὐκλείδου Μεγαρεῦσιν ὃς ἔμβαλε λύσσαν ἐρισμοῦ.

[2] Σωκράτης ὁρῶν Εὐκλείδην ἐσπουδάκοτα περὶ τοὺς ἐριστίκους
λόγους· ὦ Εὐκλείδη, ἔφη, σοφισταῖς μὲν δυνήσῃ χρῆσθαι, ἀνθρώποις γε οὐδάμως. (Diog. L., l. II, *in Euclid.*)

prétendant les expliquer. L'une de ces indications
est relative au mode de polémique adopté par
Euclide dans la discussion. L'autre a un caractère plus négatif que positif, en ce sens qu'elle
a trait à un mode de raisonnement que répudiait
notre philosophe. Voici, du reste, l'un et l'autre
de ces deux passages :

— Ταῖς ἀποδείξεσιν ἐνίστατο οὐ κατὰ λήμματα, ἀλλὰ
κατ᾽ ἐπιφοράν.

— Καί τὸν διὰ παραβολῆς λόγον ἀνῄρει, λέγων,
ἤτοι ἐξ ὁμοίων αὐτῶν ἢ ἐξ ἀνομοίων συνίστασθαι. Καὶ
εἰ μὲν ἐξ ὁμοίων, περὶ αὐτὰ δεῖν μᾶλλον ἢ οἷς ὁμοῖά
ἐστιν, ἀναστρέφεσθαι· εἰ δ᾽ ἐξ ἀνομοίων, παρέλκειν τὴν
παράθεσιν.

Le sens du second de ces deux textes nous
paraît parfaitement clair. Euclide répudiait le
raisonnement par analogie, τὸν διὰ παραβολῆς
λόγον, et il en donnait pour raison qu'un tel
procédé repose soit sur des similitudes réelles,
soit sur des similitudes fausses; qu'ainsi, dans
le premier cas, il valait mieux un raisonnement
direct, et que, dans le second, le raisonnement
était vicieux. Qu'une telle répudiation du raisonnement par analogie fût réellement dans
l'esprit de la dialectique éléatique, à laquelle la
dialectique mégarique paraît avoir beaucoup
emprunté, c'est ce qui serait, à l'heure qu'il est,
d'une vérification très-difficile. Mais, ce que nous

pouvons affirmer en toute assurance, contrairement à l'opinion d'un savant critique [1], c'est
qu'elle n'était nullement dans l'esprit de la dialectique socratique, et qu'ainsi, sur ce point
spécial, il s'en fallait beaucoup qu'Euclide demeurât fidèle à la méthode de son maître. Dans
ses entretiens avec ses disciples, comme aussi
dans ses discussions avec les sophistes, Socrate,
soit pour mieux faire comprendre sa pensée,
soit pour arriver à une réfutation plus décisive,
avait constamment recours au procédé de comparaison et d'analogie, ainsi qu'en font foi les
écrits de Xénophon et de Platon. En ce point
donc, c'est-à-dire par le rejet du raisonnement
par analogie, ὁ διὰ παραβολῆς λόγος, le fondateur
de l'école de Mégare s'écartait de la méthode
socratique.

Peut-être Euclide demeurait-il plus fidèle à
cette méthode dans l'adoption de l'autre procédé
dont parle Diogène de Laërte, et qui consistait
à attaquer l'argumentation de l'adversaire moins
par les prémisses que par les conséquences, c'est-
à-dire d'une manière indirecte : ταῖς ἀποδείξεσιν

---

[1] Nous voulons parler de M. Deycks. Voici comment il
s'énonce à cet égard à la page 36 de la dissertation dont
le titre a été donné plus haut : « Euclides non rerum si-
« militudines, sed res ipsas demonstrandas : id quod So-
« craticum simul et Parmenideum in oculos incurrit. »

ἐνίστατο οὐ κατὰ λήμματα, ἀλλὰ κατ᾽ ἐπιφοράν. C'est ce qu'il importe de rechercher.

Observons d'abord que deux méthodes s'offrent au dialecticien pour combattre un raisonnement proposé. Il peut d'abord, et c'est ici la méthode directe, s'attaquer aux prémisses, en démontrer la fausseté, et, par là, le vice de la conclusion à laquelle elles aboutissent. Il peut ensuite, et c'est la méthode indirecte, s'attaquer à la conclusion, en démontrer l'absurdité, et la rejeter sur les prémisses sur lesquelles cette conclusion se base. Il y a dans ce second procédé quelque chose de plus laborieux et de plus savant. C'est la manière de Socrate, de qui on peut dire ce que Diogène de Laërte dit d'Euclide : Ταῖς ἀποδείξεσιν ἐνίστατο οὐ κατὰ λήμματα, ἀλλὰ κατ᾽ ἐπιφοράν [1]. Il résulte, en effet, des mémoires de

---

[1] Le sens de ce passage de Diogène sur Euclide a été controversé. Le critique allemand déjà mentionné, M. Deycks, entre à ce sujet dans de longs détails de définitions qui nous paraissent répandre bien plus de jour sur la question. Voici les conclusions auxquelles il aboutit : « Quibus omnibus me quidem fateor adductum ut Aldo- « brandini probem hujusce loci interpretationem : *Argu-* « *mentorum conclusiones non sumptionibus sed conclusio-* « *nibus refellendis oppugnabat.* Quanquam acutissimas « contra eam à Gassendio (*De log.*, c. 3, p. 40) et Bœlio « (*In lex.* V. *Euclide*) rationes proferri concedo. Censent « enim Euclidem, in refellendis adversariis, non sumptio- « nibus sed *perpetua conclusionum serie,* quarum altera

Xénophon et des dialogues de Platon, où leur
maître est introduit comme interlocuteur, que
Socrate, dans ses entretiens et ses discussions,
au lieu de s'attaquer directement à un principe
faux, préférait, par des questions habilement
posées, et par des déductions insensiblement
amenées, faire sortir d'un tel principe toutes les
conséquences qu'il recélait, de telle sorte qu'il
pût ensuite, par l'absurdité flagrante des conclusions, condamner et renverser le principe d'où
elles découlaient logiquement. Et, pour citer
ici un exemple entre mille, n'est-ce pas là le
procédé qu'il met en œuvre dans le *Théétète*,
lorsque, entreprenant de combattre connexe-
ment cette définition de la science donnée par
Théétète : *La science n'est que sensation*, et cette
thèse posée par Protagoras, que *l'homme est la
mesure de toutes choses*, il commence, non par
contredire directement ces deux assertions qui,
malgré la diversité de la forme, équivalent, quant
au fond, l'une à l'autre, mais par en faire sortir

« semper ex altera penderet, esse usum ; quas cum accu-
« mularet semper, rationibus ita eos obruisse ut respon-
« dere non possent. » Cette opinion de Bayle et de Gas-
sendi, citée par M. Deycks, nous paraît reposer sur une
interprétation vicieuse du texte grec. Notre interprétation,
à nous, se rapproche de celle d'Aldobrandin, adoptée par
le critique allemand, et se trouve tout à fait conforme à
celle de Ritter.

les conséquences naturelles qu'elles recèlent. Or, quelles sont ces conséquences, et de quelle nature? Les voici, sommairement exposées, mais telles, au fond, que les déduit Socrate du principe de Théétète et de celui de Protagoras : 1° Si la sensation est la science, et que l'homme, en tant qu'être sentant, soit la mesure de toutes choses, pourquoi les animaux, à titre d'être sentants, ne seraient-ils pas, aussi bien que l'homme, juges de l'existence ou de la non-existence des choses? 2° Si la sensation est la science, les opinions que chacun se forme à l'occasion de ses sensations sont toujours vraies, et alors toutes les opinions, même les plus contradictoires entre elles, sont également vraies. 3° Si la sensation est la science, il n'y a science que des choses présentes, puisque la sensation est bornée à l'instant actuel, et la mémoire n'est plus le fondement d'aucune certitude, etc. Ces propositions, et autres analogues, que Socrate tire du même principe, portent en elles-mêmes leur réfutation, et le philosophe accable alors le principe de toute l'absurdité des conséquences qui s'en tirent légitimement. Ce procédé dialectique, dont nous venons d'emprunter un exemple au *Théétète* de Platon, était très familier à Socrate; il passa du maître aux disciples, et c'est, à n'en pas douter, ce procédé qu'attribue Diogène de Laërte à Euclide dans ce texte : Ταῖς ἀποδείξεσιν ἐνίστατο οὐ κατὰ λήμματα, ἀλλὰ κατ᾽ ἐπιφοράν. Voilà donc les deux procédés principaux sur lesquels reposait la dialectique d'Euclide. Le premier consistait en un raisonnement direct et dans le rejet de toute analogie ; le second consistait à attaquer l'argumentation de l'adversaire non par les prémisses, mais par les conséquences. Ce dernier était un procédé tout socratique ; l'autre, au contraire, n'offrait rien que d'opposé à la manière de Socrate. Ce sont là les bases de la dialectique d'Euclide. Elles nous ont été conservées, mais nous n'avons rien des développements, probablement assez considérables, dont l'ensemble de cette dialectique se constituait.

La pénurie de documents se fait sentir bien davantage encore en ce qui concerne les autres parties de la philosophie d'Euclide. A côté de sa dialectique, qui paraît chez lui, comme chez tous ses successeurs, avoir constitué le côté principal de ses travaux, le fondateur de l'école de Mégare semble avoir voulu, sur les traces de ses divers maîtres, les éléates et Socrate, établir une doctrine participant tout à la fois des caractères de l'ontologie et de ceux de la morale. Pour l'intelligence de ce point, quelques explications préliminaires sont indispensables.

D'une part, et sur le terrain de l'ontologie,

la question de l'*être* avait été diversement résolue par les écoles antérieures au mégarisme. Il n'est pas de notre sujet d'entrer dans l'énumération de tous ces systèmes, dont Platon, en son dialogue du *Sophiste* ou de l'*Être*, a tracé une admirable esquisse. Qu'il nous suffise ici, pour la question qui nous occupe, de mentionner spécialement la doctrine des éléates. Or, quelle était cette doctrine ? Elle se trouve énoncée tout entière dans un passage de Diogène de Laërte, en sa biographie de Mélissus, ce disciple de Parménide. « Mélissus (dit l'historien de la philoso« phie ancienne) regardait le tout comme infini, « immutable, immobile, un, identique à lui-« même et plein : Ἐ δόκει καὶ αὐτῷ τὸ πᾶν ἄπειρον « εἶναι, καὶ ἀναλλοίωτον, καὶ ἀκίνητον, καὶ ἓν ὅμοιον « ἑαυτῷ, καὶ πλῆρες [1]. » Remarquons ici la qualification de ἕν attachée au τὸ πᾶν. Or, qu'est-ce que ce τὸ πᾶν, ce tout infini, immutable, immobile, identique à lui-même et plein, sinon l'être ? L'être est donc un dans la doctrine des éléates. Et ce passage de Diogène de Laërte peut être confirmé par un passage de Platon emprunté au dialogue du *Sophiste* ou de l'*être*. Platon parle de philosophes qui prétendent que « le tout est « un, que l'unité seule existe, que ce qu'on

---

[1] Diog. L., l. IX, *in Meliss.*

« appelle *être* et ce qu'on appelle *unité* est une
« même chose exprimée par deux noms. » Et
bien que le nom des éléates ne se trouve point
accolé à ce passage dans le texte du *Sophiste*,
néanmoins il n'est pas douteux que c'est bien
des éléates que Platon veut parler, attendu que
dans l'une des pages qui précèdent immédiatement cet endroit du texte, Platon vient de mettre
dans la bouche de l'Étranger d'Élée, l'interlocuteur de Théétète, les paroles suivantes : « Notre
« école d'Élée, à partir de Xénophane, ramène
« dans ses fables ce qu'on appelle le tout, τὸ πᾶν,
« à une substance unique. »

Voilà pour la question ontologique. D'autre
part, et sur le terrain de la morale, des solutions non moins diverses avaient été apportées,
jusqu'à l'époque du mégarisme, à la question du
bien moral, de la *vertu*. Et, pour mentionner
spécialement ici celle qu'il nous importe surtout
de connaître, comme pouvant mieux qu'aucune
autre répandre quelque lumière sur le côté moral de la philosophie d'Euclide, nous signalerons
les deux grandes doctrines, l'une de la pluralité,
l'autre de l'unité, appliquées ici à la *vertu*, comme
nous venons de les rencontrer appliquées à l'*être*,
celle-là se personnifiant surtout dans Protagoras,
celle-ci dans Socrate. Protagoras prétendait (et
nous retrouvons la trace de cette opinion du so-

phiste dans le dialogue de Platon qui porte son nom) que c'est de l'ensemble des vertus particulières que résulte la vertu. Socrate, au contraire[1], entrepend de prouver l'unité réelle de la vertu, malgré la diversité de ses manifestations, comme, par exemple, dans la science, la justice, la tempérance, la sainteté. Or, l'on saisit aisément, ce nous semble, l'opposition mutuelle de ces deux doctrines. Dans cette dernière, le bien en soi, le devoir, considéré absolument, préexiste aux diverses espèces de vertus, et c'est de lui que celles-ci empruntent leur existence et leur caractère; tandis que, dans l'autre, la vertu n'est en quelque sorte qu'une dénomination générique, une appellation commune de la justice, de la science, de la sainteté, et n'a plus ainsi qu'une unité purement nominale. Cette différence est immense, et, sans aucun doute, la vérité est ici du côté de Socrate contre le philosophe d'Abdère; car il n'est pas vrai de dire, comme le fait Protagoras, que la sagesse, la tempérance, le courage, la justice et la sainteté, ne sont pas les noms d'une même chose, et que chacun d'eux est imposé à une chose particulière; il faut dire, au contraire, avec le maître de Platon, que « la justice est sainte, que la sainteté est

---

[1] Vy' le *Protagoras* de Platon.

« juste, que la justice est la même chose que la
« sainteté ou ce qui lui ressemble le plus, et que
« rien n'approche de la justice plus que la sain-
« teté, ou de la sainteté plus que la justice. »

Telles étaient, d'une part, sur la question de
l'*être*, d'autre part, sur la question du *bien moral*
ou de la *vertu*, les principales dissidences à l'époque où apparut le mégarisme. Que fit cette école,
ou plutôt le chef de cette école? Il écarta, sur le
premier point, l'opinion des abdéritains et l'opinion des pythagoricens, qui devait, en ce même
temps, être adoptée par Platon, pour s'attacher
à la doctrine de l'éléatisme, à savoir que « l'uni-
« vers est un, que l'unité seule existe, qu'ainsi
« ce qu'on appelle *être*, c'est ce qu'on appelle
« *unité*, en se servant ainsi de deux noms pour
« exprimer la même chose. » Sur le second point,
il écarta l'opinion de Protagoras, favorable à la
pluralité, pour adopter celle de Socrate, laquelle
consacrait l'unité fondamentale de la vertu sous
la variété de ses manifestations. Les textes que
nous allons citer ne peuvent laisser de doute sur
aucun des deux points dont il s'agit.

Voici d'abord un texte de Diogène de Laërte
qui s'applique directement à Euclide :

« Οὗτος ἓν τὸ ἀγαθὸν ἀπεφαίνετο πολλοῖς ὀνόμασι
καλούμενον· ὅτε μὲν γὰρ φρόνησιν, ὅτε δὲ θεὸν, καὶ ἄλλοτε νοῦν, καὶ τὰ λοιπά. Τὰ δ' ἀντικείμενα τῷ ἀγαθῷ

ἀνῄρει, μὴ εἶναι φάσκων[1]. *Euclide posait le bien comme étant un, et l'appelait de noms divers : tantôt Sagesse, tantôt Dieu, d'autres fois Esprit, et autres dénominations analogues. Le contraire du bien, il lui refusait l'existence, en le qualifiant de non-être.* »

Nous rencontrons chez le même Diogène[2], dans la biographie d'Ariston, un autre texte qui, bien que concernant les mégariques en général, n'en doit pas moins être considéré comme confirmatif de celui-là. Il est ainsi conçu : « Ἀρετάς τε οὔτε πολλὰς εἰσήγεν, ὡς ὁ Ζήνων, οὔτε μίαν πολλοῖς ὀνόμασι καλουμένην, ὡς οἱ Μεγαρικοί. *Ariston ne reconnaît ni plusieurs vertus, comme Zénon, ni une seule appelée de divers noms, comme les Mégariques.* »

Un troisième texte peut être emprunté à Cicéron, qui dit en ses *Académiques*[3] : « Megarici, qui id bonum solum esse dicebant, quod esset unum, et simile, et semper. *Les mégariques, qui donnaient le nom de bien à cela seul qui était un, et identique, et durable.* »

Enfin, aux textes précités, on peut en joindre un d'Aristote qui s'applique bien évidemment aux mégariques et à Euclide, bien qu'ils n'y

---

[1] Diog. L., l. II, *in Euclid.*
[2] L. VII.
[3] L. I.

soient pas nommés. Voici ce texte[1] : « Τῶν δὲ τὰς ἀκινήτους οὐσίας εἶναι λεγόντων οἱ μέν φασι αὐτὸ τὸ ἕν, τὸ ἀγαθὸν αὐτὸ εἶναι · οὐσίαν μέντοι τὸ ἓν ᾤοντο εἶναι μάλιστα. *Parmi ceux qui prétendent que les essences sont immobiles, il en est qui disent que le un et le bon sont une même chose ; toutefois, c'est surtout dans le* un *qu'ils font consister l'*être. » Nous disions que ce texte concerne bien évidemment les mégariques et Euclide. En effet, ce passage d'Aristote : Οἱ μέν φασιν αὐτὸ τὸ ἕν, τὸ ἀγαθὸν αὐτὸ εἶναι, comparé d'abord au texte de Diogène de Laërte : Οὗτος (Εὐκλείδης) ἓν τὸ ἀγαθὸν ἀπεφαίνετο, puis à celui de Cicéron : *Id bonum solum esse dicebant (Megarici) quod esset unum,* offre bien manifestement un seul et même sens, et ne peut s'appliquer qu'aux mêmes philosophes.

Maintenant, du rapprochement et de la combinaison de ces différents textes, il résulte, en premier lieu, que, à la différence de plusieurs systèmes, la doctrine morale d'Euclide était fondée sur l'unité du bien, ἓν τὸ ἀγαθόν. Seulement, le bien recevait dans cette doctrine diverses dénominations : *Sagesse, Dieu, Esprit* et autres analogies : ὅτε μέν γὰρ φρόνησιν, ὅτε δὲ θεὸν, καὶ ἄλλοτε νοῦν, καὶ τὰ λοιπά. En second lieu, Euclide paraît, en ceci, avoir opéré une fusion entre la morale

---

[1] *Métaph.*, XIV, 4.

socratique et l'ontologie des éléates. L'école éléatique, Platon vient de nous l'apprendre en son *Sophiste*, prétendait que l'unité seule existe; pour elle, l'être et l'unité était une seule et même chose exprimée par deux noms. D'autre part, Socrate, également d'après le témoignage de Platon, en son *Protagoras*[1], regardait le bien moral, c'est-à-dire la vertu, comme empreint du caractère d'une parfaite unité. Disciple tout à la fois des éléates et de Socrate, Euclide paraît avoir opéré une fusion entre le deux doctrines en identifiant l'unité du *bien* posée par Socrate

---

[1] Rapprochez de ce passage du *Protagoras*, que nous avons donné ci-dessus, un autre passage de *Ménon* ainsi conçu : « Il paraît, Ménon, que j'ai un bonheur singulier : « je ne cherche qu'une seule vertu, et, grâce à toi, voici « que j'en trouve un essaim tout entier. Mais, pour me « servir, Ménon, de cette image empruntée des essaims, « si, t'ayant demandé quelle est la nature de l'abeille, tu « m'eusses répondu qu'il y a beaucoup d'abeilles, et de « plusieurs espèces, que m'aurais-tu dit si j'avais continué « à te demander : Est-ce précisément par leur essence « d'abeilles que tu dis qu'elles sont en grand nombre, de « plusieurs espèces, et différentes entre elles ; ou ne diffè- « rent-elles en rien comme abeilles....? — MÉNON. J'aurais « dit que les abeilles, en tant qu'abeilles, ne sont pas dif- « férentes l'une de l'autre. — SOCRATE. Il en est ainsi des « vertus. Quoiqu'il y en ait beaucoup, et de plusieurs es- « pèces, elles ont toutes une essence commune par la- « quelle elles sont vertus. »

à l'unité de l'*être* posée par les éléates. Cette
combinaison des deux systèmes, cette identification du *bien* à l'*être*, sous la condition commune
d'unité, ne devient que plus évidente encore par
les derniers mots du texte déjà cité de Diogène
de Laërte. « Euclide, dit cet historien, refusait
« l'existence à toutes choses opposées au bien,
« et les faisait équivaloir au non-être, τὰ δὲ ἀντι-
« κείμενα τῷ ἀγαθῷ ἀνῄρει, μὴ εἶναι φάσκων. » Or, ne
résulte-t-il pas de ce passage que le chef de
l'école de Mégare identifiait le *bien* à l'*être*, puisqu'il imposait la dénomination de non-être à
tout ce qui était contraire au *bien?* Cette identification une fois opérée, on obtient une doctrine à la fois ontologique et morale, dont le premier élément est emprunté par Euclide aux
éléates et le second à Socrate ; doctrine dont il
serait possible de rencontrer l'analogue dans
maint passage de Malebranche, et notamment
dans le texte suivant de Fénelon[1] : « On n'arrive
« à la réalité de l'être que quand on parvient à la
« véritable unité de quelque être. Il en est de
« l'unité comme de la bonté et de l'être ; ces
« trois choses n'en font qu'une. Ce qui existe
« moins est moins bon et moins un ; ce qui
« existe davantage est davantage bon et un ; ce

---

[1] *Exist. de Dieu*, part. II, c. 3.

« qui existe souverainement est souverainement
« bon et un. »

Ce système de l'identification mutuelle de
l'*être* et du *bien*, et de la réduction au *non-être*
de tout ce qui est opposé au *bien* renferme des
conséquences qu'il importe de signaler. Ce n'est
pas moins que la doctrine professée dans l'âge
ancien par les néo-platoniciens d'Alexandrie,
dans les premiers siècles du christianisme par
saint Augustin, au XVIIᵉ siècle par Malebranche
et par Leibnitz. Si tout ce qui est opposé au bien
équivaut au *non-être*, τὰ ἀντικείμενα τῷ ἀγαθῷ μὴ
εἶναι, et qu'ainsi le bien seul participe de l'être,
il s'ensuit que tout ce qui a l'être est bien, du
moins en quelque mesure, tandis que le mal est
une pure privation ; et, pour nous servir ici des
termes mêmes de Leibnitz [1] : « Le mal est comme
« les ténèbres : il consiste dans une certaine es-
« pèce de privation. En général, la perfection est
« positive ; c'est une réalité absolue ; le défaut
« est privatif ; il vient de la limitation et tend à
« des privations nouvelles. Ainsi, c'est un dicton
« aussi véritable que vieux : *Bonum ex causa*
« *integra, malum ex quolibet defectu ;* comme
« aussi celui qui porte : *Malum causam habet*
« *non efficientem sed deficientem.* » Chose mer-

---

[1] *Théodicée*, essai sur la bonté de Dieu, partie 1ʳᵉ.

veilleuse que cette parenté des grandes intelligences à travers les âges! Deux mille ans séparent
Leibnitz du fondateur de l'école de Mégare, et
voilà cependant que l'optimisme leibnitzien se
retrouve en germe dans cette proposition d'Euclide, que « ce qui est opposé au bien équivaut
« au non-être, τὰ ἀντικείμενα τῷ ἀγαθῷ μὴ εἶναι. »

C'est dans cette identification du *bien* à l'*être*
que nous trouverons maintenant l'explication
des dénominations de θεός, νοῦς, appliquées par
Euclide au τὸ ἀγαθόν. S'il y a équation entre le
bien et l'*être*, tout ce qui peut s'affirmer de l'*être*
pourra également s'affirmer du *bien*. Or, Dieu
n'est-il pas l'être par excellence, l'être dans son
degré suprême? Et d'autre part, « nous lais-
« serons-nous persuader, comme parle Platon [1],
« qu'en réalité l'être absolu ne possède pas le
« mouvement, la vie, l'âme, l'intelligence; que
« cet être auguste et saint ne vit ni ne pense,
« mais qu'il est immobile et sans intelligence? »
L'être, dans son degré absolu, est donc à la fois
Dieu et intelligence; et, comme le bien c'est
l'être, on peut transporter au *bien* ce qui appartient à l'*être*, et l'appeler des noms de θεός et de
νοῦς [2]. Quant à la dénomination de φρόνησις, éga-

---

[1] Le *Sophiste* ou de l'*Être*.
[2] C'est à cette occasion que Bayle déclare qu'il lui pa-

lement appliquée par Euclide au τὸ ἀγαθόν, elle s'explique par des considérations, non plus de l'ordre ontologique, mais de l'ordre moral. En effet, la condition de la vertu, c'est-à-dire du bien moral, dans ses diverses manifestations, n'est-elle pas la sagesse, sans laquelle il ne saurait y avoir ni tempérance bien réglée, ni courage bien entendu, ni justice intelligente, et n'est-ce pas en ce sens que l'entend Socrate, le maître

raît ou qu'Euclide ne s'est pas compris lui-même, ou qu'il a été mal compris par les historiens de la philosophie : « Quid enim? Quomodo bonum unum esse potest, si idem « est Deus, et mens, et prudentia? Et prudentia intelli- « gentiaque quæ hominis sunt, nihilne differunt à Deo? « Suntne ei pares? Ingenue fateor in his mihi Euclidem « aut semetipsum parum videri intellexisse, aut ab aliis « male esse intellectum. » (*Lexic. crit.*, p. 44.) — Est-il possible de souscrire à un tel jugement? Euclide n'aurait pas été compris des historiens de la philosophie, ou il ne se serait pas compris lui-même! Bayle laisse le choix entre ces deux hypothèses. Mais il en est une troisième qu'il ne fait pas, et qui nous paraît la vraie : c'est que Bayle n'a pas compris Euclide. La froide intelligence du critique était peu faite pour sympathiser avec les hautes conceptions de cette ontologie transcendante dans laquelle une équation absolue est posée entre l'unité, le bien, l'être. Encore une fois, Euclide est en ceci le précurseur de nos grands mé-taphysiciens du XVIIᵉ siècle, et sa doctrine peut se traduire dans cette phrase de Fénelon : « Il en est de l'unité comme « de la bonté et de l'être ; ces trois choses n'en font « qu'une. »

d'Euclide, lorsque, suivant Xénophon [1], « il as-
« surait que la justice n'est qu'une science ; qu'il
« en est ainsi de toutes les vertus, et que, puis-
« qu'on ne peut rien faire de beau, de bon,
« d'honnête que par la vertu, il est certain que
« la vertu est une science qu'il faut posséder ? »

Dans la limite où les documents qui nous
restent nous permettent la restitution de la
philosophie d'Euclide, un point est encore
à traiter dans l'ontologie du fondateur de l'é-
cole de Mégare. Un texte d'Aristote, que
déjà nous avons rencontré, est ainsi conçu :
« Τῶν δὲ τὰς ἀκινήτους οὐσίας εἶναι λεγόντων... Parmi
« ceux qui prétendent que les essences sont im-
« mobiles... etc. » Or, nous croyons, moyennant
certaines comparaisons et certains rapprochements de textes, avoir démontré plus haut que
ce passage d'Aristote s'applique aux mégariques.
Nous pourrions ajouter ici que, suivant toutes
probabilités, il s'applique plus spécialement à
Euclide ; car il est permis de penser qu'Aristote
a eu surtout en vue le fondateur de l'école dont
il parle. Maintenant à quelle philosophie Euclide
avait-il emprunté cette opinion ? Ce n'était point
assurément à l'école de Socrate, mais bien à
celle des éléates. En effet, Zénon, ainsi qu'il

[1] *Memor. in Socr*, l. III, c. 13.

résulte de plusieurs textes de la Physique d'Aristote[1], avait nié le mouvement, et, avant lui, Mélissus n'avait-il pas enseigné que *le tout est immutable et immobile, τὸ πᾶν ἀλλοίωτον καὶ ἀκίνητον*[2] ? Cette doctrine de l'immutabilité et de l'immobilité de l'*être* était fondamentale dans l'éléatisme, et c'était de cette philosophie qu'elle était passée dans celle de Mégare.

[1] Voir, pour l'éclaircissement de ce passage, le chapitre sur Diodore *Cronus*.

[2] Diog. L., l. IX, *in Meliss*.

CHAPITRE II.

ICHTHYAS.

Tous les mégariques furent ou médiatement ou immédiatement les disciples d'Euclide. Parmi ces derniers, le premier qui, dans l'ordre chronologique, doit être mentionné est Ichthyas. L'histoire et les traditions se taisent complétement sur ses travaux. Nous savons seulement qu'il fut dans l'école de Mégare le premier successeur d'Euclide. Ce fait est attesté d'un côté par Suidas, qui rapporte[1] qu'après Euclide, Ichthyas et ensuite Stilpon, furent les chefs de l'école, μέθ' ὃν (Εὐκλείδα) Ἰχθύας, εἶτα Στίλπων, ἔσχον τὴν σχολήν, et de l'autre par Diogène de Laërte, qui, dans une énumération des successeurs d'Euclide, mentionne Ichthyas en première ligne, τῶν δ' ἀπὸ Εὐκλείδου ἐστὶ Ἰχθύας...[2] Il est donc permis, d'après ce double témoignage, de prendre approximativement la première année de la civᵉ olympiade (364 av. J.-C.) pour l'époque à laquelle Ichthyas devint le chef de l'école de Mégare, τὴν σχολὴν ἔσχε, suivant l'expression de

[1] V. Εὐκλείδης.
[2] L. I, in Diod. Cron..

Suidas, et de renfermer l'existence de ce philosophe entre les olympiades LXXXI et CIX (416-
344 av. J.-C.)

Nous trouvons encore le nom d'Ichthyas
mentionné dans Athénée [1]; mais cet écrivain
n'entre en aucun détail à son égard, et se contente de dire que c'était un philosophe mégarique, Ἰχθύας ὁ Μεγαρικός φιλόσοφος. Ce texte
indique suffisamment qu'Ichthyas appartint à
l'école dont Euclide avait été le chef. Mais indi-
que-t-il également bien qu'Ichthyas eut Mégare
pour patrie? Il est permis d'en douter; et sur
ce point, nous ne trouvons ni dans Athénée,
ni dans Suidas, ni dans Diogène, ni ailleurs,
aucun document. Tout ce que rapporte Diogène
sur la naissance d'Ichthyas, c'est qu'il appartenait à une noble famille, étant fils de Métallus,
Ἰχθύας Μετάλλου, ἀνὴρ γενναῖος.

Le nom d'Ichthyas devint le titre d'un des
dialogues composés par Diogène le Cynique.
C'est ce qui résulte du témoignage de Diogène
de Laërte en deux endroits de ses écrits. Dans
sa biographie de Diogène le Cynique [2], il s'exprime ainsi : φέρεται δ' αὐτοῦ βιβλία τάδε· Διάλογοι
κεφαλαίων, Ἰχθύας, etc. Et dans sa biographie de

---

[1] Δειπνοσοφίστων βιβλία πέντε καὶ δέκα (l. VIII, c. 3).
[2] L. VI.

Diodore Cronus[1], après avoir mentionné Ichthyas en tête des philosophes qui appartinrent
à l'école d'Euclide, il ajoute que Diogène le
Cynique avait fait un dialogue sur lui, πρὸς ὃν
καὶ Διογενὴς ὁ κυνικὸς διάλογον πεποίηται.

Disciple et successeur d'Euclide dans l'école
de Mégare, Ichthyas paraît y avoir eu, à son
tour, pour compagnon, Thrasymaque de Corinthe[2], qui devait un jour devenir le maître de
Stilpon, et pour disciple, Clinomaque de Thurium[3], qui, de son côté, devait être le maître de
Bryson.

[1] L. II.
[2] Pour la justification de cette assertion, voir l'article
Thrasymaque.
[3] Voir l'article *Clinomaque*.

CHAPITRE III.

PASICLÈS.

Ce philosophe paraît avoir été un très obscur disciple de l'école de Mégare. Diogène de Laërte n'en fait aucune mention dans la partie de son second livre qu'il a consacrée aux mégariques. Mais il en parle incidemment dans sa biographie de Cratès de Thèbes[1]. Il y mentionne Pasiclès comme frère de Cratès, et ajoute qu'il fut disciple d'Euclide : Τούτου γέγονε Πασικλῆς ἀδελ- ✓ φός, μαθητὴς Εὐκλείδου.

Suidas[2] dit également que Pasiclès était Thébain. Mais il ne paraît pas en faire un disciple direct d'Euclide. Car il dit que Pasiclès suivit les leçons de Cratès, son frère, et de Dioclès de Mégare, lesquels avaient suivi celles d'Euclide, l'ami de Platon. Il ajoute que Pasiclès fut le maître de Stilpon. Μαθήτης (Στίλπων) Πασικλέους τοῦ Θηβαίου. Ὃς ἠκροάσατο τοῦ ἀδελφοῦ καὶ Διοκλείδου τοῦ μεγαρέως. Οἱ δὲ Εὐκλείδου τοῦ Πλάτωνος γνωρίμου. Cette assertion de Suidas diffère en plusieurs points du témoignage de Diogène de Laërte.

[1] L. VI.
[2] Au mot *Stilpon*.

Car, d'abord ce dernier, quand il parle de Dioclès, ne le mentionne nullement comme philosophe mégarique. De plus, ainsi que nous l'avons
vu plus haut, il fait de Pasiclès un disciple direct
d'Euclide ; enfin, il ne range pas Cratès parmi
les disciples d'Euclide ; mais il donne pour maître à ce philosophe thébain Diogène le Cynique[1].
A l'exception de Suidas et de Diogène de Laërte,
nous ne connaissons aucun historien qui ait fait
mention de Pasiclès.

D'après le texte de Diogène de Laërte cité plus
haut, on peut conjecturer avec une très-haute
probabilité que Pasiclès fut l'un des premiers et
immédiats disciples d'Euclide, et qu'après la
mort du maître, il fut un de ceux qui continuèrent l'école de Mégare, sous la direction
d'Ichthyas, jusqu'à ce que chacun d'eux devînt
maître pour sa part. Il échut à Pasiclès[2] et à Thrasymaque[3] d'avoir l'un et l'autre Stilpon pour
disciple.

Disciple immédiat d'Euclide, dont l'école florissait à Mégare en 400, Pasiclès, qui devait naturellement être d'une vingtaine d'années plus
jeune que son maître, et de quelques années

---

[1] L. VI, *Vie de Cratès de Thèbes.*
[2] Voir le texte de Suidas cité plus haut.
[3] Voir l'article *Thrasymaque.*

aussi plus jeune qu'Ichthyas, qui succéda à Euclide, dut vivre approximativement entre les
olympiades LXXXII et CX (412-340 av. J.-C.).
Nous disons *approximativement*, car il est impossible de fixer en tout ceci des dates précises.

CHAPITRE IV.

THRASYMAQUE.

Ce philosophe était de Corinthe, ainsi qu'il résulte d'un texte de Diogène de Laërte que nous allons citer un peu plus bas ; et, par conséquent, il ne saurait être confondu avec un Thrasymaque de Chalcédoine[1], qui fut surnommé le *sophiste*, et sur la tombe duquel, au rapport de Néoptolème dans Athénée[2], se lisait une inscription qui indiquait sa patrie, πατρὶς Χαλκηδώ.

Thrasymaque de Corinthe fut, au rapport de Diogène de Laërte[3], l'un des maîtres de Stilpon, ἀκοῦσαί φασιν αὐτὸν (Στίλπωνα) ἀλλὰ καὶ Θρασυμάχου τοῦ Κορινθίου. Ce même historien ajoute[4], d'après Héraclide, que Thrasymaque était le compagnon d'Ichthyas, Θρασυμάχου τοῦ Κορινθίου, ὃς ἦν Ἰχθύᾳ γνώριμος, καθά φησιν Ἡρακλείδης. Il résulte de ce dernier texte que Thrasymaque dut être l'un des condisciples d'Ichthyas à l'école d'Euclide.

[1] Chalcédoine était une ville d'Asie-Mineure, en Bithynie ; elle était située en face de Byzance.

[2] L. X, c. 21.

[3] L. II, *in Stilp.*

[4] *Ibid.*

Or, cette école ayant été fondée, suivant toutes
les apparences, en 400 avant notre ère, année
qui fut, comme on sait, celle de la mort de Socrate et de la retraite de ses disciples à Mégare,
chez Euclide, il s'ensuit que Thrasymaque appartient à cette même époque, et que sa vie, comme
celle d'Ichthyas, de Pasiclès, et des autres disciples immédiats d'Euclide, dut s'écouler approximativement dans l'intervalle qui sépara la
LXXXIXᵉ d'avec la cvᵉ olympiade.

CHAPITRE V.

CLINOMAQUE.

Diogène de Laërte, au livre II de ses biographies, et dans le chapitre où il traite de Diodore Cronus, mentionne Clinomaque comme l'un des philosophes sortis de l'école d'Euclide : Τῶν δὲ ἀπὸ Εὐκλείδου ἐστὶ Ἰχθύας, Κλινομαχός τε. Suidas[1] rapporte que ce philosophe fut le maître de Bryson : Διήκουσε (Πύρρων) Βρυσῶνος, τοῦ Κλεινομάχου μαθητοῦ. Or, comme Bryson[2] était le fils de Stilpon, et que nous savons d'ailleurs que Stilpon fut disciple de Pasiclès et de Thrasymaque[3], il s'ensuit que dans la succession chronologique des mégariques, Clinomaque dut être ultérieur à ces deux philosophes. Par conséquent encore, on peut estimer approximativement que l'existence de Clinomaque fut comprise entre les olympiades LXXXXV et CXI (400-336), et que ce philosophe fut l'un des disciples qui suivirent l'école de Mégare d'abord dans les dernières

---

[1] V. Πύρρων.
[2] Voir l'art. *Bryson*.
[3] Voir les art. *Pasiclès* et *Thrasymaque*.

années d'Euclide, puis sous Ichthyas, qui succéda au fondateur, τὴν σχολὴν ἔσχε, suivant l'expression de Suidas, que nous avons rencontrée antérieurement.

Clinomaque n'était pas né à Mégare, mais à Thurium[1], ainsi qu'il résulte du témoignage de Diogène de Laërte[2], Κλινόμαχος ὁ Θούριος. Au rapport de ce même historien[3], Clinomaque fut le premier qui composa un traité sur les axiomes, les catégorémes et autres matières de ce genre, ὃς πρῶτος περὶ ἀξιομάτων καὶ κατηγορημάτων, καὶ τοιούτων συνέγραψε. Clinomaque doit donc être regardé comme l'un des fondateurs de la logique, et dans cette voie il eut la gloire d'être le précurseur d'Aristote.

---

[1] Thurium, l'ancienne Sybaris, dans la Lucanie.
[2] L. II, *in Diod. Cr.*
[3] *Ibid.*

CHAPITRE VI.

EUBULIDE.

La biographie d'Eubulide est condamnée à demeurer fort incomplète et fort obscure. Diogène de Laërte dit que ce philosophe était né à Milet, et le mentionne parmi ceux qui succédèrent à Euclide[1]. Comme l'on sait, du reste, par le témoignage du même Diogène et par celui d'Aristoclès dans Eusèbe, qu'il fut ennemi d'Aristote, et que, plus d'une fois, cette inimitié se traduisit en attaques contre le prince du péripatétisme, on peut, sans grande chance d'erreur, rapporter la naissance et la mort d'Eubulide aux mêmes époques, ou peu s'en faut, que la naissance et la mort d'Aristote, c'est-à-dire, l'une à la première année ou environ, de la xcixe olympiade, l'autre à la troisième année de la cxive (384-322 av. J.-C.). Si donc Eubulide suivit les leçons d'Euclide, ce ne put être que dans les dernières années de l'enseignement de ce philosophe; et il paraît probable qu'a-

---

[1] L. II. Τῆς δὲ Εὐκλείδου διαδοχῆς ἐστι καὶ Εὐβουλίδης Μιλήσιος.

près la mort d'Euclide il eut pour maître
Ichthyas, qui, au rapport de Suidas[1], succéda au
fondateur dans la direction de l'école, τὴν σχολὴν ἔσχε.

Les causes de l'inimitié d'Eubulide contre
Aristote sont demeurées inconnues. Peut-être
avait-elle sa première source dans cette opposition de tendances philosophiques qui régnait
entre le chef de la dialectique éristique et le logicien qui avait écrit les *Analytiques* et le *Traité
contre les sophismes*. Au reste, quelle qu'ait pu
être la cause, le fait en lui-même est indubitable.
Nous le trouvons d'abord attesté par Diogène de
Laërte[2]. Le même témoignage est rendu encore,
dans Eusèbe, par le péripatéticien Aristoclès, qui
attribue à Eubulide un livre écrit contre Aristote,
dans lequel le chef du Lycée est accusé, entre
autres choses, d'avoir altéré les livres de Platon,
son maître, et de n'avoir pas assisté à ses derniers moments[3]. Enfin, un témoignage tout à

---

[1] V. Εὐκλείδης.

[2] Εὐβουλίδης καὶ πρὸς Ἀριστοτέλην διεφέρετο, καὶ πολλὰ αὐτὸν διαβέβληκε (1 II).

[3] Καὶ Εὐβουλίδης προδήλως ἐν τῷ κατ' αὐτοῦ βιβλίῳ ψεύδεται,
πρῶτον μὲν ποιήματα ψυχρὰ προσφερόμενος, ὡς γεγραφότων
ἄλλων περὶ τοῦ γάμου, καὶ τῆς πρὸς Ἑρμείαν οἰκειότητος αὐτῷ
γεγονυίας, ἔπειτα Φιλίππῳ φάσκων αὐτὸν προσκόψαι, καὶ τελευ-
τῶντι Πλάτωνι μὴ παραγενέσθαι, τάτε βιβλία αὐτοῦ διαφθεῖραι.
(*Præparat. evang.*, XV, 1.)

fait semblable se rencontre dans Athénée, qui
parle d'un certain Céphisodore et d'Eubulide
comme ayant publié des écrits contre Aristote [1].

Parmi les auditeurs d'Eubulide, paraît s'être
trouvé l'orateur Démosthène. Ce fait, bien que
passé sous silence par Plutarque, est attesté par
Suidas dans son article relatif à ce même orateur :
« Διηκροάσατο δὲ καὶ Εὐβουλίδου τοῦ διαλεκτικοῦ, καὶ
Πλάτωνος,» et aussi par Diogène de Laërte : « Ἐῴκει
« αὐτοῦ καὶ Δημοσθένης ἀκηκοέναι, » et enfin par Apu-
lée, qui dit, dans l'*Apologie*, en parlant de
Démosthène : « Ita ille summus orator, cum
« a Platone facundiam hausisset, ab Eubulide
« dialectico argumentationem edidicisset.... »

Il ne nous reste rien des écrits qu'Aristoclès
reproche à Eubulide d'avoir publiés contre Aristote. Il ne nous reste rien, non plus, d'un livre
qu'Eubulide avait publié sur Diogène de Sinope,
et dans lequel, au rapport de Diogène de Laërte
en sa biographie du philosophe cynique, il ac-
cusait ce dernier d'avoir été chassé de Sinope
avec son père, pour avoir altéré la monnaie. Du
drame qu'il avait écrit sous le titre de Κωμασταί
(les Débauchés), nous ne possédons plus que
deux vers conservés par Athénée [2]. Mais les his-

---

[1] Κηφισόδορος οὐδὲ Εὐβουλίδης, συγγράμματα ἐκδόντες κατὰ
τοῦ ἀνδρός. (*Deipnosophist.*, VIII, 13.)

[2] Voici, dans le *Deipnosophist.*, X, 10, la note d'Athé-

toriens de la philosophie nous ont conservé, sous une forme plus ou moins complète, les arguments éristiques dont Eubulide, à titre d'exercices éristiques, proposait la discussion et la solution à ses disciples; et c'est ici le côté capital de cette monographie.

Ces arguments étaient au nombre de sept; et Diogène, en sa biographie d'Euclide, en donne ainsi l'énumération : « Εὐβουλίδης ὃς καὶ πολλοὺς ἐν διαλεκτικῇ λόγους ἠρώτησε, τόν τε ψευδόμενον, καὶ τὸν διαλανθάνοντα, καὶ Ἠλέκτραν, καὶ ἐγκεκαλυμμένον, καὶ σωρείτην, καὶ κεράτινον, καὶ φαλακρόν. » Nous aurons ultérieurement à examiner si plusieurs de ces arguments ne rentrent pas les uns dans les autres. Mais, d'abord, envisageons-les chacun en lui-même et successivement.

Un premier argument est intitulé le *menteur,* ψευδόμενος. « Quelqu'un ment, et en même temps il avoue qu'il ment. Dans cette situation, ment-il ou ne ment-il pas? D'une part il ment, puisqu'il pose une assertion qu'il sait être fausse;

née relative aux deux vers d'Eubulide, dont suit la citation :

Τῇ δὲ ἑορτῇ τῶν χόων ἔθος ἐστὶν Ἀθήνῃσι πέμψεσθαι δῶρά τε καὶ τοὺς μισθοὺς τοῖς σοφισταῖς, οἵπερ καὶ αὐτοὶ συνεκάλουν ἐπὶ ξενίᾳ τοὺς γνωρίμους, ὥς φησιν Εὐβουλίδης ὁ διαλεκτικὸς ἐν δράματι Κωμασταῖς οὕτως ·

Σοφιστιᾷς κάκιστε, καὶ χοῶν δέη
Τῶν μισθοδώρων, οὐκ ἀδείπνων ἐν τρυφῇ

d'autre part, il ne ment pas, en avouant qu'il ment. Donc il ment et ne ment pas à la fois. » Le texte grec de cet argument n'a pas été conservé. Cicéron en ses *Académiques*[1] le pose sous la forme suivante : « Si te mentiri dicis, idque verum « dicis, mentiris, an verum dicis? » Et il ajoute cette réflexion : « Hæc scilicet inexplicabilia esse « dicitis. » Hésychius de Milet rapporte qu'un certain Philétas de Cos mourut des efforts qu'il fit pour résoudre cet argument[2].

Un second argument a pour titre le *voilé*, ἐγκεκαλυμμένος. Voici sous quelle forme cet argument nous a été transmis : « Connaissez-vous « votre père? — Oui, assurément. — Mais quoi? « si, amenant en votre présence un homme « voilé, je vous demandais si vous le connaissez, « que répondriez-vous? — Que je ne le connais « pas. — Eh bien! cet homme est votre père; de « telle sorte que si vous ne le connaissez pas, « vous ne connaissez pas votre père[3]. »

---

[1] II, 29.

[2] De là ce dystique, dans Athénée, IX, 14 :

 Ξεῖνε, Φιλητᾶς εἰμί. Λόγος ὁ ψευδόμενος με
  Ὤλεσε, καὶ νυκτῶν φροντίδες ἑσπέριαι.

[3] Lucien (*in vitarum auctione*), dans son dialogue entre Chrysippe et Agorastès, nous a transmis le texte grec de cet argument : Χρύσιππος· Τὸν δ᾽ αὖ ἐγκεκαλύμμενον καὶ πάνυ θαυμαστὸν ἀκούσῃ λόγον· ἀπόκριναι γάρ μοι· τὸν πατέρα οἶσθα τὸν ἑαυτοῦ; — Ἀγοράστης· Ναί — Χρ. Τί οὖν; ἦν σοι παρα-

Un troisième argument est intitulé *Électre*, sous cette forme : « Électre, cette fille d'Aga-« memnon, connaissait et en même temps ne « connaissait pas. Car, en présence d'Oreste en-« core inconnu, elle sait qu'Oreste est son frère, « mais elle ignore que celui qui est là est Oreste[1].» C'est sous cette forme que cet argument nous a été transmis par Lucien[2] : Ἠλέκτραν μὲν ἐκείνην, τὴν πάνυ Ἀγαμέμνονος ἢ τὰ αὐτὰ οἶδέ τε ἅμα, καὶ οὐκ οἶδε. Παρεστῶτος γὰρ αὐτῇ τοῦ Ὀρέστου ἔτι ἀγνῶτος, οἶδε μὲν Ὀρέστην ὅτι ἀδελφὸς αὐτῆς, ὅτι δὲ οὗτος Ὀρέστης ἀγνοεῖ.

Un quatrième argument a pour titre *le Caché*, Διαλανθάνων. La formule de cet argument n'est pas arrivée jusqu'à nous. Il est permis de penser que cette formule offrait l'analogue de celle de l'ἐγκεκαλύμμενος, si toutefois elle n'était pas absolument la même, constituant ainsi, sous une dualité de noms, un seul et même raisonnement.

Un cinquième argument est intitulé le *Tas*, Σωρείτης[3] : « Si deux n'est pas un faible nombre,

στήσας τινὰ ἐγκεκαλυμμένον, ἔρωμαι, τοῦτον οἶσθα; Τί φήσεις;— Ἀγ. Δηλαδή, ἀγνοεῖν. — Χρ. Ἀλλὰ μὴν αὐτὸς οὗτος ἦν πατὴρ ὁ σός· ὥστε εἰ τοιοῦτον ἀγνοεῖς, δῆλος εἰ τὸν πατέρα τὸν σὸν ἀγνοεῖν.

[1] Allusion à l'une des scènes de la tragédie de Sophocle qui a pour titre *Électre*.

[2] *In vitarum auctione.*

[3] Le nom de cet argument, Σωρείτης, dérive de Σωρός, *amas*, *monceau*. Qu'on se figure, par exemple, un tas de

« il en est de même de trois, de quatre, de cinq,
« et ainsi jusqu'à dix. Mais si deux est un faible
« nombre, dix aussi sera un faible nombre. Οὐχὶ
« τὰ μὲν δύο ὀλίγα ἐστίν, οὐχὶ δὲ καὶ τὰ τρία, οὐχὶ δὲ
« καὶ τέσσαρα, καὶ οὕτω μέχρι τῶν δέκα· τὰ δὲ δύο
« ὀλίγα ἐστὶ, καὶ τὰ δέκα ἄρα[1]. »

blé qui se construise grain par grain, et l'on comprendra
le nom de *acervalem* (acervus) que lui donne Cicéron
(*Acad.*, II, 29; *ibid.*, II, 16; et *De divinat.*, II, 4) : « Cum
« aliquid minutatim et gradatim additur aut demitur, sori-
« tas hoc vocant, quia acervum efficiunt uno addito grano.
« Vitiosum sane et captiosum genus. » Et Sénèque (*De
benef.*, V, 19) : « Sorites ille inexplebilis cui difficile est
« modum imponere, quia paulatim surripit et non desinit
« serpere. » — Nous trouvons encore dans Horace (Épit.
1re du liv. II) un exemple d'un semblable argument :

« Si meliora dies, ut vina, poemata reddit,
« Scire velim pretium chartis quoties arroget annus,
« Scriptor abhinc annos centum qui decidit, inter
« Perfectos veteresque referre debet, an inter
« Viles atque novos ? Excludat jurgia finis ;
« Est vetus atque probus centum qui perficit annos.
« Quid ? Qui deperiit minor uno mense vel anno
« Inter quos referendus est ? Veteresne poetas,
« An quos et præsens et postera respicit ætas ?
« Iste quidem veteres inter ponetur honestè,
« Qui vel mense brevi, vel toto est junior anno.
« Utor permisso, *caudæque pilos ut equinæ*
« *Paulatim vello, et demo unum, demo etiam unum,*
« Dum cadat elusus ratione ruentis acervi
« Qui redit ad fastos, et virtutem æstimat annis ,
« Miraturque nihil nisi quod Libitina sacravit. »

[1] Nous reproduisons ici une note de Ménage sur le
texte de Diogène de Laërte à l'occasion d'Eubulide : « Sic
« Ulpianus, in lege CLXXVII de verborum significatione :
« natura cavillationis quam Græci σωρείτην appellaverunt,
« hæc est, ut ab ea ab evidenter veris per brevissimas mu-

Le sixième argument est le *Cornu*, Κερατίνος[1].
Nous rencontrons dans la biographie de Chrysippe par Diogène de Laërte[2], la forme sous la-

« tationes disputatio ad ea quæ evidenter falsa sint perdu-
« catur. Ejus exemplum tale profert Cujacius : « Tres
« oves, paucioresne sunt sane quam ut gregem faciant?
« Sic sane. — Quid vero, an et quatuor? Ita. — An quin-
« que? Ita. — Sed si addidero unam, an tum erit grex?
« Minime. — Sed si alteram? Ne nunc quidem. — Si rur-
« sus alteram? Etiam non erit grex. — Et si alteram de-
« mum? Etiam grex nondum erit. — Et ad extremum
« igitur alia addita ut sint decem, nondum erit grex....»
« De ea argumentatione meminit Lucianus in *Lapithis*, et in
« *dialogo mortuorum* primo, et in *symposio philosophorum*,
« et in *dialogo Galli*; et Seneca, *Epist.* L, et Quintilia-
« nus, l. I, c. 10. »

[1] Et non κερατίνης, comme le portent généralement les
éditions de Diogène de Laërte, et ce qui n'offre aucun sens.

[2] Nous citerons ici le passage tout entier de Diogène sur
Chrysippe. On y retrouvera, avec le κερατίνος d'Eubulide,
plusieurs autres arguments critiques, qui, sans appartenir
également à ce mégarique, avaient cours dans les écoles.
« Ce philosophe dont nous parlons avait coutume de se
« servir de ces sortes de raisonnements : Celui qui com-
« munique les mystères à des gens qui ne sont pas initiés
« est un impie; or, celui qui préside aux mystères les
« communique à des personnes non initiées; donc, celui
« qui préside aux mystères est un impie. — Ce qui n'est
« pas dans la ville n'est pas dans la maison; or, il n'y a
« point de puits dans la ville; donc il n'y en a pas dans la
« maison. — S'il y a quelque part une tête, vous ne l'avez
« point; or, il y a quelque part une tête que vous n'avez
« point; donc vous n'avez point de tête. — Si quelque

quelle Eubulide avait posé cet argument : « Ce
« que vous n'avez pas perdu, vous l'avez ; or,
« vous n'avez pas perdu de cornes ; donc vous
« avez des cornes. Εἴ τι οὐκ ἀπέβαλες, τοῦτο ἔχεις·
« κέρατα δὲ οὐκ ἀπέβαλες · κέρατα ἄρα ἔχεις [1]. » Et Diogène de Laërte dit formellement que cet argument, sous sa forme présente, était attribué à
Eubulide, Εὐβουλίδου τοῦτό φασιν.

Le septième argument, intitulé le *Chauve,*

« homme est à Mégare, il n'est point à Athènes ; or, quel-
« que homme est à Mégare ; donc il n'y a point d'homme
« à Athènes. — Si vous dites quelque chose, cela vous passe
« par la bouche ; or, vous parlez d'un chariot ; donc un
« chariot vous passe par la bouche. — Ce que vous n'avez
« pas perdu vous l'avez ; or, vous n'avez pas perdu des
« cornes ; donc vous avez des cornes. » On attribue ce dernier argument à Eubulide.

[1] C'est ce même argument que reproduit Aulu-Gelle dans
le passage suivant (l. XVI, c. 2) : « Si ita ego istorum ali-
« quem rogem : Quicquid non perdidisti, habeasne, an non
« habeas? Postulo ut aias aut neges. Utcunque breviter re-
« sponderit capietur. Si non habere se negaverit quod non
« perdidit, colligitur oculos eum non habere quos non per-
« didit. Sin vero habere se dixerit, colligitur eum habere
« cornua quæ non perdidit. Rectius igitur cautiusque ita
« respondebitur : Quidquid habui, id habeo si id non per-
« didi. » L'argument intitulé κεράτινος était devenu d'un
très-fréquent usage dans l'éristique. Diogène de Laërte, en
sa Vie de Diogène de Sinope, raconte qu'un dialecticien
ayant conclu qu'il avait des cornes, le philosophe cynique
porta la main à son front, et répondit : C'est pourtant ce
dont je ne m'aperçois pas.

Φαλακρός, n'est pas arrivé jusqu'à nous sous sa forme propre. Ménage en ses commentáires sur Diogène de Laërte, a pensé qu'il devait consister en quelque chose d'analogue à ceci : « L'homme « qui n'a pas de cheveux est chauve; or, celui « dont on vient de raser la tête n'a pas de che- « veux; donc l'homme dont on a rasé la tête est « chauve. *Qui non habet pilos in capite calvus* « *est; rasus non habet pilos in capite; ergò rasus* « *calvus est.* » Au lieu d'accepter cette conjec- ture de Ménage, nous serions bien plutôt tenté de penser que le φαλακρός n'avait pas de formule qui lui fût propre, et que sa formule se confon- dait avec celle du Σωρείτης, que nous avons don- née plus haut. En effet, ce qui est vrai d'un grain de blé en plus ou en moins pour constituer ou non un tas (σωρείτης), peut également s'ap- pliquer à un cheveu en plus ou en moins pour constituer une tête chauve.

Tels sont les arguments éristiques attribués à Eubulide[1]. Bien que désignés sous sept noms

---

[1] Indépendamment de ces arguments et de ceux qui se trouvent mentionnés dans une note antérieure, et que Dio- gène cite comme étant familiers à Chrysippe, il y avait en- core dans la dialectique grecque un certain nombre d'ar- guments éristiques, tels que, par exemple, ceux qu'on désignait par les noms suivants : Οὖτις, Θερίζων, Κροκόδει- λος, Κυριεύων, Ἀχίλλευς. Leurs auteurs sont inconnus; on sait seulement que le dernier était de Zénon.

différents, ils peuvent pourtant en réalité se ramener à quatre. En effet, d'une part, le διαλανθάνων, l'ἐγκεκαλυμμένος et l'Ἡλέκτρα, malgré la diversité de la forme et de la dénomination, sont,
au fond, un seul et même argument ; et, d'autre
part, il en est de même du σωρείτης et du φαλακρός. Restent, pour compléter le nombre de
quatre, le ψευδόμενος et le κεράτινος. Eubulide fut,
dans l'école de Mégare, le fondateur de cette
dialectique éristique qui, préparée déjà en une
certaine mesure par l'école d'Élée et par les sophistes, devait se développer sous Diodore et
Alexinus, et offrir ainsi le déplorable spectacle
de l'intelligence humaine s'attaquant à des subtilités bien plutôt faites pour fausser le jugement
que pour l'exercer.

Eubulide, au rapport de Diogène de Laërte,
eut, entre autres disciples [1], Alexinus d'Élis, Euphante d'Olynthe, et Apollonius Cronus [2], dont
il sera traité dans des chapitres spéciaux.

---

[1] Μεταξὺ δὲ ἄλλων ὄντων τῆς Εὐβουλίδου διαδοχῆς Ἀλεξῖνος
ἐγένετο, Ἠλεῖος ἀνήρ.... Εὐβουλίδου δὲ καὶ Εὔφαντος γέγονεν ὁ
Ὀλύνθιος.... Εἰσὶ δὲ καὶ ἄλλοι, ἐν οἷς καὶ Ἀπολλώνιος ὁ Κρόνος.
(Diog. L., *in Euclid.*)

[2] Et non Apollodore Cronus, comme quelques-uns l'ont
appelé. — Apollonius Cronus (κρόνος, vieillard d'humeur
chagrine) était de Cyrène. Au rapport de Strabon (XVII, 3),
l fut le maître de Diodore.

CHAPITRE VII.

STILPON.

Diogène de Laërte, dans les dernières lignes de sa biographie de Diodore Cronus[1], mentionne Stilpon parmi les philosophes qui sortirent de l'école d'Euclide, ἀπὸ Εὐκλείδου, et Suidas[2] le cite également comme ayant appartenu à la secte de Mégare, Στίλπων, Μεγαρεῦς φιλόσοφος. A la différence de la plupart des successeurs d'Euclide, qui, tels que Thrasymaque, Pasiclès, Clinomaque, Apollonius, Euphante, Diodore, furent originaires de diverses villes de Grèce ou d'Asie, Stilpon naquit à Mégare, ainsi qu'il résulte du témoignage de Diogène de Laërte, Στίλπων, Μεγαρεῦς τῆς Ἑλλάδος[3]. Il n'est guère possible aujourd'hui de fixer une date précise à la naissance et à la mort de ce philosophe. Mais, ce que l'on sait avec certitude, d'après le témoignage d'Hermippus dans Diogène de Laërte[4],

[1] L. II.
[2] V. Στίλπων.
[3] L. II, *in Stilpon.*
[4] *Ibid.* — Hermippus ajoute qu'il prit du vin pour accélérer sa mort.

c'est qu'il mourut dans un âge très avancé, γηραιὸν
δὲ τελευτῆσαί φησιν Ἕρμιππος, et rien n'empêche de
rapporter approximativement, avec plusieurs
savants critiques, l'époque de sa mort à la cxxivᵉ
ou cxxvᵉ olympiade (284-280 av. J.-C.). Ce
qu'il y a d'indubitable, c'est qu'il vivait encore
à la seconde année de la cxviiiᵉ olympiade (306
av. J.-C.); car cette date est celle de la prise de
Mégare par Démétrius Poliorcète [1], et l'histoire
nous a transmis le récit d'une réponse que fit, à
cette occasion, Stilpon au fils d'Antigone. Démétrius, fils d'Antigone, rapporte Diogène de
Laërte, ayant pris la ville de Mégare, ordonna
non-seulement qu'on épargnât la maison de Stilpon, mais encore qu'on lui restituât ce qu'on
lui avait enlevé; et, afin que tout lui fût rendu,
il voulut se faire donner par le philosophe une
liste de ce qu'il avait perdu. « On ne m'a rien
« pris, répondit Stilpon, on n'a point touché à
« ce qui m'appartient, car je possède encore ma
« raison et ma science, τόν τε λόγον ἔχειν καὶ τὴν
« ἐπιστήμην [2]. » Le même fait est rapporté en différents endroits de leurs écrits, par Plutarque et

---

[1] Fils de cet Antigone qui périt quelques années plus
tard (en 301) à la bataille d'Ipsus. La prise de Mégare
par Démétrius suivit celle d'Athènes.

[2] Diog. L, l. II, *in Stilpon.*

Sénèque[1]. Contemporain de Démétrius, Stilpon
le fut aussi d'un autre roi, successeur d'Alexandre, à savoir Ptolémée Soter, qui fonda en Égypte
la dynastie des Lagides. Au rapport de Diogène
de Laërte[2], Ptolémée Soter, ayant pris la ville
de Mégare, qui était la patrie de notre philosophe, accueillit Stilpon avec de grands témoi-

---

[1] En premier lieu, dans son traité περὶ παίδων ἀγωγῆς,
Plutarque s'énonce ainsi : « Καὶ μοί δοκεῖ Στίλπων ὁ Μεγαρεὺς
φιλόσοφος ἀξιομνημόνευτον ποιῆσαι ἀπόκρισιν, ὅτε Δημήτριος
ἐξενδραποδισάμενος τὴν πόλιν εἰς ἔδαφος κατέβαλεν, καὶ τὸν Στίλπωνα ἤρετο μή τι ἀπολωλεκὼς εἴη. Καὶ ὅς, οὐ δῆτα, εἶπε· Πόλεμος γὰρ οὐ λαφυραγωγεῖ ἀρετην. » — Et, dans son traité De
animi tranquillitate, le même historien raconte encore le
même fait et avec les mêmes circonstances : « Ὁ Δημήτριος
« τὴν Μεγαρέων πόλιν καταλαβών, ἠρώτησε τὸν Στίλπωνα, μή τι
« τῶν ἐκείνου διήρπασται. Καὶ ὁ Στίλπων ἔφη, μηδένα ἰδεῖν,
« τἀμὰ φέροντα. » — Le récit de Sénèque s'accorde en ceci
avec celui de Plutarque : « Megara Demetrius ceperat, cui
« cognomen Poliorcetes fuit. Ab hoc Stilpon philosophus
« interrogatus, num quid perdidisset : Nihil, inquit, omnia
« namque mea mecum sunt (De constantia sapientis, c. 5).»
— Le même Sénèque (Epist. IX) : « Hic (Stilpo) enim,
« capta patria, amissis liberis, amissa uxore, cum ex in-
« cendio publico solus, et tamen beatus exiret, interrogante
« Demetrio, cui cognomen ab exitio urbium Poliorcetes
« fuit, numquid perdidisset : Omnia, inquit, bona mea me-
« cum sunt. Ecce vir fortis et strenuus. Ipsam hostis sui
« victoriam vicit. Nihil, inquit, perdidi. Dubitare illum
« coegit an vicisset. Omnia mea mecum sunt : justitia, vir-
« tus, temperantia, prudentia ; hoc ipsum nihil bonum pu-
« tare quod eripi posset. »

[2] L. II, in Stilpon.

gnages de respect et d'estime, lui fit donner de
l'argent, et l'engagea à s'embarquer avec lui
pour l'Égypte. Mais Stilpon n'accepta qu'une
légère partie de ce don, pria le roi de le dispenser
du voyage, et se retira à Égine[1], où il demeura
jusqu'au départ de Ptolémée.

De la famille de Stilpon, on ne sait rien, sinon
qu'il eut une fille de moyenne vertu, ἀκόλαστον,
qui fut mariée à Simmias de Syracuse, l'un des
amis du philosophe, γνώριμός τις[2]. Quelqu'un
l'ayant averti que sa fille le déshonorait par ses
mœurs, le philosophe répondit qu'il lui valait
plus d'honneur qu'elle ne pouvait lui valoir de
honte[3]. Les mœurs de Stilpon étaient tout autrement irréprochables. Car, bien qu'il fût né
avec des inclinations vicieuses, la volonté sut en
lui surmonter les mauvais penchants : « Stilpo-
« nem, Megareum philosophum, acutum sane
« hominem et probatum illis temporibus acce-
« pimus. Hunc scribunt ipsius familiares et ebrio-

---

[1] Ile de la Grèce dans le golfe Saronique.
[2] Diog. L., l. II, in *Stilpon*.
[3] Ταύτης οὐ κατὰ τρόπον βιούσης, εἶπέ τις πρὸς τὸν Στίλπωνα,
ὡς καταισχύνοι αὐτόν· ὁ δέ, οὐ μᾶλλον (εἶπεν) ἢ ἐγὼ ταύτην
κοσμῶ (Diog. L., l. II, in *Stilpon*). — Plutarque, dans le
traité intitulé : *De animi tranquillitate* fait également mention de la fille de Stilpon, et en des termes tout à fait semblables à ceux dont s'est servi Diogène : ἀκόλαστος οὖσα ἡ θυ-
γάτηρ.

« sum et mulierosum fuisse ; neque hæc scribunt
« vituperantes, sed potius ad laudem. Vitiosam
« enim naturam ab eo sic edomitam et compres-
« sam esse doctrina, ut nemo unquam vinolen-
« tum illum, nemo in eo libidinis vestigium vi-
« derit[1]. » Le témoignage de Diogène de Laërte
sur le caractère de Stilpon, n'est pas moins favorable que celui de Cicéron sur ses mœurs :
« Stilpon, rapporte Diogène[2], était naturelle-
« ment honnête et obligeant... On dit qu'étant
« à Athènes, il gagna tellement l'affection de
« tout le monde, que chacun sortait de chez soi
« pour le voir. Et quelqu'un lui ayant dit, à
« cette occasion : On vous admire comme un être
« de rare espèce.—Point du tout, reprit Stilpon,
« mais on me regarde parce que je soutiens bien
« ma qualité d'homme. » Nonobstant cette admiration dont il semblait être l'objet de la part
des Athéniens, une sentence de l'Aréopage le
força de quitter la ville. Voici à quelle occasion.

---

[1] Cic., *de Fato*, V. — Si les mœurs anciennes devaient
être appréciées d'après une règle aussi sévère que nos
mœurs modernes, telles que le christianisme les a faites, ce
témoignage de Cicéron se trouverait infirmé, en une certaine
mesure, par celui de Diogène de Laërte qui, en sa biographie de Stilpon, fait mention d'une courtisane appelée Ni-
carète : « Καὶ ἑταίρᾳ συνῆν Νικαρέτῃ. »

[2] L. II, *in Stilpon*.

En parlant de la Minerve de Phidias, il demanda
à quelqu'un si Minerve, fille de Jupiter, était
un dieu. Et, sur la réponse que oui : or, dit-il,
cette Minerve que voici n'est pas la Minerve de
Jupiter, mais de Phidias, n'est-il pas vrai? De
quoi l'autre étant tombé d'accord : donc, conclut
Stilpon, elle n'est pas un dieu. Cela fut cause
qu'il se vit traduit devant l'Aréopage, où, loin
de se rétracter, il soutint qu'il avait raisonné
juste, attendu que Minerve n'était pas un dieu,
mais une déesse, et que la qualification de
dieu ne pouvait convenir à un sexe qui n'était
pas le sien : « Μὴ γὰρ εἶναι αὐτὴν θεόν, ἀλλὰ θεάν·
θεοὺς δὲ εἶναι τοὺς ἄρρενας[1]. » Ce jeu de mots,
ajoute Diogène qui raconte ce fait, ne diminua
en rien la sévérité des juges, et ils condamnèrent
Stilpon à sortir de la ville. C'est à l'occasion de
ce même jeu de mots que Théodore, celui qu'on
surnommait Θεός[2], demanda comment Stilpon

---

[1] Diog. L., l. II, in *Stilpon*.

[2] Surnom donné par ironie à Théodore, qui passait pour
athée, ainsi qu'il résulte du texte suivant de Diogène de
Laërte, en sa biographie d'Aristippe Métrodidacte, dont
Théodore était disciple : Θεόδωρος ὁ ἄθεος. — Remarquons
toutefois que cette qualification d'athée était assez légèrement donnée à tous ceux qui ne croyaient pas aux dogmes
du polythéisme. — Bien qu'ils parussent s'accorder à rejeter les croyances de la religion établie, Théodore et Stilpon furent de caractères bien différents. Car Diogène de

connaissait le sexe de Minerve, et comment il
l'avait constaté : Πόθεν δὲ τοῦτ' ᾔδει Στίλπων; ἢ
ἀνασύρας αὐτῆς τὴν κῆπον ἐθεάσατο [1]; Dans une autre
occasion, Cratès [2] ayant demandé à Stilpon si les
prières étaient agréables aux dieux : « Impru-
« dent, répondit ce dernier, ne me fais point de
« pareilles questions en public ; attends que nous
« soyons seuls [3]. » Ces différents faits attestent le
peu de foi de Stilpon à l'endroit des dogmes du
polythéisme. Mais il serait injuste d'en conclure
qu'il fût athée. Car, autre chose était de ne reconnaître aucun dieu, autre chose, de ne point
se rallier aux croyances établies. Stilpon était
athée de la même manière que Socrate et Anaxagore.

Laërte, en sa biographie de Stilpon, dit que Théodore af-
fectait une grande audace, et Stilpon, au contraire, beaucoup de retenue.

[1] Diog. L., l. II, *in Stilpon.*

[2] De Thèbes ; disciple de Diogène le Cynique.

[3] Diog. L., l. II, *in Stilpon.* — C'est à cette même absence de foi aux dogmes de la religion polythéiste qu'on
peut attribuer encore cette infraction commise par Stilpon
dans le temple de Cybèle, et racontée par Athénée (l. X,
c. 5) : Στίλπων δ' οὐ κατεπλάγη τὴν ἐγκράτειαν καταφαγὼν
σκόροδα καὶ κατακοιμηθεὶς ἐν τῷ τῆς μήτρος τῶν θεῶν ἱερῷ.
Ἀπείρητο δὲ τῷ τούτων τι φαγόντι μηδὲ εἰσιέναι. Ἐπιστάσης δὲ
αὐτῷ τῆς θεοῦ κατὰ τοὺς ὕπνους, καὶ εἰπούσης ὅτι φιλόσοφος ὤν,
ὦ Στίλπων, παραβαίνεις τὰ νόμιμα ; καὶ τὸν δοκεῖν ἀποκρίνασθαι
κατὰ τοὺς ὕπνους · σὺ δέ μοι παρέχε ἐσθίειν, καὶ σκορόδοις οὐ
χρήσομαι.

Stilpon acquit en Grèce une brillante renommée par son éloquence. Diogène de Laërte [1] rapporte que tel était son talent qu'il s'en fallut peu
que toute la Grèce, venant à lui, ne *se mégarisât*,
ὥστε μιχροῦ δεῆσαι πᾶσαν τὴν Ἑλλάδα ἀφορῶσαν εἰς αὐτὸν
μεγαρίσαι. Il voyait accourir à lui les disciples
des autres philosophes. C'est ainsi que, au rapport de Philippe de Mégare dans Diogène de
Laërte [2], il enleva à Théophraste Métrodore et
Timagoras de Géla, à Aristote de Cyrène Cli-
tarque et Simmias, etc., qu'il compta désormais
parmi ses disciples, ζηλωτὰς ἔσχε. Diogène ajoute [3]
qu'il attira également à lui Phrasidème, péripatéticien et habile physicien; Alcime, le plus fa-
meux des orateurs grecs de son époque; Cratès,
Zénon de Phénicie [4], et qu'il compta parmi ses
disciples Plistane d'Élis, Ménédème d'Érétrie et
Asclépiade de Phliasie, qui, tous trois, furent,
dans la suite, disciples de Phædon à Élis, et
dont les deux derniers devaient un jour fonder

[1] L. II, *in Stilpon.*
[2] *Ibid.*
[3] *Ibid.*
[4] Zénon de Sidon, disciple d'Épicure, qu'il ne faut pas
confondre avec Zénon de Cittium, le fondateur de l'école
stoïcienne. L'histoire de la philosophie grecque mentionne
encore deux autres Zénons, à savoir : Zénon d'Élée, disciple de Parménide, et Zénon de Tarse, disciple de Chrysippe dans l'école stoïcienne.

l'école d'Érétrie[1]. Mais, entre tous les disciples
de Stilpon, les plus célèbres furent assurément
Timon le Pyrrhonien et Zénon, le fondateur du
Portique. Diogène de Laërte rapporte que Timon alla fréquenter l'école de Stilpon à Mégare,
« ἀποδημῆσαι εἰς Μέγαρα πρὸς Στίλπωνα[2]. » Le même
historien rend, en deux endroits, un témoignage
semblable sur Zénon de Cittium. Car, d'abord,
en sa biographie de Stilpon, Diogène s'exprime
ainsi : « Héraclide rapporte que Zénon, le fon-
« dateur du stoïcisme, suivit les leçons de notre
« philosophe, τούτου (Στίλπωνος) καὶ Ἡρακλείδης φησὶ
« τὸν Ζήνωνα ἀκοῦσαι, τὸν τῆς στοᾶς κτίστην[3]. » Et
ailleurs, en sa biographie de Zénon de Cittium[4],
Diogène dit encore : « On rapporte que Zénon
fut disciple de Stilpon, εἶτα καὶ Στίλπωνος ἀκοῦσαί
« φασιν αὐτὸν (Ζήνωνα). » De ces deux disciples,
aucun ne devait être le continuateur de l'œuvre
de Stilpon dans l'école mégarique. Car le premier des deux, Timon, quitta l'école de Mégare
pour s'attacher à l'école pyrrhonienne, dont il

---

[1] Diog. L., II, in Phædon : « Διάδοχος δ' αὐτοῦ (Φαίδωνος)
Πλείστανος, ἠλεῖος. Καὶ τρίτοι ἀπ' αὐτοῦ οἱ περὶ Μενέδημον τὸν
Ἐρετριέα καὶ Ἀσκληπιάδην τὸν Φλιάσιον, μετάγοντες ἀπὸ Στίλ-
πωνος. »

[2] L. IX, in Timon.

L. II, in Stilpon.

L. VII.

devint l'un des plus célèbres représentants[1]; et,
d'autre part, Zénon devint le fondateur de l'école
stoïcienne, ὁ τῆς Στοᾶς κτίστης[2]. Toutefois, les doctrines de Stilpon exercèrent une remarquable influence sur l'un et l'autre de ces deux disciples;
car, sur le terrain de la dialectique, et surtout
sur celui de la morale, plus d'une analogie fondamentale peut se constater entre la philosophie
de Stilpon et celle des écoles pyrrhonienne et
stoïcienne.

Stilpon doit être compté non-seulement parmi
les représentants de la secte mégarique, mais
encore au nombre des chefs de cette école. Suidas[3] dit positivement qu'après Euclide, Ichthyas,
et ensuite Stilpon, furent les chefs de l'école
mégarique, μέθ' ὃν (Εὐκλείδα) Ἰχθύας, εἶτα Στίλπων,
ἔσχον τὴν σχολήν. Mais, avant que de devenir, à
son tour, et, postérieurement à Ichthyas et à
Euclide, le chef de l'école de Mégare, Stilpon
avait eu divers maîtres[4], appartenant à plus d'une

---

[1] « Εἶτα πρὸς Πύρρωνα εἰς Ἦλιν ἀποδημῆσαι (Τίμωνα), κἀκεῖ
διατρίβειν. » (Diog. L., l. II, in *Stilpon.*)

[2] Diog. L., l. II, in *Stilpon.*

[3] V. Εὐκλείδης.

[4] Il n'était pas sans exemple que les philosophes de cette
époque s'attachassent à plusieurs maîtres. C'est ainsi que,
dans la biographie de Clitomaque l'Académicien par Diogène de Laërte, nous voyons ce philosophe suivre les leçons des écoles académique, péripatéticienne, stoïcienne.

école. Parmi eux, il faut signaler d'abord le successeur d'Antisthène dans l'école cynique, Diogène de Sinope. L'historien de la philosophie
ancienne, Diogène de Laërte, le dit expressément [1], en ces termes : « Il (Diogène de Sinope)
eut pour disciples Phocion, surnommé le *bon*,
Stilpon de Mégare et plusieurs autres, qui furent revêtus de fonctions publiques. Ἤκουσε καὶ
αὐτοῦ (Διογένους) καὶ Φωκίων ἐπίκλην χρηστός, καὶ
Στίλπων ὁ Μεγάρικος, καὶ ἄλλοι πλείους ἄνδρες πολιτικοί. »
Toutefois, c'est ailleurs, et dans l'école de Mégare elle-même, que furent les véritables maîtres de Stilpon. Héritier d'Euclide et d'Ichthyas,
au rapport de Suidas [2], dans la direction de l'école
de Mégare, c'est au sein de cette même école
qu'il puisa les enseignements dont il devint ensuite l'éloquent propagateur. Diogène de Laërte
dit que Stilpon fut l'élève de quelques philosophes disciples d'Euclide, « διήκουσε μὲν τῶν ἀπὸ
Εὐκλείδου τινῶν [3]. » Or, quels étaient ces philosophes? Diogène ne les nomme pas; mais il est impossible que ce ne soient pas Ichthyas, le premier
successeur du fondateur dans la direction de
l'école, et quelques autres mégariques, qui,

[1] L. VI, *in Diogen. Sinop.*
[2] Voir le texte cité plus haut.
[3] L. II, *in Stilpon.*

comme lui, relevaient directement d'Euclide.
Nous savons d'ailleurs avec certitude, d'après
le texte de Diogène de Laërte, que, parmi ces
sectateurs d'Euclide qui furent les maîtres de
Stilpon, était Thrasymaque de Corinthe, « ἀλλὰ
καὶ Θρασυμάχου τοῦ Κορινθίου [1]. » Bien plus, s'il faut
en croire quelques traditions mentionnées par
le même Diogène, Stilpon aurait été l'un des disciples immédiats d'Euclide. « Οἱ δὲ καὶ αὐτοῦ
Εὐκλείδου ἀκοῦσαί φασιν [2].» Or, comme Euclide florissait en 400 avant l'ère chrétienne, on se demande comment Stilpon, qui vivait encore en
306 [3], peut-être même en 300, a pu être disciple
direct d'Euclide. La difficulté disparaît si l'on
fait attention, d'une part, que, d'après le témoignage d'Hermippus dans Diogène de Laërte [4],
Stilpon parvint à un âge extrêmement avancé,
et, d'autre part, qu'Euclide, bien que florissant
en 400, c'est-à-dire, à l'époque même de la
mort de Socrate, a pu continuer longtemps encore son enseignement à Mégare. De cette façon,
il deviendrait possible de concilier la tradition
qui fait de Stilpon un élève direct d'Euclide avec

---

[1] L. II, *in Stilpon.*
[2] *Ibid.*
[3] *Vid. supr.*
[4] Voir le commencement de ce Mémoire.

le témoignage historique qui lui donne pour maîtres quelques philosophes disciples immédiats d'Euclide, parmi lesquels Thrasymaque de Corinthe. Il suffirait, pour cela, de reconnaître que Stilpon assista aux derniers enseignements d'Euclide, vers la fin des jours de ce philosophe, et qu'après la mort du fondateur, il devint élève de quelques autres disciples, qui, plus âgés que lui, avaient suivi l'école d'Euclide depuis l'époque même de son établissement. Or, parmi ces disciples d'Euclide, se trouvait Thrasymaque de Corinthe, ainsi qu'il résulte du témoignage de Diogène de Laërte cité plus haut, et aussi Pasiclès de Thèbes, au rapport de Suidas[1]: « Μαθητὴς (Στίλπων) Πασικλέους τοῦ Θηβαίου. »

A l'exemple d'Euclide, qui lui-même avait adopté en cela la manière des disciples de Socrate, Stilpon écrivit des dialogues. Au rapport de Suidas[2], ils étaient au nombre de vingt : « Ἔγραψε διαλόγους οὐκ ἐλάττους τῶν κ´. » Mais, d'après le témoignage plus probable de Diogène de Laërte[3], Stilpon ne laissa que neuf dialogues,

---

[1] V. Εὐκλείδης.

[2] *Ibid.*

[3] L. II, *in Stilpon.* — Ainsi que le fait judicieusement observer Deycks, le texte de Suidas a dû être altéré en cet endroit. Ce n'est pas οὐκ ἐλάττους τῶν κ´ qu'il faut lire, mais bien οὐκ ἐλάττους τῶν θ, ce qui, à une unité près, serait

ἐννέα, dont voici les titres : *Moschus, Aristippe ou Callias, Ptolémée, Chærécrate, Métroclès, Anaximène, Épigène,* le *dialogue* qu'il adressa à *sa fille,* enfin *Aristote :* « Αὐτοῦ διάλογοι ἐννέα· Μόσχος, Ἀρίστιππος ἢ Καλλιας, Πτολεμαῖος, Χαιρεκράτης, Μητροκλῆς, Ἀναξιμένης, Ἐπιγένης, πρὸς τὴν ἑαυτοῦ θυγατέρα, Ἀριστοτέλης[1]. » Le biographe fait observer qu'ils étaient rédigés en un style dépourvu de chaleur, ψύχροι[2], ce qui ferait penser que Stilpon n'apportait pas dans ses écrits le remarquable talent qu'il déployait dans ses enseignements.

Ces dialogues, qui contenaient les doctrines de Stilpon, ne sont point venus jusqu'à nous. Aussi, pour la restitution, très-imparfaite sans doute, mais la seule possible aujourd'hui, de la philosophie du successeur d'Ichthyas et d'Euclide dans la direction de l'école de Mégare, sommes-nous réduit à quelques passages de Diogène de Laërte, de Plutarque, d'Eusèbe, de Sénèque. Encore, la plupart d'entre ces passages manquent-ils d'étendue et de clarté, et n'offrent-ils entre eux aucune relation suffisante pour qu'il devienne possible de saisir d'une main ferme et

conforme au récit de Diogène de Laërte, qui cite les titres de neuf dialogues, ἐννέα.

[1] Diog. L., l. II, *in Stilpon.*
[2] *Ibid.*

sûre le lien logique qui, vraisemblablement, devait unir ces diverses parties d'un même tout et en faire un ensemble harmonique.

Les documents qui nous ont été légués par l'antiquité philosophique, nous autorisent à ranger Stilpon au nombre de ces philosophes qui admettaient, avec l'unité absolue, l'absolue immobilité et l'absolue immutabilité. Tel avait été le système des éléates. Tel fut ultérieurement celui des mégariques qui, sur la plupart des points, continuèrent si fidèlement la tâche de l'éléatisme, que Cicéron[1] assigne aux deux écoles un fondateur commun, Xénophane, et semble ainsi les identifier l'une à l'autre, en les rattachant à une même origine. Tel fut notamment, dans le mégarisme, le système de Stilpon. Maintenant, comment Stilpon avait-il été conduit à cette adoption de l'absolue unité, et, comme conséquences, de l'absolue immobilité et immutabilité? Par le même principe que les autres mégariques; par le même principe encore que leurs prédécesseurs les éléates, à savoir, par le rejet du *criterium* des sens, et par l'admission de la raison à titre de *criterium* unique. Il est impossible de séparer une conséquence de son prin-

---

[1] Megaricorum fuit nobilis disciplina, cujus, ut scriptum video, princeps Xenophanes.... (*Acad.* II, 42).

cipe ; et si Stilpon s'accordait avec les éléates
pour admettre l'unité, l'immobilité et l'immutabilité absolues, c'est qu'il s'accordait également avec eux dans l'adoption de cette règle
logique dont Diogène de Laërte nous donne la
formule, qu'il rapporte à Parménide : « Κριτήριον
δὲ τὸν λόγον εἶπε, τάς τε αἰσθήσεις μὴ ἀκριβεῖς ὑπάρχειν[1]. » *A priori*, cette assertion serait suffisamment probable. Elle devient certaine par le témoignage d'Aristoclès dans Eusèbe. « Il est des
« philosophes (dit Aristoclès) qui opinent qu'il
« faut répudier le témoignage des sens et l'ap-
« parence, et n'avoir foi qu'en la raison. Telle
« fut la doctrine, d'abord de Xénophane et de
« Parménide, plus tard de Stilpon et des méga-
« riques. D'où il suit que ces philosophes adop-
« tèrent l'unité de l'être, la diversité du non-être,
« et l'impossibilité pour quoi que ce soit de naî-
« tre, de périr, de se mouvoir[2]. » Ce texte
d'Aristoclès offre le double avantage, d'une part,
de révéler l'adoption par Stilpon de la doctrine
de l'unité, de l'immobilité et de l'immutabilité
absolues, d'autre part, de signaler le principe
logique qui, chez ce philosophe, comme chez les

[1.] Diog. L., l. IX, *in Parmenid.*

[2.] *Præparat. evang.*, l. XIV, c. 17. Voir, à l'introduction, le texte grec de ce passage.

autres mégariques, et antérieurement chez les
éléates, avait présidé à cette adoption.

Indépendamment de ce triple élément : absolue
unité, absolue immobilité, absolue immutabilité,
nous avons un autre caractère encore à signaler
dans l'ontologie de Stilpon, et ce caractère, attesté par un passage de Diogène de Laërte, consiste dans le rejet des universaux, εἴδη, et, co-
rollairement, dans l'admission d'un exclusif
nominalisme. « Stilpon (dit Diogène de Laërte)
« supprimait les universaux ; il prétendait que
« lorsqu'on dit de l'homme qu'il est, on n'af-
« firme véritablement aucune réalité, attendu
« qu'on ne parle ni de tel homme, ni de tel autre,
« car pourquoi celui-ci plutôt que celui-là[1] ? »
Cette répudiation des *universaux* (τὰ εἴδη) était
un emprunt fait par Stilpon à la philosophie
d'un de ses maîtres, Diogène de Sinope. Le biographe des philosophes de l'antiquité, Diogène
de Laërte, rapporte qu'un jour que Platon dis-
courait sur les *universaux*, τὰ εἴδη, et prenait
pour exemple la *table* et le *vase*, considérés non
plus dans tel ou tel objet individuel, mais abstrai-
tement, Diogène de Sinope objecta : « Je vois

---

[1] Ἐν τοῖς ἐριστίκοις ἀνήρει καὶ τὰ εἴδη, καὶ ἔλεγε τὸν λέγοντα
ἄνθρωπον εἶναι, μηδένα · οὔτε γὰρ τόνδε λέγειν οὔτε τόνδε · τί γὰρ
μᾶλλον τόνδε ἢ τόνδε; (Diog. L., l. II, *in Stilp.*)

« bien ce que c'est que telle table ou tel vase ;
« mais quant à l'essence de la table en général,
« ou du vase en général, je ne les vois nulle-
« ment. [1]»

La répudiation des *universaux* entraînait avec
elle la négation de toute valeur objective attachée à celles d'entre nos connaissances qui ne
sont point des notions individuelles ; et de là
un nominalisme bien antérieur à celui d'Occam
et de Roscelin, et dont Stilpon paraît avoir été,
dès les âges anciens, l'un des fondateurs. En
effet, si, pour reproduire ici l'exemple apporté
par Platon et Diogène de Sinope, il n'existe que
telle ou telle table particulière et déterminée,
et qu'au fond il n'y ait point une essence commune (τραπεζότης), c'est-à-dire un caractère général, grâce à la présence duquel cet objet, et
ce second, et ce troisième, et cet autre encore,
seront des tables, à l'idée générale de table qui
est en mon esprit ne répondra au dehors aucun

---

[1] Diog. L., l. VI, *in Diog. Sinop.* « Πλάτωνος περὶ εἰδῶν δια-
λεγομένου, καὶ ὀνομάζοντος τραπεζότητα καὶ κυαθότητα, ἐγώ,
εἶπεν, ὦ Πλάτων, τράπεζαν μὲν καὶ κύαθον ὁρῶ, τραπεζότητα δὲ
καὶ κυαθότητα οὐδάμως. » La réplique de Platon est pleine
de sens et d'esprit : « Tu parles à merveille, Diogène. En
« effet, tu as des yeux qui sont ce qu'il faut pour voir une
« table et un vase ; mais tu n'as point ce qu'il faut pour
« voir la table et le vase en général, à savoir, l'entende-
« ment. »

modèle, aucun type, aucune réalité, et le signe
par lequel, dans le langage, j'énonce une semblable idée, c'est-à-dire, ici, le mot *table*, ne
sera plus qu'un simple souffle de la voix, *fla-
tus vocis*, comme parlait Roscelin au onzième
siècle, un nom ne s'appliquant véritablement
à aucune chose, *nomen sine re*, et voilà le nominalisme. Si, au contraire, en tels et tels objets proposés à mes regards, j'aperçois certaines
propriétés communes, en vertu desquelles ces
objets puissent se réunir en un même genre,
par exemple le genre *table*, alors non-seulement j'ai en moi l'idée générale de *table*, mais
encore à cette idée, phénomène tout subjectif,
répond au dehors un objectif réel, une véritable chose, *res*, et nous rencontrons ici le réalisme. Telle est la différence fondamentale qui
sépare ces deux grands systèmes. Voilà ce qui,
au moyen âge, a fait, pendant trois siècles, depuis Roscelin et Champeaux jusqu'aux derniers
successeurs d'Occam et de Walter Burleigh, le
sujet d'une ardente polémique; voilà ce qui,
dès l'antiquité, divisait les écoles philosophiques, puisque, dès le ıv° siècle avant l'ère chrétienne, nous rencontrons le réalisme dans la
première académie avec Platon, le nominalisme
dans l'école cynique avec Diogène de Sinope.
Dans cette lutte des deux doctrines, Stilpon dut

se porter préférablement vers celle que lui
avaient enseignée ses maîtres. De même que,
sur les traces d'Icthyas et de Thrasymaque, ses
maîtres dans l'école de Mégare, il avait, au rapport d'Eusèbe[1], adopté les anciens dogmes des
éléates sur l'illégitimité du témoignage des sens
ainsi que sur l'unité, l'immobilité et l'immutabilité absolues, de même, à l'imitation d'un autre
de ses maîtres, Diogène le Cynique, il répudiait
le *général*, τὰ εἴδη, et n'admettait, par conséquent, que des existences individuelles sans rapport et sans lien mutuel.

A côté de ces quelques textes, à l'aide desquels il est possible aujourd'hui de reconstituer
quelques points de l'ontologie de Stilpon, il
s'en trouve quelques autres encore qui peuvent
servir à la restitution de sa morale, dans la limite
où cette restitution peut être espérée et tentée.

Toute doctrine morale se propose un double
but : déterminer en quoi consiste le souverain
bien, indiquer les moyens d'y arriver et les
voies qui y conduisent.

Sur le premier de ces deux points, la morale
de Stilpon n'offre rien de bien noble ni
d'élevé. Pour cette doctrine, le souverain bien
c'est l'impassibilité de l'âme, *animus impa-*

---

[1] Voir un texte cité ci-dessus.

tiens, ainsi qu'il résulte du passage suivant de Sénèque : « Vous désirez savoir si Épicure a « raison de blâmer dans une de ses lettres ceux « qui disent que le sage se suffit à lui-même et n'a « pas besoin d'ami. C'est ce qu'Épicure objecte *à* « *Stilpon et à ceux qui placent le souverain* « *bien dans l'impassibilité de l'âme.* An me- « rito reprehendat in quadam epistola Epicu- « rus eos qui dicunt sapientem se ipso esse con- « tentum, et, propter hoc, amico non indigere, « desideras scire. Hoc objicitur *Stilponi* ab « Epicuro et his *quibus summum bonum visum* « *est animus impatiens.*[1] »

Ainsi l'impassibilité d'âme, *animus impa- tiens*, voilà, pour Stilpon, le souverain bien. Mais comment et par quelle voie y arriver ? Ici, les textes et les documents historiques nous

---

[1] Senec. epist. IX. — Cette impassibilité se fait remar- quer dans la réponse, citée plus haut, de notre philosophe à Démétrius Poliorcète : « Capta patria (dit Sénèque, epist. « IX), amissis liberis, amissa uxore, cum ex incendio pu- « blico solus, et tamen beatus exiret, interrogante Demetrio « num quid perdidisset : « Omnia, inquit, bona mea me- « cum sunt. » Ecce vir fortis et strenuus... » Elle se ren- contre encore dans la manière dont Stilpon prenait son parti des mœurs déréglées de sa fille : « Ὥσπερ οὐδὲ Στίλ- « πωνα (dit Plutarque, en son traité *De animi tranquil- « litate*) καθ' ἱλαρότητα ζῆν ἐκώλυσεν ἀκόλαστος οὖσα ἡ θυ- « γατήρ. »

manquent. Toutefois, le but une fois marqué, il
est possible de trouver la route qui y mène. Et
quelle autre voie peut conduire l'âme à cette
impassibilité, que Stilpon regarde comme l'état
moral par excellence, sinon l'abstention? En
effet, la vie active a ses luttes de tous les instants, elle a ses périls ; elle a, par conséquent,
ses heures de triomphe, mais aussi ses jours de
défaite. Or, il faut que le sage s'épargne toute
douleur morale ; et, pour cela, il faut qu'il fuie
le péril, qu'il évite le combat, qu'il se réfugie
de la vie active dans la vie contemplative. L'impassibilité, tel est le but; l'abstention, tel est
le moyen. Un dogme moral de cette nature,
quand il vient à se poser dans la science et à
exercer quelque empire sur les esprits, est,
pour les sociétés au sein desquelles il se produit,
un symptôme de décadence. Dieu a fait l'homme
pour l'action. L'action est le besoin des peuples
jeunes, et leur philosophie fait de l'activité une
vertu. Mais dans la vieillesse des sociétés, la
lassitude engendre le découragement. Les âmes
fatiguées abandonnent l'existence active pour
la vie contemplative ; et l'abstention, érigée en
vertu, devient, comme au temps de Stilpon,
un élément de perfection, une condition du
souverain bien. C'est qu'en effet, Stilpon apparaît à une époque où le vieux monde grec s'af-

faisse et se dissout. Pour la Grèce d'alors, plus de grands hommes, plus de victoires, plus de liberté; mais le protectorat de la Macédoine, en attendant la domination des Romains. Or, en des jours tels que ceux où entrait la Grèce, que pouvait l'homme de bien contre la corruption générale, que pouvait le patriote au milieu de l'asservissement de son pays? On conçoit qu'alors les âmes généreuses se replient sur elles-mêmes, et se réfugient dans la contemplation, impuissantes qu'elles sont devenues pour l'action au sein de l'atrophie morale qui, de toutes parts, les entoure et les gagne elles-mêmes. Telles sont les circonstances sociales qui ont pu, ce nous semble, amener en Grèce le règne d'une philosophie morale qui plaçait le souverain bien dans l'impassibilité.

Cette doctrine morale, fondée par les mégariques, et notamment par Stilpon, trouva en Grèce des sectateurs. Elle en eut dans Pyrrhon, disciple de Bryson, ce fils de Stilpon. Elle en eut dans l'école du *portique*, dont le fondateur, Zénon, avait été disciple de Stilpon. Dans le stoïcisme, à côté du précepte fondamental, ζῆν ὁμολογουμένως λόγῳ, lequel, il faut le reconnaître, implique un libre déploiement d'activité, on rencontre d'autres maximes d'une valeur toute négative, telles que celles-ci : Abstiens-toi,

ἀπέχου, résigne-toi, ἀνέχου. On y rencontre aussi,
dans l'ἀπαθεία, l'équivalent de l'*impatiens animus*[1] de Stilpon. Enfin, cet isolement moral,
prôné par Stilpon, dans lequel le sage se suffit
à lui-même, *sapientem se ipso esse contentum*[2],
et n'a pas besoin d'un ami, *et, propter hoc,
amico non indigere*[3], ne se retrouve-t-il pas,
sous le nom d'αὐτάρκεια, dans la morale du stoïcisme? Zénon de Cittium emprunta donc à
Stilpon, l'un de ses maîtres, plusieurs d'entre
les éléments de sa doctrine morale. Aussi est-ce
un blâme procédant tout à la fois de l'ignorance
et de l'injustice que celui qu'on a adressé quelquefois à l'école de Mégare, de n'avoir exercé
aucune action sur les destinées ultérieures de
la philosophie. La morale des stoïciens, à partir
de Zénon, Cléanthe, Chrysippe, jusqu'à leurs
derniers disciples en Grèce, Panætius et Possi-
donius, et plus tard, sous les illustres représentants qu'elle compta dans l'empire romain,
Sénèque, Épictète, Arrien, Marc-Aurèle, parti-
cipa de plusieurs d'entre les caractères fondamentaux dont se constituait la morale mégarique. Cette même participation se rencontre
encore dans la morale de l'école sceptique,

---

[1] Voir, ci-dessus, le texte de Sénèque.
[2] *Ibid.*
[3] *Ibid.*

dont les fondateurs, Pyrrhon et Timon, avaient
été disciples, l'un [1] de Bryson, fils de Stilpon,
l'autre [2] de Stilpon lui-même. L'apathie et l'ata-
raxie, chez Pyrrhon et les sceptiques, aussi
bien que chez Stilpon, constituent le bien suprême, *summum bonum visum est animus impatiens* [3]. Il faut donc que les doctrines morales
de l'école de Mégare aient obtenu en Grèce un
puissant crédit, puisque nous les retrouvons,
du moins en ce qui constitue leurs éléments
fondamentaux, dans deux écoles qui ont joui en
Grèce et dans l'empire romain d'une longue
durée et d'une remarquable célébrité, le stoïcisme depuis Zénon de Cittium jusqu'à Marc-
Aurèle, et le scepticisme depuis Pyrrhon et Timon jusqu'à Sextus.

Il nous reste, dans la philosophie de Stilpon,
un dernier élément à signaler et à décrire : la
dialectique. Appréciée dans les faibles débris
d'après lesquels il est possible aujourd'hui de la
juger, elle nous paraît reposer sur la négation
de la vérité des propositions non identiques. Ainsi,
par exemple, d'après les préceptes de cette dialectique, un jugement tel que celui-ci : *L'homme*

---

[1] Voir dans nos *Études philosophiques*, t. II, notre Mémoire sur Pyrrhon.

[2] V. Diog. L., l. IX, *in Timon*.

[3] Voir, ci-dessus, ce texte de Sénèque.

est bon, est illégitime; et tout ce qu'il est permis
d'affirmer, c'est le même du même, c'est-à-dire
ici, dans l'exemple apporté, que *l'homme est
l'homme* et que *le bon est le bon*. Cette prétention de Stilpon à répudier comme illégitime tout
jugement non identique nous est attestée par
Plutarque[1], qui dit que l'épicurien Colotès reproche à Stilpon d'avoir avancé que *l'un* ne peut
être affirmé de *l'autre*, ἕτερον ἑτέρου μὴ κατηγορεῖσθαι, ce qui revient à anéantir toute espèce de
vie, car, dit-il, comment vivre s'il n'est pas permis de dire *l'homme est bon*, mais seulement
l'homme est l'homme, le bon est le bon[2]? Voici,
du reste, ajoute Plutarque, la pensée de Stilpon :
« Lorsque nous disons d'un cheval qu'il court,
« il prétend que l'attribut n'est pas identique au
« sujet; que, de même que nous ne nous servons
« pas du même mot pour dire *homme* et pour
« dire *bon*, de même *cheval* diffère de *courir*;
« que, dans la langue, il y a deux mots différents
« pour désigner ces deux choses; qu'ainsi, c'est
« une erreur que d'affirmer l'une de l'autre. Car,
« si *être bon* est la même chose que *être homme*,

---

[1] *Adv. Colot.*

[2] ....Τραγῳδίαν ἐπάγει τῷ Στίλπωνι, καὶ τὸν βίον ἀναιρεῖ-
σθαι φησιν ὑπ' αὐτοῦ, λέγοντος ἕτερον ἑτέρου μὴ κατηγορεῖσθαι ·
πῶς γὰρ βιωσόμεθα μὴ λέγοντες ἄνθρωπον ἀγαθόν, ἀλλὰ ἄνθρωπον ἄνθρωπον, καὶ χωρὶς ἀγαθὸν ἀγαθόν; (*Ibid.*)

« et *courir* la même chose que *être cheval*, com-
« ment ensuite affirmer le *bon* du *pain* et des
« *remèdes?* comment affirmer le *courir* du *lion*
« et du *chien?* Il est donc illégitime de dire que
« *l'homme est bon* et que *le cheval court*[1]. » Plutarque, en mentionnant cette opinion de Stilpon, incline à penser qu'elle n'a rien de sérieux
chez ce philosophe, χρώμενος γέλωτι[2], et qu'elle
n'avait d'autre but que de réfuter les subtilités
des sophistes, πρὸς τοὺς σοφιστὰς προὔβαλε[3]. On peut
se ranger à cet avis. Toutefois, il faudra bien
reconnaître en même temps, que Stilpon répondait aux sophistes par un sophisme. Que prétendaient ici les sophistes? Apparemment, que
toutes choses se confondent, attendu que les
mêmes qualités leur sont attribuées; qu'ainsi,
par exemple, puisqu'on dit du lion qu'il court;

---

[1] « Τὸ ἐπὶ Στίλπωνος τοιουτόν ἐστιν · εἰ περὶ ἵππου τὸ τρέχειν
κατηγοροῦμεν, οὔ φησι ταὐτὸν εἶναι τῷ περὶ οὗ κατηγορεῖται τὸ
κατηγορούμενον, ἀλλ' ἕτερον μὲν ἀνθρώπῳ τοῦ τί ἦν εἶναι τὸν λόγον, ἕτερον δὲ τῷ ἀγαθῷ. Καὶ πάλιν τὸ ἵππον εἶναι τοῦ τρέχοντα
εἶναι διαφέρειν · ἑκατέρου γὰρ ἀπαιτούμενοι τὸν λόγον οὐ τὸν αὐτὸν ἀποδίδομεν ὑπὲρ ἀμφοῖν. Ὅθεν ἁμαρτάνειν τοὺς ἕτερον ἑτέρου
κατηγοροῦντας. Εἰ μὲν γὰρ ταὐτόν ἐστι τῷ ἀνθρώπῳ τὸ ἀγαθὸν
καὶ ἵππῳ τὸ τρέχειν, πῶς καὶ σιτίου καὶ φαρμάκου τὸ ἀγαθόν,
καί, νὴ Δία, πάλιν λέοντος καὶ κυνὸς τὸ τρέχειν, κατηγοροῦμεν ;
εἰ δ' ἕτερον, οὐκ ὀρθῶς ἄνθρωπον ἀγαθὸν καὶ ἵππον τρέχειν λέγο-
μεν. » (Plutarch., *Adv. Colot.*)

[2] *Ibid.*

[3] *Ibid.*

du cheval, qu'il court; du chien, qu'il court;
le chien, le cheval, le lion sont un seul et même
être. De telles arguties, on le sait, constituaient
le fond de la dialectique des sophistes. Mais
n'était-ce point se faire sophiste avec eux que de
répondre, comme le faisait Stilpon, que, *être
cheval* et *courir* n'étant pas une même chose,
non plus que *être homme* et *être bon*, on ne pouvait légitimement dire que *l'homme est bon*, et
que *le cheval court?* Et nous aussi, nous sommes
tentés de croire avec Plutarque que l'argument
de Stilpon n'a rien de sérieux. Nous allons plus
loin encore; car nous pensons que la plupart
des prétendues théories du mégarisme n'ont en
elles-mêmes et dans la pensée de leurs auteurs
d'autre valeur qu'une valeur purement dialectique; en d'autres termes, que ce sont là autant
d'ingénieux artifices de cette éristique subtile
et contentieuse à laquelle s'exerçaient ces philosophes, sans d'autre but, le plus souvent, que
de montrer que la dialectique peut tout établir
et tout détruire. Mais alors, quel autre nom
donner à ces philosophes que celui de sophistes?

Il paraît, du reste, que les subtilités dialec-
tiques sur lesquelles Stilpon se fondait pour nier,
avec ou sans conviction, la légitimité de tout
jugement non identique, ne lui appartenaient
point en propre, mais pouvaient être revendi-

quées par l'école de Mégare en général. C'est,
du moins, ce qui nous semble devoir être induit
du passage suivant de Simplicius : « Cette igno-
« rance a conduit les philosophes appelés méga-
« riques à adopter pour vraie cette proposition,
« que les choses dont les noms sont autres sont
« également autres entre elles, et que les choses
« qui sont autres entre elles sont séparées les unes
« des autres ; par où ces philosophes semblaient
« établir que chaque chose est différente d'elle-
« même, et que, par exemple, puisqu'il y a un
« terme pour dire que Socrate est musicien, et
« un autre pour dire que Socrate est blanc, So-
« crate se trouve ainsi différent de lui-même [1]. »
Deux choses sont à remarquer dans ce passage
de Simplicius. Nous rencontrons d'abord cette
opinion, déjà mentionnée par Plutarque, savoir,
que « les choses dont les noms sont autres, sont
« également autres entre elles, et que les choses
« qui sont autres entre elles sont séparées les
« unes des autres. Ὅτι ὧν οἱ λόγοι ἕτεροι ταῦτα ἕτερά

---

[1] Διὰ δὲ τὴν περὶ ταῦτα ἄγνοιαν καὶ οἱ Μεγαρικοὶ κληθέντες
φιλόσοφοι λαβόντες ὡς ἐναργῆ πρότασιν, ὅτι ὧν οἱ λόγοι ἕτεροι
ταῦτα ἕτερά ἐστι, καὶ ὅτι τὰ ἕτερα κεχώρισται ἀλλήλων, ἐδόκουν
δεικνύναι αὐτὸν αὑτοῦ κεχωρισμένον ἕκαστον· ἐπεὶ γὰρ ἄλλος μὲν
λόγος Σωκράτους μουσικοῦ, ἄλλος δὲ Σωκράτους λευκοῦ, εἴη ἂν
καὶ Σωκράτης αὐτὸς αὑτοῦ κεχωρισμένος. (*Ad Aristot. phys.*,
fol. 26.)

« ἐστι, καὶ ὅτι τὰ ἕτερα κεχώρισται ἀλλήλων. » Seulement, cette doctrine, attribuée par Plutarque à
Stilpon, l'est par Simplicius aux mégariques en
général. En second lieu, nous trouvons, à titre
de conclusion des prémisses posées dans ce
même passage, cette opinion, que « chaque chose
« est différente d'elle-même, αὐτὸν αὐτοῦ κεχω-
« ρισμένον ἕκαστον. » Mais il faut bien observer que
cette conclusion appartient peut-être moins aux
mégariques eux-mêmes qu'à Simplicius, qui se
charge de la déduire de ce principe posé par les
mégariques, que « les choses qui sont autres
« entre elles sont séparées les unes des autres,
« ὅτι τὰ ἕτερα κεχώρισται ἀλλήλων. » Et ce qui con-
firmerait notre assertion, c'est la forme même
dans laquelle est conçue l'assertion de Simplicius. Il ne dit plus, comme au commencement
du texte cité : « Οἱ Μεγαρικοὶ λαβόντες ὡς ἐναργῆ
« πρότασιν, » il se sert du mot ἐδοκοῦν, ils semblaient, donnant ainsi à entendre que ce qui va
suivre est une interprétation ou une conclusion
qu'il est possible de tirer de leur doctrine, plutôt
que leur doctrine elle-même. Quant à la première partie du texte cité de Simplicius, elle est
on ne peut plus affirmative en ce qui concerne
l'opinion qu'elle attribue, non pas seulement à
Stilpon, mais, en général, à l'école à laquelle
il appartient. Peut-être même serait-il permis

de croire que cette opinion datait des premiers mégariques et d'Euclide, fondateur de la secte, ou même de philosophes ou de sophistes antérieurs à Euclide, sans que pourtant il fût possible de déterminer avec précision quels ils étaient. C'est du moins ce qui semble résulter d'un passage du *Sophiste*, dans lequel Platon, sans désigner nommément ni Euclide, ni aucun mégarique, ni même leur école, fait allusion à certains philosophes « qui se plaisent à ne pas vouloir « dire que l'homme est bon, mais seulement que « le bon est le bon, et que l'homme est l'homme. « Καὶ δή που χαίρουσιν οὐκ ἐῶντες ἀγαθὸν λέγειν ἄν- « θρωπον, ἀλλὰ τὸ μὲν ἀγαθὸν ἀγαθόν, τὸν δὲ ἄνθρωπον « ἄνθρωπον. » Évidemment, Platon n'a pu vouloir faire ici allusion à Stilpon. Il faut nécessairement qu'il ait voulu parler de philosophes contemporains ou antérieurs à lui-même, et, malgré l'absence de toute désignation spéciale, il y a apparence que c'est des premiers mégariques et d'Euclide qu'il a voulu parler. La négation de la légitimité des jugements non identiques remonte donc plus haut que Stilpon, et ce philosophe dut la trouver tout établie dans la dialectique de son école.

Il a été établi déjà que Stilpon fut un des maîtres de Zénon le Stoïcien. Aussi, n'est-ce pas seulement les principes de la morale des mégariens que nous rencontrons dans les doctrines de Zénon et de ses successeurs, mais encore le caractère général de leur dialectique. Lorsqu'on lit dans Diogène de Laërte[1] les arguments qu'il attribue à Zénon et à Chrysippe, on se croit encore dans l'école de Mégare, et il vous semble encore entendre Eubulide et Alexinus. Stilpon et Zénon, celui-ci à titre de disciple, celui-là à titre de maître, forment donc le lien qui unit le Portique au mégarisme. L'école stoïcienne doit à l'école de Mégare plusieurs d'entre les principes fondamentaux de sa morale ; elle lui doit de plus le caractère éristique de sa dialectique.

Stilpon, par la durée considérable de sa vie, appartient aux deux époques du mégarisme, à

---

[1] Voici un passage de la biographie de Chrysippe par cet historien : « Le philosophe dont nous parlons avait coutume de se servir de ces sortes de raisonnements : Celui qui communique les mystères à des gens qui ne sont pas initiés est un impie ; or, celui qui préside aux mystères les communique à des personnes non initiées ; donc celui qui préside aux mystères est un impie. — Si quelqu'un est à Mégare, il n'est point à Athènes ; or, l'homme est à Mégare ; donc il n'y a point d'homme à Athènes. — Si vous dites quelque chose, cela vous passe par la bouche ; or, vous parlez d'un chariot ; donc un chariot vous passe par la bouche.—Ce que vous n'avez pas jeté, vous l'avez ; or, vous n'avez pas jeté des cornes ; donc vous avez des cornes. — D'autres attribuent ce dernier argument à Eubulide.

savoir, à l'époque de fondation de cette école, et
à l'époque de développement. Disciple, d'abord,
d'Euclide lui-même, puis de ses premiers successeurs, parmi lesquels Thrasymaque, il se
trouva, plus tard, contemporain des disciples
d'Eubulide et d'Apollonius Cronus. Maître de
Zénon, il assista au déclin de l'école de Mégare,
dont il avait connu le fondateur, et à laquelle
lui-même appartenait, et il put en même temps
voir naître l'école du Portique, à laquelle le mégarisme léguait plus d'une de ses doctrines.

CHAPITRE VIII.

BRYSON.

Le nom de ce philosophe est, à peu près., la seule chose que l'on connaisse de lui. Encore se trouve-t-il écrit de deux manières (Bryson et Dryson) par les historiens de la philosophie.

Bryson était fils de Stilpon. C'est ce qui est établi par le témoignage de Diogène de Laërte, en sa biographie de Pyrrhon : « Pyrrhon (dit-il) « fut disciple de Dryson, fils de Stilpon, ainsi « que le rapporte Alexandre en ses *Successions*,» ἤκουσε (Πύρρων) Δρύσωνος τοῦ Στίλπωνος, ὡς Ἀλέξανδρος ἐν Διαδοχαῖς.

Maître de Pyrrhon, Bryson avait été, de son côté, disciple de Clinomaque, au rapport de Suidas [1], qui dit que Pyrrhon suivit les leçons de Bryson [2], disciple de Clinomaque, Πύρρων διήκουσε Βρύσωνος, τοῦ Κλεινομάχου μαθητοῦ.

---

[1] V. Πύρρων.

[2] Suidas écrit *Bryson* ; Diogène de Laërte écrit *Dryson;* mais qu'importe cette légère différence? Tous deux ne s'accordent-ils pas à en faire le maître de Pyrrhon, et, dès lors, peut-il s'élever le moindre doute sur l'unité de notre philosophe ?

Fils de Stilpon et disciple de Clinomaque, qui lui-même était un disciple d'Euclide, Bryson, par son père et par son maître, se rattache à l'école mégarique, à laquelle il appartient ainsi par le double lien de la naissance et de la discipline philosophique.

Il faut se garder de confondre ce Bryson, fils de Stilpon et disciple de Clinomaque, avec un autre Bryson qui fut le maître de Cratès le cynique. Ce dernier était achéen, ainsi qu'il résulte du passage suivant de Diogène de Laërte, en sa Vie de Cratès le Thébain : Hippobatus dit que « Cratès ne fut pas disciple de Diogène, mais « bien de Bryson l'achéen [1]. » Diogène de Laërte distingue, et il faut distinguer avec lui, deux Bryson : l'un, Achéen, et qu'il assigne pour maître, ainsi que nous venons de le voir, à Cratès de Thèbes, l'autre mégarien, fils de Stilpon et maître de Pyrrhon; et ce dernier est celui dont nous traitons en ce chapitre.

Maître de Pyrrhon, qui fonda son école en 322, et qui, antérieurement à cette fondation, avait suivi le philosophe Anaxarque [2] en Asie dans l'expédition d'Alexandre, Bryson dut fleurir vers

[1] L. VI.
[2] Voir, sur ce point, nos *Études philosophiques*, t. II, art. *Pyrrhon*.

l'an 334 avant l'ère chrétienne [1], et fut ainsi,
dans l'ordre des temps, l'un des derniers philosophes mégariques. Le seul disciple qu'on lui
connaisse, Pyrrhon, ne propagea point les doctrines mégariques, mais fut lui-même en Grèce
le fondateur de la secte sceptique.

[1] On objectera peut-être que Stilpon, père de notre
philosophe, vivait encore en 306, année de la prise de Mégare par Démétrius Poliorcète. La difficulté n'est qu'apparente. Car Hermippus, dans Diogène de Laërte, rapporte
que Stilpon mourut à un âge extrêmement avancé. Rien
n'empêche donc que, dès 334, le fils de Stilpon ait pu être
maître de Pyrrhon. Car Stilpon, disciple de Thrasymaque,
vers 370, a pu sans difficulté, trente-six ans après, c'est-
à-dire vers 334, voir son fils Bryson devenu lui-même
chef d'école.

CHAPITRE IX.

Ce philosophe fut un des disciples d'Eubulide, ainsi qu'il résulte du témoignage de Diogène de Laërte : Εἰσὶ δὲ καὶ ἄλλοι διακηκοότες Εὐβουλίδου, ἐν οἷς καὶ Ἀπολλώνιος ὁ Κρόνος[1]. Il devint le maître de Diodore Cronus. Ce dernier fait est attesté par un double passage de Strabon. En parlant de la ville de Jasos, en Carie[2], ce géographe dit que cette ville était la patrie du dialecticien Diodore, ἐντεῦθεν δ'ἦν ὁ διαλεκτικὸς Διοδώρος. Puis, il en prend occasion de parler du surnom de Κρόνος donné à ce philosophe, et il ajoute que ce surnom fut d'abord celui d'Apollonius, maître de Diodore : Ἀπολλώνιος γὰρ ἐκαλεῖτο ὁ Κρόνος, ἐπιστατήσας ἐκείνου (Διοδώρου). Plus loin[3], en parlant de la ville de Cyrène, Strabon dit que cette ville était la patrie d'Apollonius Cronus, le maître du dialecticien Diodore : Καὶ ὁ Κρόνος δὲ Ἀπολλώ-

---

[1] L. II, *in Euclid.*
[2] L. XIV.
[3] L. XVII.

νιος ἐκεῖθέν ἐστιν, ὁ τοῦ διαλεκτικοῦ Διοδώρου διδάσκαλος. Ce double passage de Strabon établit en
même temps trois points. Le premier, qu'Apollonius était de Cyrène [1]; le second, qu'il porta
le surnom de Cronus [2]; le troisième, qu'il fut
le maître du dialecticien Diodore [3].

On peut assigner à Apollonius Cronus la
même époque qu'à Euphante. Disciple d'Eubu-

---

[1] Colonie grecque sur la côte d'Afrique. La Cyrénaïque,
qui portait aussi le nom de *Pentapole*, comptait pour villes
principales : Cyrène, Apollonie, Darnès, Ptolémaïs, Bé-
rénice.

[2] Κρόνος, et non Χρόνος, Chronus, ainsi qu'on l'a écrit
quelquefois. La signification attachée à ce mot est celle de
vieux fou, vieux radoteur, vieillard stupide. Ce surnom
passa d'Apollonius à son disciple Diodore.

[3] D'après Ménage, Diogène de Laërte aurait résolu ce
dernier point dans le même sens que Strabon. En effet, Ménage voudrait qu'on lût ainsi le passage de Diogène où il
est question d'Apollonius : Εἰσὶ δὲ καὶ ἄλλοι διακηκοότες Εὐβουλίδου, ἐν οἷς καὶ Ἀπολλώνιος ὁ Κρόνος, οὗ Διοδώρος..... Ce
mot οὗ ne figure pas dans la plupart des éditions. Mais le
savant commentateur estime qu'il devrait s'y trouver, et
que les mots qui suivent, à partir de Διοδώρος inclusive-
ment, sont la continuation d'une même phrase, de telle
sorte que ce mot Διοδώρος ne serait nullement le titre d'un
nouveau chapitre. Voici, du reste, la note de Ménage à cet
égard : « Cæterum hic, post hæc verba καὶ Ἀπολλώνιος Κρό-
« νος, sequitur vox οὗ Διοδώρος, continuanturque hæc cum
« præcedentibus (H. Stephan.) : Εἰσὶ δὲ καὶ ἄλλοι διακηκοότες
« Εὐβουλίδου, ἐν οἷς καὶ Ἀπολλώνιος ὁ Κρόνος, οὗ Διοδώρος.......
« Vocem οὗ agnoscit codex Sambuci. Deest quoque in M. S.

lide et maître de Diodore , il dut fleurir vers
l'an 323 avant l'ère chrétienne, civ^e olympiade,
et faire partie des derniers mégariques.

« regio. Sed in eo Διοδώρος caput continuat, non separat.
« De Apollonio plura hic scripsisse Laertium quæ interci-
« dere putabat Vossius libro de philosophorum sectis, c. XI.
« Idem et mihi videbatur. »

CHAPITRE X.

EUPHANTE.

Euphante naquit à Olynthe[1], et fut à Mégare l'un des disciples d'Eubulide. Cette double circonstance est mentionnée par Diogène de Laërte : Εὐϐουλίδου δὲ καὶ Εὔφαντος γέγονεν ὁ Ὀλύνθιος[2]. Le même historien[3] ajoute qu'Euphante fut auteur de plusieurs tragédies, ἐποίησε δὲ καὶ τραγῳδίας πλείους, et qu'il écrivit l'histoire de son époque, ἱστόριας γεγραφὼς τὰς κατὰ τοὺς χρόνους τοὺς ἑαυτοῦ. Ces mêmes faits sont rapportés encore par Vossius[4] : « Fecit Euphantus tragœdias plurimas qui-« bus certaminibus plurimum gloriæ retulit... « Sui temporis historiam conscripsit. » Et sur ce dernier point, Athénée[5] vient joindre son témoignage à celui de Vossius et de Diogène de Laërte : Εὔφαντος δ' ἐν τετάρτη ἱστοριῶν, etc. Diogène de Laërte dit encore[6] d'Euphante qu'il fut pré-

---

[1] Ville de Macédoine. Elle fut célèbre dans la guerre du Péloponèse, et dans la guerre de Philippe contre la Grèce.

[2] L. II, *in Euclid.*

[3] *Ibid.*

[4] *De historiis græcis*, l. I, c. 8.

[5] *Deipnosoph.*, l. VI, c. 13.

[6] L. II, *in Euclid.*

cepteur du roi Antigone, pour qui il composa
un traité remarquable sur la royauté : « Γέγονε δὲ
καὶ Ἀντιγόνου τοῦ βασιλέως διδάσκαλος, πρὸς ὃν καὶ
λόγον γέγραφε περὶ βασιλείας, σφόδρα εὐδοκιμοῦντα. »
Et ce témoignage est confirmé par celui de Vossius[1] : « Item librum de regno perutilem et
« laudatissimum, quem Antigono regi misit...
« Ipse verò Euphantus præceptor fuit regis An-
« tigoni. » Or, quel était cet Antigone? Car nous
rencontrons trois rois de ce nom parmi les successeurs d'Alexandre, à savoir : Antigone, père
de Démétrius Poliorcète, ensuite Antigone Gonatas, puis Antigone Doson. Or, d'après Vossius[2], il s'agirait ici du premier Antigone, celui
qui périt à la bataille d'Ipsus que lui livrèrent
les armées combinées de Cassandre, Ptolémée,
Lysimaque et Séleucus, et qui eut pour fils Démétrius Poliorcète, et Antigone Gonatas pour
petit-fils. Ces données historiques, réunies à
celles que nous avons recueillies plus haut, peuvent nous conduire à déterminer approximativement l'époque d'Euphante. La bataille d'Ipsus,
où périt Antigone, fut livrée en 301 av. J.-C.,
une vingtaine d'années après la mort d'Alexandre. Or, Euphante avait été précepteur d'An-

---

[1] *De historiis græcis*, l. I, c. 8.
[2] *Ibid.* — Præceptor fuit regis Antigoni, cui Demetrius
filius erat, nepos Antigonus Gonatas.

tigone, l'un des lieutenants d'Alexandre. Euphante devait donc avoir été le contemporain
d'Aristote, précepteur d'Alexandre, bien que,
suivant toute probabilité, il fût un peu moins
âgé que le fondateur du péripatétisme. Disciple
d'Eubulide, dont la vie paraît avoir été renfer-
mée dans les mêmes limites à peu près que celle
d'Aristote[1], Euphante dut fleurir vers l'an 323[2]
avant notre ère (olymp. civ). De plus, la dédi-
cace de son traité Περὶ βασιλείας à Antigone déjà
roi, prouve qu'il vivait encore en 305, année
durant laquelle Antigone en Asie-Mineure, Séleucus à Babylone, Ptolémée en Égypte, et Lysimaque en Thrace, prirent le titre de rois.
Euphante appartient donc, avec Appollonius
Cronus, avec Diodore, avec Bryson, avec Alexinus, à la dernière époque des mégariques.

[1] Voir le chapitre *Eubulide*.
[2] Athénée (l. VI, c. 13) dit en parlant d'Euphante :
Εὔφαντος, ἐν τετάρτῃ ἱστοριῶν, Πτολημαίου φησὶ τοῦ τρίτου βα-
σιλεύσαντος Αἰγύπτου κόλακα γενέσθαι Καλλιστράτην. » De deux
choses l'une : ou τρίτου est ici pour πρώτου, ou Athénée a
commis une grave erreur. Car le troisième Ptolémée est
Ptolémée Évergète, qui commença à régner en 246 avant
J.-C. Or, il est impossible qu'un disciple d'Eubulide ait
écrit l'histoire de cette époque. Évidemment, c'est du premier Ptolémée, celui qui fut surnommé Soter, qu'Euphante
a parlé dans la troisième de ses histoires.

CHAPITRE XL.

ALEXINUS.

Alexinus avait pour patrie Élis[1], ville du Péloponèse, Ἡλεῖος ἀνήρ, suivant l'expression de Diogène de Laërte. Il fut, toujours au rapport du même historien[2], l'un des disciples et des successeurs d'Eubulide, μεταξὺ δὲ ἄλλων ὄντων τῆς Εὐβουλίδου διαδοχῆς Ἀλεξῖνος ἐγένετο, et il paraît avoir puisé à cette école une ardeur immodérée de l'éristique, qui, d'après les témoignages réunis de Diogène de Laërte[3] et d'Hésychius[4], lui valut le surnom de Ἐλεγξῖνος, jeu de mot qu'il est impossible de faire passer dans notre langue, et la qualification de φιλονεικότατος. Cicéron, en ses *Questions académiques*[5], le mentionne avec

---

[1] Élis, et non Élée, comme on l'a écrit quelquefois. — Hésychius applique aussi à Alexinus l'épithète de Ἡλεῖος, et Vossius (*de Historiis græcis*, l. I, c. 8) l'appelle *Alexinus Eliensis*.

[2] L. II, *in Euclid.*

[3] Voici le texte de Diogène de Laërte, l. II, *in Euclid.* : Ἀλεξῖνος, ἀνὴρ φιλονεικότατος, διὸ καὶ Ἐλεγξῖνος ἐπεκλήθη.

[4] Voici le texte d'Hésychius : Ἀλεξῖνος ὁ Ἡλεῖος, διὰ τὸ φιλονεικότατος εἶναι, Ἐλεγξῖνος ἐπεκλήθη.

[5] L. II.

Stilpon et Diodore parmi les philosophes éristiques : « Atque habebam molestos vobis, sed
« minutos, Stilponem, Diodorum, atque Alexi-
« num, quorum sunt contorta et aculeata quæ-
« dam sophismata. Sic enim appellantur fallaces
« conclusiunculæ.» Aristoclès, dans Eusèbe[1], le
qualifie d'*éristique*, Ἀλεξίνου τοῦ ἐριστικοῦ.

De même qu'Eubulide fut contemporain et
ennemi d'Aristote, de même nous rencontrons
dans Alexinus un contemporain et un adversaire de Zénon le stoïcien. Vossius[2] l'atteste en
ces termes : « Alexinus Eliensis infestus erat Ze-
« noni. » Diogène de Laërte[3] dit non moins positivement qu'Alexinus écrivit contre le chef du
Portique, γέγραφε δὲ πρὸς Ζήνωνα. De cette polémique contre Zénon il n'est resté qu'un argument rapporté par Sextus de Mytilène, en son
traité πρὸς τοὺς μαθηματίχους[4]. « Alexinus,» dit Sextus, « attaque Zénon en ces termes : *Être poète*
« *et grammairien vaut mieux que n'être ni l'un*
« *ni l'autre; et cultiver les autres arts vaut*

---

[1] *Præpar. evang.*, XV, 2.
[2] *De historiis Græcis*, l. I, c. 8.
[3] L. II, *in Euclid.*
[4] *Adv. phys.*, IX. Ἀλλ' ὅγε Ἀλεξῖνος τῷ Ζήνωνι παρέβαλε
τρόπῳ τῷδε· τὸ ποιητικὸν τοῦ μὴ ποιητικοῦ καὶ τὸ γραμματικὸν
τοῦ μὴ γραμματικοῦ κρεῖττόν ἐστι, καὶ τὸ κατὰ τὰς ἄλλας τέχνας
θεωρούμενον κρεῖττόν ἐστι τοῦ μὴ τοιούτου· οὐδὲ ἐν δὲ κόσμου
κρεῖττόν ἐστι· ποιητικὸν ἀρὰ καὶ γραμματικόν ἐστιν ὁ κόσμος.

« *mieux que ne les cultiver pas. Or, rien*
« *n'est supérieur au monde, donc, il faut que*
« *le monde* (κόσμος) *soit poëte et grammairien.* »
A travers l'obscurité de cet argument, il est
possible de conjecturer qu'Alexinus s'en servait
pour pousser Zénon à une conséquence absurde,
consistant à attribuer au monde (κόσμος) la pratique des arts, telle que, par exemple, la poésie, en vertu de ce principe posé par le chef du
stoïcisme, que *le monde est doué d'une vie parfaite*. Cet argument[1], ou, si l'on veut, ce sophisme, est tout ce qui nous reste d'Alexinus.
Diogène de Laërte rapporte[2] qu'indépendamment de sa polémique contre Zénon, Alexinus
avait composé d'autres écrits, et notamment
contre l'historien Éphore, γέγραφε δὲ οὐ μόνον
πρὸς Ζήνωνα, ἀλλὰ καὶ ἄλλα βιβλία, καὶ πρὸς Ἔφορον

---

[1] On rencontre dans Cicéron (*de Natura Deorum*, III, 9)
le développement de ce même argument : « Zeno ita con-
« cludit : *Quod ratione utitur melius est quam id quod ra-*
« *tione non utitur. Nihil autem mundo melius. Ratione*
« *igitur mundus utitur*. Hoc si placet, jam efficies ut
« mundus optime librum legere videatur. Zenonis enim
« vestigiis hoc modo rationem poteris concludere : *Quod*
« *litteratum est, id est melius quam quod non est littera-*
« *tum. Nihil autem mundo melius. Litteratus est igitur*
« *mundus*. Isto modo etiam disertus, et quidem mathema-
« ticus, musicus, omni denique doctrina eruditus, postremo
« philosophus erit mundus. »
[2] L. II, *in Euclid.*

τὸν ἱστοριογράφον. Vossius[1] rend le même témoignage en ces termes : « Neque ad Zenonem so-
« lummodo, sed etiam ad Ephorum historicum
« libros misit. » Il paraît même, à l'exemple de
son maître Eubulide, avoir écrit contre Aristote, si l'on en croit le témoignage du péripatéticien Aristoclès dans Eusèbe[2]. Hermippus,
dans Diogène de Laërte[3], rapporte qu'il vint
d'Élis à Olympie pour y établir une école de
philosophie, et que, ses disciples lui ayant demandé pourquoi il s'arrêtait en ce lieu, il répondit qu'il voulait y fonder une école qui serait
nommée Olympique. Mais ses disciples déser-
tèrent cette école, à cause de la disette qui régnait dans cet endroit et de l'insalubrité de l'air
qui altérait leur santé. Alexinus continua pourtant d'y demeurer avec un serviteur. Un jour
qu'il se baignait dans le fleuve Alphée, une
pointe de roseau lui fit une grave blessure dont
il mourut[4].

Disciple et successeur d'Eubulide, d'après le

---

[1] *De Historiis græcis*, l. I, c. 8.

[2] Καταγέλαστα δ' εἰκότως εἶναι φαίη τις ἂν καὶ τὰ ἀπομνημο-
νεύματα τὰ Ἀλεξίνου τοῦ ἐριστικοῦ. Ποιεῖ γὰρ Ἀλέξανδρον παῖδα
διαλεγόμενον τῷ πατρὶ Φιλίππῳ, καὶ διαπτύοντα μὲν τοὺς τοῦ
Ἀριστοτέλους λόγους, ἀποδεχόμενον δὲ Νικαγοραν τὸν Ἑρμῆν ἐπι-
κληθέντα (*Præp. evang.*, XV, 2).

[3] L. II, *in Euclid.*

[4] Diog. L., *ibid.*

témoignage de Diogène de Laërte, déjà invoqué plus haut, τῆς Εὐβουλίδου διαδοχῆς Ἀλεξῖνος [1], adversaire et par conséquent contemporain de Zénon, ainsi qu'il résulte de cet autre texte du même historien [2], γέγραφε πρὸς Ζήνωνα, Alexinus dut fleurir vers l'an 300 de l'ère chrétienne; et son nom est un de ceux qui viennent clore la liste des philosophes mégariques, que nous avons vue ouverte par Euclide.

[1] L. II, *in Euclid.*
[2] *Ibid.*

CHAPITRE XII.

DIODORE CRONUS.

Diodore Cronus, bien qu'il soit mort antérieurement à Stilpon, et probablement aussi
antérieurement à Bryson, à Euphante et à Alexinus, doit, dans l'ordre des temps, être regardé
comme le dernier des philosophes mégariques.
En effet, il est disciple d'Apollonius, qui lui-
même l'était d'Eubulide. Or, Alexinus fut disciple immédiat d'Eubulide. Il en est de même
d'Euphante. Bryson eut pour maître un disciple
immédiat d'Euclide, Clinomaque. Stilpon, de
son côté, eut pour maître Thrasymaque, disciple immédiat d'Euclide, et peut-être Euclide
lui-même [1]. Diodore est donc, d'entre tous les
philosophes de l'école de Mégare, celui qui se
rattache le moins immédiatement à Euclide, et
c'est pourquoi nous l'appelons le dernier des
mégariques.

[1] Pour la vérification de ces divers points, voir les chapitres où il est traité spécialement de chacun de ces philosophes.

La patrie de Diodore fut Jasos, ville de Carie, d'après le témoignage de Diogène de Laërte[1], Διοδώρος Ἰάσως, que vient confirmer celui de Strabon[2], qui, en parlant de la Carie et de la ville de Jasos qui y est située, dit que cette ville avait vu naître Diodore le dialecticien, ἐντεῦθεν δ'ἦν ὁ διαλεκτικὸς Διοδώρος. Né à Jasos, Diodore y eut pour père Aminias, au rapport de Diogène de Laërte[3], Διοδώρος Ἀμεινίου, et, plus tard, quand il eut quitté l'Asie-Mineure pour la G rce, lui-même devint le chef d'une assez nombreuse famille, puisque, d'après Philon le dialecticien, dans Clément d'Alexandrie[4], il fut le père de cinq filles qui furent surnommées les cinq dialecticiennes, et dont les noms étaient Menexène, Argia, Théognis, Artémisia, Pantaclia.

Le maître de Diodore dans l'école mégarique avait été Apollonius. Nous avons sur ce point le

---

[1] L. II, *in Diod. Cr.*

[2] L. XIV.

[3] L. II, *in Diod. Cr.*

[4] Στρωματέων IV. Διοδώρου τοῦ Κρόνου ἐπικληθέντος θυγατέρες πᾶσαι διαλεκτικαὶ γεγόνασιν, ὥς φησι Φίλων ὁ διαλεκτικὸς ἐν τῷ Μενεξένῳ· ὧν τὰ ὀνόματα παρατίθεται τάδε, Μενεξένη, Ἀργεία, Θέογνις, Ἀρτεμισία, Παντάκλεια. — Cette assertion est confirmée encore par le témoignage de Hiéronyme (l. I, *contra Jovinianum*) : « Diodorus Socraticus quinque filias « dialecticas insignis pudiciliæ habuisse narratur, de qui- « bus Philo plenissimam scribit historiam. »

témoignage positif de Strabon en deux différents
endroits de ses écrits. En traitant de la Carie et
de Jasos, ville de cette contrée, le savant géographe, dans un texte déjà cité plus haut, rapporte que Jasos était la patrie du dialecticien
Diodore; puis, à cette occasion, il explique le
surnom de Cronus donné à notre philosophe, et
dit qu'il lui venait d'Apollonius, *qui avait été
son maître*, Ἀπολλώνιος γὰρ ἐκαλεῖτα ὁ Κρόνος, ἐπιστατήσας ἐκείνου[1]. Et ailleurs[2], en parlant de la
ville de Cyrène, Strabon dit encore qu'elle était
la patrie d'Apollonius Cronus, le maître de Diodore[3], καὶ ὁ Κρόνος δὲ Ἀπολλώνιος ἐκεῖθέν ἐστιν, ὁ τοῦ
διαλεκτικοῦ Διοδώρου διδάσκαλος. Disciple d'Apollonius, Diodore fut, à son tour, le maître de
deux philosophes célèbres, dont l'un devait appartenir à la secte académique, et l'autre être
le fondateur de l'école stoïcienne; nous voulons
parler de Philon et de Zénon[4]. Hippobotus,

[1] L. XIV.
[2] L. XVII.
[3] Indépendamment du double témoignage de Strabon
sur ce point, nous renvoyons, de plus, à la note de Ménage insérée dans notre chapitre sur Apollonius Cronus.
[4] Peut-être à ces deux noms pourrait-on joindre encore
celui d'Ariston, mais en ce sens seulement qu'il adopta la
dialectique de Diodore, διὰ τὸ προσχρῆσθαι τῇ διαλεκτικῇ τῇ
κατὰ τὸν Διοδώρον, comme dit Sextus (*Hyp. Pyrr.*, l. I,
c. 33); car Ariston est surtout un platonicien, εἶναι δὲ ἂν
πρὸς Πλατωνικον.

dans Diogène de Laërte [1], dit que Zénon le stoïcien suivit les leçons de Diodore, duquel il ap-
prit la dialectique, συνδιέτριψε δὲ καὶ τῷ Διοδώρῳ,
καθά φησιν Ἱππόβοτος, παρ'ῷ καὶ τὰ διαλεκτικὰ ἐξεπό-
νησεν. Quant à Philon, sans que nous puissions
établir ce point par des textes précis, il passe
généralement pour avoir été non-seulement
l'adversaire de Diodore en dialectique, ce qui
apparaîtra par la suite de ce Mémoire, mais
encore son disciple; et c'est en particulier l'opinion de Ménage [2], lorsque rencontrant dans le
texte de Diogène de Laërte le nom de Philon [3],

---

[1] L. VII, *in Zen.*

[2] Nous reproduisons ici le passage de Diogène de Laërte
auquel cette note est annexée : Ζήνων πρὸς Φίλωνα τὸν δια-
λεκτικὸν διεκρίνετο, καὶ συνεσχόλαζεν αὐτῷ (l. II, *in Zen.*).

[3] Philon est ce philosophe que nous avons vu, plus haut,
mentionné par Clément d'Alexandrie comme ayant laissé
dans son Ménéxène quelques détails sur la vie de Diodore
son maître. Il reste seulement à savoir quel était ce Philon ;
car il y eut plusieurs philosophes grecs de ce nom. Il est
évident que ce ne peut être Philon d'Alexandrie. Reste
donc à opter entre les deux philosophes que Tennemann
appelle, l'un, Philon le Mégarique, l'autre, Philon l'Académicien. Mais ces deux philosophes nous paraissent, contrairement à l'opinion du savant allemand, ne faire qu'un
seul et même personnage. Car, pour notre part, nous n'a-
vons rencontré dans les documents de l'histoire ou de la
philosophie ancienne aucune trace d'un Philon qui appar-
tînt en propre à l'école de Mégare, et qui fût distinct de
Philon l'Académicien. Ce Philon l'Académicien fut, au rap-

Φίλωνα, il ajoute en note : *Diodori Croni disci-pulum, Zenonis condiscipulum.*

Il nous reste à rechercher l'origine de la dé-nomination de Cronus (Κρόνος) qui est restée attachée à Diodore. On interprète mal un pas-sage de Diogène de Laërte, en la Vie de ce philo-sophe, quand on en induit que le surnom de Cronus fut donné à ce philosophe par le roi d'Égypte Ptolémée. Ce prince ne fit, en cette

port de Cicéron (*Quæst. acad. VI*), auditeur de Clito-maque, et voici comment s'énonce Ménage en ce qui le concerne : « Discipulum et successorem Clitomachus ha-« buit Philonem, teste eodem Numenio, dicto loco (scili-« cet, ap. Euseb. *Præp. evang.*, l. XIV), et teste Cicerone « in Lucullo. » Numenius et Sextus Empiricus font de Philon, conjointement avec Charmide, le chef de la qua-trième académie. On peut voir, à cet égard, l'opinion de Numenius dans Eusèbe (*Præp. evang.*, l. XIV). Quant à Sextus, il dit, au chap. XXXIII du livre Iᵉʳ de ses *Hypo-typoses*, qu'aux trois académies dont les chefs sont Platon, Arcésilas, Carnéade et Clitomaque, il y en a qui ajoutent une quatrième académie, qui est celle de Philon et de Charmide.

Il ne paraît donc pas y avoir eu, contemporainement à Diodore, deux Philon, l'un mégarique, l'autre académi-cien. C'est là une des erreurs, non encore rectifiées, de Tennemann. Philon, disciple, et plus tard adversaire de Diodore, appartient à la secte académique. S'il suivit les leçons de Diodore, ce ne fut qu'accessoirement ; son véri-table maître est Clitomaque ; et si les historiens de la phi-losophie lui donnent le surnom de Διαλεκτικός, épithète donnée souvent aux philosophes de Mégare, ce n'est pas

occasion [1], que rappeler un surnom que Diodore portait déjà. La véritable origine de ce surnom nous est révélée par un double passage de Strabon, duquel il résulte que ce surnom fut d'abord celui d'Apollonius, maître de Diodore, et qu'il passa du maître au disciple : Ἀπολλώνιος γὰρ ἐκαλεῖτο ὁ Κρόνος, ἐπιστήσας ἐκείνου (Διοδώρου). Μετήνεγκαν δ'ἐπ'αὐτὸν διὰ τὴν ἀδοξίαν τοῦ κατ'ἀλήθειαν Κρόνου [2]... Et ailleurs [3] : Καὶ ὁ Κρόνος δὲ Ἀπολλώνιος ἐκεῖθέν ἐστιν, ὁ τοῦ διαλεκτικοῦ Διοδώρου διδάσκαλος, τοῦ καὶ αὐτοῦ Κρόνου προσαγορευθέντος, μετενεγκάντων τινῶν τὸ τοῦ διδασκάλου ἐπίθετον ἐπὶ τὸν μαθήτην.

On sait que Diodore eut une fin prématurée. Ce puissant dialecticien, *valens dialecticus*, comme l'appelle Cicéron, ce maître de l'art dialectique, comme le nomme Pline, mourut de honte de n'avoir pu résoudre un argument de Stilpon.

---

qu'il soit mégarique, c'est seulement à cause du caractère dominant de ses travaux et de la trempe particulière de son esprit. Tout en mentionnant donc Philon parmi les disciples de Diodore Cronus, nous avons dû ajouter qu'à proprement dire il ne fut pas un mégarique, mais bien un académicien ; et c'est pourquoi nous n'avons à lui consacrer aucun chapitre spécial dans l'ensemble de notre travail sur l'école de Mégare.

[1] Diodore était resté muet devant un argument de Stilpon, et c'est alors que Ptolémée, au rapport de Diogène de Laërte, l'appela Κρόνος.

[2] L. XIV, *ubi de Jaso.*

[3] L. XVII, *ubi de Cyrena.*

« Pudore obiit Diodorus, sapientiæ dialecticæ
« professor, lusoria quæstione non protinus ad
« interrogationes Stilponis dissoluta[1]. » Diogène
de Laërte dit que Diodore, interrogé par Stilpon
sur la solution de quelque problème dialectique,
fut gourmandé par le roi pour son hésitation à
répondre, et que, s'entendant qualifier par lui
du nom de Cronus (Κρόνος), il quitta soudaine-
ment l'assemblée, ne prit aucun repos jusqu'à
ce qu'il eût composé un écrit sur le problème
proposé, περὶ τοῦ προϐλήματος, et mourut ensuite
de chagrin, ἀθυμίᾳ βίον κατέστρεψε[2]. Maintenant,
en quel lieu se passa entre Stilpon et Diodore
cette lutte éristique qui aboutit à la mort de ce
dernier? Il semblerait, d'après le récit de Diogène de Laërte, en sa Vie de Diodore Cronus,
que ce fut en Égypte. Mais ce même Diogène,
en sa Vie de Stilpon[3], dit positivement que ce
dernier philosophe refusa d'aller en ce pays.
Tout porte donc à croire que le fait raconté par
Diogène se passa à Égine, où, suivant le témoignage de cet historien, Stilpon accompagna Ptolémée Soter[4] jusqu'à son rembarquement pour

---

[1] Plin., l. VII, 53.

[2] L. II, *in Diod. Cr.*

[3] L. II (voir le chap. Stilpon).

[4] Ptolémée, fils de Lagus, avait été l'un des lieutenants
d'Alexandre. Il fonda en Égypte la dynastie des Lagides.

ses états, μετῆλθεν εἰς Αἴγιναν, ἕως ἐκεῖνος (Πτολεμαῖος) ἀπέπλευσεν. On peut conjecturer que la mort de Diodore eut lieu vers la cxxi⁰ olympiade, environ 296 ans avant l'ère chrétienne. Disciple d'Apollonius Cronus, qui était lui-même un disciple d'Eubulide, tandis que tous les autres philosophes de la secte de Mégare sont disciples immédiats d'Euclide, ou du moins d'un de ses successeurs directs, Diodore est, dans l'ordre d'apparition, le dernier des mégariques. Un peu plus d'un siècle donc s'écoula entre Euclide, le fondateur[1] de l'école de Mégare, et Diodore, qu'on peut, avec raison, appeler son dernier représentant. Dans cet intervalle nous sont successivement apparus les noms d'Icthyas, de Thrasymaque, de Pasiclès, de Clinomaque, d'Eubulide, de Stilpon, d'Apollonius Cronus, d'Euphante, de Bryson, d'Alexinus.

Nous avons eu occasion déjà de signaler les qualifications de puissant dialecticien, *valens dialecticus*, de maître de l'art dialectique, *sapientiæ dialecticæ professor*, données par Cicéron et par Pline à Diodore Cronus. Sextus Empiricus attache au nom de notre philosophe

---

[1] En 400 avant notre ère, ou quelques années plus tôt, si l'on se range à cette autre opinion, que l'école de Mégare existait déjà avant la mort de Socrate.

l'épithète de διαλεκτικότατος [1]. C'est qu'en effet
Diodore, participant en ceci du caractère général de l'école à laquelle il appartient, est surtout et avant tout un dialecticien. Sans doute,
on rencontre chez lui des théories qui, par leur
nature, se rattachent soit à la cosmogonie, comme,
par exemple, son opinion sur le principe des
choses, soit à la métaphysique, comme son opinion sur le problème du possible, περὶ δυνάτων,
soit encore à la physique, comme son opinion
sur le mouvement, soit enfin à la logique, comme
sa théorie sur le jugement conditionnel; mais il
y a dans Diodore quelque chose qui pénètre et
en même temps domine tout cela, à savoir : la
dialectique; à telle enseigne que plusieurs d'entre ces théories n'ont peut-être été adoptées et
soutenues par ce philosophe dans le sens où il
les a posées, que pour montrer jusqu'où peut
s'étendre la puissance de la dialectique, puisque,
par des raisonnements ingénieux et subtils on
peut arriver à contester et à nier les choses les
plus évidentes. Les diverses questions philosophiques chez Diodore, comme chez les autres
mégariques, nous paraissent avoir été soutenues

---

[1] *Adv. Math.*, l. I, chap. dernier, où il cite l'épigramme
suivante de Callimaque :

. . . . Αὐτὸς ὁ Μῶμος
Ἔγραψεν ἐν τείχοις, ὁ Κρόνος ἐστὶ σοφός.

assez peu sérieusement en elles-mêmes, et avoir surtout servi de thème sur lequel la dialectique éristique de ces philosophes pût s'exercer et triompher. C'est en ce sens que nous paraissent pouvoir être expliquées plusieurs thèses assez singulières que nous rencontrons dans le peu qui nous reste des travaux et des écrits de ces philosophes. Diodore Cronus n'est donc ni un sérieux métaphysicien, comme les philosophes de l'Académie, ni, davantage, un puissant ontologiste; c'est bien plutôt un éristique qui s'évertue à faire briller toutes les ressources de la dialectique, en la faisant servir à résoudre en un sens arbitraire des questions qui ont été uniformément et à tout jamais résolues par le sens commun. Plusieurs d'entre les arguments éristiques qui appartenaient en propre à Diodore, n'ont pas dû venir jusqu'à nous. Diogène de Laërte, en ses Monographies, rapporte que, dans l'opinion de quelques-uns, Diodore passait pour être l'inventeur des deux arguments éristiques connus dans l'histoire de la dialectique sous les titres de ἐγκεκαλυμμένος (*le voilé*) et de κεράτινος λόγος (*le cornu*), πρῶτος δόξας εὑρηκέναι τὸν ἐγκεκαλυμμένον καὶ κεράτινον λόγον, κατά τινας[1]. Mais il est bien plus probable, et il résulte, non plus d'une tra-

---

[1] Diog. L., l. II, *in Diod. Cr.*

dition vague, κατά τινας, mais cette fois du témoignage de Diogène lui-même en un autre endroit de son livre[1], que ces deux arguments,
ainsi que ceux qu'on appelait *le chauve, le menteur, le caché, l'Électre, le tas*[2], doivent être
rapportés à Eubulide, qui paraît s'être complu à
ces sortes d'exercices éristiques : Τῆς δὲ Εὐκλείδου
διαδοχῆς ἐστι καὶ Εὐβουλίδης ὁ Μιλήσιος, ὃς καὶ πολλοὺς
ἐν διαλεκτικῇ λόγους ἠρώτησε, τόν τε ψευδόμενον, καὶ τὸν
διαλανθάνοντα, καὶ Ἠλέκτραν, καὶ ἐγκεκαλυμμένον, καὶ
σωρείτην, καὶ κεράτινον, καὶ φαλακρόν[3]. Quant à Diodore, sa dialectique paraît s'être principalement
exercée sur la question de la signification des
mots, sur l'idée du possible, περὶ δυνάτων, sur la
légitimité du jugement conditionnel, τὸ συνημμένον, enfin sur la question du mouvement.
Quel lien logique unissait entre elles ces différentes thèses? C'est ce qu'il est bien difficile de
déterminer aujourd'hui en l'absence des écrits
de Diodore Cronus; et les tentatives faites pour
réunir en un corps de doctrines les opinions de
ce philosophe sur ces divers points, nous paraissent reposer uniquement sur des raisons très-

---

[1] Diog. L., l. II, *in Euclid.*

[2] Voir notre Mémoire sur Eubulide.

[3] Sur la réduction de ces arguments, voir notre Mémoire
sur Eubulide.

obscures et très-subtiles. Peut-être même ne serait-il pas déraisonnable de croire que, dans la
pensée du philosophe mégarique, ces différentes
thèses (sauf toutefois celle de l'immobilité et celle
de l'indivisibilité de ces infiniments petits, ἐλάχιστα καὶ ἀμέρη σώματα, qu'il pose comme principes des choses[1]) n'étaient liées les unes aux
autres par aucun lien bien rigoureux ni bien
étroit. Sans donc nous perdre ici en de subtiles
conjectures, emparons-nous du côté positif qui
s'offre de lui-même à nos investigations. Ces
différentes thèses sur le mouvement, sur le possible, sur le principe des choses, sur le jugement
conditionnel, sur l'ambiguité du langage, essayons de les restituer et de les apprécier. Si le
temps a détruit les écrits de Diodore, au moins
nous est-il donné, sur les divers points qui viennent d'être indiqués, de faire usage des témoignages très-circonstanciés de Sextus Empiricus,
de Cicéron, d'Aulu-Gelle, et ce sont ces témoignages que nous allons successivement recueillir
et invoquer.

En premier lieu, sur la question de l'ambiguité du langage et de la double signification
des mots, c'était une thèse négative que soutenait

---

[1] Voir, dans la suite de ce Mémoire, la justification de
ce point spécial.

Diodore Cronus. Deux opinions se trouvaient
ici en présence : celle des mégariques, person-
nifiée surtout en Diodore, et celle des stoïciens
représentée par Chrysippe. Le stoïcisme, avec
Chrysippe, prétendait que toute espèce de mot
était, de sa nature, ambiguë, en ce qu'un même
mot peut toujours se prêter à deux ou plusieurs
significations différentes. D'autre part, et contrairement à cette assertion, Diodore de Mégare
prétendait qu'aucun mot n'offre un sens douteux; et la raison qu'il en donnait, c'est que personne ne pense, et, par conséquent, ne dit en
réalité une chose qui offre plusieurs sens, et qu'il
ne faut point prêter à un mot une signification
différente de celle que lui prête celui qui parle.
« Lorsque, disait-il, il m'arrive de parler dans
« tel sens, et à vous de m'entendre dans tel
« autre, c'est que ma manière de dire a été
« obscure plutôt qu'équivoque. En effet, la dou-
« ble signification d'un mot ne saurait venir
« que de ce que la personne qui parle dirait deux
« ou plusieurs choses en même temps. Or, on
« ne dit ni deux ni plusieurs choses en même
« temps, lorsqu'on a la conscience de n'en dire
« qu'une. » Cette argumentation de Diodore contre la possibilité d'une double signification dans
les mots a été conservée par Aulu-Gelle[1] : « Chry-

---

[1] *Noct. attic.*, XI, 12.

« sippus ait omne verbum ambiguum natura
« esse, quoniam ex eodem duo vel plura accipi
« possunt. Diodorus autem, cui Crono cogno-
« mentum fuit : *Nullum*, inquit, *verbum am-*
« *biguum est; nec quisquam ambiguum dicit*
« *aut sentit; nec aliud dici videri debet quam*
« *quod se dicere sentit is qui dicit. At, cum ego,*
« inquit, *aliter sensi, tu aliter accepisti, obscure*
« *magis dictum quam ambigue videri potest.*
« *Ambigui enim verbi natura illa esse debuit, ut*
« *qui diceret, duo vel plura diceret. Nemo autem*
« *duo vel plura dicit, qui se sentit unum di-*
« *cere.*» Tel était, au rapport d'Aulu-Gelle, l'état
de la question entre Diodore et Chrysippe. Or,
étant une fois mise à part l'exagération qu'il peut
y avoir dans cette assertion, que tout mot est naturellement ambigu, *omne verbum ambiguum*
natura esse, il est évident que l'expérience résout la question en faveur du philosophe stoïcien
contre le philosophe mégarique. En effet, un
mégarique devait moins que tout autre ignorer
qu'il arrive parfois qu'on introduise intention-
nellement dans le discours des expressions am-
biguës. Un grand nombre d'arguments, attribués
par la tradition philosophique à la secte éristique,
que sont-ils autre chose que des sophismes de
mots? Et d'ailleurs, n'arrive-t-il pas maintes fois
qu'indépendamment de toute intention, l'am-

biguité s'introduise dans notre langage, et que les expressions dont nous nous servons offrent deux ou plusieurs significations, lorsqu'en réalité nous ne pensons et ne voulons exprimer qu'une seule chose? Assurément, il ne faut pas prêter à un mot une signification différente de celle que lui prête celui qui parle. Mais cette signification attachée à la pensée de celui qui parle, est-elle toujours parfaitement une, et, si elle ne l'est pas toujours, n'est-on point, par cela même, exposé quelquefois à prêter aux mots que l'on entend un sens qu'ils n'ont pas dans la pensée de celui qui les prononce? Assurément encore, sauf le cas, très-fréquent chez les éristiques, du sophisme de mot, personne ne veut dire deux ou plusieurs choses par un même terme, et ainsi chacun a conscience de l'unité de sa pensée et de son expression, comme le dit très-bien Diodore dans le passage déjà mentionné d'Aulu-Gelle : « Nemo « duo vel plura dicit qui se sentit unum dicere. » Mais cette unité de pensée et d'expression, si évidente pour la conscience de celui qui parle, existe-t-elle au même degré de lucidité pour ceux qui écoutent et qui entendent, et l'obscurité qui s'attache alors à l'expression n'entraîne-t-elle pas avec elle l'ambiguïté, de telle sorte que celle-ci devienne une conséquence inséparable de celle-là, loin de pouvoir en être distraite comme chose d'une nature distincte, ainsi que tente de le faire Diodore, lorsqu'il dit, au rapport d'Aulu-Gelle : « Lorsqu'il m'arrive de parler en tel sens, « et à vous de m'entendre en tel autre, c'est « que ma manière de parler a été obscure plutôt « qu'ambiguë? » Il nous paraît donc que, sur ce premier point, le stoïcisme a raison contre le mégarisme, Chrysippe contre Diodore. Il nous reste à suivre la lutte des deux philosophies sur d'autres points tout autrement importants, et d'abord, sur la question du *possible*.

C'est un haut et redoutable problème que celui *du possible*, περὶ δυνάτων, comme parlent les mégariques et Diodore. Il ne s'agit plus ici, comme plus haut sur la question de l'ambiguité du langage, d'une simple thèse grammaticale. La thèse *du possible* implique un haut problème de métaphysique, et, en même temps, elle touche à la fois à la psychologie par la question de la liberté humaine et à la théodicée par la question de la puissance divine. En effet, regardez-vous comme possible ce qui n'est pas arrivé, et même ce qui ne doit jamais arriver? Vous laissez par là au libre arbitre de l'homme toute son autonomie, et en même temps à la puissance divine toute son étendue. D'autre part, au contraire, prétendez-vous qu'il n'y a de possible que ce qui est maintenant ou sera un jour?

Alors, et dans ce second cas, vous circonscrivez
l'action divine dans les étroites limites d'une
réalité présente ou future dont vous vous consti-
tuez l'appréciateur, et du même coup vous en-
levez à l'âme humaine l'activité libre, pour ne
lui laisser qu'une activité régie par des lois nécessaires. Or, entre ces deux doctrines, l'humanité et la saine philosophie, qui a pour attri-
bution de reproduire, en leur conférant une
forme scientifique, les croyances de l'humanité,
ont depuis longtemps opéré leur choix. D'un
côté, la conscience nous atteste la présence de
certains actes internes, marqués de ce caractère,
que nous aurions pu les produire autres ou
même ne pas les produire ; de telle sorte qu'à
côté d'un acte réel dont nous sommes auteurs
nous sentons constamment en nous-mêmes la
possibilité de mille et mille autres que nous aurions pu créer également, et qu'il nous demeure
loisible de créer à volonté. Ainsi, dans la sphère
du moi, le possible déborde de toutes parts le
réel. En est-il autrement dans une sphère plus
haute et plus sainte ? Eh quoi ? Cette volonté
sans limites que je sens en moi-même, comme
parle Descartes, n'existerait pas en Dieu ? Mais
l'entendement ne répugne-t-il pas à une proposition de cette nature ? Dieu ne nous est-il pas
invinciblement donné non-seulement sous la

raison de puissance infinie, mais encore, et indivisément, de cause infinie? La volonté donc, qui est sans limites dans la nature humaine, l'est, à bien plus forte raison, dans la nature divine, avec cette immense dissimilitude toutefois, que chez l'homme la puissance d'exécution est restreinte en des bornes très-étroites, tandis qu'en Dieu rien ne la circonscrit, rien ne l'arrête, rien ne l'entrave. Le sens commun et la philosophie protestent donc d'un commun accord contre cette négation du possible en dehors de toute réalité présente ou future. Eh bien! ce système métaphysique, que le sens commun et la philosophie s'accordent à condamner au nom de la conscience et de la raison réunies, comme attentatoire tout à la fois à la dignité de l'homme et à la majesté de Dieu, fut celui de Diodore[1]. Nous possédons sur ce point plusieurs témoignages, et d'abord, celui d'Alexandre d'Aphrodisée[2] qui dit formellement que le *pos-*

---

[1] Cette doctrine paraît avoir appartenu d'une manière plus générale à l'école de Mégare. Car Aristote, qui est antérieur à Diodore, et qui n'a pu, dans ses écrits, mentionner les opinions de ce philosophe, parle de la doctrine dont il s'agit ici comme étant celle de l'école de Mégare. — Voir sur ce point un passage de l'introduction, dans lequel nous avons reproduit le texte d'Aristote.

[2] Voici le passage tout entier de ce savant critique (*Nat. quæst.*, I, 14): Δυνατὸν λέγειν καὶ περὶ τῶν δυνάτων, τοῦδε

sible pour Diodore, c'est ce qui est actuellement ou ce qui doit être un jour ; qu'ainsi, par exemple, il est possible que j'aille à Corinthe, si en réalité je dois y aller un jour, mais que cette possibilité cesserait si je n'y devais pas aller. C'est dans cette discussion sur le *possible* que paraît avoir eu sa place cet argument qu'on attribue [1] à Diodore Cronus sous le titre de κυριεύων λόγος. Cette réduction opérée par Diodore du possible au réel soit présent soit future est encore attestée par Cicéron [2] : « Ille enim (Dio- « dorus) id solum fieri posse dicit quod aut sit

---

ᾷ Διοδώρῳ λέγεται, ἤγουν ὅ ἐστιν ἢ ἔσται. Τὸ γάρ τι ὂν ἢ ἐσόμε- νον πάντως δυνατὸν μόνον ἐκεῖνος ἐτίθετο. Τὸ γὰρ ἐμὲ ἐν Κορίνθῳ γενέσθαι, δυνατὸν κατ' αὐτόν, εἰ ἦν ἐν Κορίνθῳ, ἢ πάντως μέλ- λοιμι ἔσεσθαι· εἰ δὲ μὴ γενοίμην, οὐδὲ δυνατὸν ἦν· καὶ τὸ παι- δίον γενέσθαι γραμματικὸν εἰ ἔσοιτο· οὗ εἰς κατασκευὴν καὶ ὁ κυριεύων ἠρώτητο λόγος ὑπὸ Διοδώρου· ὁμοίως καὶ περὶ τοῦ κατὰ Φίλωνα· ἦν δὲ τοῦτο κατὰ ψιλὴν λεγόμενον ἐπιτηδειότητα τοῦ ὑποκειμένου, καὶ ὑπὸ τινῶν ἔξωθεν ἀναγκαίων ἢ γενέσθαι κεκωλυ- μένον. Οὕτως τὸ ἄχυρον τὸ ἐν τῇ ἀτόμῳ, ἢ τὸ ἐν τῇ βυθῷ δυνατὸν ἔλεγε καυθῆναι ὂν ἐκεῖ, καίτοι κωλυόμενον ὑπὸ τῶν περιεχόντων αὐτὸ ἐξ ἀνάγκης· ὧν ἐστὶ μεταξὺ τὸ ὑπὸ Ἀριστοτέλους λεγόμενον · δυνατὸν γὰρ τὸ οἷόν τε γενέσθαι ἀκώλυτον ὄν, κἂν μὴ γένηται · τὸ γὰρ ἄχυρον τὸ μὲν μὴ ὂν ἐν τῇ ἀτόμῳ μηδὲ ὅλως ὑπό τινος κω— λυόμενον, δυνατὸν καυθῆναι, κἂν μηδέποτε καυθῇ, ὅτι μὴ κεκώ— λυται.

[1] Themist., *Orat.* II. — Plutarch., *De comm. notit.* *adv.* s. 24.

[2] *De fato*, VI.

« verum aut futurum sit verum ; et quicquid
« non sit futurum, id negat fieri posse. » Sur
ce terrain, comme, plus haut, sur la thèse de
l'ambiguité du langage, nous rencontrons encore
les doctrines de Chrysippe, le stoïcien, comme
contradictoires à celles de Diodore. Chrysippe
regardait comme possible ce qui n'est pas arrivé
et même ce qui ne doit jamais arriver, πᾶν τὸ
ἐπιδεικτικὸν τοῦ γενέσθαι, κἂν μὴ μέλλῃ γενήσεσθαι, δυνατόν ἐστιν [1]. Diodore, au contraire, d'après le
témoignage de Cicéron, que nous venons de reproduire textuellement, s'efforçait de prouver
qu'il n'y a de possible que ce qui est maintenant
ou sera un jour. Pour soutenir une semblable
thèse, le philosophe mégarien partait de cet
axiome, que rien de vrai ne peut se convertir
en faux, comme aussi rien de faux ne peut se
convertir en vrai. Or, ajoutait-il, le passé est
vrai, en ce sens, que ce qui est arrivé ne peut
pas ne pas être arrivé ; le passé est donc nécessaire. De même pour l'avenir. En effet, comme
le dit Cicéron, interprète en ce point des doctrines de Diodore, les choses destinées à être ne
peuvent pas, plus que celles qui ont été, se
transformer de vraies en fausses ; et réciproquement, celles qui ne seront pas ne peuvent, de

---

[1] Plutarch. *Repugn. stoïc.*

fausses qu'elles sont dans l'avenir, se changer
en vraies, « omne quod falsum dicitur in futu-
« rum id fieri non potest[1]. » Toute contingence
s'évanouit donc, et l'avenir devient nécessaire
aussi bien que le passé. Toute la différence, c'est
que les choses qui ont été paraissent immuta-
bles, tandis que la même immutabilité n'apparaît pas également pour celles qui seront. « Pla-
« cet igitur Diodoro, id solum fieri posse quod
« aut verum sit, aut verum futurum sit. Qui lo-
« cus attingit hanc quæstionem, nihil fieri quod
« non necesse fuerit, et quicquam fieri potest, id
« aut jam esse aut futurum esse; nec magis com-
« mutari ex veris in falsa ea posse quæ futura
« sunt quam ea quæ facta sunt; sed in factis im-
« mutabilitatem apparere, in futuris quibusdam,
« quia non apparet, ne necesse quidem videri[2]. »
Toute cette argumentation de Diodore, exposée
ainsi par le philosophe latin, repose, comme il
est aisé de le voir, sur le paralogisme appelé,
dans le langage de l'école, sophisme de la confusion des genres, c'est-à-dire, sur une illégitime
analogie entre le réel, soit passé, soit futur, et le
nécessaire; et de plus, elle entraîne comme conséquence immédiate, ainsi que déjà nous l'avons

---

[1] *De Fato*, VI.
[2] Cicer., *de Fato*, VI.

fait remarquer, la négation du libre arbitre dans l'homme, et de la toute-puissance en Dieu. Or, nous l'avons établi plus haut, le sens intime, dont l'autorité est infaillible, témoigne hautement de notre libre arbitre ; et, d'autre part, la raison, s'aidant de procédés empruntés tout à la fois à l'expérience psychologique et à l'expérience sensible, nous révèle en Dieu la liberté et la toute-puissance. Voilà pour les conséquences qu'entraîne après elle la doctrine de Diodore sur la nature du possible, περὶ δυνάτων. Quant au principe sur lequel cette doctrine repose, c'est-à-dire, cette fausse assimilation, cette illégitime analogie entre le réel, soit passé, soit futur, et le nécessaire, il est à tout jamais répudié par la philosophie comme par le plus vulgaire bon sens. Tout nécessaire est réel sans doute, soit dans le présent, soit dans le passé, soit dans l'avenir. Mais est-il permis de prétendre que la réciproque soit vraie ? Le contingent n'entre-t-il pas pour une très-grande part dans la réalité, soit écoulée, soit actuelle, soit future ? Chacun de nous n'opère-t-il pas une distinction radicale entre ce qui ne peut pas ne pas être et ce qui peut indifféremment être ou n'être pas ? Comment, d'ailleurs, une semblable distinction se trouverait-elle si lucidement marquée dans toutes les langues, si elle ne répondait pas à quelque chose d'intimement existant et de

profondément enraciné dans la pensée? Toute
cette argumentation de Diodore sur *le possible*,
περὶ δυνάτων, n'est donc autre chose qu'un sophisme dangereux dans ses conséquences, absurde en son principe; et, sur cette question, la
philosophie et le genre humain s'accordent à
dire, avec le stoïcisme, et avec Chrysippe, contre Diodore, qu'il y a du possible dans ce qui
n'est pas encore arrivé et même dans ce qui ne
doit jamais arriver, κἂν μὴ μέλλῃ γενήσεσθαι δυνατόν
ἐστιν, suivant l'expression de Plutarque[1], ou,
suivant celle de Cicéron[2], interprète, en ce point,
ainsi que Plutarque, de la pensée du philosophe
stoïcien, *quæ non sunt fieri posse.*

Maintenant, les yeux fixés sur les conclusions
dogmatiques et critiques auxquelles nous venons
d'aboutir, mentionnons en toute son intégrité,
dans un intérêt tout à la fois philosophique et
historique, et pour en finir sur ce point, le passage du traité *de Fato* dans lequel Cicéron a
exposé avec la plus lumineuse précision le dissentiment entre le mégarisme et le stoïcisme,
entre Diodore et Chrysippe sur la question *du
possible.* « Ici (dit le philosophe romain), ici
« est le point capital de la discussion entre Chry-

---

[1] *Repugn. stoic.*
[2] *De Fato*, VI.

« sippe et Diodore. Ce dernier n'admet comme
« possible que ce qui est vrai ou doit l'être, et
« regarde comme nécessaire tout ce qui doit ar-
« river, tandis que tout ce qui ne doit point ar-
« river, il le met au rang des choses impossi-
« bles. Toi, au contraire, Chrysippe, tu regardes
« comme possible même ce qui ne doit point
« arriver. Cette pierre précieuse, par exemple,
« peut, selon toi, être brisée lors même qu'elle
« ne devrait jamais l'être; et, d'autre part, il
« n'était point nécessaire, dis-tu, que Cypsélus
« régnât à Corinthe, bien que l'oracle d'Apollon
« l'eût prédit mille ans auparavant. Mais reve-
« nons à la question περὶ δυνάτων, comme disent
« les Grecs, dans laquelle on examine la nature
« du possible. Diodore prétend qu'il n'y a de
« possible que ce qui est vrai ou ce qui le sera;
« ce qui revient à dire qu'il n'arrive rien qui ne
« soit nécessaire; que tout ce qui est possible
« est déjà ou doit être un jour; et que l'avenir
« ne peut, non plus que le passé, devenir faux
« de vrai qu'il était. Mais, dans le passé, l'immu-
« tabilité est sensible, tandis qu'on peut la nier
« quelquefois dans l'avenir, parce qu'on ne l'y
« voit pas comme dans le passé. Ainsi, d'un
« homme attaqué d'une maladie mortelle, il se-
« rait vrai de dire : *Il mourra de cette maladie.*
« Mais si on peut le dire, avec la même certitude,

» d'un homme qui ne serait pas aussi manifes-
« tement en danger, sa mort n'en est pas moins
« certaine. Le vrai, même pour l'avenir, ne
« peut devenir faux. Cette proposition : *Scipion*
« *mourra*, quoique s'appliquant à l'avenir, est
« de nature à ne pouvoir devenir fausse ; car il
« s'agit d'un homme, et tout homme est mor-
« tel. Si l'on disait : *Scipion mourra dans son*
« *lit, la nuit, victime de la violence*, on le dirait
« avec vérité ; car on dirait ce qui doit arriver ;
« et on le sait par ce qui est arrivé réellement.
« Il n'y avait pas moins de vérité à dire : *Sci-*
« *pion mourra ainsi*, qu'à dire : *Scipion mourra.*
« La mort de Scipion n'était pas plus nécessaire
« que la mort de Scipion avec telles circon-
« stances déterminées, et cette proposition :
« *Scipion sera tué*, n'est pas plus susceptible de
« devenir fausse que cette autre proposition :
« *Scipion a été tué* [1]. »

---

[1] At hoc, Chrysippe, minime vis, maxime que tibi de hoc
ipso cum Diodoro certamen est. Ille enim id solum fieri posse
dicit quod aut verum sit, aut verum futurum sit ; et quidquid
futurum sit, id dicit fieri necesse esse ; et quidquid non sit
futurum, id negat fieri posse. Tu et quæ non sint futura posse
fieri dicis, ut frangi hanc gemmam, etiamsi id nunquam futurum sit, neque necesse fuisse Cypselum regnare Corinthi,
quanquam id millesimo ante anno Apollonis oraculo editum
esset.... Sed ad illam Diodori contentionem, quam περὶ δυνάτων appellant, revertamur, in qua quid valeat id quod fieri

Un troisième point à envisager dans la philosophie de Diodore Cronus est l'opinion de ce mégarique sur les conditions de légitimité du jugement conditionnel, τὸ συνημμένον, question logique qui vient ainsi s'ajouter, dans les doctrines de notre philosophe, à la question grammaticale de l'ambiguité des mots et à la question métaphysique du *possible*. Au rapport de Cicéron [1], la question de la légitimité du juge·

possit requiritur. Placet igitur Diodoro id solum fieri posse quod aut verum sit, aut verum futurum sit. Qui locus attinget hanc quæstionem, nihil fieri quod non necesse fuerit, et quidquid fieri possit, id aut jam esse aut futurum esse ; nec magis commutari ex veris in falsa ea posse quæ futura sunt quam ea quæ facta sunt ; sed in factis immutabilitatem apparere ; in futuris quibusdam, quia non apparet, ne inesse quidem videri : ut in eo, qui mortifero morbo urgeatur, verum sit : « *Hic morietur hoc morbo ;* » at hoc idem si vere dicatur in eo in quo vis morbi tanta non appareat, nihilominus futurum sit. Ita fit ut commutatio ex vero in falsum, ne in futuro quidem ulla fieri possit. Nam *Morietur Scipio* talem vim habet, ut, quanquam de futuro dicitur, tamen id non possit converti in falsum : de homine enim dicetur, cui necesse est mori. Sic, si diceretur : « *Morietur noctu in cubiculo suo Scipio vi oppressus,* vere diceretur : id enim fore diceretur quod esset futurum ; futurum autem fuisse ex eo quia factum est intelligi debet. Nec magis erat verum : *Morietur Scipio,* » quam « *Morietur illo modo ;* » nec magis necesse mori Scipionem quam illo modo mori ; nec magis immutabile ex vero in falsum « *Necatus est Scipio,* » quam « *necabitur Scipio.* » (Cicer., *de Fato,* VI.)

[1] *Acad.,* l. II, c. 47.

ment conditionnel, τὸ συνημμένον, était fondamentale dans la dialectique grecque, et des solutions diverses y avaient été apportées par Diodore, par Philon, par Chrysippe. « In hoc « ipso, quod in elemento dialectici docent, quo- « modo judicare oporteat verum falsum ne sit « si quid ita connexum est ut hoc : *Si dies est,* « *lucet,* quanta controversio est! Aliter Diodoro, « aliter Philoni, Chrysippo aliter placet. » Quelles étaient donc, en ce point, les opinions de ces trois philosophes, et notamment celles de Diodore? C'est ce que nous allons rechercher, après avoir sommairement posé les conditions de légitimité du jugement conditionnel.

Ces conditions sont des plus simples; et les développements apportés sur ce point par la dialectique nous paraissent pouvoir se ramener tous à ce précepte, que suggère la science et, antérieurement à la science, le bon sens, cette logique primitive et instinctive du genre humain, 1° que l'antécédent soit vrai; 2° qu'il existe entre l'antécédent et le conséquent une relation de telle nature, que la vérité du premier entraîne nécessairement celle du second, comme, par exemple, en ce jugement : *Si Dieu est juste, il y a une vie future.* Ceci posé, quelles étaient, à cet égard, les doctrines logiques de Diodore, soit en elles-mêmes, soit dans leurs rapports de dissimilitude avec celles de Philon et de Chrysippe auxquelles Cicéron semble les opposer dans le passage des Académiques que nous venons de mentionner? La réponse à cette question complexe se trouvera dans Sextus de Mytilène[1].

Et d'abord, en ce qui concerne le stoïcien Chrysippe : « Les stoïciens, dit Sextus, reconnais-« sent comme bon *connexum* celui qui, com-« mençant par le vrai, ne finit pas par le faux. « Car, ou le jugement conditionnel (le *con-« nexum, τὸ συνημμένον*) commence par le vrai « et finit par le vrai, comme : *S'il fait jour, il « fait clair*; ou il commence par le faux et finit « par le faux, comme : *Si la terre vole, elle a des « ailes*; ou il commence par le vrai et finit par « le faux, comme : *Si la terre existe, elle vole*; « ou enfin il commence par le faux et finit par « le vrai, comme : *Si la terre vole, elle existe*. « Les stoïciens disent que, de tous ces jugements « conditionnels, il n'y a de vicieux que celui « qui commence par le vrai et qui finit par le « faux, et que tous les autres sont légitimes. « Dans le jugement qui commence par le vrai « et finit par le vrai, ils appellent le premier « membre *antécédent*, et ils ajoutent que cet « antécédent a la vertu de faire découvrir le *con-*

[1] *Hyp. Pyrrh.*, l. II, c. 11.

« *séquent*. Ainsi, par exemple, disent-ils, dans
« ce *connexum* : *Si cette femme a du lait, elle a*
« *conçu*, ce premier membre, *cette femme a*
« *du lait*, démontre le second, *cette femme a*
« *conçu*. »

Tel était, au rapport de Sextus, l'opinion des
stoïciens et de Chrysippe sur la question qui nous
occupe. Voici, d'après le même témoignage,
quelle était celle de Philon :

« L'opinion de Philon est qu'un *connexum*
« est légitime lorsqu'il ne lui arrive pas de com-
« mencer par le vrai pour finir par le faux[1] : »
règle essentiellement semblable à celle que nous
venons de rencontrer chez les stoïciens et chez
Chrysippe, quoi qu'en ait pensé Cicéron qui,
dans le passage déjà mentionné : « Aliter Philoni,
« Chrysippo aliter placet, » semble établir une
différence entre la théorie de Philon et celle de
Chrysippe. Que disaient Chrysippe et les stoïciens ? Que, parmi les jugements conditionels,
il n'y a de vicieux que celui qui commence par
le vrai pour finir par le faux, et que tous les autres sont légitimes. Or, cette opinion est précisément celle que Sextus, en ses *Hypotyposes*[2],
attribue à Philon. Et s'il pouvait rester quelque

---

[1] Sextus, *ibid.*
[2] *Loc. citat.*

doute sur l'accord fondamental de la théorie de
Philon avec celle de Chrysippe, un autre passage
de Sextus, emprunté non plus à ses Πυῤῥωνεῖαι
ὑποτυπώσεις, mais à son traité Πρὸς τοὺς μαθηματικούς, serait de nature à lever toute incertitude.
« Philon (dit Sextus[1]) estime que le jugement
« conditionnel est légitime lorsqu'il ne lui ar-
« rive pas de commencer par le vrai pour finir
« par le faux. Ὁ μὲν Φίλων ἔλεγεν ἀληθὲς γίγνεσθαι τὸ
« συνημμένον, ὅταν μὴ ἄρχηται ἀπ᾽ ἀληθοῦς καὶ λήγῃ
« ἐπὶ ψεῦδος. » Or, nous le demandons, n'est-ce
pas là, mot pour mot, la règle posée par Chrysippe et les stoïciens? Mais laissons continuer
Sextus : « De telle sorte (ajoute le sceptique de
« Mytilène[2]) que, suivant Philon, il y a pour le
« jugement conditionnel trois manières d'être lé-
« gitime et une seule d'être erroné. Ὥστε τριχῶς
« μὲν γίγνεσθαι, κατ᾽ αὐτόν, ἀληθὲς συνημμένον, καθ᾽ ἕαν
« δὲ τρόπον ψεῦδός. » Or, quelles peuvent être
pour le jugement conditionnel ces trois manières d'être légitime, sinon celles-là précisément qu'adopte la théorie de Chrysippe, à savoir : 1° lorsque l'antécédent et le conséquent
sont vrais; 2° lorsque l'antécédent et le conséquent sont faux; 3° lorsque l'antécédent est faux

---

[1] *Adv. math. VIII, adv. logic.*
[2] *Ibid.*

et que le conséquent est vrai? Et quel est, d'autre part, le cas unique d'illégitimité pour le jugement conditionnel? Il consiste, pour Philon comme pour Chrysippe, dans l'alliance d'un conséquent faux avec un antécédent vrai. Ainsi, bien que Cicéron ait pu dire : *Aliter Chrysippo placet, aliter Philoni*, la théorie dialectique des deux philosophes à l'endroit du jugement conditionnel est absolument la même. Elle se ramène, de part et d'autre, à cette règle, que, pour être légitime, un jugement conditionnel doit être constitué de telle sorte qu'il ne commence pas par le vrai pour finir par le faux, ἀληθὲς γίγνεσθαι τὸ συνημμένον, ὅταν μὴ ἄρχηται ἀπ᾽ ἀληθοῦς καὶ λήγῃ ἐπὶ ψεῦδος[1] : règle arbitraire, étroite, défectueuse, et dont l'insuffisance est aisément démontrée par Sextus[2], moyennant la simple application qu'il en fait à l'exemple suivant : *S'il fait jour, je disserte.* En effet, en se plaçant dans l'hypothèse la plus favorable à la théorie, à savoir, qu'il fasse jour réellement, et que réellement aussi je disserte, voilà un jugement conditionnel qui paraît posséder parfaitement toutes les conditions de légitimité requises par la dialectique de Chrysippe et de Philon. L'antécédent, pris en soi, est

---

[1] Sext. Empir., *Adv. math.* VIII, *adv. logic.*

[2] *Hyp. Pyrrh.*, l. II, c. 11.

vrai. Le conséquent, pris également en soi, n'est pas moins vrai. Et pourtant l'entendement ne rejette-t-il pas un semblable jugement, et cette proposition : *S'il fait jour, je disserte,* peut-elle être acceptée par qui que ce soit à titre de *connexum* légitime? C'est que, indépendamment du caractère particulier de vérité ou de fausseté, soit de l'antécédent, soit du conséquent, il se trouve dans le jugement conditionnel un élément infiniment plus essentiel, que Philon et Chrysippe paraissent avoir négligé, à savoir, la conséquence, en d'autres termes : la relation logique du conséquent avec l'antécédent. Or, toute théorie qui ne tient pas compte de ce dernier élément dans le jugement conditionnel, est, par cela seul, défectueuse, et c'est le vice que nous reprochons ici à la théorie de Philon et de Chrysippe.

Ceci posé, essayons d'exposer et d'apprécier, tant en elle-même que comparativement à l'opinion de Philon et de Chrysippe, la théorie de Diodore Cronus sur le jugement conditionnel. Sextus de Mytilène sera encore ici notre guide : « Diodore (dit Sextus) exige pour la légitimité « du *connexum*, que jamais il n'ait été et ne « soit possible que, commençant par le vrai, il « finisse par le faux. Διοδώρος ἔλεγε ὅτι μήτε ἐνεδέ- « χετο μήτε ἐνδέχεται ἀρχόμενον ἀπ᾽ ἀληθοῦς λήγειν ἐπὶ

« ψεῦδος [1]. » Or, sans aller plus loin, on voit, au premier aperçu, toute la distance qui sépare cette théorie d'avec celle de Philon et de Chrysippe. Suivant ces derniers, un jugement conditionnel est légitime lorsqu'il ne lui arrive pas de commencer par le vrai pour finir par le faux. Cette condition de légitimité paraît insuffisante à Diodore. Il veut, de plus, qu'il soit et demeure à tout jamais impossible que, l'antécédent étant vrai, le conséquent soit faux. Et c'est ce qui paraît évident par la suite du passage de Sextus, dont nous venons de reproduire les premières lignes. Car, ainsi qu'ajoute le philosophe de Mytilène [2], « le jugement conditionnel cité précé-
« demment : *S'il fait jour, je disserte*, pourrait
« devenir illégitime, attendu que, s'il fait jour
« et que je cesse de parler, il arrivera que ce
« jugement conditionnel, qui commençait par
« le vrai et finissait par le vrai, commencera
« maintenant par le vrai et finira par le faux, ce
« qui, dans l'opinion de Diodore, est incompa-
« tible avec la légitimité d'un jugement condi-
« tionnel. »

Cette même opinion de Diodore, appréciée tout à la fois en elle-même et dans ses rapports

---

[1] *Hypot. Pyrrh.*, l. II, c. 11.
[2] *Ibid.*

de dissimilitude avec celle de Philon et de Chrysippe [1], peut encore être mise en lumière par un autre passage de Sextus, emprunté, cette fois, non plus aux *Hypotyposes*, mais au traité *Contre les Dogmatiques*, Πρὸς τοῦς Μαθηματικούς. Voici ce passage :

« Diodore regarde comme vrai, dans l'ordre
« des jugements conditionnels, celui qui, com-
« mençant par le vrai, ne saurait en aucune fa-
« çon finir par le faux ; opinion contraire à celle
« de Philon. En effet, un jugement conditionnel
« du genre de celui-ci : *S'il fait jour, je disserte*,
« doit être vrai, suivant Philon, puisque, com-
« mençant par le vrai, *il fait jour*, il finit par
« une assertion également vraie, *je disserte*.
« Aux yeux de Diodore, au contraire, un tel ju-
« gement est illégitime. Car, bien qu'il com-
« mence par le vrai, *il fait jour*, il se peut qu'il
« finisse par le faux, *je disserte*, comme, par
« exemple, lorsque je viens à garder le silence.
« De même de cet autre jugement : *S'il fait nuit,*
« *je disserte*. S'il fait jour et que je me taise, le
« jugement précité : *S'il fait nuit, je disserte*,

[1] Nous avons déjà dit que Chrysippe était stoïcien. Il florissait vers l'an 217 avant J.-C. — Quant à Philon, il s'agit ici de l'Académicien, qui fut tout à la fois le disciple et l'adversaire de Diodore. Voir, sur ce philosophe, la première partie de ce Mémoire.

« n'en sera pas moins légitime aux yeux de Phi-
« lon; car, commençant par le faux, il finit éga-
« lement par le faux. Suivant Diodore, au con-
« traire, ce même jugement est illégitime; car
« il se peut qu'après avoir commencé par le
« vrai, il finisse par le faux; comme, par exem-
« ple, s'il fait nuit et que je vienne à me taire.
« Voici enfin un troisième jugement : *S'il fait*
« *nuit, il fait jour*. Eh bien! aux yeux de Phi-
« lon, ce jugement est légitime pourvu qu'il
« fasse jour; car, tout en commençant par le
« faux, *il fait nuit*, il finit par le vrai, *il fait*
« *jour*. Aux yeux de Diodore, au contraire, ce
« même jugement est illégitime, par la raison
« qu'il peut se faire que, la nuit survenant,
« ce jugement, qui commence par le vrai, *il*
« *fait nuit*, finisse alors par le faux, *il fait*
« *jour*. »

On comprend toute la portée de ce passage
de Sextus. Philon et Chrysippe disaient qu'il n'y
avait pour le jugement conditionnel qu'une
seule manière d'être vicieux, à savoir, lorsque
commençant par le vrai, il finissait par le faux;
et ils lui reconnaissaient, d'autre part, trois
manières d'être légitime, à savoir : 1° lorsque
l'antécédent et le conséquent sont vrais; 2° lorsque l'antécédent et le conséquent sont faux ;
3° lorsque l'antécédent est faux et le conséquent

vrai. Eh bien! Sextus, ainsi qu'on vient de le voir dans le passage mentionné, prend des exemples de chacun de ces trois cas, et, leur appliquant la règle posée par Diodore, il n'a pas de peine à démontrer l'inanité de la théorie de Philon et de Chrysippe. Le criterium de Diodore est donc, sur le point spécial qui nous occupe, supérieur à celui de ses adversaires. Inférieur à Chrysippe dans la solution apportée à la question grammaticale de l'ambiguité des mots et au problème métaphysique du *possible*, le mégarique reprend ici, sur la question de la légitimité du jugement conditionnel, l'avantage sur le stoïcien. Est-ce à dire que la règle posée par Diodore, à savoir : que, pour être légitime, le jugement conditionnel doit être de telle nature que, commençant par le vrai, il ne puisse en aucune façon finir par le faux, soit une règle parfaite? Nous ne le pensons pas; car nous n'y trouvons pas explicitement exprimée cette pensée, que la valeur du jugement conditionnel dépend fondamentalement de la relation logique qui doit exister entre l'antécédent et le conséquent.

Nous avons jusqu'ici rencontré dans Diodore trois théories, savoir : en premier lieu, une théorie grammaticale sur l'ambiguité du langage; en second lieu, une théorie métaphysique sur la question du possible, περὶ δυνάτων; en troisième lieu, une théorie dialectique sur la légitimité des jugements conditionnels. Une théorie ontologique sur la question du mouvement va se joindre à celles qui viennent d'être mentionnées. Le problème du mouvement fut résolu par Diodore en un sens éléatique, c'est-à-dire négatif. Toutefois cette négation apportée en réponse par Diodore à la question du mouvement fut-elle absolue ou circonscrite en certaines limites? S'appuya-t-elle sur des raisonnements exclusivement empruntés aux éléates ou sur des arguments originaux? C'est ce que vont nous apprendre les documents que nous a légués, à cet égard, l'histoire de la philosophie.

Les écrits de Sextus Empiricus, qui, sur les points précédents, ont déjà si puissamment éclairé nos recherches, nous fournissent encore de précieux renseignements sur les diverses doctrines relatives au mouvement, et, en particulier, sur le système de Diodore. Il ne sera pas sans intérêt de rapporter ici les principaux passages de Sextus relatifs au point dont il s'agit.

Au livre III (ch. 8) de son traité intitulé Πυρ-ρωνεῖαι ὑποτυπώσεις, le philosophe de Mytilène s'exprime ainsi : « Il y a eu, si je ne me trompe, « trois opinions principales sur la question du

« mouvement. Bias et d'autres philosophes croient
« qu'il y a du mouvement. Mais Parménide, Mé-
« lissus, et plusieurs autres, le nient. De leur
« côté, les sceptiques prétendent qu'il n'est pas
« plus vrai de dire qu'il y en a, que de dire qu'il
« n'y en a pas.

« Nous commencerons par exposer les raisons
« de ceux qui disent qu'il y a du mouvement.
« Ces philosophes s'appuient principalement sur
« l'évidence de la chose. Si, disent-ils, il n'y a
« pas de mouvement, comment le soleil se trans-
« porte-t-il d'orient en occident, et comment
« détermine-t-il ainsi les différentes saisons de
« l'année, qui résultent de sa plus ou moins
« grande proximité? Et comment des vaisseaux,
« partis de tel port, abordent-ils à tel autre
« port, très-éloigné du premier? Comment celui
« qui nie le mouvement sort-il de chez lui et y
« rentre-t-il? Ces philosophes regardent toutes
« ces raisons comme irréfutables. Aussi, un phi-
« losophe cynique, à qui on avait proposé un
« argument contre le mouvement, ne répondit
« rien; mais, se levant de sa place, il se mit à
« marcher, montrant ainsi par action et par ef-
« fet qu'il y a du mouvement. C'est ainsi que ces
« philosophes qui croient au mouvement tâ-
« chent d'imposer silence à ceux qui sont d'un
« sentiment contraire.

« D'autre part, ceux qui nient l'existence du
« mouvement appuient cette négation sur les
« raisonnements suivants : Si quelque chose se
« meut, ou elle se meut d'elle-même, ou elle est
« mue par quelque autre. Dans cette seconde
« hypothèse, la chose mue par une autre le sera
« ou sans cause ou en vertu d'une cause. Si la
« chose mue l'est par quelque cause, cette cause
« sera sa cause motrice, laquelle, à son tour,
« devra avoir une autre cause motrice, celle-ci
« une autre, et ainsi à l'infini, comme nous
« l'avons démontré en traitant de la cause; de
« telle sorte que le mouvement sera sans com-
« mencement; ce qui est absurde. Donc, en pre-
« mier lieu, la chose mue ne l'est point par une
« autre. Mais, d'autre part, elle ne l'est pas non
« plus par elle-même. Car, comme tout ce qui
« se meut produit cet effet, soit d'arrière en
« avant, soit d'avant en arrière, soit de bas en
« haut, soit de haut en bas, il faudra que la chose
« qui se meut soi-même se meuve en quelqu'une
« de ces manières. Mais si elle se meut d'arrière
« en avant, elle sera alors derrière elle-même.
« Si elle se meut d'avant en arrière, elle sera
« devant elle-même. Si elle se meut de bas en
« haut, elle sera sous elle-même. Si elle se
« meut de haut en bas, elle sera au-dessus d'elle-
« même. Or, il est impossible qu'une chose soit

« ou au-dessus, ou au-dessous, ou en arrière,
« ou en avant d'elle-même. Donc, il est impos-
« sible qu'une chose soit mue par elle-même.
« Or, si rien n'est mû ni par soi, ni par autre
« chose, il s'ensuit que le mouvement n'existe
« pas. »

Indépendamment de cet exposé général, relatif aux systèmes, soit des partisans, soit des adversaires du mouvement, et que nous empruntons aux Πυῤῥωνεῖαι ὑποτυπώσεις, Sextus, en son
Πρὸς τοὺς μαθηματίχους, mentionne spécialement
l'opinion de Diodore Cronus, et c'est dans la
seconde des catégories qui viennent d'être mentionnées qu'il classe le philosophe mégarien. Il
l'y range avec Parménide, avec Mélissus, avec
tous ceux qu'Aristote avait appelés στασίωτας et
ἀφυσίχους : « Μὴ εἶναι δὲ (χίνησιν) οἱ περὶ Παρμενίδην
« χαὶ Μελίσσον, οὕς ὁ Ἀριστοτέλης στασίωτάς τε τῆς
« φύσεως χαὶ ἀφυσίχους χέχληχεν· στασίωτας μὲν ἀπὸ
« τῆς στάσεως, ἀφυσίχους δέ, ὅτι ἀρχὴ χινήσεως ἐστὶν
« ἡ φύσις, ἥν ἀνεῖλον, φάμενοι μηδὲν χινεῖσθαι. Συμφέ-
« ρεται δὲ τουτοῖς τοῖς ἄνδρασι χαὶ Διοδώρος ὁ Κρόνος[1]. »

Maintenant, sur quels arguments Diodore ap-
puyait-il sa solution négative? Parmi les arguments qui lui sont attribués par Sextus, deux
parts sont à faire : l'une d'imitation, l'autre

---

[1] *Adv. mathem.*, l. X, *adv. physic.*

d'originalité. Diodore, pour combattre le mouvement, a reproduit l'ancienne polémique des éléates ; mais à ces arguments il en a ajouté d'autres dont l'invention lui appartient enpropre.

Voici d'abord un argument qui appartient originairement aux éléates, et que Diodore n'a fait que reproduire. Il consiste à établir que le mouvement est impossible, par la raison qu'un corps mû devrait parcourir un certain espace, et que ce parcours est impossible à cause de la propriété dont jouit un espace quelconque de pouvoir être divisé à l'infini : Τὸ κινούμενον ὀφείλει ἀνύειν τὸ διάστημα. Πᾶν δὲ διάστημα διὰ τὸ τὴν εἰς ἄπειρον ἐπιδέχεσθαι τμῆσιν ἀνανυστόν ἐστιν· ὥστε οὐδὲ κινούμενόν τι ἔσται[1]. Il est aisé de remarquer l'analogie de fond et de forme qui existe entre ce raisonnement et le premier des quatre arguments contre le mouvement attribués par Aristote[2] à

---

[1] Sextus Empiric., *Adv. mathem.*, IX, *de motu*.

[2] *Phys.*, l. VI, c. 9 : « Le mouvement est impossible. Car ce qui est en mouvement doit traverser le milieu avant d'arriver au but ; ce qui est impossible là où il n'y a plus de contenu, et où chaque point se divise et se subdivise à l'infini. » — Bayle développe ce même argument ainsi qu'il suit : « S'il y avait du mouvement, il faudrait que le mobile pût passer d'un lieu à un autre ; car tout mouvement renferme deux extrémités : *terminum a quo*, *terminum ad quem*, le lieu d'où l'on part, le lieu où l'on arrive. Or, ces deux extrémités sont séparées par un espace

Zénon d'Élée. Sextus, en mentionnant cet argument, l'attribue tout à la fois à Diodore et à ceux qui, antérieurement à lui, avaient nié le mouvement, et qu'il appelle στασίωτας et ἀφυσίκους, en ajoutant qu'il range dans cette même catégorie Diodore Cronus, συμφέρεται δὲ τούτοις τοῖς ἀνδράσι καὶ Διοδώρος ὁ Κρόνος[1]. C'est à cette occasion que Sextus remarque que, le mouvement dépendant tout à la fois et du corps, et du lieu, et du temps, la division de ces trois choses à l'infini amène comme conséquence le doute, ἀπορία, quant au mouvement : « Πᾶσα κίνησις τριῶν τινων ἔχεται· καθάπερ σωμάτων τε, καὶ τόπων, καὶ χρόνων... ἐάν τε δὲ πάντα εἰς ἄπειρα τέμνηται, ἐάν τε πάντα εἰς ἀμερὲς καταλήγῃ, ἄπορος ὁ περὶ κινήσεως εὑρηθήσεται λόγος[2]. »

qui contient une infinité de parties, ou qui est divisible à l'infini. Il est donc impossible que le mobile parvienne d'une extrémité à l'autre. Le milieu est composé d'une infinité de parties, qu'il faut parcourir successivement les unes après les autres, sans que jamais vous puissiez toucher celle de devant en même temps que vous touchez celle qui est en deçà ; de sorte que, pour parcourir un pied de matière, je veux dire pour arriver du commencement du premier pouce à la fin du douzième pouce, il faudrait un temps infini ; car les espaces qu'il faut parcourir successivement entre ces deux termes étant infinis en nombre, il est clair qu'on ne peut les parcourir que dans une infinité de moments. »

[1] *Adv. mathem.* IX, *de motu.*

[2] *Ibid.*

Les autres arguments apportés par Diodore Cronus à l'appui de la négation du mouvement, s'écartent davantage, tout à la fois quant au fond et quant à la forme, des arguments des éléates, bien que cependant, à l'exception de celui que nous mentionnerons en dernier lieu, ils paraissent n'être pas sans quelque analogie avec le troisième[1] des arguments de Zénon cités par Aristote. Voici ces arguments :

« Si un corps se meut, ce doit être ou dans le « lieu où il est, ou dans le lieu où il n'est pas. « Or, ce n'est pas dans le lieu où il est, puis- « qu'il y demeure. Ce n'est pas non plus dans

---

[1] Voici ce troisième argument attribué à Zénon d'Élée par Aristote (*Phys.*, l. VI, c. 9) : « Le mouvement est identique au non-mouvement. En effet, tout mouvement a lieu dans un espace qui lui est égal, c'est-à-dire a lieu au moment où il a lieu ; donc (comme on est toujours là où l'on est) la flèche est toujours en repos quand elle est en mouvement. » — Bayle développe ce même argument ainsi qu'il suit : « Si une flèche qui tend vers un certain lieu se mouvait, elle serait tout ensemble en repos et en mouvement. Or, cela est contradictoire ; donc elle ne se meut pas. La conséquence de la majeure se prouve de cette façon. La flèche, à chaque moment, est dans un espace qui lui est égal ; elle y est en repos, car on n'est point dans un espace d'où l'on sort ; il n'y a donc point de moment où elle se meuve ; et si elle se mouvait dans quelques moments, elle serait tout ensemble en repos et en mouvement. »

« le lieu où il n'est pas, attendu qu'il n'y est pas.
« Donc, nul corps ne se meut. Εἰ κινεῖταί τι, ἤτοι
« ἐν ᾧ ἐστι τόπῳ κινεῖται, ἢ ἐν ᾧ μή ἐστι οὔτε· δὲ ἐν ᾧ
« ἐστι, μένει γὰρ ἐν αὐτῷ· οὔτε ἐν ᾧ μή ἐστιν, οὐ γάρ
« ἐστιν ἐν αὐτῷ· οὐκ ἄρα κινεῖταί τι [1]. »

Autre argument : « Ce qui se meut est en un
« lieu. Ce qui est en un lieu ne se meut pas.
« Donc, ce qui se meut ne se meut pas. Τὸ κινού-
« μενον ἐν τόπῳ ἐστί· τὸ δὲ ἐν τόπῳ ὂν οὐ κινεῖται· τὸ
« ἄρα κινούμενον οὐ κινεῖται [2]. »

Arrivons maintenant à un dernier argument,
qui, à la différence de tous ceux que nous avons
rapportés précédemment, n'offre aucune ressemblance ni directe, ni éloignée, avec ceux de
l'école éléatique, et paraît appartenir en propre
à Diodore Cronus. Voici ce dernier argument,
tel que nous l'extrayons textuellement des écrits
de Sextus :

« Il y a deux sortes de mouvements : l'un de
« prépondérance ; l'autre, mouvement pur. Le
« premier a lieu dans un corps où le plus grand
« nombre de parties se meuvent, tandis que le
« plus petit nombre reste en repos ; le second
« dans un corps où toutes les parties se meu-
« vent. De ces deux sortes de mouvements, le

---

[1] Sextus Empir., *Adv. math.*, l. IX, *de Motu*.
[2] *Id., ibid.*

« mouvement par prépondérance paraît précé-
« der le mouvement pur. En effet, pour que
« dans un corps il y ait lieu à un mouvement
« intégral, c'est-à-dire à un mouvement du tout
« par le tout, il faut qu'il y ait eu d'abord mou-
« vement par prépondérance. Pour qu'une tête
« devienne complétement grise, ne faut-il pas
« qu'elle commence à grisonner par prépondé-
« rance? Pour qu'un tas se forme complète-
« ment, ne faut-il pas qu'il ait commencé par
« se former en majeure partie? Eh bien, de
« même le mouvement par prépondérance doit
« précéder le mouvement intégral; et l'intensité
« de ce dernier se mesurera nécessairement sur
« l'intensité de l'autre. Or, le mouvement par
« prépondérance n'existe pas, ainsi que nous
« nous proposons de l'établir; donc le mouve-
« ment intégral n'existe pas davantage. Qu'on
« suppose, en effet, un corps composé de trois
« parties, dont deux en mouvement, une en re-
« pos; car telle est la condition du mouvement
« par prépondérance. Eh bien, si nous ajoutons
« une quatrième partie qui soit en repos, le
« mouvement du corps dont il s'agit ne cessera
« pas d'avoir lieu. Car, si ce corps, composé de
« trois parties, se meut en vertu du mouvement
« de deux d'entre ces trois parties, qui l'emporte
« sur l'immobilité de la troisième, il continuera

« à se mouvoir nonobstant l'addition d'une qua-
« trième partie. En effet, les trois parties avec les-
« quelles il se mouvait l'emportent sur la qua-
« trième qu'on y ajoute. Mais si un corps, com-
« posé de quatre parties, se meut, il se mouvra
« aussi avec cinq. Car les quatre parties avec
« lesquelles il se mouvait l'emporteront sur la
« cinquième ajoutée. Et, s'il y a mouvement pour
« le corps composé de cinq parties, il y aura tou-
« jours mouvement nonobstant l'addition d'une
« nouvelle partie, attendu que cinq l'emportent
« sur une. Diodore pousse cette progression jus-
« qu'à dix mille parties, pour montrer que le
« mouvement par prépondérance ne saurait
« exister. Car, dit-il, il est absurde de dire qu'il
« puisse y avoir mouvement pour un corps dans
« lequel neuf mille neuf cent nonante-huit parties
« sont en repos, et seulement deux en mouve-
« ment. Donc, il n'y a pas de mouvement par
« prépondérance. S'il en est ainsi, il n'y a pas
« non plus de mouvement intégral. Donc, le
« mouvement n'existe pas[1]. »

---

[1] Διττῆς δὲ οὔσης κινήσεως, μιᾶς μὲν τῆς κατ᾽ ἐπικράτειαν,
δευτέρας δὲ τῆς κατ᾽ εἰλικρίνειαν, καὶ κατ᾽ ἐπικράτειαν μὲν ὑπαρ-
χούσης, ἐφ᾽ ἧς, τῶν πλειόνων κινουμένων μερῶν τοῦ σώματος, ὀλίγα
ἠρεμεῖ, κατ᾽ εἰλικρίνειαν δὲ ἐφ᾽ ἧς πάντα κινεῖται τὰ τοῦ σώματος μέρη, δοκεῖ τούτων τῶν δυοῖν κινήσεων, ἡ κατ᾽ ἐπικράτειαν
προηγεῖσθαι τῆς κατ᾽ εἰλικρίνειαν. Ἵνα γάρ τι εἰλικρινῶς κινηθῇ,

Il est aisé de retrouver dans cet argument les traces de l'esprit sophistique qui avait présidé aux arguments d'Eubulide. Le moyen par lequel Diodore tend à conclure qu'il n'y a pas de mouvement par prépondérance, et cela, en ajoutant sans cesse une partie nouvelle en . repos à un

τούτεστιν ὅλον δι' ὅλου, πρότερον ὀφείλει νοεῖσθαι κατ' ἐπικράτειαν κινούμενον. Ὃν τρόπον ἵνα τις κατ' εἰλικρίνειαν γίνηται πολιός, ὀφείλει κατ' ἐπικράτειαν προπελιῶσθαι. Καὶ ἵνα τις κατ' εἰλικρίνειαν ληφθῇ σωρός, ὀφείλει κατ' ἐπικράτειαν γεγονέναι σωρός· κατὰ τὸν ὅμοιον τόπον ἡγεῖσθαι δεῖ τῆς κατ' εἰλικρίνειαν κινήσεως τὴν κατ' ἐπικράτειαν· ἐπίτασις γὰρ τῆς κατ' ἐπικράτειάν ἐστιν ἡ κατ' εἰλικρίνειαν. Οὐχὶ δέ γε ἔστι τις κατ' ἐπικράτειαν κίνησις, ὡς δηλώσομεν· τοίνυν οὐθ' ἡ κατ' εἰλικρίνειαν γενήσεται. Ὑποκείσθω γὰρ ἐκ τριῶν ἀμερῶν συνεστὸς σῶμα· δυοῖν μὲν κινουμένων, ἑνὸς δὲ ἀκινητίζοντος (τοῦτο γὰρ ἡ κατ' ἐπικράτειαν ἀπαιτεῖ κίνησις)· οὐκοῦν εἰ προσθείημεν τέταρτον ἀμερὲς ἀκινητίζον τούτῳ τῷ σώματι, πάλιν γενήσεται κίνησις. Εἴπερ γὰρ τὸ ἐκ τριῶν ἀμερῶν συγκείμενον σῶμα, δυοῖν μὲν κινουμένων, ἑνὸς δὲ ἀκινητίζοντος, κινεῖται, καὶ τετάρτου προστεθέντος ἀμεροῦς κινήσεται· ἰσχυρότερα γὰρ τὰ τρία μέρη μεθ' ὧν πρότερον ἐκινεῖτο τοῦ προστεθέντος ἑνὸς ἀμεροῦς. Ἀλλ' εἴπερ τὸ ἐκ τεττάρων ἀμερῶν συγκείμενον σῶμα κινεῖται, κινήσεται καὶ τὸ ἐκ πέντε· ἰσχυρότερα γάρ ἐστι τὰ τέσσαρα μέρη, μεθ' ὧν πρότερον ἐκινεῖτο, τοῦ προστεθέντος ἀμεροῦς. Καὶ εἰ τὸ ἐκ τῶν πέντε συγκείμενον κινεῖται, πάντως καὶ ἕκτου προσελθόντος ἀμεροῦς κινήσεται, ἰσχυροτέρων ὄντων τῶν πέντε παρὰ τὸ ἕν· καὶ οὕτω μέχρι μυρίων ἀμερῶν προέρχεται ὁ Διόδωρος, δεικνὺς ὅτι ἀνυπόστατός ἐστιν ἡ κατ' ἐπικράτειαν κίνησις. Ἄτοπον γάρ φησιν τὸ λέγειν κατ' ἐπικράτειαν κινεῖσθαι σῶμα, ἐφ' οὗ ἐνακισχίλια ἐνακόσια ἐνενήκοντα ὀκτὼ ἀκινητίζει, ἀμερῆ καὶ δύο μόνον κινεῖται. Ὥστε οὐδὲν κατ' ἐπικράτειαν κινεῖται. Εἰ δὲ τοῦτο, οὐδὲ κατ' εἰλικρίνειαν. Ὧ ἕπεται τὸ μηδὲν κινεῖσθαι. (Sext. Empir., *Adv. math.*, IX, *de Motu.*)

corps primitivement composé de trois parties, et mû en vertu du mouvement de deux d'entre elles, n'est-il pas l'analogue de celui qu'employait Eubulide dans ses arguments intitulés le *Chauve* et le *Tas?* Il est même à remarquer que Diodore, en construisant son laborieux sophisme, avait présents à l'esprit les arguments de son devancier, puisque, pour faire comprendre comment le mouvement intégral doit être précédé du mouvement par prépondérance, il invoque une double comparaison, tirée de la manière dont s'opère un tassement, σώρος, et dont une chevelure devient grise, πολιός. Si cet argument de Diodore était à réfuter, il suffirait de la remarque que fait Sextus après l'avoir mentionné : « Cet argument, dit-il, est sophis-« tique, et porte en lui-même sa réfutation. En « effet, la première addition d'une nouvelle « partie au corps dont il s'agit fait disparaître « le mouvement par prépondérance, attendu « que, par ce fait, il y a deux parties en mouve-« ment et deux en repos. Φαίνεται δὲ καὶ σοφιστικὴ « καὶ παρακείμενον ἔχουσα τὸν ἔλεγχον · ἅμα γὰρ τῇ « τοῦ πρώτου ἀμεροῦς προσθέσει οἴχεται ἡ κατ᾽ ἐπικρά-« τειαν κίνησις, δυοῖν κινουμένων ἀμέρων, δυοῖν δὲ « ἀκινητιζόντων [1]. » Et déjà, au moment de faire

---

[1] Sext. Empir., *Adv. math.*, IX, *de Motu.*

l'exposé de ce même argument, Sextus l'avait
tout aussi sévèrement qualifié en disant que « cet
« argument est moins solide et plus sophistique
« que les précédents. Κομίζει δὲ καὶ ἄλλους τινὰς
« λόγους οὐχ οὕτως ἐμβριθεῖς, ἀλλὰ σοφιστικωτέρους[1]. »
Distinction bien arbitraire, ce nous semble,
attendu qu'au fond tous ces arguments contre le
mouvement sont tout aussi peu solides et tout
aussi sophistiques les uns que les autres.

Tels sont, dans leur part d'imitation, et dans
leur part d'originalité, les arguments de Diodore Cronus contre le mouvement. On sait, du
reste, en quelle pauvre estime de tels arguments
étaient auprès des philosophes anciens, puisque,
ainsi que nous l'avons vu plus haut, les sceptiques
eux-mêmes les qualifiaient de sophistiques, et ne
les jugeaient pas dignes de réfutation. « Mettez
« (dit Sextus en ses *Hypotyposes*[2]) un philo-
« sophe en présence de telles absurdités, il fron-
« cera le sourcil, il déploiera toute sa dialec-
« tique, et entreprendra fastueusement de vous
« prouver, par démonstration syllogistique, des
« choses telles que celles-ci, à savoir : que quel-
« que chose existe, qu'il y a du mouvement, que
« la neige est blanche, que nous n'avons pas de

---

[1] Sext. Empir., *Adv. math*, IX, *de Motu*.
[2] L. II, c. 22.

« cornes, tandis qu'il suffirait d'opposer à tout
« cela l'évidence de la chose. C'est pour cette
« raison qu'un philosophe à qui l'on proposait
« un sophisme contre l'existence du mouvement,
« se mit, pour toute réponse, à marcher. Dans
« la pratique, les hommes parcourent les terres
« et les mers, construisent des vaisseaux, et se
« reproduisent, sans se mettre en peine des sub-
« tilités qu'on élève contre le mouvement et
« contre la génération. » Puis, après ces réflexions générales, Sextus, arrivant plus spécialement à ce qui concerne Diodore et sa négation du mouvement, rappelle une circonstance
où le dialecticien de Mégare fut battu d'après
sa propre tactique, et mis en demeure, ou de se
résigner à la souffrance, ou de confesser toute
l'inanité de sa doctrine contre le mouvement.
« On rapporte (dit Sextus[1]) un bon mot du mé-
« decin Hérophile. Il était contemporain de ce
« Diodore qui a donné dans sa ridicule dialec-
« tique des arguments sophistiques sur plusieurs
« choses, et notamment contre le mouvement.
« Diodore ayant l'épaule démise, et étant allé
« trouver Hérophile pour lui demander de le gué-
« rir, ce médecin le railla en ces termes : Ou
« votre épaule, lui dit-il, s'est démise dans le

---

[1] *Adv. math.*, IX, *de Motu*.

« lieu où elle était, ou elle s'est démise dans le
« lieu où elle n'était pas. Or, ce n'a pu être ni
« dans l'un ni dans l'autre. Donc, elle n'est pas
« démise. Mais le sophiste le pria de laisser là
« ces subtilités, et de lui appliquer un remède
« convenable suivant son art. » En un autre
endroit de ses écrits, le même Sextus essaie, par
d'autres moyens encore, de faire ressortir toute
l'absurdité attachée à cette méthode de démonstration employée par Diodore Cronus. A cet
effet, il s'empare d'un des arguments que nous
avons exposés plus haut, et montre que, moyennant une légère modification, cet argument,
institué par le dialecticien de Mégare pour établir que rien ne se meut, pourrait servir également à établir que rien ne périt. « Si rien ne se
« meut, dit-il, on peut dire également que rien
« ne périt. Car, de même que rien ne se meut,
« par cette raison qu'une chose ne peut se mou-
« voir ni dans le lieu où elle est, ni dans le lieu
« où elle n'est pas, de même de ce qu'un animal
« ne meurt ni dans l'instant où il vit, ni dans
« l'instant où il ne vit pas, il s'ensuit qu'aucun
« animal ne meurt[1]. » Diodore aurait-il admis

---

[1] Τῷ δὲ μηδὲν κινεῖσθαι τὸ μηδὲν φθείρεσθαι ἀκολουθεῖ. Ὡς
γὰρ διὰ τί μηδὲ ἐν ᾧ ἐστι τόπῳ κινεῖσθαι, μήτε ἐν ᾧ μή ἐστιν
οὐδὲ κινεῖται, οὕτως, ἐπεὶ τὸ ζῶον οὔτε ἐν ᾧ ζῇ χρόνῳ ἀποθνή-

cette méthode d'argumentation contre le phénomène de la mort? Il est permis d'en douter.
Et pourtant, c'était là sa propre argumentation,
si tant est qu'elle fût sérieuse, contre le phénomène du mouvement.

Une restriction est pourtant à établir en ce
qui concerne la négation du mouvement par
Diodore Cronus. Cette négation n'a pas une extension absolue; elle se limite à l'actualité, et
n'atteint en aucune manière le passé. En d'autres termes, Diodore, et ce caractère est spécial
à sa doctrine, conteste la possibilité du mouvement en tant que présent, mais non en tant
qu'accompli. C'est une contradiction assurément; car, y a-t-il moyen de dire d'une chose
qu'elle est accomplie, si, antérieurement, il n'y
a pas eu un moment dans lequel on pouvait dire
de cette chose qu'elle s'accomplissait? C'est ce
qu'a parfaitement compris Sextus, qui, dans son
Traité Πρὸς τοὺς Μαθηματικούς[1], accuse Diodore
d'inconséquence « pour avoir reconnu le mou-
« vement en tant qu'accompli, et l'avoir nié en
« tant que s'accomplissant, tandis qu'il fallait ou
« les reconnaître l'un et l'autre ou les rejeter

σκει, οὔτε ἐν ᾧ μὴ ζῇ, οὐδέποτε ἄρα ἀποθνήσκει. (*Adv. math.,*
l. IX.)

[1] L. IX, Περὶ κινήσεως.

« tous deux à la fois : Ἄτοπος οὖν ἐστιν ὁ Διόδωρος τοῦ
« μὲν κεκινῆσθαι περιεχόμενος ὡς ἀληθοῦς, τοῦ δὲ κι-
« νεῖσθαι ἀφιστάμενος ὡς ψεύδους· δέον ἢ ἀμφοτέροις
« συγκατατίθεσθαι, ἢ ἀμφοτέρων ἀφίστασθαι. » La contradiction est donc flagrante, et néanmoins elle
ne paraît pas avoir arrêté Diodore. Nous venons
de citer un passage de Sextus. Voici maintenant,
toujours au rapport du philosophe de Mytilène,
l'exemple que Diodore apportait à l'appui de
son étrange thèse : « Lancez, disait-il, un corps
« sphérique vers un plan. Pendant que ce corps
« sphérique accomplira sa course, ce jugement,
« sous la forme du présent, *le corps sphérique*
« *touche le plan*, sera évidemment faux, attendu
« que le corps sphérique n'aura pas encore at-
« teint le plan. Mais, une fois qu'il l'a touché,
« cet autre jugement, sous la forme du passé, *le*
« *corps sphérique a touché le plan*, est vrai. Il
« suit de la vérité du second des deux jugements
« énoncés, et de la fausseté du premier, que le
« mouvement n'a rien d'actuel, et n'existe qu'au
« passé[1]. » Et, dans un autre passage du même

---

[1] Βαλλέσθω γάρ (φησι) σφαῖρα εἰς τὸν ὑποκείμενον ὄροφον,
οὐκοῦν ἐν τῷ μέταξυ τῆς βολῆς χρόνῳ τὸ μὲν παρατάτικον ἀξίωμα,
ἅπτεται ἡ σφαῖρα τῆς ὀρόφης, ψεῦδος ἐστίν· ἔτι γὰρ ἐπι-
φέρεται. Ὅταν δὲ ἅψηται τῆς ὀρόφης, γίνεται ἀληθὲς τὸ συντελε-
στικόν, τό, ἥψατο ἡ σφαῖρα τῆς ὀρόφης. Ἐνδέχεται ἀρὰ
ψεύδους ὄντος τοῦ παρατατίχου ἀληθὲς ὑπάρχειν τὸ συντελεστι-

livre, Sextus mentionne un autre argument avancé par le dialecticien de Mégare dans le même but : « Voici (dit Sextus) un argument « remarquable par lequel Diodore Cronus cher- « che à établir qu'on ne peut dire d'aucune chose « qu'elle se meut, tandis qu'il est très-logique de « dire de cette même chose qu'elle s'est mue. « Que rien ne se meuve, ceci résulte de son hy- « pothèse des *indivisibles*, τῶν ἀμερῶν. En effet, « un corps indivisible doit être contenu en un « lieu indivisible, et partant, ne se mouvoir ni « en ce lieu où il est, puisqu'il l'emplit et qu'il « lui faudrait pour se mouvoir un lieu plus grand, « ni en un autre où il n'est pas, puisqu'il n'y est « pas encore. On ne peut donc pas dire d'un « corps qu'il se meut. Mais on peut dire de ce « corps qu'il s'est mû; et cela à bon droit; car « ce corps, que l'on voyait auparavant en tel « point de l'espace, se voit maintenant en tel « autre point; ce qui ne saurait avoir lieu en « l'absence de toute espèce de mouvement[1]. »

κόν, καὶ διὰ τοῦτο μὴ κινεῖσθαι μέν τι παρατατικῶς, κεκινῆσθαι δὲ συντελεστικῶς (Sext. Empir., *Adv. math.*, IX, *de motu*.)

[1] Κομίζεται δὲ καὶ ἀλλή τις ἐμβρίθης ὑπόμνησις εἰς δὲ μὴ εἶναι κίνησιν ὑπὸ Διοδώρου τοῦ Κρόνου, δι' ἧς παρίστησιν ὅτι κινεῖται μὲν οὐδὲ ἕν, κεκίνηται δέ. Καὶ μὴ κινεῖσθαι μέν, τοῦτο ἀκολοῦθόν ἐστι ταῖς κατ' αὐτὸν τῶν ἀμερῶν ὑποθέσεσι. Τὸ γὰρ ἀμερὲς σῶμα ὄφειλει ἐν ἀμερεῖ τόπῳ περιέχεσθαι, καὶ διὰ τοῦτο μήτε ἐν αὐτῷ

Redisons-le donc : par une contradiction flagrante, Diodore nie le mouvement en tant qu'actuel, tandis qu'il l'admet en tant que passé.

Un dernier point nous reste à exposer dans la
philosophie de Diodore, et ce point tient, comme
le précédent, au côté ontologique de cette philosophie : nous voulons parler du système de ce
mégarique sur le principe matériel des choses.
L'ancienne philosophie agitait comme problème
fondamental celui de l'origine des choses, et,
dans ce problème, la question du principe matériel, ἡ ὕλη, τὸ ὑποκείμενον, comme disait le péripatétisme, ou, si l'on veut, *causa materialis*,
pour nous servir de l'expression scolastique,
occupait une place considérable. On connaît les
diverses solutions qu'avait apportées à ce problème la philosophie ionienne[1] avec ses nombreux représentants, la philosophie agrigentine
avec Empédocle, la philosophie abdéritaine
avec Leucippe et Démocrite. Éléate, ou peu s'en
faut, sur la question du mouvement, si tant est
qu'il ait pris au sérieux son système, Diodore

κινεῖσθαι (ἐμπεπλήρωκε γὰρ αὐτόν· δεῖ δὲ τόπον ἔχειν μείζονα
τὸ κινούμενον), οὔτε ἐν ᾧ μή ἐστιν (οὔπω γάρ ἐστιν ἐν ἐκείνῳ)·
ὥστε οὐδὲ κινεῖται. Κεκίνηται δὲ κατὰ λόγον· τὸ γὰρ πρότερον
ἐν τῷδε τόπῳ θεωρούμενον ἐν ἑτέρῳ νῦν θεωρεῖται· ὅπερ οὐκ ἂν
ἐγέγονει μὴ κινηθέντος αὐτοῦ. (*Adv. math.*, l. IX.)

[1] Voir notre *Histoire de la philosophie ionienne.*

fut abdéritain sur la question de la nature des choses; et son système en ce point est un atomisme renouvelé de Démocrite, et plus prochainement d'Épicure, comme sa doctrine relative au mouvement en tant qu'actuel ($\mu\grave{\eta}$ $\varkappa\iota\nu\varepsilon\tilde{\iota}\sigma\theta\alpha\acute{\iota}$ $\tau\iota$ $\pi\alpha\rho\alpha\tau\alpha\tau\iota\varkappa\tilde{\omega}\varsigma$) était, sauf la part d'originalité qu'elle contient et que nous nous sommes attaché à signaler, reproduite de Zénon. Deux passages de Sextus Empiricus en font foi. Dans le premier de ces passages, Sextus, traitant des opinions des philosophes sur les principes des choses, les partage en deux catégories, les uns qui ont regardé ces principes comme incorporels, les autres qui les ont regardés comme corporels, et il range Cronus parmi ces derniers, en lui attribuant cette opinion, que les principes des choses sont des corps très-subtils et indivisibles, $\grave{\varepsilon}\lambda\acute{\alpha}\chi\iota\sigma\tau\alpha$ $\varkappa\alpha\grave{\iota}$ $\grave{\alpha}\mu\varepsilon\rho\tilde{\eta}$ $\sigma\acute{\omega}\mu\alpha\tau\alpha$. Voici, du reste, en son entier, ce passage, qui, en son ensemble, et tout à la fois en ce qui concerne personnellement Diodore, offre un puissant intérêt : « Sur la question des principes premiers « et élémentaires, il y a deux écoles principales « et, dans chacune d'elles, des subdivisions à « établir. Parmi les philosophes, les uns ont re- « gardé ces principes comme incorporels, les « autres comme corporels. Parmi ceux qui les « regardent comme incorporels, Pythagore dit

« que le principe de toutes choses sont les
« nombres ; les mathématiciens que c'est le
« point ; Platon que ce sont les *idées* [1]. Parmi
« ceux qui, d'autre part, ont regardé les prin-
« cipes des choses comme corporels, Phérécyde
« de Syra [2] dit que le principe de toutes choses,
« c'est la terre ; Thalès de Milet, l'eau ; Anaxi-
« mandre, l'infini ; Anaximène, Diogène d'A-
« pollonie, Archelaüs, le maître de Socrate,
« et même, suivant quelques-uns, Héraclite,
« l'air ; Hippasus de Métaponte, et, au dire de
« certains, Héraclite, le feu ; Xénophane, l'eau
« et la terre ; Hippon de Rhégium, le feu et l'eau ;
« OEnopide de Chio, le feu et l'air ; Onoma-
« crite, dans les Orphiques, le feu, l'eau et la
« terre ; Empédocle et les stoïciens, la terre,
« l'eau, l'air et le feu ; Démocrite et Épicure [3],
« les atomes, à moins cependant qu'il ne faille
« attribuer à ce système une plus haute anti-
« quité, et le faire remonter, ainsi que le veut
« le stoïcien Posidonius, à Moschus le Phénicien ;

---

[1] Nous prenons ici ce mot au sens platonicien, εἶδη.

[2] Voir, dans notre *Histoire de la philosophie ionienne*,
les mémoires sur Phérécyde, Thalès, Anaximandre, Anaximène, Héraclite, Anaxagore, Diogène d'Apollonie, Archélaüs.

[3] Voir, au tome II de nos *Études philosophiques*, le
mémoire sur Épicure.

« Anaxagore de Clazomène, les homœoméries ;
« Diodore, surnommé Cronus, des corpuscules
« très-subtils et indivisibles, Διόδωρος δέ, ὁ ἐπι-
« κληθεὶς Κρόνος, ἐλάχιστα καὶ ἀμερῆ σώματα[1]. » En
un autre passage que nous avons déjà eu occasion de citer plus haut, Sextus, s'attachant à
montrer que, dans le système général de Diodore, le mouvement ne saurait exister en tant
qu'actuel, s'énonce ainsi : « Que rien ne se
« meuve, ceci résulte de l'hypothèse des indivi-
« sibles admise par Diodore. Καὶ μὴ κινεῖσθαι μέν,
« τοῦτο ἀκολοῦθόν ἐστι ταῖς κατ'αὐτὸν τῶν ἀμερῶν ὑπο-
« θέσεσι[2]. » Ces deux passages nous semblent
décisifs en ce qui concerne la question de savoir
quelle était l'opinion de Diodore sur le principe
des choses. Ce principe, à ses yeux, ce sont les
ἐλάχιστα καὶ ἀμερῆ σώματα. Or, qu'est-ce autre
chose que les atomes, et, par conséquent, l'opinion de Diodore en ce point, qu'est-elle autre
chose au fond, et sauf la diversité d'expressions,
que le système de Leucippe, de Démocrite,
d'Épicure? Nous n'ignorons pas qu'on a prétendu voir en ceci une contradiction dans la
doctrine philosophique de Diodore, et qu'on
s'est demandé comment un disciple d'Euclide,

[1] *Adv. math.*, VIII, *de Corpore.*
[2] *Adv. math.*, l. IX.

ce défenseur de l'unité absolue sur les traces de
Parménide et des éléates, pouvait partager en
même temps le système d'Épicure et des abdéritains. Spalding, en un travail qui a pour titre :
Vindiciæ philosophorum megaricorum [1], est le
premier qui, en Allemagne, ait contesté l'atomisme de Diodore. Après lui, quelques autres
critiques allemands, et, en dernier lieu, Ritter [2],
se sont efforcés d'établir que la doctrine des
atomes n'avait rien que de conditionnel dans le
système de Cronus. Cette doctrine, a-t-on dit,
n'est chez Diodore autre chose qu'une hypothèse, de laquelle il lui plaît de parler pour
montrer aux atomistes qu'ils n'ont nul droit
d'affirmer le mouvement. Mais sur quoi, de
grâce, se fonde une semblable interprétation de
la doctrine de Cronus? Eh, quoi! en présence
du témoignage réitéré de Sextus, qui, dans le
double passage mentionné de son traité Πρὸς τοὺς
μαθηματικούς, affirme aussi positivement que possible que Diodore admettait pour principe matériel des corpuscules indivisibles, ἐλάχιστα καὶ
ἀμερῆ σώματα, on vient soutenir que telle n'était
pas la doctrine de Diodore, et l'on prétend qu'il
fut, comme Euclide, un continuateur de Par-

---

[1] Berol., 1793, in-8°.
[2] *Hist. de la philos. anc.*

ménide, c'est-à-dire un défenseur de l'unité absolue! On concevrait, à la rigueur, la possibilité d'une semblable thèse, si le témoignage de Sextus était combattu par d'autres autorités équivalentes, ou même si les deux passages de cet écrivain laissaient entendre plus ou moins clairement que l'atomisme n'était chez Diodore autre chose qu'une hypothèse de laquelle il lui plaisait de partir pour mieux confondre ses adversaires. Mais l'une et l'autre de ces ressources manquent également aux partisans de cette interprétation. Car, d'un côté, les deux passages de Sextus sont on ne peut pas plus formels, et, d'autre part, son assertion n'a été contredite dans toute l'antiquité philosophique par aucun autre témoignage. Sachons donc respecter un peu plus les jugements de l'antiquité sur des choses qu'elle a pu légitimement constater et apprécier; et n'ayons pas la prétention, à la distance où nous nous trouvons des époques qui virent naître et se développer ces vieilles doctrines, de les connaître mieux que ces savants critiques et ces érudits historiens, qui, comme Sextus, avaient sous les yeux les écrits mêmes de leurs auteurs, pouvaient converser avec leurs disciples, et recueillir sur l'esprit et le sens de leurs systèmes les renseignements les plus fidèles et les plus circonstanciés. On s'est beaucoup moqué de l'explication du bon Brucker, qui conjecture que Diodore, dans sa vieillesse, renonça à la doctrine tout à la fois éléatique et mégarique de l'unité absolue pour adopter la philosophie corpusculaire. Mais, de bonne foi, une telle conjecture n'a-t-elle pas sa vraisemblance? L'histoire de la science ne nous offre-t-elle point à chaque instant et à chaque pas des exemples multipliés de ces sortes de variations philosophiques? Quelle impossibilité voit-on à ce qu'un disciple d'Euclide fût devenu partisan d'Épicure? Cent années s'étaient écoulées depuis la fondation de l'école de Mégare. La philosophie mégarique avait perdu déjà, en partie du moins, cette vertu de propagation qui s'attache à toute doctrine naissante. Est-il donc bien surprenant qu'un grand système, tel que l'épicurisme, qui, sans être original assurément, venait cependant, sous la main de l'homme de génie son promoteur, conférer à l'antique philosophie d'Abdère une sorte de jeunesse et de vigueur nouvelles, ait amené à lui, par une puissance supérieure d'attraction, un homme dont l'esprit avait dû puiser dans la dialectique contentieuse et subtile de l'école d'où il sortait une égale disposition à embrasser toute espèce de doctrines?

Une objection reste pourtant ici à discuter et à résoudre. Diodore, nous l'avons établi plus haut, niait le mouvement, du moins en tant qu'actuel. Or, si la négation du mouvement semble découler, à titre de conséquence naturelle et nécessaire, de la doctrine de l'unité absolue, elle ne paraît pas dériver également bien du système de la pluralité, auquel, au contraire, elle semble répugner; de telle sorte qu'à ce compte il y aurait réellement une contradiction formelle dans la philosophie de Diodore, qui, d'une part, en niant le mouvement, aurait dû admettre en même temps l'unité absolue, ou, d'autre part, n'aurait dû adopter les atomes, c'est-à-dire la pluralité, qu'à la condition d'admettre aussi le mouvement. Pour toute réponse à cette difficulté, nous pourrions dire qu'en présence de documents aussi considérables que ceux qui établissent dans la philosophie de Diodore, d'une part la négation du mouvement, d'autre part l'adoption de l'atomisme, l'histoire de la philosophie doit constater à la fois ces deux points, et les admettre, fussent-ils réellement contradictoires. Mais, d'ailleurs, y a-t-il là véritablement contradiction? Oui, au fond des choses, attendu que la doctrine de la pluralité est inconciliable avec celle de l'immobilité; non, dans la pensée de Diodore, qui, d'abord, ne nie le mouvement qu'en tant qu'actuel et non en tant qu'accompli, et qui, ensuite, a pu, suivant

en ceci les traces de Zénon d'Élée, estimer et
entreprendre de démontrer que le mouvement
est impossible, même dans l'hypothèse de la pluralité. Sans doute, il resterait toujours cette différence entre le philosophe d'Élée et celui de
Mégare, que ce dernier admettait la pluralité,
tandis que celui-là admettait l'unité absolue.
Mais, puisque Zénon, dans une série d'arguments[1] que nous a conservés Aristote en sa *Phy-*

---

[1] Nous avons reproduit plus haut deux d'entre ces quatre
arguments (le 1er et le 3e), en les rapprochant de ceux de
Diodore, qui n'en sont qu'une imitation. Il ne sera peut-
être pas sans intérêt de citer ici les deux autres (2 et 4).

Deuxième argument : Le mouvement n'existe pas ; car,
ce qui court le plus vite ne peut jamais atteindre ce qui va
le plus lentement. En effet, il faudrait que celui qui pour-
suit fût arrivé déjà au point d'où l'autre part, ce qui est
impossible avec la divisibilité à l'infini qui, subdivisant
infiniment l'espace, met toujours un infiniment petit
quelconque entre les deux coureurs. (Aristote, *Phys.*, VI.)
C'est l'argument nommé l'*Achille*. Bayle l'a développé
ainsi qu'il suit : « Supposons une tortue à vingt pas en
avant d'Achille ; limitons la vitesse de la tortue et celle de
de ce héros à la proportion d'un à vingt. Pendant qu'A-
chille fera vingt pas, la tortue en fera un ; elle sera donc
plus avancée que lui. Pendant qu'il fera le vingt et unième
pas, elle gagnera la vingtième partie du vingt-deux ; et
pendant qu'il gagnera cette vingtième partie, elle parcourra la vingtième partie de la partie vingt et unième. »

Quatrième argument : Le mouvement conduit à l'absurdité. Supposez deux corps égaux entre eux, mus dans un
espace donné et dans une direction opposée, et avec la

sique, avait entrepris de prouver aux partisans de la pluralité, que, même dans leur hypothèse, que pour son compte il ne partageait pas, le mouvement est impossible, Diodore, à son tour, a fort bien pu, adoptant sur les traces des abdé-

---

même vitesse; supposez que l'une parte de l'extrémité de l'espace donné, l'autre du milieu ; comme l'un n'aura parcouru que la moitié de l'espace donné quand l'autre l'aura entièrement parcouru, le même espace sera parcouru par deux corps égaux et d'égale vitesse dans un temps inégal, d'où il résulte qu'une moitié de temps paraît égale au double. (Arist., *Phys.*, l. VI.) Cet argument a été développé par Bayle sous la forme suivante : « Ayez une table de quatre aunes; prenez deux corps qui aient aussi quatre aunes, l'un de bois, l'autre de pierre ; que la table soit immobile, et qu'elle soutienne la pièce de bois selon la longueur de deux aunes à l'occident; que le morceau de pierre soit à l'orient, et qu'il ne fasse que toucher le bord de la table. Qu'il se meuve sur cette table vers l'occident, et qu'en une demi-heure il fasse deux aunes, il deviendra contigu au morceau de bois. Supposons qu'ils ne se rencontrent que par leurs bords, et de telle sorte que le mouvement de l'un vers l'occident n'empêche point l'autre de se mouvoir vers l'orient ; qu'au moment de leur contiguité, le morceau de bois commence à tendre vers l'orient, pendant que l'autre continue à tendre vers l'occident; qu'ils se meuvent d'égale vitesse ; dans une demi-heure, le morceau de pierre achèvera de parcourir toute la table; il aura donc parcouru un espace de quatre aunes dans une heure, savoir, toute la superficie de la table. Or, le morceau de bois dans une demi-heure a fait un semblable espace de quatre aunes, puisqu'il a touché toute l'étendue du morceau de pierre par les bords ; il est donc vrai que deux mobiles

ritains et d'Épicure cette pluralité, reproduire
sur ce terrain les conclusions posées par Zénon
touchant la non-existence du mouvement, et
admettre ainsi en même temps la doctrine de la
pluralité et celle de l'immobilité, deux doctrines qui, au fond, répugnent entre elles, mais
qui pouvaient ne point paraître contradictoires
à Diodore. Et pourquoi lui eussent-elles semblé
plus contradictoires qu'à Zénon d'Élée et à Sextus? Ne voyons-nous pas Zénon, dans les arguments[1] reproduits par Aristote en sa *Physique*,
établir l'impossibilité du mouvement sur l'hypothèse de la divisibilité à l'infini, c'est-à-dire,
de l'infinie pluralité? Sextus ne dit-il pas en propres termes que « soit qu'on adopte l'hypothèse

d'égale vitesse font le même espace, l'un dans une demi-
heure, l'autre dans une heure ; donc une heure et une demi-heure font des temps égaux ; ce qui est contradictoire.
Aristote dit que c'est un sophisme, puisque l'un de ces
mobiles est considéré par rapport à un espace qui est en
repos, savoir, la table, et que l'autre est considéré par
rapport à un espace qui se meut, savoir, le morceau de
pierre. J'avoue qu'il a raison d'observer cette différence ;
mais il n'ôte pas la difficulté ; car il reste toujours à expliquer une chose qui paraît incompréhensible : c'est qu'en
même temps un morceau de bois parcoure quatre aunes
par son côté méridional, et qu'il n'en parcoure que deux
par sa surface inférieure. »

[1] L. VI. — Voir, plus haut, ces quatre arguments avec
le développement qu'ils ont reçu de Bayle.

« de la divisibilité à l'infini, soit qu'on se rallie,
« au contraire, à l'hypothèse de l'indivisibilité,
« l'existence du mouvement est, dans l'un et
« l'autre cas, également problématique. Ἐάν τε
« πάντα εἰς ἄπειρα τέμνηται, ἔαν τε πάντα εἰς ἀμερὲς
« καταλήγῃ, ἄπορος ὁ περὶ τῆς κινήσεως εὑρηθήσεται
« λόγος[1]. » Il y a, d'ailleurs, dans le traité de
Sextus *Contre les Dogmatiques*, un passage déjà
cité plus haut, et qui prouve de la manière la
plus formelle que, loin d'avoir découvert une
contradiction entre la doctrine des infiniments
petits, ἐλάχιστα καὶ ἀμερῆ σώματα, c'est-à-dire la
doctrine de la pluralité, et celle de l'immobilité,
Diodore admettait la seconde comme conséquence logique de la première. « Que rien ne
« se meuve (dit Sextus), ceci résulte parfaite-
« ment de l'hypothèse des indivisibles admise
« par Diodore Cronus. En effet, un corps
« indivisible doit être contenu en un lieu indi-
« visible, et partant, ne se mouvoir, ni en ce
« lieu où il est, puisqu'il l'emplit et qu'il lui fau-
« drait pour se mouvoir un lieu plus grand, ni
« en un autre lieu où il n'est pas, puisqu'il n'y
« est pas encore ; de telle sorte qu'il n'y a pas
« de mouvement[2]. » Ce passage est décisif. Il

---

[1] *Adv. math.*, l. IX, *de Motu*.

[2] Καὶ μὴ κινεῖσθαι μὲν, τοῦτο ἀκολοῦθόν ἐστι ταῖς κατ' αὐτὸν

prouve péremptoirement que Diodore, au lieu
d'une contradiction entre la doctrine de l'immobilité et celle de la pluralité, apercevait au
contraire une convenance. L'existence des ἐλάχιστα καὶ ἀμερῆ σώματα, c'est-à-dire l'indivisibilité
dans la pluralité, paraissait à Diodore la condition
logique de la non-existence du mouvement, μὴ
κινεῖσθαι τοῦτο ἀκολοῦθον ταῖς τῶν ἀμερῶν ὑποθέσεσι[1].
Cette connexion n'était-elle pas plus illusoire
que réelle? C'est ce qu'il faut savoir reconnaître.
Mais toujours est-il (et c'est ici la question qu'il
s'agissait de résoudre) que la doctrine de l'immobilité, au lieu d'exclure chez Diodore, ainsi
qu'on l'a prétendu, la doctrine de la pluralité,
la présuppose au contraire et en dérive, à la
condition néanmoins que l'indivisibilité appartienne à chacun des éléments de cette pluralité.

Telle fut, sur les points où il nous a été possible de la suivre, de l'exposer et de l'apprécier,
la philosophie de Diodore Cronus. Esprit doué
d'une médiocre originalité, Diodore, sauf la
théorie qui lui appartient sur les conditions de

τῶν ἀμερῶν ὑποθέσεσι. Τὸ γὰρ ἀμερὲς σῶμα ὀφείλει ἐν ἀμερεῖ
τόπῳ περιέχεσθαι, καὶ διὰ τοῦτο μήτε ἐν αὐτῷ κινεῖσθαι (ἐμπεπλήρωκε γὰρ αὐτόν · δεῖ δὲ τόπον ἔχειν μείζονα τὸ κινούμενον)
οὔτε ἐν ᾧ μή ἐστιν (οὔπω γάρ ἐστιν ἐν ἐκείνῳ) · ὥστε οὐδὲ κινεῖται. (Adv. math., l. IX.)

[1] Sextus Empir., Adv. math., l. IX.

légitimité du jugement conditionnel, sauf aussi quelques arguments qui lui sont propres touchant la non-existence du mouvement, reproduit, sur les autres points de sa philosophie, les doctrines de trois grandes écoles, les unes antérieures à lui, l'autre contemporaine. Disciple de Démocrite et d'Épicure[1] sur la question du principe matériel des choses, il est sectateur de Zénon sur la question du mouvement, de telle sorte que son ontologie participe tout à la fois et de l'abdéritanisme et de l'éléatisme. Hâtons-nous d'ajouter que, par des liens non moins étroits, Diodore, sur d'autres points, se rattache à la sophistique. Que sont, en effet, autre chose que des sophismes, les arguments du dialecticien de Mégare, soit pour établir qu'il n'y a pas de mouvement dans le présent, soit pour prétendre qu'il n'y a rien de contingent dans le passé ni dans l'avenir, soit enfin pour soutenir qu'il n'y a jamais d'ambiguïté dans les mots dont se com-

---

[1] La physique épicurienne n'est autre chose qu'une reproduction et un développement de la physique abdéritaine. Si l'on compare la doctrine d'Épicure sur l'origine et la formation des choses avec le système de Leucippe et de Démocrite, il est facile de se convaincre que cette doctrine ne possède aucun caractère d'originalité. — Voir, sur ce point, nos *Études philosophiques*, t. 2 de la seconde édition.

pose le langage ? Les sophistes ne sont pas tous antérieurs à Socrate. A l'exemple de toutes les autres sectes, la secte sophistique eut, postérieurement au maître de Platon, ses continuateurs, et l'on ne saurait, du moins en une certaine mesure, méconnaître en Diodore, de même qu'en Eubulide et en Alexinùs, l'héritier des Euthydème, des Prodicus, des Hippias.

ÉCOLE D'ÉLIS.

PHÆDON.

Phædon ne fut le disciple d'aucun mégarique, et si l'école d'Élis, dont il est le fondateur, est généralement considérée comme une annexe de celle de Mégare, elle le doit moins à Phædon lui-même qu'à ses successeurs, Plistane d'Élis, Ménédème d'Érétrie, et Asclépiade de Phlionte, qui, tous, au rapport de Diogène de Laërte [1], avaient été disciples de Stilpon. Phædon eut pour maître Socrate. Il lui dut en même temps le bienfait de la science et celui de la liberté. En effet, né à Élis, Ἠλεῖος, ainsi que le rapportent Diogène de Laërte [2] et Strabon [3], Phædon fut pris par les ennemis ou par des pirates, et fait esclave. Transféré à Athènes, probablement après avoir été vendu, il s'y fit connaître de Socrate qui, au rapport de Diogène de Laërte, dé-

[1] L. II, *in Phæd.*
[2] *Ibid.*
[3] L. IX.

termina Alcibiade ou Criton à le racheter : Με-
τεῖχε Σωκράτους, ἕως αὐτὸν λυτρώσασθαι τοὺς περὶ
Ἀλκιβιάδην ἢ Κρίτωνα προύτρεψε[1]. Hésychius, et, après
lui, Suidas, rapportent les mêmes circonstances :
Ἐντυχὼν δὲ Σωκράτει ἐξηγουμένῳ (dit Suidas[2], qui
paraît reproduire ici le texte même d'Hésychius)
ἠράσθη τῶν λόγων αὐτοῦ, καὶ αἰτεῖ λύσασθαι · ὁ δὲ πείθει
Ἀλκιβιάδην πρίασθαι αὐτόν. Hiéronyme, dans Diogène de Laërte, dit aussi que Phædon avait été
esclave : Ἱερόνυμος δ᾽ἐν τῷ περὶ ἐποχῆς καθαπτόμενος
δοῦλον αὐτὸν εἴρηκε[3]. Aulu-Gelle, tout en tom-
bant d'accord avec Diogène de Laërte, Hésychius et Suidas sur le fait de l'esclavage de notre
philosophe, rapporte que ce fut Cébès qui le
racheta et en fit son disciple : « Eum Cebes So-
« craticus, hortante Socrate, emisse dicitur, ha-
« buisseque in philosophiæ disciplinis[4]. » Sorti
donc de l'esclavage et d'une condition plus humiliante encore[5], où l'esclavage l'avait fait tom-

---

[1] Diog. L., l. II, in Phæd.

[2] V. Φαίδων.

[3] Diog. L., l. II, in Phæd.

[4] Noct. attic., l. I, c. 11.

[5] On trouve dans Diogène de Laërte, dans Origène, et
dans Suidas, quelques détails relatifs à cette condition :

Diogène de Laërte (l. II, in Phæd.) : « Καὶ ἠναγκαθη-
στῆναι ἐπ᾽ οἰκήματος. »

Origène (l. I, contra Celsum) : « Εἰ δ᾽ ἐπὶ τῷ προτέρῳ
βίῳ ὀνειδίζειν μέλλομεν τοῖς μεταβαλοῦσιν, ὥρα καὶ Φαίδωνος

ber, Phædon devint le disciple de Socrate d'abord, puis de Cébès peut-être, ainsi que le veut Aulu-Gelle, et finit par élever à Élis, sa patrie, une école de philosophie. Il y eut pour disciples Plistane d'Élis, ainsi que le rapporte Diogène de Laërte[1], διάδοχος δ'αὐτοῦ Πλείστανος Ἡλεῖος, et aussi Œchipylle et Moschus, ainsi qu'il résulte du témoignage du même historien[2] : Αἰχιπύλῳ καὶ Μόσχῳ τοῖς ἀπὸ Φαίδωνος, enfin, Asclépiade de Phliasie et Ménédème d'Érétrie, ainsi qu'il résulte du passage suivant de Diogène de Laërte en sa biographie de Ménédème : « Ἀσκληπιάδου δὲ τοῦ Φλιασίου περισπάσαντος αὐτόν, ἐγένετο (Μενεδήμος) ἐν Μεγάροις παρὰ Στίλπωνα, οὗπερ ἀμφότεροι διήκουσαν[3]. » Ce fut cette même école, dite d'abord école d'Élis, qui fut plus tard appelée école d'Érétrie, du nom du lieu où elle fut transférée par Ménédème, Ἡλείακοι προσηγορεύοντο · ἀπὸ δὲ Μενεδήμου Ἐρετριακοί[4]. Ce témoignage est

ἡμᾶς κατηγορεῖν καὶ φιλοσοφήσαντος. Ἐπεὶ, ὡς ἱστορία φησίν, ἀπὸ οἰκήματος ἐτείου αὐτὸν μετήγαγεν εἰς φιλοσόφιχον διατριβὴν ὁ Σωκράτης. »

Suidas (V. Φαίδων) : « Τοῦτον συνέβη πρῶτον αἰχμάλωτον ὑπὸ Ἰνδῶν (Deycks propose λῃστῶν) ληφθῆναι. Εἶτα πραθεὶς πορνοβοσκῷ τινι, προίστη ὑπ' αὐτοῦ πρὸς ἑταίρισιν ἐν Ἀθήναις. »

[1] L. II, *in Phæd.*
[2] L. II, *in Menedem.*
[3] Diog. L., l. II, *in Menedem.*
[4] Diog. L., l. II, *in Phæd.*

celui de Diogène de Laërte. Strabon [1] s'énonce dans un sens tout à fait analogue : ... Καθάπερ καὶ Φαίδωνα μὲν τὸν Ἡλεῖον οἱ Ἡλιακοὶ διεδέξαντο, Μενέδημον δὲ τὸν Ἐρετριέα οἱ Ἐρετριακοί.

Dans cette école d'Élis qu'il avait fondée, Phædon apporta et institua les principes qu'il avait puisés dans l'école de Socrate ; aussi est-il appelé par Strabon [2] σωκράτικος. Ces principes devaient constituer le fond des écrits qu'il composa sous la forme socratique, celle du dialogue, et dont les titres seuls sont venus jusqu'à nous. Ces titres sont les suivants : *Nicias, Médius, Antimaque ou les Vieillards*, les *Entretiens scythiques, Simon, Zopyre* [3]. Toutefois, on lui contestait les quatre premiers, puisque le *Médius* passait, dans l'opinion de quelques-uns, pour être d'Æschine ou de Polyène ; les *Entretiens scythiques* pour être d'Æschine, et l'*Antimaque ou les Vieillards* pour être d'un autre auteur que Phædon [4]. Restaient donc le *Simon*

---

[1] L. IX.

[2] *Ibid.*

[3] Διαλόγους δὲ συνέγραψε γνησίους μὲν, Ζώπυρον, Σίμωνα, καὶ διστα*ζ*όμενον Νικίαν, Μήδων (ὅν φασί τινες Αἰσχίνου, οἱ δὲ Πολυαίνου), Ἀντίμαχον, ἢ Πρεσβύτας (καὶ οὗτος διστάζεται), Σκυθικοὺς λόγους (καὶ τούτους τινὲς Αἰσχίνου φασι). Diog. L., l. II, *in Phæd.*)

[4] Diog. L., *ibid.*

et le *Zopyre,* que personne ne lui contestait, et
qui étaient écrits, dit-on , avec une rare élé-
gance [1]. S'il faut en croire Strabon, les dialogues
écrits par Phædon roulaient sur Socrate : « Is
« (Phædo) postea philosophus illustris fuit, ser-
« monesque ejus de Socrate admodum elegantes
« leguntur [2]. » C'est dans l'un de ces écrits apparemment que se trouvait cette pensée, mentionnée par Sénèque, sur la fréquentation des
hommes sages : « Minuta quædam, ut ait Phæ-
« don, animalia cum mordent, non sentiuntur.
« Adeo tenuis illis et fallens in periculum vis
« est. Tumor indicat morsum, et in ipso tumore
« nullum vulnus apparet. Idem tibi in conver-
« satione virorum sapientium eveniet; non de-
« prehendes quemadmodum aut quando tibi
« prosit; profuisse deprehendes. Quorsum, in-
« quis, hoc pertinet? Æque præcepta bona, si
« sæpe tecum sint, profutura , quam bona
« exempla [3]. »

Il était réservé au nom de Phædon de devenir le titre du plus célèbre d'entre tous les dialogues de Platon. Ce dialogue, on le sait, est
ouvert par Échécrate, qui vient s'informer des
circonstances qui signalèrent les derniers mo-

[1] Sermones admodum elegantes. (Strabon, l. IX.)
[2] *Id., ibid.*
[3] Epist. 94.

ments de Socrate ; et c'est Phædon, le fidèle
disciple de Socrate, qui entreprend de raconter
ces circonstances dans leurs plus minutieux détails, et qui rappelle avec une pieuse exactitude
les derniers actes et les paroles suprêmes du
maître. « J'y étais moi-même, dit-il à Échécrate,
« et puisque tu me demandes de te raconter
« tout cela dans les plus grands détails, je vais
« essayer de te satisfaire. Car le plus grand bon-
« heur pour moi, c'est de me rappeler Socrate,
« soit en en parlant moi-même, soit en écou-
« tant un autre en parler [1]. » Aujourd'hui que
les siècles ont détruit les écrits du fondateur de
l'école d'Élis, et que la critique, toute patiente
et laborieuse qu'elle soit, se trouve impuissante
à rien rétablir de ses travaux, le nom de Phædon n'a pourtant rien à craindre de l'oubli.
Platon ne l'a-t-il pas voué à l'immortalité?

---

[1] Platon, dialogue le *Phædon.*

ÉCOLE D'ÉRÉTRIE.

MÉNÉDÈME.

Il ne faut pas confondre le philosophe dont il s'agit ici avec un autre du même nom, qui fut disciple de Colotès de Lampsaque, et qui paraît avoir été rangé par Diogène de Laërte[1] parmi les cyniques. Le philosophe dont nous avons à traiter en ce mémoire appartenait à la secte de Phædon, τῶν ἀπὸ Φαίδωνος, comme il est dit par Diogène. Ce même historien rapporte que Ménédème, ayant été envoyé par les érétriens en garnison à Mégare, fréquenta l'Académie et les leçons de Platon, et ne tarda pas à quitter les armes pour l'étude[2]. Comme le séjour que fit Platon à Mégare, immédiatement après la mort de Socrate, fut de courte durée, et que, d'ailleurs, l'Académie, cette école fondée par Platon, avait, ainsi que son nom suffit à l'indiquer, son siége à Athènes, c'était à Athènes que Ménédème allait écouter Platon, ce que permettait aisément la

---

[1] L. VI.

[2] Πεμφθεὶς δὲ φρουρὸς ὁ Μενέδημος ὑπὸ τῶν Ἐρετριέων εἰς Μέγαρα, ἀνῆλθεν εἰς Ἀκαδημίαν πρὸς Πλάτωνα, καὶ θηραθεὶς κατέλιπε τὴν στρατείαν. (Diog. L., l. VI.)

12

proximité des deux villes. Ménédème commença donc par être l'un des disciples de la première Académie. Mais bientôt, s'il faut en croire le récit de Diogène de Laërte, il se vit détourné de cette école par Asclépiade de Phlionte[1], qui le retint à Mégare, où tous deux s'attachèrent à Stilpon[2], Ménédème devint ainsi l'un des sec- tateurs du mégarisme. La première époque de son éducation philosophique avait appartenu à l'Académie; la seconde à l'école de Mégare; la troisième devait appartenir à l'école d'Élis. En effet, Diogène de Laërte ajoute que, de Mégare, Asclépiade et Ménédème passèrent à Élis, où ils se réunirent à Æchipylle et à Moschus, deux disciples de Phædon, dont les sectateurs s'appe- laient alors encore éléens, mais devaient, dans la suite, être appelés érétriens, du nom d'Éré- trie, patrie de Ménédème[3]. Ce fut à cette époque que Ménédème, de disciple qu'il avait été jus-

---

[1] Ville de la Phliasie. La Phliasie était un canton de la Sycionie, et formait un petit état indépendant.

[2] Ἀσκληπιάδου δὲ τοῦ Φλιασίου περισπάσαντος αὐτόν, ἐγένετο ἐν Μεγάροις παρὰ Στίλπωνα, οὕπερ ἀμφότεροι διήκουσαν. (Diog. L., l. II, *in Menedem.*)

[3] Κἀντεῦθεν πλεύσαντες εἰς Ἦλιν, Αἰχιπύλῳ καὶ Μόσχῳ, τοῖς ἀπὸ Φαίδωνος παρέβαλον · οἱ μέχρι μὲν τούτων (ὡς προείρηται ἐν τῷ περὶ Φαίδωνος) Ἠλειακοὶ προσηγορεύοντο · Ἐρετρικοὶ δὲ ἐκλή- θησαν ἀπὸ τῆς πατρίδος τοῦ περὶ οὗ λόγος. (Diog. L., l. II, *in Menedem.*)

que-là, devint lui-même chef d'école, et que la
secte d'Élis s'absorba dans celle d'Érétrie. Mais où
cette nouvelle école, dite d'Érétrie, eut-elle son
siége? Fut-ce à Érétrie, ainsi que son nom semble l'indiquer? Fut-ce à Élis, où Asclépiade et
Ménédème étaient allés se joindre à Æchipylle
et à Moschus, ces deux disciples de Phædon? Le
passage de Diogène de Laërte que nous venons
de citer n'est pas suffisamment explicite à cet
égard; et la même remarque serait applicable à
un autre passage de la biographie de Phædon,
où le même historien, après avoir dit que Phædon
eut pour successeur Plistane d'Élis, et celui-ci,
Ménédème d'Érétrie et Asclépiade de Phlionte
qui sortaient de l'école de Stilpon, ajoute que,
antérieurement à ces deux philosophes, l'école
fondée par Phædon s'appelait école d'Élis, et
qu'à partir de Ménédème, elle prit le nom d'école
d'Érétrie[1]. Ces deux endroits n'offrent donc rien
de bien décisif sur la question, et l'on n'en saurait conclure avec certitude que ce fut à Érétrie
même qu'eut son siége l'école de Ménédème.
Pour établir donc péremptoirement que le nom
d'école d'Érétrie ne vint pas seulement de ce

---

[1] Διάδοχος δὲ αὐτοῦ (Φαίδωνος) Πλείστανος, Ἠλεῖος. Καὶ
τρίτοι ἀπ' αὐτοῦ οἱ περὶ Μενέδημον τὸν Ἐρετρία καὶ Ἀσκληπιάδην τὸν Φλιάσον, μετάγοντες ἀπὸ Στίλπωνος. Καὶ ἕως μὲν τούτων
Ἠλειάκοι προσηγορεύοντο, ἀπὸ δὲ Μενεδήμου, Ἐρετριακοί.

que Ménédème était né dans cette ville, mais encore et surtout de ce qu'il y transféra l'école fondée à Élis par Phædon, il devient nécessaire d'avoir recours à d'autres textes plus décisifs; et c'est dans la biographie même de Ménédème, par Diogène de Laërte, que nous les rencontrerons. Dans un premier passage, Diogène de Laërte dit que Ménédème remplissait tous les devoirs de l'amitié envers ceux pour qui il professait de l'attachement, et que, *comme Érétrie*[1] *était une ville insalubre*, il y donnait quelquefois des repas, dans lesquels il s'égayait avec des poëtes et des musiciens[2]. Dans un second passage, Diogène de Laërte dit encore que Ménédème et Asclépiade se marièrent tous deux dans la même famille, qu'ils vécurent en commun, μιᾶς οὔσης οἰκίας, et qu'Asclépiade mourut le premier, à Érétrie, dans un âge fort avancé, ὁ μέντοι Ἀσκληπιάδης προκατέστρεψεν ἐν Ἐρετρίᾳ γηραιὸς ἤδη[3]. Ces deux derniers textes établissent suffisamment que ce fut dans sa patrie même, à Érétrie, que Ménédème établit le siége de son école, dans laquelle il eut pour assesseur, plutôt encore que

---

[1] Érétrie, ville de l'île d'Eubée.

[2] Ἦν δὲ καὶ φιλυπόδοχος, καὶ (διὰ τὸ νοσῶδες τῆς Ἐρετρίας) πλείω συνάγων συμπόσια, ἐν οἷς καὶ ποιητῶν καὶ μουσικῶν. (Diog. L., l. II, *in Menedem.*)

[3] *Id., ibid.*

pour disciple, son ami Asclépiade. La destinée de ces deux philosophes était depuis longtemps unie par des liens que la mort seule put rompre. A Athènes, pauvres tous deux, ils avaient ensemble gagné leur vie par un travail manuel auquel ils se livraient de nuit [1], afin de pouvoir, pendant le jour, assister aux enseignements de l'Académie. Puis, abandonnant Platon pour Stilpon, ils étaient devenus ensemble disciples de l'école de Mégare. Plus tard encore, disciples tous deux de l'école d'Élis, probablement sous ce Plistane que Diogène de Laërte donne pour successeur à Phædon [2], et conjointement avec Æchipylle et Moschus [3], ils avaient fini tous deux par transplanter à Érétrie, dans la patrie de Ménédème, la secte de Phædon, et y avaient établi, sous le nom de philosophie érétrienne, une école dans laquelle la secte d'Élis s'était ab-

[1] Ce fait est attesté par Athénée (l. IV, c. 19) : Μενέδημον γοῦν καὶ Ἀσκληπιάδην, τοὺς φιλοσόφους, νέους ὄντας καὶ πενομένους, μεταπεμψάμενοι ἠρώτησαν πῶς ὅλας τὰς ἡμέρας τοῖς φιλοσόφοις συσχολάζοντες, κεκτημένοι δὲ μηδέν, εὐεκτῶσιν οὕτω τοῖς σώμασι· καὶ οἱ ἐκέλευσαν μεταπεμφθῆναί τινα τῶν μυλωθρῶν· ἐλθόντος δὲ ἐκείνου, καὶ εἰπόντος ὅτι νυκτὸς ἑκάστης κατίοντες εἰς τὸν μύλωνα, καὶ ἀλοῦντες, δύο δράχμας ἀμφότεροι λαμβάνουσι· θαυμάσαντες οἱ αὐτοὺς Ἀρεοπαγίται διακοσίαις δραχμαῖς ἐτίμησαν.

[2] L. II, in Phædon.

[3] L. II, in Menedem.

sorbée. Asclépiade, ainsi que nous l'avons dit
déjà, était mort le premier, Ménédème continua
à demeurer à Érétrie, où, après avoir essuyé
beaucoup de mépris [1] de la part de ses compa-
triotes, il finit par acquérir l'estime générale, et
se vit confier l'administration de la cité. Diogène
de Laërte rapporte que, dans une ambassade
dont il fut chargé auprès de Ptolémée et de Lysimaque, il fut accueilli par ces deux princes avec
une grande distinction. En une autre circonstance, ayant été envoyé auprès de Démétrius
Poliorcète, et la ville d'Érétrie lui ayant, à cette
occasion, alloué deux cents talents, Ménédème
en fit retrancher cinquante. Toutefois, il paraît,
par le récit de Diogène, qu'il se chargea malgré
lui de cette négociation, qui regardait la ville
d'Orope, ainsi que le rapporte Euphante en ses
Histoires [2]. Le fils de ce même Démétrius [3], Antigone, qui fut surnommé Gonatas, avait beaucoup d'amitié pour notre philosophe, et se glo-

---

[1] Diogène de Laërte rapporte, en sa biographie, que ses
concitoyens le traitaient de chien et de visionnaire, κύων καὶ
λῆρος.

[2] C'est Euphante le Mégarique dont il est ici question.
— Voir le chapitre spécial où il en est traité.

[3] Démétrius Poliorcète eut pour fils Antigone Gonatas.
Il avait eu pour père Antigone, l'un des lieutenants d'A-
lexandre, qui périt en 301 avant notre ère à la bataille
d'Ipsus qu'il livra contre Ptolémée, Séleucus et Lysimaque.

rifiait d'être son disciple. Ce prince ayant mis en
déroute des peuplades barbares auprès de Lysi-
machie, Ménédème fit, à sa louange, un décret
simple et sans flatterie, dont le début était :
« En conséquence des témoignages rendus par
« les généraux d'armée et par les principaux
« membres du conseil, que le roi Antigone est
« rentré victorieux dans ses États après avoir
« dompté des peuples barbares, et qu'il gouverne
« son royaume raisonnablement, le sénat et le
« peuple ont trouvé bon d'ordonner, etc. » Ces
égards pour Antigone le rendirent suspect. Aris-
todème l'accusa de trahison; ce qui lui fit prendre le parti de se retirer à Orope, où il demeura
dans le temple d'Amphiaraüs, jusqu'à ce que les
vases d'or du temple s'étant trouvés perdus, ainsi
que le rapporte Hermippus dans Diogène de
Laërte[1], les Béotiens lui enjoignirent de se retirer. Il obéit avec douleur, et étant rentré se-
crètement dans sa patrie, il en emmena sa femme
et ses filles, et se réfugia auprès d'Antigone, où
il mourut de tristesse. Tel est le récit d'Hermippus. Mais Héraclide, également dans Diogène de Laërte[2], en parle tout différemment. Il
dit que Ménédème, devenu le premier sénateur

[1] L. II, *in Menedem.*
[2] *Ibid.*

d'Érétrie, préserva plus d'une fois sa patrie de
la tyrannie en rendant vains les efforts de ceux
qui voulaient la livrer à Démétrius ; qu'il fut
faussement accusé d'avoir voulu la trahir pour
les intérêts d'Antigone ; qu'il alla même trouver
ce prince pour l'engager à affranchir sa patrie
de la servitude, et que, n'ayant pu l'y déterminer, il se priva de nourriture pendant sept
jours, au bout desquels il mourut. Ce récit d'Héraclide, d'après la remarque de Diogène de
Laërte [1], est conforme à celui d'Antigone de Caryste. Héraclide ajoute que Ménédème mourut
dans la soixante-quatorzième année de son âge.

A ces documents, que nous empruntons à
Diogène de Laërte en sa biographie de Ménédème, ajoutons encore quelques autres détails
donnés dans ce même écrit par le même historien sur la vie et le caractère de notre philosophe. Ménédème avait beaucoup de gravité, ce
qui donna lieu à cette plaisanterie de Cratès [2] :
Asclépiade de Phliasie et le taureau d'Érétrie,
Φλιάσόν τε Ἀσκληπιάδην, καὶ Ταῦρον Ἐρέτρην. Timon [3]
se moque aussi de la manière dont Ménédème

---

[1] L. II, *in Menedem.*

[2] Le Cynique, de Thèbes ; disciple de Diogène de Sinope.

[3] De Phlionte ; disciple de Stilpon d'abord, puis de
Pyrrhon ; auteur des *Silles.*

haussait les sourcils quand il commençait à parler, λόγον ἀναστήσας ὠφρυομένος ἀφροσίβομ6αξ.—Antigone lui ayant fait un jour demander s'il lui conseillait d'assister à un festin dissolu, il lui fit répondre seulement qu'il se souvînt qu'il était fils de roi [1].—Quelqu'un lui demandant un jour s'il convenait au sage de se marier : Que vous semble, dit-il, suis-je un sage ? Et, sur la réponse affirmative de son interlocuteur, il ajouta : Et je suis marié.—On disait en sa présence qu'il y a plusieurs sortes de biens. Quel en est le nombre, dit-il ; croyez-vous qu'il y en ait plus de cent?—Il n'aimait point la somptuosité dans les repas, et il aurait voulu corriger de ce défaut ceux qui l'invitaient à leur table. S'étant trouvé un jour à un festin de ce genre, il ne dit rien, mais il en blâma la profusion en ne mangeant que des olives. — Sa franchise faillit le perdre, lui et son ami Asclépiade, chez Nicocréon, tyran de Chypre. Ce prince les ayant invités, avec d'autres philosophes, à une fête qui se célébrait tous les mois, Ménédème dit que, si ces convives formaient une compagnie honorable, il fallait renouveler la fête tous les jours, sinon que c'était même trop d'une fois. Le tyran ayant répondu qu'il avait coutume de donner ce jour

---

[1] Antigone était fils du roi Démétrius Poliorcète.

à la conversation avec les philosophes, Ménédème persista dans son opinion, et démontra que la conversation des hommes sages était utile en tout temps, comme les sacrifices, et poussa même la chose si loin que si un trompette ne les eût avertis du moment du départ, ils eussent peut-être laissé leur vie en Chypre. On ajoute que, lorsqu'ils furent en mer, Asclépiade dit que la douceur des airs du trompette les avait sauvés, au lieu que la rudesse de Ménédème les aurait perdus. — Quand il fut parvenu au maniement des affaires de l'État, il était si timide et si distrait qu'un jour, au lieu de mettre l'encens dans l'encensoir, il le mit à côté. Cratès l'ayant blâmé de s'être chargé du gouvernement, Ménédème ordonna qu'on le conduisît en prison ; sur quoi, le cynique, le regardant fixement, lui reprocha de s'ériger en nouvel Agamemnon, en tyran de la ville. — Ménédème avait l'âme grande et généreuse. — Quant à sa complexion, quoique déjà vieux, il était aussi vigoureux qu'en sa jeunesse, et aussi ferme qu'un athlète. Il avait le teint basané, de l'embonpoint et une taille moyenne. Au temps de Diogène de Laërte, sa statue était encore dans l'ancien stade d'Érétrie. — Ménédème remplissait tous les devoirs de l'amitié envers ceux sur qui s'étaient portées ses affections ; et, comme Érétrie était une ville insalubre, il donnait de temps en temps des repas dans lesquels il s'égayait avec des poëtes et des musiciens. — Il aimait beaucoup Aratus Lycophron, poëte tragique, mais Homère plus que tous les autres. Il faisait cas des poëtes lyriques. Il estimait Sophocle. — Il avait un vif penchant à l'amitié, ainsi que le prouve celle qui l'unit à Asclépiade, et qui égala celle de Pylade et d'Oreste. Il était moins âgé que son ami. Archépolis leur ayant fait compter trois mille pièces d'argent, chacun d'eux s'obstina à n'être pas le premier à les accepter, de telle sorte que tous deux refusèrent. Ils vivaient en commun. On dit qu'ils prirent femme tous deux dans la même famille : Ménédème la mère, Asclépiade la fille. On rapporte que, quelque temps après la mort d'Asclépiade, un ami de ce dernier s'étant présenté à la table de Ménédème, les domestiques refusaient de le recevoir; mais que Ménédème le fit entrer, en disant qu'Asclépiade mort devait avoir chez lui la même autorité qu'il avait eue durant sa vie. Ces deux amis eurent pour protecteurs Hipponicus de Macédoine et Agétor de Lamia [1]. Celui-ci leur fit présent à chacun de trente mines [2], et Hipponicus donna deux mille drach-

---

[1] Ville de Thessalie.

[2] Une mine valait cent drachmes, et pouvait équivaloir à environ 90 francs de notre monnaie.

mes à Ménédème pour doter ses filles; il en
avait trois d'Orope, sa femme, à ce que dit Héraclide. —Persée [1] fut le seul contre qui Ménédème ne cessa d'avoir de la haine, parce qu'Antigone ayant voulu, par considération pour notre
philosophe, rétablir le régime républicain dans
Érétrie, Persée l'en dissuada. Aussi Ménédème
s'emporta, dans un festin, contre Persée, et
parla de lui en ces termes : « Il peut être philo-
« sophe, mais il est le plus méchant de tous ceux
« qui sont et seront sur la terre. »

En ce qui concerne les doctrines philosophiques de Ménédème, il est regrettable que nous
n'ayons conservé ni les écrits d'Héraclide, ni
une biographie de Ménédème composée par Antigone de Caryste, ni le livre de Sphærus du
Bosphore, cet élève du stoïcien Cléanthe, qui,
au rapport de Diogène de Laërte [2], avait écrit
sur les philosophes érétriens, περὶ τῶν ἐρετριάκων
φιλοσόφων. Élève de l'Académie, puis de l'école
de Mégare, enfin de l'école d'Élis, les éléments
dont se constituait la philosophie de Ménédème
devaient appartenir, dans des proportions combinées, à chacune de ces trois sectes. Diogène
de Laërte rapporte que notre philosophe n'esti-

---

[1] Esclave et disciple de Zénon de Cittium.
[2] L. VII, *in Cleanth.*

mait ni Platon ni Xénocrate, qui avaient été ses maîtres [1]. Puis, quelques lignes plus bas, et sur l'autorité d'Héraclide, le même historien ajoute que Ménédème suivait la philosophie de Platon, sauf toutefois sa dialectique qu'il n'estimait pas : « Ἐν μὲν τοῖς δόγμασι πλατωνικὸν εἶναι αὐτόν, διαπαίζειν δὲ τὰ διαλεκτικά. » C'est en ces limites qu'il nous paraît convenable de restreindre l'assertion précédente de Diogène de Laërte. Platon avait été le premier maître de Ménédème, et notre philosophe avait adopté les dogmes platoniciens (ἐν μὲν τοῖς δόγμασι πλατωνικὸν εἶναι αὐτόν), à l'exception de la dialectique (διαπαίζειν δὲ τὰ διαλεκτικά). Cette dernière circonstance fut cause, à ce que raconte Diogène de Laërte [2], qu'Alexinus, demandant un jour à Ménédème s'il continuait à battre son père : « Je n'ai, répondit Ménédème, ni commencé, ni cessé de « de le faire. » Son dédain, au reste, paraît ne s'être pas étendu à la dialectique en général, et tout porte à croire qu'en rejetant celle de Platon, il adopta celle des mégariques ses autres maîtres. Nous lisons en effet dans Diogène de Laërte [3], qu'il était plein d'admiration pour Stil-

---

[1] L. II, in Menedem. : « Τῶν δὲ διδασκάλων τῶν περὶ Πλάτωνα καὶ Ξενοκράτην κατεφρόνει.

[2] L. II, in Menedem.

[3] Ibid.

pon, Στίλπωνα δὲ ἐτεθαυμάκει, et, chose plus décisive encore, qu'il excellait dans l'éristique,
ἐριστικώτατός τε ἦν, assertion fondée sur le témoignage d'Antisthène en ses *Successions*, καθά
φησιν Ἀντισθένης ἐν διαδοχαῖς. Voici, à cette occasion, toujours d'après Diogène [1], un argument
qu'il avait coutume de poser : « Deux choses
« étant données, l'une est-elle différente de
« l'autre? Assurément. Or, l'utile et le bien
« sont-ils deux choses? Sans doute. Le bien
« n'est donc pas utile. » Faut-il en conclure
que Ménédème niât sérieusement le caractère
d'utilité dans le bien? Ce serait, ce nous semble, attacher trop d'importance à un sophisme,
et il ne faut voir autre chose dans le raisonnement proposé qu'un de ces exercices éristiques
si familiers à cette école de Mégare dont Ménédème avait été le disciple. C'est à cette même école
que Ménédème avait appris l'art d'envelopper sa
pensée, δυσκατανόητος [2], et de soutenir habilement
une discussion, ἐν τῷ συνθέσθαι δυσανταγώνιστος [3].
Diogène de Laërte ajoute que Ménédème rejetait
les propositions négatives, et n'admettait que les
affirmatives; et que, parmi ces dernières, il ap-

---

[1] Diog. L., l. II, *in Menedem.*
[2] *Ibid.*
[3] *Ibid.*

prouvait surtout les propositions simples, et condamnait les autres, qu'il appelait conjonctives et complexes, ἀνήρει καὶ τὰ ἀποφατικὰ τῶν ἀξιωμάτων, καταφατικὰ τιθείς, καὶ τούτων τὰ ἁπλᾶ προσδεχόμενος, τὰ οὐχ ἁπλᾶ ἀνήρει, λέγων δὲ συνημμένα καὶ συμπεπλεγμένα [1]. D'après le témoignage du même historien, Ménédème joignait à une grande souplesse d'esprit une remarquable facilité d'élocution, ἐστρέφετό τε πρὸς πάντα, καὶ εὑρησελόγει [2]. Antigone de Caryste [3], dans Diogène de Laërte, dit que ce philosophe portait une telle ardeur dans la discussion, que son regard étincelait. Diogène ajoute [4] qu'il enseignait avec simplicité, sans appareil, et qu'on ne voyait dans son école ni siéges régulièrement disposés, ni rien de semblable, mais que chacun l'écoutait soit assis, soit debout, soit en se promenant, à volonté. S'il faut en croire le témoignage d'Antigone de Caryste, dans Diogène de Laërte [5], Ménédème n'a rien écrit ni composé, γράψαι αὐτὸν μηδέν, μηδὲ συντάξαι, et ne fut l'auteur d'aucun dogme, ὥστε μηδὲ στηρίζειν ἐπί τινος δόγματος. Il est resté pourtant des éré-

---

[1] L. II, in Menedem.

[2] L. II, in Menedem.

[3] Vivait vers la fin du règne de Ptolémée–Philadelphe, c'est-à-dire vers 350 avant J.-C.

[4] L. II, in Menedem.

[5] Ibid.

triens un précepte moral, conservé par Cicéron [1], et qui consistait à dire que le bien réside tout entier dans l'esprit et dans cette faculté
de l'esprit à laquelle nous devons de concevoir
le vrai. « A Menedemo autem, quod is Eretria
« fuit, eretriaci appellati : *quorum omne bonum*
« *in mente positum et mentis acie, qua verum*
« *cerneretur* [2]. » Ce précepte, rappelé par Cicéron, n'appartenait pas seulement aux érétriens ;
il pouvait être réclamé en même temps par les
mégariques ; et l'adoption commune qu'en firent
ces deux écoles, constitue entre elles, indépendamment de tous les rapports qui les unissent
d'ailleurs, un lien bien évident. En effet, que disaient les mégariques avec Euclide ? Ils affirmaient
que le bien, ἀγαθόν, était un, ἕν, et ils lui donnaient
en même temps les noms de νοῦς et de φρόνησις. Or,
nous retrouvons cette unité, en tant que caractère
fondamental du bien, chez les érétriens comme
chez les mégariques, puisque les érétriens n'admettaient de bien que celui qui résidait dans l'esprit. Cet *omne bonum in mente positum* des

---

[1] *Acad.*, II, 42.

[2] Ce principe est bien évidemment celui qui inspira la
réponse de Stilpon, l'un des maîtres de Ménédème, à Démétrius Poliorcète, lorsque, après la prise de Mégare, ce
prince demandant au philosophe s'il n'avait rien perdu :
« Non, dit-il, puisque je possède encore tout mon savoir. »

érétriens n'est donc autre chose que le ἀγαθὸν ἕν appelé νοῦς par les mégariques. De plus, ce même ἀγαθὸν ἕν auquel les mégariques donnaient le nom de φρόνησις, n'est-il pas précisément le *omne bonum positum in mentis acie, qua verum cernitur,* admis par les érétriens? Ces rapprochements n'ont rien de contraint ni de subtil; ils nous semblent fondés sur une juste interprétation de l'esprit et de la forme des deux préceptes. Et cette analogie n'a pas échappé à Cicéron, lorsque, mentionnant le précepte des érétriens, il ajoute : « Illi (Megarici) similia, sed explicata « uberius et ornatius. » Non-seulement donc Ménédème fut l'élève de Stilpon et des mégariques; mais encore lui et les érétriens ses disciples adoptèrent un dogme philosophique que l'école de Mégare, dès Euclide son fondateur, avait posé comme fondamental.

Quels furent, dans l'école d'Érétrie, les disciples de Ménédème et de son ami Asclépiade? c'est ce qu'il est impossible de déterminer. Il faut qu'ils aient été bien obscurs, puisque leurs noms ne se trouvent pas mentionnés dans Diogène de Laërte. Ménédème, d'après le récit d'Héraclide, rapporté plus haut, mourut à l'âge de soixante-quatorze ans. Sa mort ayant eu lieu, d'après le récit du même historien dans Diogène de Laërte[1],

---

[1] L. II, *in Menedem.*

sous le règne d'Antigone Gonatas, qui monta sur
le trône vers l'an 276 avant J.-C., on peut conjecturer que Ménédème était né vers 350. L'école
d'Érétrie s'éteignit avec son fondateur.

FIN.

TABLE DES MATIÈRES

CONTENUES DANS CE VOLUME.

———

FIN DE LA TABLE.

ERRATA.

Page 5. — *Au lieu de :* Il existe dans Aulu-Gelle une *tra-duction*, lisez : Il existe dans Aulu-Gelle une *tradition*.

Page 18, à la note. — *Au lieu de:* Aldobrandin, lisez : *Al-dobrandini*.

Page 26. — *Au lieu de :* Et autres *analogies*, *lisez :* Et au-tres *analogues*.

Page 75. — Au lieu de : « Hoc objicitur Stilponi ab Epicuro et his quibus..., » *lisez :* « Hoc objicitur Stilponi ab Epicuro, et his quibus.... »

Page 160. — *Au lieu de :* Une hypothèse, de laquelle il plaît à Diodore de *parler*, lisez : Une hypothèse de laquelle il plaît à Diodore de *partir*.

Page 182. — *Au lieu de :* Asclépiade *était* mort le premier, *lisez :* Asclépiade *étant* le mort premier.

MÉMOIRE

SUR NEWTON

PAR M. MALLET,

INSPECTEUR DE L'ACADÉMIE DE PARIS;

Lu à l'Académie des sciences morales et politiques,
Séance du 23 février 1850.

———

Présidence de M. Barthélemy Saint-Hilaire.

PARIS

TYPOGRAPHIE PANCKOUCKE

Rue des Poitevins, 6

—

1850

MÉMOIRE

SUR NEWTON

PAR M. MALLET
INSPECTEUR DE L'ACADÉMIE DE PARIS.

1re PARTIE.

Le 17e siècle fut, plus que tout autre peut-être, une époque d'importants et sérieux travaux. L'esprit humain, affranchi par Bacon du joug des vieilles méthodes, devenues impuissantes, entrait plein d'ardeur dans la voie indéfinie de découvertes scientifiques que l'expérience et l'observation venaient ouvrir devant lui. L'un des hommes qui apportèrent à cette œuvre tout à la fois le plus de génie et le plus de studieuse recherche, fut Newton. Ce que Descartes et Leibnitz furent, dans ce même siècle, l'un pour la France, l'autre pour l'Allemagne, Newton le fut pour l'Angleterre. Si, dans la sphère des spéculations métaphysiques, il n'occupe pas un rang aussi élevé que l'auteur des *Méditations* et celui des *Essais de Théodicée*, en revanche, il est au moins leur égal comme mathématicien, et très-certainement il leur est supérieur dans les sciences qui ont pour objet la recherche des phénomènes et des lois de la nature physique. Le génie de Newton s'appliqua plus volontiers à la solution des grands problèmes de la physique et des mathématiques qu'à celles des questions de la philosophie intellectuelle et

morale. Toutefois, en ce dernier ordre d'idées, bien qu'il
n'ait composé aucun ouvrage spécial, il a déposé, dans ses
écrits sur la philosophie naturelle, des aperçus que l'illus-
tration attachée au nom de l'écrivain ne permet pas de négliger. C'est à les mettre en lumière que nous allons surtout
nous attacher dans ce travail, après une rapide esquisse de la
vie de Newton et de ses principales découvertes en mathématiques et en physique.

Newton (Isaac), naquit le jour de Noël de l'année 1642, à
Woolstrop, dans le comté de Lincoln. Ses ancêtres étaient,
à ce qu'il paraît, originaires d'Ecosse. Il était encore enfant
quand il perdit son père; et à douze ans, sa mère le mit à
Grantham, la ville la plus voisine de Woolstrop, pour y
suivre les leçons d'un maître qui passait pour très-habile
dans les langues savantes. Il ne se distingua, dans cette étude,
par aucune aptitude particulière; mais, dès lors, s'annonça
sa vocation pour les sciences physiques et mécaniques.
Lorsque sa mère l'eut repris avec elle à Woolstrop, elle voulut
l'employer à l'administration d'une ferme. Mais l'esprit du
jeune Newton se refusa obstinément à ce genre d'occupation,
ainsi qu'il apparaîtra par le fait suivant, qui fréquemment se
reproduisit. Chaque samedi, sa mère l'envoyait à Grantham
pour vendre du blé et d'autres denrées au marché, et en
rapporter ce qui était nécessaire à la maison. Il était accompagné d'un vieux serviteur de confiance, qui devait lui
montrer à vendre et à acheter. Or, que faisait Newton? A
peine arrivé à Grantham, il laissait à son compagnon tous
les soins de vente et d'achat, et courait s'enfermer dans sa
petite chambre chez son ancien hôte, où il s'occupait à lire
quelque vieux livre jusqu'à l'heure du départ. A Woolstrop
même, au lieu de vaquer à la conduite de la ferme, il aimait
bien mieux aller s'asseoir sous un arbre avec quelque livre,
ou façonner quelque mécanique d'après les modèles qu'il
avait vus. Une plus longue résistance à la vocation qui entraînait le jeune Newton devenait impossible : un incident
vint hâter ce dénoûment. Un de ses oncles l'ayant un jour

rencontré à la promenade, un livre à la main, s'aperçut qu'il s'occupait de la solution d'un problème assez difficile de mathématiques. Alors, sans hésiter, il conseilla à la mère de Newton de renvoyer son fils à Grantham pour y continuer ses études. Il y demeura jusqu'à l'âge de dix-huit ans ; après quoi, il passa à l'université de Cambridge, qui était, avec celle d'Oxford, la plus renommée de toute l'Angleterre. Il s'y livra particulièrement à l'étude des mathématiques, et y eut pour maître le docteur Barrow. Sous la direction de ce professeur, il étudia la géométrie de Descartes, ainsi que les ouvrages du mathématicien Wallis, et notamment son *Arith-metica infinitorum*, lecture qui lui suggéra la première idée des découvertes analytiques qu'il devait faire plus tard et réunir dans un traité intitulé : *Analysis per æquationes numero terminorum infinitas.* En 1668, Newton fut reçu maître ès arts de l'université de Cambridge ; et, en 1669, son ancien maître, Barrow, résigna en sa faveur sa chaire d'optique. Trois ans plus tard, en 1672, nous le voyons membre de la Société royale de Londres, qui s'empressa d'insérer dans son recueil des *Transactions philosophiques* la première partie d'un travail qu'il composait alors sur l'analyse de la lumière. Tout le reste de la vie de Newton appartint à la science ; mais en même temps son mérite intellectuel devint dans sa patrie, et même chez les autres peuples de l'Europe, l'objet de légitimes hommages. En 1699, l'Académie des sciences de Paris inscrivit son nom parmi ceux des associés étrangers. En 1701, l'université de Cambridge le nomma, pour la seconde fois, député au parlement. En 1703, il fut élu président de la Société royale de Londres, et cet honneur lui fut maintenu pendant vingt ans, c'est-à-dire tant qu'il vécut. En 1703, la reine Anne le créa chevalier : nomination qui explique le titre de *Eques auratus* que nous trouvons annexé au nom de Newton dans les diverses éditions de ses œuvres. Dans le cours de cette vie toute dévouée à la science, il se trouva en relation avec les savants les plus célèbres de son époque, et notamment avec Halley, Bernouilli,

Leibnitz, Samuel Clarke. Ce dernier fut tout à la fois l'ami et le disciple de Newton, qui, plus tard, lui confia le soin de poursuivre, sur le terrain métaphysique, contre Leibnitz, la polémique qu'il soutenait lui-même sur le terrain mathématique contre cet illustre savant. La carrière de Newton se prolongea jusqu'à l'âge de quatre-vingt-cinq ans. Il mourut le lundi 20 mars de l'année 1727. On le porta à l'abbaye de Westminster, où le corps fut enterré près de l'entrée du chœur. Sur sa tombe fut élevé, par les soins de sa famille, un monument dont l'épigraphe se terminait par ces mots : *Congratulentur sibi mortales tale tantumque exstitisse humani generis decus.* Une autre épigraphe, composée par le poëte Pope, est ainsi conçue : *Isaacus Newtonus. Quem immortalem testantur tempus, natura, cœlum, mortalem hoc marmor fatetur.*

Les travaux de Newton eurent pour objet principal les mathématiques, la physique générale, et surtout l'optique. Il s'y joignit, mais secondairement, quelques recherches sur la chronologie, et des observations sur les prophéties de l'Écriture sainte, particulièrement celles de Daniel, et sur l'Apocalypse de saint Jean. On trouve encore épars dans ses écrits, et notamment dans son *Optique* et dans ses *Principes mathématiques de philosophie naturelle*, d'assez nombreux passages relatifs à des questions, soit de psychologie, soit de logique, soit de théodicée ; mais ces passages sont, pour la plupart, très-courts, et leur brièveté même indique assez que Newton n'a voulu traiter *ex professo* aucune question de ce genre, et que ce n'est qu'accidentellement, et, pour ainsi dire, en passant, qu'il est sorti du domaine des sciences mathématiques et physiques pour pénétrer un instant dans celui des sciences morales. Quelque rares et sommaires que soient les passages dont nous parlons, leur examen, ainsi que nous l'avons dit, fera l'objet de la plus grande partie de ce mémoire, après que nous aurons tracé une rapide analyse des autres travaux de Newton.

Voltaire, en maint endroit de ses écrits, se plaît à rappeler, avec cette ironie qui lui est familière, que Newton a commenté l'Apocalypse : c'est que Voltaire n'a jamais compris que très-imparfaitement le 17e siècle. A une époque qui fut, au plus haut degré, celle de l'alliance de la raison et de la foi chrétienne, ce mélange de discussions métaphysiques et de controverses religieuses n'a rien qui doive surprendre, surtout dans un pays comme l'Angleterre, où les études bibliques ont toujours été en très-grand crédit. Le savant géomètre Wallis, dont les travaux sur le calcul infinitésimal avaient stimulé le génie naissant de Newton, n'avait-il pas composé des traités de théologie ? Boyle, l'un des plus grands physiciens du 17e siècle, n'est-il pas auteur d'un traité sur l'Ecriture sainte ? Leibnitz lui-même n'a-t-il pas commenté certaines histoires bibliques ? Que, donc, Newton ait écrit sur les prophéties de Daniel et sur l'Apocalypse de saint Jean, il n'y a ni à s'en étonner, ni surtout à s'en moquer, attendu qu'en cela il imita la plupart des grands esprits du 17e siècle. Il n'entre pas dans notre plan, et il n'est point de l'objet de cette notice, d'analyser ici cet écrit de Newton. Il nous suffira d'en faire connaître, par quelques extraits, le dessein et le but. « Dieu, dit Newton, a donné l'Apocalypse, ainsi que les prophéties de l'Ancien Testament, non pas pour flatter la curiosité humaine en permettant aux hommes d'y lire l'avenir, mais afin que les prophéties, une fois accomplies, puissent être interprétées d'après les événements, et que sa prescience, non pas celle des interprètes, puisse être ainsi manifestée. Pour comprendre les prophéties, il faut d'abord prendre connaissance du langage figuré des prophètes, et ce langage est tiré de l'analogie qui existe entre le monde matériel et un empire ou un royaume considéré comme un monde politique.... Par exemple, lorsqu'un homme ou un animal est pris pour un royaume, les différentes parties ou qualités du premier sont employées pour leurs analogues dans le second. Ainsi, la tête de l'animal représente le pouvoir.... S'il y a plusieurs têtes, elles représentent les divisions principales de l'Etat, ou les dynasties qui s'y sont succédé, ou bien encore les diverses formes de gouvernement. »

La base sur laquelle repose le système chronologique de Newton est empruntée à la science astronomique. Il suppose que les Argonautes, dont la fabuleuse expédition avait, comme on sait, pour objet la conquête de la Toison d'Or, qu'il fallait aller chercher dans la Colchide, se dirigeaient à l'aide d'une sphère construite par Chiron, dans laquelle l'équinoxe du printemps, le solstice d'été, l'équinoxe d'automne et le solstice d'hiver se trouvaient fixés, chacun pour leur part, au quinzième degré des constellations du Bélier, du Cancer, de la Balance, du Capricorne; que plus tard, au temps de l'astronome Méton, ce n'était plus au quinzième, mais au huitième degré de ces mêmes constellations, que répondaient les équinoxes et les solstices ; qu'ainsi, dans l'intervalle, la précession équinoxiale avait équivalu à la différence de quinze à huit, c'est-à-dire à sept degrés, c'est-à-dire encore, en évaluant en années, à sept fois soixante-douze, en d'autres termes, à cinq cent quatre ans. Or, Méton ayant inventé son cycle en l'an 432 avant notre ère, l'époque rigoureusement exacte du voyage des Argonautes pouvait, suivant Newton, s'obtenir, en ajoutant à cette date de 432 les cinq cent quatre ans qui mesurent l'intervalle précité. Par conséquent, le voyage des Argonautes, au lieu d'appartenir, comme le veut la chronologie vulgaire, au 14ᵉ siècle avant l'ère chrétienne, est de l'an 936 environ. Maintenant, que s'ensuit-il ? C'est que l'époque du voyage des Argonautes, qui servait de point de départ à l'ancienne chronologie, venant ainsi à descendre d'environ cinq siècles, il faut faire subir la même réduction à toutes celles qui suivent dans l'échelle chronologique. Ce nouveau système chronologique, inventé par Newton, manquait de vérité, tout ingénieux qu'il fût ; et c'est ce que, de nos jours, a démontré M. Delambre, en établissant que Newton, par une erreur qui lui fut commune avec ses contradicteurs, s'était fait une idée exagérée des connaissances astronomiques des anciens, et qu'ainsi son système perd la base astronomique qu'il avait essayé de lui donner.

Dans l'ordre scientifique, Newton a attaché son nom à quelques grandes découvertes et à plusieurs savantes théories, dont les pricipales sont : 1° le binôme et la méthode des fluxions ; 2° la pesanteur universelle ; 3° la décomposition de la lumière ; 4° le système de l'émanation. Nous nous proposons de nous arrêter un instant sur chacun de ces points, et de les examiner dans l'ordre indiqué, tout en nous resserrant dans les limites que nous impose le caractère spécial de ce mémoire.

Etant donné le binôme $x + a$, si on le multiplie plusieurs fois par lui-même, on arrive, de puissance en puissance, à une série de développements à travers lesquels il est aisé de reconnaître une loi suivant laquelle ils procèdent quant aux exposants de x et de a. Mais il n'en est pas de même pour les coefficients. Or, Newton est parvenu à en découvrir une, au moyen de laquelle, le dégré d'une puissance binomiale étant donné, on peut former immédiatement ce binôme, sans qu'on soit obligé de passer au préalable par toutes les puissances inférieures. C'est ainsi que fut trouvée la formule restée célèbre sous la dénomination de *binôme de Newton.* Peut-être pourrait-on dire qu'avant lui cette découverte avait été préparée, en une certaine mesure, par Wallis en Angleterre, et surtout par Pascal en France ; mais les résultats auxquels Wallis et même Pascal étaient arrivés manquaient d'uniformité et de généralité ; et ce sont précisément ces caractères qui constituent le mérite et la supériorité de la découverte de Newton. Son génie mathématique ne s'arrêta pas là ; en 1664, il trouva la *méthode des fluxions,* que, onze ans plus tard, Leibnitz présenta sous un autre forme, qui est celle du calcul différentiel. Voici comment s'exprime Newton dans le chapitre 1ᵉʳ de cet ouvrage, pour indiquer le but qu'il s'est proposé en l'écrivant : « J'ai observé que les géomètres modernes ont, la plupart, négligé la méthode des anciens, et qu'ils se sont appliqués principalement à cultiver l'analyse. Cette méthode les a mis en état de surmonter tant d'obstacles, qu'ils ont épuisé toutes les spéculations de la géométrie, à l'exception de la quadrature des courbes et de quelques autres matières semblables qui ne sont point encore discutées. Cela, joint à l'envie de faire plaisir aux jeunes géomètres, m'a engagé à composer le traité suivant, dans lequel j'ai tâché de reculer encore les limites de l'analyse, et de perfectionner la science des lignes courbes. »

Les découvertes et les travaux de Newton dans les sciences physiques lui valurent encore plus de gloire.

Ses biographes racontent, d'après le témoignage de son neveu, que, s'étant retiré, en 1666, à la campagne, près de Cambridge, un jour qu'il se promenait dans son jardin, et qu'il voyait des fruits tomber d'un arbre, il se laissa aller à une profonde méditation sur ce phénomène, dont les philosophes avaient si longtemps poursuivi la cause. Franchissant alors par la pensée les espaces qui séparent la lune d'avec la terre, il en vint à juger qu'un corps, transporté au-dessus de nous à une distance égale à celle de la lune, serait encore attiré, et qu'ainsi la lune elle-même doit l'être. Si donc elle ne tombe bas, c'est qu'en même temps qu'elle est sollicitée par la gravitation, elle est poussée par une force de projection considérable, et que ces deux forces, en se combinant, lui font décrire une courbe elliptique autour de la terre, centre de l'attraction. Appliquant ensuite, par analogie, la même propriété aux planètes, il regarde chacune d'elles comme un centre d'attraction qui ferait tendre vers elles tous les corps environnants ; et comme plusieurs de ces planètes sont accompagnées de satellites ou lunes qui circulent autour d'elles, il considère le mouvement elliptique de ces satellites comme un résultat tout à la fois d'une force de projection et de l'attraction de leur planète. Enfin, sachant que, de la même manière que les satellites circulent autour des planètes, celles-ci circulent autour du soleil en décrivant des courbes elliptiques et en entraînant avec elles leur système de satellites, Newton tira cette conséquence, que le soleil aussi est le foyer d'une force attractive qui s'étend jusqu'aux planètes, et qui, combinée avec le mouvement de projection imprimé à chacune d'elles par la main du Créateur, leur fait décrire des courbes elliptiques autour de cet astre.

Tout le système planétaire de Newton repose sur ce principe, à savoir, que les molécules de la matière s'attirent en raison directe des masses et en raison inverse des carrés des distances. Mais cette attraction est un fait, et ce fait doit avoir une cause. Or, cette cause, quelle est-elle ? Ici, Newton, s'il avait été parfaitement fidèle à la méthode expérimentale dont il avait fait un si fréquent et si heureux usage dans ses travaux, se fût contenté de constater l'attraction à titre de phénomène naturel, et d'en déterminer les lois, sans rien préjuger quant à la nature de la cause sur laquelle l'observation ne nous révèle absolument rien. Que fait-il, au contraire ? Il imagine un fluide, répandu universellement dans l'espace, sous le nom d'*éther*. Cet éther est invisible, intangible, infiniment élastique. Il pénètre tous les corps et réside entre leurs particules à des degrés divers de condensation, d'autant moindres que ces corps renferment plus de matière pondérable. Suivant ce mode général de distribution, l'éther est plus rare dans les corps denses du soleil, des étoiles et des planètes, qu'il ne l'est dans les espaces dépourvus de matière pondérable compris entre eux ; et, en s'étendant de ces corps à des espaces plus éloignés, il devient progressivement plus dense. De sorte que, dit Newton, c'est peut-être son ressort qui, agissant sur eux par pression et les poussant des plages les plus denses vers les plus rares, produit leur gravitation mutuelle. « An non densius perpetuo densiusque hoc medium evadit, eoque pacto efficit ut et magna ista corpora erga se invicem gravia sint, et ipsorum partes singulæ erga ipsa corpora : omnibus nimirum corporibus, qua parte medium densius est, ex ea parte recedere conantibus in partes rariores ? (*Optices*, lib. III, quæst. 21.)

La décomposition de la lumière avait été, antérieurement à Newton, décrite par Descartes dans le phénomène de l'arc-en-ciel ; mais Newton eut le mérite de construire, d'après l'observation des faits, une théorie destinée à rendre un compte exact de ce phénomène, et que la science moderne a acceptée et maintenue dans tous ses éléments. Avec le seul secours du prisme, Newton a démontré que la lumière solaire est un faisceau de rayons colorés qui, tous ensemble, donnent la couleur blanche. Il fait voir ensuite que ces rayons élémentaires, divisés par le moyen du prisme, à savoir, le rouge, l'orange, le jaune, le vert, le bleu, l'indigo, le violet, ne sont arrangés dans cet ordre que parce qu'ils sont réfractés dans cet ordre même ; et c'est cette propriété, inconnue jusque-là, de se rompre dans cette proportion, qu'il appelle du nom de *réfrangibilité*.

A la théorie de l'arc-en-ciel, Newton joignit encore celle des anneaux colorés, qui soutient avec elle une assez étroite relation ; et ses découvertes sur ce nouveau terrain ne furent ni moins brillantes, ni moins décisives. Les lois qu'il a déterminées par l'expérience sont parfaitement exactes. Il résulte néanmoins d'un travail récemment présenté à l'Académie des sciences par deux savants, membres de notre Université, MM. Hervé de la Prevostaye et Paul Desains, que, sur un point très-particulier, où la théorie cartésienne des ondulations indiquait un résultat contraire aux mesures déterminées par Newton, c'est cette théorie qui s'est trouvée d'accord avec les nouvelles déterminations.

Maintenant, cette lumière, qui nous apparaît sous sept couleurs différentes, lorsque ses rayons sont divisés, et que nous voyons uniformément blanche, alors qu'ils sont réunis, d'où nous vient-elle et comment nous arrive-t-elle ?

A l'époque où Newton faisait à l'université de Cambridge ces savantes leçons qui furent publiées plus tard sous le titre de *Lectiones optices*, et se préparait à écrire son grand traité d'*Optique*, un assez grand nombre de physiciens adoptaient, sur la lumière, la théorie de Descartes. Cette théorie, connue sous le nom de *système des ondulations*, supposait un fluide lumineux, répandu dans l'espace, et ne manifestant aucune propriété tant qu'il est en repos, mais présentant, au contraire, des phénomènes de divers genres dès qu'il est mis en mouvement. Or, ce mouvement est imprimé à la masse lumineuse par le soleil, qui est un centre de vibrations, lesquelles sont transmises à ce fluide subtil, et se propagent ainsi jusqu'à nous de la même manière que les vibrations des corps sonores se propagent par l'intermédiaire de l'air.

Newton n'adopta point cette théorie, et lui substitua celle de l'émission. Il explique les phénomènes lumineux par une émission réelle des corpuscules lancés par le soleil. Ces corpuscules, ainsi lancés, traversent l'espace avec une très-grande vitesse; mais, cet espace qu'ils traversent ainsi, est-il, comme on pourrait le supposer d'après l'exposé que font du système de Newton la plupart des traités de physique ou d'optique, un espace vide? En aucune manière: car cet éther, auquel Newton avait eu recours pour expliquer la gravitation, il ne peut maintenant le supprimer arbitrairement dans l'explication qu'il donne des phénomènes lumineux. Ce serait une choquante contradiction, et l'auteur de l'*Optique* n'y tombe pas. Il n'attribue donc pas le caractère d'absolue vacuité à l'espace que traversent ces corpuscules lancés en ligne droite des foyers lumineux, le soleil et les étoiles fixes. Ces corpuscules rencontrent donc, dans leur route à travers les espaces célestes, cet éther qui s'y trouve, à des densités légèrement différentes, universellement répandu; mais ils le traversent, de même que les astres dans leur mouvement de translation, sans éprouver de résistance appréciable; et, par conséquent, ils y suivent leur direction primitive d'émanation, sans dévier sensiblement de la ligne droite, attendu que, la densité de l'éther étant à peu près uniforme, l'élasticité de ce fluide réagit sur eux dans tous les sens.

Entre ce système de Newton et celui de Descartes, nous n'entreprendrons pas ici une appréciation comparative, qui n'appartiendrait qu'indirectement à notre sujet. Nous nous contenterons de remarquer que toutes les objections faites contre le système cartésien se trouvent aujourd'hui péremptoirement résolues; tandis que presque tous les faits nouveaux trouvés en optique depuis cinquante ans, à savoir, les interférences, la polarisation colorée et les phénomènes de la diffraction, tels qu'ils résultent des mesures précises de Fresnel, tous faits qui s'expliquent facilement dans le système des pulsations ou ondulations, restent insolubles dans le système de l'émanation.

MÉMOIRE

SUR NEWTON

PAR M. MALLET

INSPECTEUR DE L'ACADÉMIE DE PARIS.

SECONDE PARTIE.

Nous arrivons maintenant à ces aperçus de philosophie intellectuelle et morale qui se trouvent épars dans quelques-uns des écrits de Newton, notamment dans l'*Optique* et dans les *Principes mathématiques de philosophie naturelle*. Ainsi que nous le disions au début de cette notice, il n'y faudrait pas chercher un système, un enchaînement d'idées. Ce n'est qu'accidentellement que Newton s'est trouvé amené dans le domaine de la philosophie intellectuelle et morale ; aussi ne fait-il que le traverser très-rapidement, indiquant des solutions plutôt que construisant des théories.

Parmi ces solutions, les unes se rapportent à des questions de psychologie, d'autres à des questions de logique, d'autres enfin à des questions de théodicée ou même d'ontologie. C'est dans cet ordre que nous allons les examiner.

La question qui a pour objet les qualités des corps appar-

tient à la philosophie naturelle; mais celle de savoir comment
nous acquérons l'idée de ces mêmes qualités est évidemment
du domaine de la philosophie de l'esprit humain; et sans
compter Descartes, plusieurs illustres philosophes des dix-
septième, dix-huitième et dix-neuvième siècles, à savoir,
Locke, Reid, Dugald-Stewart, Royer-Collard, se sont efforcés d'en donner une solution. Cette question, Newton la
résout sommairement dans les explications annexées, dans
ses *Principes*, à la troisième des *règles pour philosopher*.
Parmi les qualités des corps, il énumère (sans tenter aucune
des classifications plus ou moins légitimes qui ont été tentées
depuis, ni aucune réduction entre les qualités premières)
l'étendue, la solidité, l'impénétrabilité, la mobilité, l'inertie,
la pesanteur. « L'Etendue, dit-il, ne nous est connue que
par les sens; et, après l'avoir rencontrée dans les divers
objets qui affectent notre sensibilité, nous l'affirmons de
tous les corps en général. » Le philosophe anglais n'en dit
pas davantage sur ce sujet; il n'entre nullement dans la distinction qui, depuis, a été si judicieusement établie entre
l'étendue visible et l'étendue tangible. Il s'exprime ensuite
en termes analogues, et tout aussi concis, sur la solidité,
l'impénétrabilité, la force d'inertie et la pesanteur. Quant à
la notion de divisibilité, Newton introduit ici une distinction
très-judicieuse, et qu'on ne saurait trop soigneusement mettre
en lumière, entre le rôle de l'expérience et celui de la
raison. La divisibilité nous est révélée tout à la fois
comme finie et comme infinie. A titre de finie, c'est de l'expérience que la notion nous en vient. Par la vue, ou par le
toucher, ou même par le concours des deux sens réunis, nous
constatons la séparation de certaines molécules matérielles
qui, l'instant d'avant, étaient unies entre elles. Chacune de ces
molécules, à son tour, devient susceptible d'une division
analogue, et ainsi de suite, jusqu'à ce que dans ces divisions
successives, le toucher, la vue, les instruments mécaniques,
nous fassent défaut. Quelque loin donc que puisse être

poussée une semblable opération, ce n'est encore qu'une division limitée. Or, ce n'est point dans ces seules bornes que se renferme pour l'esprit humain l'idée de divisibilité. Au delà de toute division mécaniquement praticable, nous concevons par la pensée une infinité de divisions mathématiquement possibles. Or, c'est à la raison, et à la raison seule, qu'il appartient de nous suggérer une semblable notion ; et Newton, tout physicien qu'il soit, se sépare très-nettement de l'école empirique, lorsque dans ce même passage dont il s'agit ici, il dit formellement qu'il est certain, d'une certitude mathématique, que les parties indivisées peuvent être conçues par la raison comme fractionnées en un certain nombre de parties moindres, *partes indivisas in partes minores ratione distingui posse ex mathematicis certum est.*

Si Newton ne doit pas être confondu avec l'école empirique, il ne saurait l'être davantage avec les matérialistes. En effet, nous rencontrons dans son *Optique* (liv. III, quest. 28, p. 297-298 de l'édition de Clarke, 1740) quelques mots qui, malgré leur concision, n'en sont pas moins décisifs en faveur de l'immatérialité. « Ce qui en nous sent et pense, dit-il, perçoit et saisit dans le *sensorium* les images des choses qui lui arrivent par les organes. » N'est-il pas évident, par ce texte, que Newton établit une distinction essentielle entre le cerveau et le principe sentant et pensant, tout en paraissant admettre cependant que c'est dans le cerveau que ce principe a son siège? Les images des choses arrivent par les organes au cerveau ; et c'est là qu'un principe supérieur s'en empare pour en faire les objets de ses sensations et de ses perceptions. Autre chose est donc ce principe sentant et pensant, autre chose le cerveau, réceptacle des images ou représentations des objets.

Sur la question de la perception, la doctrine de Newton, telle qu'elle résulte de plusieurs passages des *Principes* et de l'*Optique*, est hypothétique, aventureuse, aboutissant par ses conséquences, si une logique sévère entreprenait de les presser, au scepticisme, ou même au nihilisme. Il faut reconnaître, au surplus, qu'en ce qui touche les deux premières d'entre les trois propositions dans lesquelles se résume toute cette doctrine, Newton n'a fait qu'adopter, sans les discuter, les opinions admises par un très-grand nombre de philosophes anciens ou modernes.

Voici ces trois propositions :

En premier lieu, le philosophe anglais dénie à la perception humaine la faculté d'atteindre les choses en elles-mêmes : un tel privilège n'appartient qu'à Dieu. « Nous n'atteignons, dit Newton (*Optique*, liv. III, quest. 28), que les images des choses ; » pensée analogue à celle que Platon avait émise au septième livre de sa *République*, ou il représente, enchaînés dans une caverne, des hommes qui prennent pour des réalités les ombres qui se dessinent sur le mur placé devant leurs yeux. Cette théorie va fatalement au scepticisme ; car, si nous sommes condamnés à n'atteindre jamais que les images des choses, qui nous garantira la fidélité de la représentation ? Ce système, au reste, n'est autre chose que celui de l'abdéritanisme, transmis au péripatétisme ancien, ensuite à l'épicurisme, puis au péripatétisme scolastique, et de là à un grand nombre de philosophes modernes. Au lieu de reconnaître, conformément aux données de l'expérience et aux croyances du sens commun, que l'action de nos sens atteint les objets eux-mêmes, Newton, sur les traces de ces philosophes, imagine arbitrairement (*Optique*, l. III, quest. 21) certaines apparences (*species*), ou représentations des choses, qui, à travers les organes des sens, viennent aboutir au siège de la sensation, où l'âme les perçoit. Ce qui, donc, est ainsi perçu, ce n'est point l'objet lui-même, mais seulement l'image ou la représentation de l'objet.

En second lieu, la perception, d'après l'idée que s'en fait Newton, ne nous donne pas la notion des substances, mais seulement celle des qualités. « Nous nous bornons, dit-il

(*Principes*, scol. génér.', à voir des figures et des couleurs, à toucher des surfaces, à flairer des odeurs, à goûter des saveurs. Quant aux substances en elles-mêmes, nous ne les connaissons par aucun sens. *Intimas substantias nullo-sensu cognoscimus.* » Cette doctrine, admise également par Locke, s'est transmise à l'école écossaise, et, de celle-ci, à quelques-uns des plus illustres représentants de notre moderne école française. A-t-elle pour elle la vérité, comme elle a le patronage d'illustres noms ? Il est permis d'en douter. Nous avons incontestablement l'idée de substance corporelle, et cette idée ne nous vient pas de la raison. Que l'intervention de cette faculté supérieure qu'on appelle *raison* soit indispensable pour nous suggérer la conception de l'être infini et nécessaire, c'est ce qui ne saurait être nié. Mais la notion d'êtres contingents et finis, tels que les corps, nous est donnée par l'expérience, laquelle consiste ici dans l'exercice des sens, et notamment dans l'action du toucher. Une malheureuse symétrie philosophique a entraîné les partisans du système que nous signalons à prétendre que le sens intime aussi ne nous révèle que des phénomènes, et que c'est à la raison, intervenant par le principe de substance, que nous devons la notion du *moi* en tant qu'être. Erreur grave et dangereuse dans ses conséquences. Le *moi*, en tant que substance, nous est donné dès la première révélation du sens intime. De même aussi, la substance matérielle nous est donnée dès les premières opérations des principaux sens, à savoir, la vue et le toucher. On nous oppose, avec Newton, que, par la vue, nous n'atteignons que les figures et les couleurs, et, par le toucher, que les surfaces externes : *Videmus tantum figuras et colores, tangimus tantum superficies externas.* (*Principes mathém.*, liv. III, scol. génér.). On ne remarque pas assez qu'on est ici dupe de l'abstraction. Que perçois-je en réalité par la vue ? Quelque chose d'étendu et de coloré. Que perçois-je en réalité par le tact ? Quelque chose d'étendu, de figuré, d'impénétrable. Dans les révélations du sens de la vue,.

comme dans celles du sens du toucher, il y a primitivement
deux éléments, à savoir, la substance et la qualité, lesquelles
nous sont données indivisément. L'abstraction vient ensuite,
qui, séparant ces deux termes, élimine le premier et réserve
le second , c'est-à-dire écarte la substance pour ne plus voir
que la qualité ou l'attribut. Mais c'est ici le second moment
de l'intelligence, non le premier. L'intelligence débute par
une opération toute synthétique ; l'abstraction et l'analyse
ne viennent qu'après. Les psychologues donc qui, sur les
traces de Newton, prétendent que les sens ne nous donnent
que des notions de qualités, méconnaissent le véritable procédé de notre nature intellectuelle, et s'exposent, en outre
à l'une de ces deux erreurs, à savoir, ou de refuser à notre
esprit la notion de substance, ainsi que Locke paraît le faire
dans un passage de son second livre, où il dit que l'idée de
substance est une de celles qu'il serait avantageux à l'esprit
de posséder, ou d'attribuer pour origine à cette idée l'exercice de la raison, en détournant ainsi cet exercice de son
véritable rôle, qui consiste à nous révéler le nécessaire
et l'infini.

En troisième lieu, Newton essaye d'expliquer le phénomène
de la perception sensible à l'aide d'un agent naturel auquel
il a déjà eu recours pour expliquer en physique le phénomène de la gravitation. « La vision, dit-il (*Optique*, liv. II,
quest. 24), ne s'accomplit-elle pas surtout par les vibrations
de ce milieu éthéré, lesquelles sont excitées dans le fond de
l'œil par des rayons de lumière, et de là se propagent à travers les rameaux des nerfs optiques jusqu'au siége de la
sensation ? » Il semblerait que cette explication doive être
particulière au phénomène de la vision, et ne doive nullement s'étendre à la perception d'autres sens que celui de la
vue. Newton lui donne néanmoins une extension absolue,
que rien ne saurait justifier. Nous le voyons, en effet, la
reproduire immédiatement après, et dans les mêmes termes,
pour le phénomène de l'audition, et il termine en ajoutant

qu'il en est de même des autres sens: *Et similiter de reliquis sensuum.*

Indépendamment de ces questions, qui appartiennent à la psychologie, d'autres points, occasionnellement abordés et sommairement résolus par le philosophe anglais, se rattachent à la logique : telle, la question de l'analyse et de la synthèse ; telle encore la question qui a pour objet les règles pour philosopher.

Voici la description que fait Newton du procédé d'analyse et de celui de synthèse : « De même, dit-il (*Optique*, liv. III, quest. 21), que dans les mathématiques, de même aussi dans la physique la recherche des choses difficiles, qu'on appelle méthode analytique, doit toujours précéder celle qu'on appelle synthétique. La méthode analytique consiste à recueillir des expériences, à observer des phénomènes, et de là à inférer, par voie d'induction, des conclusions générales qui n'admettent aucune objection, sinon celles qui résulteraient ou d'expériences ou d'autres vérités certaines. Car, en matière de philosophie expérimentale, les hypothèses sont de nulle valeur.... Cette méthode de raisonnement est excellente, et ce qu'on infère ainsi doit être jugé d'autant plus certain que l'induction est plus générale.... Telle est la méthode analytique. La méthode synthétique consiste à prendre pour principes les causes cherchées et vérifiées, et à s'en servir pour expliquer les phénomènes qui résultent de leur action, et pour confirmer ces explications. »

Les règles pour philosopher, *regulæ philosophandi*, sont au nombre de quatre, et Newton les expose dans la troisième partie de son traité des *Principes mathématiques de philosophie naturelle*. En voici l'exposé :

« 1re RÈGLE : Il faut n'admettre de causes naturelles que celles qui sont vraies, et qui suffisent à l'explication des phénomènes.

2e RÈGLE : Autant que possible, il faut assigner les mêmes causes aux effets naturels de même genre.

3ᵉ Règle : Les propriétés qui conviennent à tous les corps sur lesquels il est possible d'expérimenter doivent être regardées comme propriétés générales des corps.

4ᵉ Règle : En philosophie expérimentale, les propositions induites de l'observation des phénomènes doivent, nonobstant les hypothèses contraires, être tenues, soit pour exactement vraies, soit pour très-voisines de la vérité, jusqu'à ce qu'il survienne d'autres phénomènes par le moyen desquels elles deviennent soit encore plus exactes, soit sujettes à des exceptions. »

Telles sont, dans leur sévère et lumineuse concision, ces *regulæ philosophandi*, dans lesquelles Newton a renfermé tous les préceptes de la méthode applicable à l'étude de la philosophie naturelle, comme Descartes avait essayé de résumer dans les quatre préceptes du deuxième livre de son *Discours de la Méthode*, toutes les règles de la logique. Bien que Newton n'ait posé ces règles que pour la philosophie naturelle, on peut cependant, en leur prêtant un peu plus d'extension, les rendre non moins légitimement applicables à la philosophie morale.

Parmi les questions d'ontologie, celle de l'espace et du temps s'est vue, surtout au dix-septième siècle, l'objet des méditations et des controverses d'illustres métaphysiciens, parmi lesquels il faut surtout mentionner Leibnitz et Clarke. Le temps et l'espace ont-ils une existence absolue, c'est-à-dire indépendante de toute espèce d'êtres ? Ou bien, ne sont-ils, l'un que l'éternité, l'autre l'immensité de l'être infini ? Problème redoutable, que peut-être l'esprit humain agitera sans cesse, sans le résoudre jamais ! Newton ne discute pas la question ; mais il paraît adopter la seconde des deux solutions précitées, lorsque dans la scolie générale de ses *Principes mathématiques de philosophie naturelle*, il dit, en parlant de Dieu, que son existence éternelle et immense constitue le temps et l'espace : *Durat semper et adest ubique, et existendo semper et ubique durationem et spatium constituit.*

Il nous reste à signaler dans les écrits de Newton quelques passages relatifs aux grandes questions qui se partagent la théodicée, et qui sont, d'abord, la question de l'existence de Dieu, puis la question de sa nature, de ses attributs et de sa providence.

Dans les divers passages de ses *Méditations* et de ses *Principes*, où il entreprend de démontrer l'existence de Dieu, Descartes n'avait jamais eu recours aux preuves physiques. La base de son raisonnement, au lieu d'être prise hors de l'homme et dans la nature matérielle, est empruntée à l'homme même; cette base est une donnée purement psychologique. Newton, au contraire, n'invoque que les preuves physiques. En faudrait-il conclure qu'il répudiât toute autre espèce d'argument ? Une semblable assertion courrait le risque d'être erronée; car remarquons bien que Newton n'écrit point ici un traité de métaphysique ou de théodicée, mais uniquement des ouvrages de philosophie naturelle, et qu'ainsi la seule preuve qu'il puisse, sans sortir de son sujet, donner de l'existence de Dieu, c'est la preuve physique. Et peut-être ne sera-t-il pas sans quelque intérêt de signaler, à cette occasion, l'idée que se fait Newton de l'office et du but des sciences naturelles. L'illustre savant qui, dans son *Optique* et dans ses *Principes mathématiques de philosophie naturelle*, avait étendu si loin et porté si haut ses découvertes en astronomie et en physique, se complaît à ne voir dans la science de la nature qu'un moyen d'arriver à des notions tout à la fois plus importantes et plus sublimes, c'est-à-dire à la connaissance de l'auteur même de ces lois qui président à l'ensemble des phénomènes de l'ordre physique : « Philosophiæ naturalis id revera principium est, et officium, et finis, ut ex phænomenis, sine fictis hypothesibus, arguamus, et ab effectis ratiocinatione progrediamur ad causas, donec ad ipsam demum primam causam, quæ, sine dubio, mechanica non est, perveniamus. » (*Optices* lib. III, quest. 28.)

Ainsi, procéder, loin de toute hypothèse, de l'observation des phénomènes à la découverte des causes, jusqu'à ce que, par le raisonnement, on arrive enfin à une cause première qui n'ait rien de mécanique, telle est la méthode qui préside à ce que nous appellerons la théodicée de Newton, bien que ce grand homme n'ait écrit *ex professo* aucun traité sur cette matière. D'où vient, se demande-t-il, cette splendeur qui éclate dans l'univers ? A quelle fin les comètes ont-elles été créées ? D'où vient que le mouvement des planètes soit le même pour toutes et s'opère en une même direction dans des orbes concentriques, tandis que les comètes, dans leurs orbes très-excentriques, errent çà et là, de toutes parts, dans les immenses régions des cieux ? Qui empêchera les étoiles fixes de se précipiter les unes sur les autres ? Comment les corps des animaux sont-ils formés avec tant d'art et de sagesse? A quelle fin ont été faites leurs diverses parties? A-t-il pu se faire que l'œil fût construit sans la science de l'optique, ou l'oreille sans l'intelligence des sons ? Comment se fait-il que les mouvements du corps obéissent au commandement de la volonté ? D'où vient ce qu'on appelle instinct chez les animaux ? Le cerveau des animaux n'est-il pas le siége de la substance sentante, le lieu où sont portées, par l'intermédiaire des nerfs et du cerveau, les images des choses sensibles, afin que, présentes en ce lieu, elles puissent être perçues par la substance qui y réside ? Or, tout ceci une fois posé, n'est-il pas évident qu'il y a un être incorporel, vivant, intelligent, omnipotent, qui, dans l'infinité de l'espace, comme en son cerveau, voit intimement les choses elles-mêmes, en a la perception complète, et les embrasse tout entières comme présentes en lui, tandis que le sujet qui, en nous, sent et pense, ne perçoit et ne contemple, dans le cerveau qui lui sert de siége, que les images de ces mêmes choses qui lui sont transmises par les organes des sens ? (*Optique* liv. III, quest. 28, p. 297-298 de l'édit. de Clarke; Lausanne et Genève 1740). Ce passage, tiré de l'*Optique* de Newton, n'est pas le seul du même ouvrage dans lequel le philosophe anglais essaye d'établir que l'esprit humain peut, moyennant la contemplation des choses de ce monde, s'élever à la con-

naissance de Dieu. Voici encore, dans ce même ouvrage
(liv. III, quest. 31), un argument du même genre, tiré plus
spécialement du mouvement des astres, ainsi que de la conformation du corps et des organes des animaux : « A l'aide
de ces principes, nous jugeons que les choses corporelles ont
été composées des particules solides dont il a été parlé, unies
et liées entre elles, lors de l'origine du monde, par la volonté
et la sagesse d'un agent intelligent. Il a plu, en effet, à celui
qui créa toutes choses, de les disposer et de les mettre en
ordre. Que, si telle a été véritablement l'origine des choses,
il sera indigne d'un philosophe de chercher d'autres raisons
de la structure du monde, ou de s'enquérir comment l'univers a pu sortir du chaos par les seules lois de la nature,
bien qu'une fois formé il puisse, à l'aide de ces lois, durer
un grand nombre de siècles. Car, tandis que les comètes
se meuvent dans des orbites excentriques à travers toutes
les régions célestes, il devient absolument impossible de
rapporter à un aveugle hasard le mouvement uniforme des
planètes dans des orbites concentriques, en exceptant, bien
entendu, certaines irrégularités à peine dignes d'être notées,
qui ont pu provenir de l'action réciproque des comètes et
des planètes, et qui vraisemblablement deviendront, avec le
temps, assez considérables pour exiger l'intervention d'une
main rectificatrice. On est forcé d'avouer qu'une si merveilleuse uniformité dans le système des planètes n'a pu être
produite que par une intelligence. Et la même réflexion
peut être faite sur cette uniformité qu'on remarque dans la
structure des animaux. Presque tous, en effet, ont deux
côtés, le droit et le gauche, de forme semblable; et, comme
correspondant à ces deux côtés, dans la partie postérieure
du corps, deux pieds; et à la partie antérieure, deux mains,
ou pieds, ou ailes, attachés aux épaules; et, entre les
épaules, le cou, auquel est attachée la tête; et, sur cette
tête, deux oreilles, deux yeux, un nez, une bouche, une
langue, tout cela disposé semblablement chez presque tous
les animaux. Ces diverses parties du corps, fabriquées avec

tant d'art et une industrie si exquise, ces yeux, ces oreilles, ce cerveau, ces muscles, ce cœur, ces poumons, ce diaphragme, ce larynx, ces mains, ces ailes, ces nageoires, ces membranes transparentes attachées, à l'instar de lunettes, aux yeux de certains animaux, puis, les autres organes du sentiment et du mouvement, les instincts des brutes et des insectes : ce sont là toutes choses dont l'origine ne saurait être attribuée qu'à l'intelligence, à la sagesse d'un être puissant, toujours existant, présent partout, qui puisse, par sa volonté, mouvoir tous les corps dans son infini et uniforme cerveau, et, de cette manière, façonner, à sa volonté, toutes les parties de l'univers beaucoup mieux que notre âme ne peut, par un acte de volition, mouvoir les membres du corps qui lui est associé. » On reconnaît, dans ce double passage, emprunté à l'*Optique* de Newton, l'argument des causes finales, que notre illustre Fénelon a exposé avec un si remarquable mérite de style et une si riche abondance d'idées dans la première partie de sa *Démonstration de l'existence de Dieu.*

L'existence de Dieu une fois démontrée par l'argument des causes finales, quelle idée Newton se fait-il de la nature divine et des attributs divins ? Il nie d'abord que nous puissions connaître en elle-même la nature divine : « Nous ne pouvons acquérir, ni par les sens, ni par la réflexion, la connaissance des substances, et, bien moins encore que toute autre, la notion de la substance divine. Nous ne connaissons Dieu que par ses attributs, par la très-sage et très-bonne économie de l'univers, enfin par les causes finales. » (*Principes*, scol. génér.) Mais ces attributs, quels sont-ils ? Un passage assez étendu, emprunté à cette même scolie générale, dans l'ouvrage intitulé *Principes mathématiques de philosophie naturelle*, montrera quelle idée Newton s'en faisait.

Dieu n'est point pour Newton, comme pour les anciens stoïciens, l'âme du monde. Le philosophe anglais ne laisse aucun doute à cet égard, lorsqu'il dit que Dieu règle toutes choses, non à titre d'âme du monde, *non ut anima mundi*, mais à titre de maître de toutes choses, *universorum dominus*, παντοκράτωρ. Dieu est l'être éternel, infini, souverainement parfait. « Mais, ajoute Newton, c'est surtout à titre de maître de toutes choses que nous concevons Dieu ; car, lorsque nous disons *mon Dieu*, nous ne disons ni *mon éternel*, ni *mon infini*, ni *mon parfait*, mais bien *mon maître, meus dominus*. De ce qu'il est le maître souverain, il suit qu'il est un Dieu vrai, un Dieu vivant, intelligent, puissant. Il a l'omnipotence et l'omniscience. L'immensité et l'éternité de Dieu constituent l'espace et la durée. Il est partout, il est toujours ; car, puisque chaque partie de l'espace est toujours, et chaque moment indivisible de la durée partout, il est impossible que l'auteur et le maître de toutes choses ne soit pas partout et toujours. » Maintenant, cette éternité, cette immensité de Dieu ne détruisent-elles pas en lui l'unité ? Newton ne le croit pas, et, par un raisonnement par analogie, de l'ordre de ceux que, dans le langage de la logique, on appelle *à fortiori*, il entreprend de démontrer que l'unité de Dieu subsiste intacte, à côté de son éternité et de son immensité. « Toute âme douée de sentiment, poursuit-il, est une même et indivisible personne dans les différents temps et malgré la divisité des organes des sens et des instruments de mouvement qui lui sont associés. Des parties successives se rencontrent dans la durée, des coexistences dans l'espace ; mais rien de tout cela dans la personne humaine, c'est-à-dire dans le principe auquel, en chacun de nous, est attachée la faculté de penser, et, bien moins encore, dans la substance pensante, qui est Dieu. Tout homme, en tant qu'être sentant, est un seul et même être durant toute sa vie, dans tous ses organes des sens, et en chacun d'eux en particulier. Dieu est toujours et partout un seul et même Dieu.... De là suit encore qu'il est tout entier semblable à lui-même, tout œil, tout oreille, tout cerveau, tout bras, toute force sentante, intelligente et agissante, non point du tout à la manière de l'homme, mais d'une façon qui n'a rien de corporel et qui nous est tout à fait inconnue. De même qu'un aveugle n'a aucune idée des

couleurs, de même nous n'avons aucune idée de la manière
dont le Dieu très-sage sent et comprend toutes choses. Il n'a
ni corps, ni figure corporelle, et partant il ne peut ni être
vu, ni être entendu, ni être touché, ni être adoré sous l'apparence de quelque chose de corporel. (*Principes*, scol. génér.)»
Et plus loin, dans cette même partie du même traité, Newton,
répudiant de nouveau toute espèce d'anthropomorphisme,
revient sur cette impossibilité d'assimiler Dieu à l'homme,
tout en reconnaissant que les nécessités du langage nous forcent
à appliquer à la nature divine des termes institués pour
exprimer les opérations ou les états de la nature humaine.
« On dit, par allégorie, que Dieu voit, entend, parle, aime,
donne, reçoit, se réjouit, s'irrite, combat. Toute expression
qui a Dieu pour objet est empruntée, moyennant quelque similitude, aux choses humaines ; mais cette similitude ne
saurait être parfaite, bien qu'elle existe à quelque degré. »

Nous venons de voir comment Newton se défendait d'envisager Dieu comme l'âme du monde. Il lui arrive pourtant,
dans un passage que nous avons antérieurement cité, et qui
est tiré de son *Optique* (liv. III, quest. 31), de dire que « Dieu
peut, par sa volonté, mouvoir tous les corps en son infini
cerveau, *possitque voluntate sua corpora omnia in infinito
suo uniformi sensorio movere.* » Est-ce à dire que Newton,
par une de ces contradictions auxquelles n'échappent pas toujours les meilleurs esprits, tombe ici dans l'erreur contre laquelle il semblait d'abord avoir protesté? On pourrait le
craindre, peut-être, s'il ne se hâtait (*ibid.*) d'ajouter ces mots,
qui établissent une ligne de profonde démarcation entre sa
doctrine et celle de Spinoza : « Et cependant nous ne devons
pas considérer le monde comme le corps de Dieu, ni les parties du monde comme les parties de Dieu. Dieu est un être
simple, *ens uniforme*, qui n'a ni organes, ni membres, ni
parties. Les choses que nous voyons sont des créatures sujettes de Dieu et soumises à sa volonté. Il n'est pas plus vrai
de dire que Dieu est leur âme, qu'il ne le serait de prétendre
que l'âme de l'homme est l'âme de ces images ou espèces qui,

par les organes des sens, sont portées au siége du sentiment, où l'âme les perçoit par sa seule présence. »

Ainsi, infinité, suprême perfection, souveraine puissance, omniscience, éternité, immensité, unité, simplicité, incorporalité, tels sont, en les récapitulant, les attributs que Newton reconnaît en Dieu, qu'il pose en même temps comme parfaitement distinct du monde. Pour achever ce qui concerne les attributs divins, il reste à se demander si Newton reconnaît en Dieu le caractère d'une providence. On peut le pressentir d'après l'ensemble des passages de l'*Optique* et des *Principes*, que nous avons déjà cités. Mais, indépendamment de cet aveu implicite, il s'en explique formellement, vers la fin de la scolie générale des *Principes*, lorsqu'il dit qu'étant ôtées la puissance, la providence et les causes finales Dieu n'est plus que le hasard ou la nature : « Deus sine dominio, providentia et causis finalibus, nihil aliud est quam fatum aut natura. » Le dieu que reconnaît Newton n'est donc pas seulement un dieu-substance, comme celui de Spinoza ; c'est encore et surtout un dieu-providence ; et cette distinction est très-essentielle, en ce qu'elle soustrait la doctrine de Newton à toute espèce d'accusation de fatalisme, et lui confère le caractère d'une philosophie religieuse. En effet, Dieu une fois admis comme providence, le hasard n'a plus de place dans le monde physique, ni dans le monde moral ; tout alors se conçoit et s'explique dans l'un et dans l'autre, par des lois saintes et justes ; et, bien que le philosophe, entraîné par la rapidité de son exposition, n'ait rien affirmé d'explicite sur la justice de Dieu ni sur les peines et les récompenses de l'autre vie, on est néanmoins suffisamment autorisé à penser qu'il n'était nullement sceptique à cet endroit : car le dogme de la vie future résulte invinciblement de celui de la providence divine.

Nous nous sommes attachés, dans la seconde partie de ce travail, à recueillir, dans les ouvrages de Newton, les passages qui ont trait à des questions de philosophie intellectuelle et morale. Nous le répétons, les titres de Newton à une immor-

telle renommée doivent être cherchés ailleurs. Ils sont tout
entiers dans ses grandes découvertes en mathématiques et en
optique. Mais, cependant, ce serait ne connaître Newton
qu'incomplétement que d'ignorer ces aperçus rapides, mais
souvent élevés, qu'il a jetés çà et là dans ses œuvres, sur des
questions d'idéologie ou de théodicée. Il était difficile de parler
de Dieu avec plus de grandeur. La profonde connaissance que
Newton avait acquise des phénomènes et des lois de la nature
avait, à cet égard, établi en son âme une de ces fortes et iné-
branlables convictions qui, chez des écrivains tels que lui, se
traduisent par des pages éloquentes.

EXTRAIT DU MONITEUR UNIVERSEL

MÉMOIRE

SUR

LA VIE ET LES ÉCRITS PHILOSOPHIQUES

DE

S'GRAVESANDE.

ORLÉANS. — IMP. COLAS-GARDIN.

MÉMOIRE

SUR

LA VIE ET LES ÉCRITS PHILOSOPHIQUES

DE

S'GRAVESANDE

LU A L'ACADÉMIE DES SCIENCES MORALES ET POLITIQUES
SÉANCES DES 30 MAI, 20 ET 27 JUIN 1857

PAR M. C. MALLET

ANCIEN RECTEUR D'ACADÉMIE

PARIS

A. DURAND, 7, RUE DES GRÈS-SORBONNE
PRÈS LE PANTHÉON.

EXTRAIT DU COMPTE-RENDU

De l'Académie des Sciences Morales et Politiques,

RÉDIGÉ PAR M. CHARLES VERGÉ,

Sous la direction de M. le Secrétaire perpétuel de l'Académie.

LA VIE ET LES ÉCRITS PHILOSOPHIQUES

DE

S'GRAVESANDE

PAR M. C. MALLET.

I.

La série d'années dans les limites de laquelle s'écoula la vie de s'Gravesande tient, par ses deux points extrêmes, aux plus glorieuses époques de la philosophie. Descartes, Malebranche, Leibnitz, venaient de se succéder en moins d'un demi-siècle ; Reid et Kant allaient apparaître. S'Gravesande, sans pouvoir assurément être égalé à aucun de ces illustres maîtres, sut néanmoins conquérir un rang honorable parmi les philosophes que vit surgir cette première moitié du xviiie siècle. Il ne faut chercher en lui ni la profondeur et la sûreté d'analyse de Kant, ni la sagacité d'observation de Reid, ni la puissante initiative philosophique de Descartes, ni l'imagination métaphysique de Malebranche, ni enfin le vaste génie de Leibnitz. La clarté, la précision, la méthode, l'enchaînement rigoureux, et, pour ainsi dire, géométrique des propositions, telles sont les qualités, moins brillantes il est vrai, mais non moins précieuses, que l'on rencontre dans s'Gravesande, et cette heureuse alliance confère à ses écrits un caractère moins éclatant que l'originalité, mais non moins recommandable assurément, l'utilité.

Guillaume-Jacob s'Gravesande, physicien, géomètre et philosophe, naquit en Hollande, à Bois-le-Duc, le 27 septembre 1688. Son père descendait, dit-on, d'une ancienne famille patricienne de Delf, qui s'était vue l'objet des persécutions du duc d'Albe à cause de son attachement au prince d'Orange; et sa mère était la fille du célèbre médecin Heurnius. A l'âge de seize ans, il fut envoyé à l'Académie de Leyde pour y étudier le droit. Trois ans après, c'est-à-dire en 1707, il fut reçu docteur en droit, après avoir soutenu une thèse qui avait pour sujet le suicide : *De autocheiriâ*. Il alla alors s'établir à La Haye pour s'y livrer à la pratique du barreau, et il y fut l'un des principaux membres de la société qui s'y forma pour la publication du *Journal littéraire*. S'Gravesande, l'écrivain le plus actif de cette société, inséra dans ce journal un grand nombre d'articles, parmi lesquels il faut citer, d'une part, ses *Remarques sur la construction des machines pneumatiques*, et sa *Nouvelle théorie sur la chute des corps*, et d'autre part, sa *Lettre sur le mensonge* et sa *Lettre sur la liberté*. En 1715, il cessa de participer à la publication du *Journal littéraire* : il venait d'être chargé d'accompagner, en qualité de secrétaire d'ambassade, M. le baron de Wassenaer de Duyvenwoorde et M. de Borssele Van den Hoge, envoyés en Angleterre par les États-Généraux de Hollande pour féliciter le roi George Ier sur son avénement au trône. Pendant son séjour à Londres, qui dura près d'une année, s'Gravesande se lia avec Burnet, évêque de Salisbury, et avec Newton, qui le fit recevoir membre de la société royale. Un an après son retour en Hollande, en 1717, les curateurs de l'Université de Leyde le nommèrent professeur ordinaire de mathématiques et d'astronomie dans leur Académie, sur la recommandation d'un des deux ambassadeurs, M. le baron Wassenaer de Duyvenwoorde, qui avait conçu pour son secrétaire d'ambassade une grande amitié, et qui, en Angleterre, avait été témoin de toute l'estime que Newton portait à s'Gravesande. Depuis longtemps d'ailleurs une irrésistible vocation semblait entraîner s'Gravesande à l'étude et à l'enseignement des mathématiques. Ses biographes, et parmi eux notamment Nicolas Allamand, qui a écrit dans le *Dictionnaire historique* de Prosper Marchand la biographie de s'Gravesande, rapportent qu'à l'école, où encore enfant, il apprenait les premiers éléments de la science des nombres, le maître, pendant les courts instants où il s'absentait, le chargeait de le remplacer auprès de ses condisciples pour l'enseignement de l'arithmétique. Ce fut le 22 juin 1717 que s'Gravesande prit possession de la chaire de mathématiques et d'astronomie, en prononçant un discours intitulé : *De matheseos in omnibus scientiis, præsertim in physicis, usu, nec non de astronomiæ perfectione in physicâ hauriendâ.* S'Gravesande fut le premier professeur qui donna à l'Académie de Leyde un cours complet d'expériences physiques. Pour que ses leçons de physique devinssent plus utiles à ses auditeurs, il publia en deux volumes un cours de cette science sous le titre suivant : *Physices elementa mathematica, experimentis confirmata, sive introductio ad philosophiam Newtonianam.* Ce livre, qui fut publié à Leyde en 1720, et qui depuis, en 1746, fut traduit en français par de Joncourt, est le premier dans lequel on ait vu les expériences et les démonstrations substituées aux hypothèses. Tout y est déduit des lois de la nature, et tout ce qui n'en découle pas clairement et ne peut être confirmé par des expériences, est banni de ce traité. L'ouvrage se divise en quatre livres : le premier traite des corps et des mouvements des corps ; le second, des fluides ; le troisième, de la lumière ; le quatrième, de l'astronomie. Dans une excellente préface, l'auteur expose la méthode qu'il a suivie. Cette méthode est celle de Newton, qui consiste à ne rien admettre en physique que ce qui peut être prouvé par l'expérience. Ce fut la conformité de sa propre méthode avec celle de Newton qui engagea s'Gravesande à mettre le nom de cet illustre savant sur le titre de son livre, qui renfermait d'ailleurs bien des choses dont Newton n'avait point parlé, et sur lesquelles son avis eût peut-être différé de celui de s'Gravesande. En 1723, désireux de populariser davantage les théories que son livre contenait, il l'abrégea et le fit imprimer en forme de manuel sous le titre de *Philosophiæ Newtonianæ institutiones in usus academicos.* Dans cet abrégé, il retrancha toutes les descriptions d'expériences ; mais en même temps il y introduisit divers changements et plusieurs démonstrations qui ne se trouvaient pas dans son grand ouvrage. Ce qu'il y avait surtout de nouveau fut un chapitre où il exposa sa théorie des forces. Lorsqu'il avait composé son grand ouvrage, il se ralliait encore, sur cette question, aux anciennes écoles ;

mais, dans l'intervalle des trois années qui venaient de s'écouler, il avait adopté l'opinion de Leibnitz, que l'on trouve exposée au chapitre xix du livre Ier de son *Abrégé*. En 1728, s'Gravesande publia une nouvelle édition de ses *Philosophiæ Newtonianæ institutiones*, et, en 1742, une deuxième édition de son grand ouvrage. Les changements et les développements qu'il y avait introduits en faisaient un livre nouveau, quoique les principes et la méthode fussent restés les mêmes. Il reçut, à cette occasion, les félicitations du savant Bernouilli, qui mêla toutefois à ses éloges le reproche d'avoir intitulé son livre *Introductio ad philoso- phiam newtonianam* : reproche dont Bernouilli se fût probablement abstenu, ainsi que le fait observer Allamand, s'il s'était rappelé que s'Gravesande dit en sa *Préface* que cet ouvrage n'est intitulé *Introduction à la philosophie newtonienne*, que parce qu'il y a suivi la méthode de Newton, qui consiste à n'admettre aucune hypothèse. Ce fut encore pour les besoins de son enseignement scientifique que s'Gravesande composa un traité d'algèbre, qui fut im- primé à Leyde en 1727, et qui avait pour titre : *Matheseos universalis elementa , quibus accedunt specimen com- mentarii in arithmeticam universalem Newtonii, et de determinandâ formâ seriei infinitæ adjuncta regula nova.* Les écrits scientifiques de s'Gravesande reçurent par- tout un accueil flatteur. Dans plusieurs académies d'Alle- magne, les professeurs expliquèrent son traité dans leurs leçons. Buffinger le choisit pour texte de celles qu'il donnait à Saint-Pétersbourg, et répéta une partie des expériences qui s'y trouvent décrites. Mais ce fut surtout en Angleterre que ces publications furent accueillies avec applaudissement.

Le traité de physique de s'Gravesande y eut plusieurs traductions. L'amour-propre des Anglais fut flatté de voir un savant tel que s'Gravesande proclamer que la méthode newtonienne, c'est-à-dire l'exclusion de toute hypothèse, est pour la science l'unique voie de salut et la seule condition de véritable progrès.

En 1724, en quittant le rectorat de l'Académie de Leyde, s'Gravesande prononça un discours qui avait pour titre *De evidentiâ*, et dans lequel il avait entrepris de traiter des principes qui servent de base à la certitude de nos connaissances. Après avoir clairement décrit la nature de l'évidence mathématique et démontré qu'elle est par elle-même la marque caractéristique du vrai, il recherche quelles sciences en sont susceptibles. Deux points généraux se partagent ce discours : le premier, relatif à l'évidence mathématique que s'Gravesande regarde comme le signe caractéristique du vrai ; le second, relatif à l'évidence morale et au triple moyen qui nous sert à l'obtenir, à savoir, les sens, le témoignage et l'analogie. La clarté et la solidité qui règnent dans tout ce discours le firent regarder comme la plus savante dissertation qui eût encore paru sur cette matière, et dès lors on put juger que s'Gravesande était en état d'enseigner avec succès non-seulement les mathématiques et l'astronomie, mais encore toutes les parties de la philosophie. Ce ne fut cependant qu'en 1734 que les curateurs de l'Université de Leyde lui en confièrent la mission, en ajoutant le titre de professeur de philosophie aux titres qu'il portait déjà. Il composa et prononça, à cette occasion, un nouveau discours, intitulé : *De verâ et nunquàm vituperatâ philosophiâ*, dans lequel se rencontrent plusieurs pensées morales et religieuses exprimées avec un ton de conviction qui ne saurait laisser aucun doute sur la sincérité des croyances de s'Gravesande. Après avoir signalé les défauts que l'on peut reprocher aux principales sectes philosophiques, il établit que la vraie philosophie consiste, pour chacun de nous, à marcher vers le but qui nous a été fixé par la Providence, et c'est de cette philosophie qu'il démontre qu'elle n'a jamais été un objet de mépris, mais qu'au contraire elle a été partout et toujours en grande estime : « Si les hommes, dit-il, en un endroit de ce discours, se conformaient aux préceptes de la vraie philosophie, il ne manquerait rien à leur bonheur sur cette terre. Cependant, loin que cela ait lieu, on est obligé d'avouer que, pendant cette vie, les hommes les plus vertueux sont rarement les plus heureux. Mais l'homme vertueux ne se propose pas pour but la félicité présente. Il s'efforce d'accomplir en toute rencontre ce qu'il sait être conforme à la volonté du créateur de l'univers, sans s'inquiéter des désagréments passagers qu'il peut s'attirer. »

Dès que s'Gravesande eût été nommé professeur de philosophie, il fit des cours sur la logique et sur la métaphysique ; et ce fut à cette occasion que, fidèle à la méthode qu'il avait adoptée déjà dans l'enseignement de la physique, il entreprit de composer un abrégé de ces deux sciences destiné à être mis aux mains de ses auditeurs. Il le publia en 1736, à Leyde, chez J. et H. Verbeck, in-8°, en latin, sous ce titre : *Introductio ad philosophiam, metaphysicam et logicam continens.* L'année suivante, le rapide débit de la première édition obligea l'auteur à en donner une seconde avec quelques additions. La même année 1737, ce livre fut réimprimé à Venise, d'après la première édition, chez Jean-Baptiste Pasquali, avec autorisation des Réformateurs de l'étude de Padoue, qui attestèrent qu'ils n'y avaient rien trouvé de contraire aux dogmes de la religion catholique.

En même temps que s'Gravesande travaillait à la deuxième édition latine, il reçut d'une main inconnue une traduction française de ce même livre, qui lui parut assez bien faite pour mériter d'être imprimée. Elle le fut en effet chez les mêmes libraires en 1737. Une troisième édition (la 1re posthume), publiée également à Leyde par Joseph-Nicolas Allamand, ami de s'Gravesande, parut en 1756, et une quatrième par le même en 1765. Dans l'édition de 1756, publiée à Leyde par Allamand, et dont un exemplaire se trouve à la bibliothèque impériale de Paris (1), on peut lire trois chapitres que l'éditeur avait ajoutés au texte latin de s'Gravesande, d'après les leçons orales de l'auteur, auxquelles il avait assisté. Le premier de ces chapitres traite de Dieu et de ses attributs; le second, du plan que Dieu a suivi dans la création de l'univers; le troisième, de l'unité de Dieu. Les éditions, qui depuis ont été publiées en France, reproduisent simplement la traduction française publiée à Leyde en 1737, avec l'approbation de s'Gravesande.

Appelé, en sa qualité de professeur de philosophie, à donner à l'Académie de Leyde des leçons de morale, s'Gravesande se trouva très-indécis sur le choix d'un auteur à suivre. Il ne s'en trouvait aucun qui lui parût assez mé-

_____

(1) Cette bibliothèque ne possède aucun exemplaire de la 1re édition. Mais on y trouve l'édition française de 1737.

thodique ; et, bien que plusieurs de ceux qui, avant lui, avaient traité de cette science, eusent expliqué clairement la nature des devoirs, il ne lui paraissait pas qu'ils indiquassent avec assez de précision les principes d'où ces devoirs dérivent. Il s'était donc déterminé à écrire et à publier pour ses auditeurs un abrégé de morale, lorsque la mort vint interrompre ses travaux. De son mariage avec mademoiselle Anne Sacrelaire, contracté le 15 octobre 1720, il avait eu deux fils, qu'il perdit l'un et l'autre dans l'espace de huit jours. L'aîné s'appelait Dick, et le plus jeune Jacob. Le père n'avait pas de plus grand plaisir que de veiller lui-même à leur éducation. Lorsqu'ils commencèrent leurs études, ce fut avec un succès qui fit espérer qu'on les verrait tous deux marcher sur ses traces. Mais le plus jeune, âgé de treize ans, fut attaqué d'une fièvre ardente, dont il mourut au bout de quatre jours. Cet enfant était mort le matin. L'après-midi du même jour, l'aîné, âgé de quatorze ans, parut tout à coup attaqué de la même maladie ; et lorsque le père accompagna le convoi funèbre du plus jeune, il sortit de la maison, persuadé qu'à son retour il ne trouverait plus l'aîné en vie. L'enfant ne mourut cependant que quelques heures après. Il est aisé de concevoir combien ce coup dut être rude pour s'Gravesande. La philosophie et la religion vinrent à son secours. Il était persuadé, comme Leibnitz, que, de tous les mondes possibles, celui qui a été créé est le meilleur ; et il était convaincu que tout ce qui se passe est dirigé, par l'Être souverainement bon, au plus grand bien des créatures intelligentes qu'il a jugé à propos d'y placer, quoique souvent nous ne comprenions pas bien de quelle façon. Cette vérité, dont il était pénétré, fut pour lui un motif de consolation bien efficace : « Dieu, disait-il dans sa douleur, m'avait donné deux enfants qui méritaient toute ma tendresse ; il vient de me les ôter : je suis persuadé que c'est pour leur bien et pour le mien ; il y aurait de l'ingratitude à moi à ne pas me soumettre avec résignation à ce qu'il lui a plu d'ordonner. » Mais il ne pouvait manquer de faire en même temps des réflexions qui lui retraçaient vivement la perte qu'il venait d'essuyer : « Je suis persuadé, écrivait-il un jour à M. de Superville en lui parlant de la mort de ses enfants, que Dieu nous conduit au bonheur par la voie la plus courte ; mais combien les sentiers qui y mènent sont quelquefois rudes ! » Bientôt après, s'Grave-sande, accablé sous le poids du chagrin, tomba lui-même dans une maladie de langueur, et mourut le 28 février de l'année 1742, âgé de cinquante-quatre ans. Il s'était toujours montré fort attaché à la religion protestante, dans laquelle il était né.

S'Gravesande, au rapport d'hommes qui avaient vécu avec lui dans des rapports d'intimité, et parmi lesquels il faut surtout mentionner Allamand, réunissait toutes les qualités qui rendent un homme aimable et respectable dans la société. Sa conversation était enjouée, et jamais personne ne sut mieux que lui se faire au caractère de ceux avec qui il se trouvait. Sensible à tout ce qui arrivait aux autres, il était toujours aussi prompt à leur tendre une main secourable dans le malheur qu'à se réjouir de leur prospérité. Facile tant qu'il n'était question que de choses indifférentes, on le trouvait inébranlable quand il s'agissait du devoir.

Dans le cours de sa laborieuse et brillante carrière, s'Gravesande était entré en relations scientifiques avec plusieurs hommes distingués et plusieurs princes allemands. A diverses reprises, le landgrave de Hesse-Cassel l'invita à venir passer quelque temps auprès de lui pour le consulter sur diverses machines qu'il avait à faire construire. La publication de son grand traité de physique lui valut des lettres de félicitation qui lui vinrent à la fois d'Angleterre, d'Allemagne et de France. Enfin il reste des traces d'une correspondance qu'il eut avec Voltaire. Voici à quelle occasion. L'auteur de la *Henriade* et des *Lettres sur les Anglais*, travaillait à ses *Éléments de la philosophie de Newton*. Avant de publier ce livre, il voulut le soumettre à s'Gravesande, juge si compétent en cette matière. A cet effet, il se rendit à Leyde, où il lui lut les principaux chapitres de son livre, en même temps qu'il fréquentait ses cours avec beaucoup d'assiduité. Mais, après un séjour très-court dans cette ville, ses affaires l'ayant appelé ailleurs, il remit son manuscrit à un libraire d'Amsterdam, et partit subitement pour la France, sans avoir eu le temps de tirer de s'Gravesande le secours qu'il en avait espéré dans l'intérêt de son livre. La calomnie qui, du vivant de Voltaire, s'attachait partout à ses pas, et qui n'a pas cessé, même aujourd'hui, de persécuter sa mémoire, avait répandu le bruit que le philosophe français s'était brouillé avec s'Gravesande pour lui avoir tenu des propos très-imprudents sur la religion. Afin de faire tomber ces bruits, Voltaire s'adressa à s'Gravesande lui-même. Il s'en suivit un échange de lettres, curieuses en elles-mêmes, curieuses surtout par l'intérêt qui s'attache au nom de leurs auteurs. C'est ce qui nous engage à les reproduire ici.

« Vous vous souvenez de l'absurde calomnie que l'on a fait courir dans le monde pendant mon séjour en Hollande. Vous savez si nos prétendues disputes sur le spinosisme et sur les matières de religion ont le moindre fondement. Vous avez été si indigné de ce mensonge, que vous avez daigné le réfuter publiquement. Mais la calomnie a pénétré jusqu'à la cour de France, et la réfutation n'y est point parvenue. Le mal a des ailes et le bien va à pas de tortue. Vous ne sauriez croire avec quelle noirceur on a écrit et parlé au cardinal de Fleury. Vous connaissez, par ouï-dire, ce que peut le pouvoir arbitraire. Tout mon bien est en France, et je suis dans la nécessité de détruire une imposture que, dans votre pays, je me contenterais de mépriser à votre exemple.

« Souffrez donc, mon aimable et respectable philosophe, que je vous supplie très-instamment de m'aider à vous faire connaître la vérité. Je n'ai pas écrit encore au cardinal pour me justifier. C'est une posture trop humiliante que celle d'un homme qui fait son apologie. Mais c'est un beau rôle que de prendre en main la défense d'un homme innocent. Ce rôle est digne de vous, et je vous le propose comme à un homme qui a un cœur digne de son esprit.

« Il y a deux partis à prendre : ou celui de faire parler M. votre frère à M. de Fénelon, et d'exiger de M. de Fénelon qu'il écrive en conformité au cardinal, ou celui d'écrire vous-même. Je trouverais ce dernier parti plus prompt, plus efficace et plus digne d'un homme comme vous. Deux mots et votre nom feraient beaucoup, je vous en réponds :

il ne s'agirait que de dire au cardinal que l'équité seule vous force à l'instruire que le bruit que mes ennemis ont fait courir est sans fondement, et que ma conduite en Hollande a confondu leurs calomnies. Soyez sûr que le cardinal vous répondra, et qu'il en croira à un homme accoutumé à dire la vérité. Je vous remercie et me souviendrai toujours de celles que vous m'avez enseignées. Je n'ai qu'un regret, c'est de ne plus en apprendre sous vous. Je vous lis au moins, ne pouvant plus vous entendre. L'amour de la vérité m'avait conduit à Leyde; l'amitié seule m'en a arraché. En quelque lieu que je sois, je conserverai pour vous le plus tendre attachement et la plus parfaite estime. »

Réponse de s'Gravesande.

« Je voudrais de tout mon cœur, mon cher Monsieur, vous être utile dans l'affaire que vous m'écrivez ; vous savez dans quels termes je me suis exprimé sur la calomnie qu'on a fait courir que nous étions brouillés. Je suis toujours prêt à déclarer que notre querelle est aussi fausse que le fondement qu'on a jugé à propos de lui donner; je ne me suis pas opposé que ma déclaration fût mise dans les gazettes : ce qui a été fait dans la gazette d'Amsterdam d'une manière si obscure, que personne n'y a rien compris. Si je puis faire quelque chose de plus pour faire cesser ce bruit que je croyais cessé, mais qui ne l'est pas tout à fait, à ce que je vois par votre lettre, je suis prêt; mais, mon cher monsieur, je trouve des difficultés aux deux partis que vous proposez.

« 1° M. de Fénelon est à Paris, et, quand il serait ici, je ne sais s'il faudrait s'adresser à lui; je ne le crois pas, sans quoi je ne ferais point de difficulté de lui parler à son retour, car on dit que son absence ne sera pas longue;

« 2° Pour ce qui regarde d'écrire au premier ministre en droiture, comme vous me le proposez, je ne me crois pas un personnage assez considérable pour cela. Si Son Éminence a jamais ouï prononcer mon nom, ce sera qu'on m'aura nommé en parlant de vous; ainsi, permettez-moi de ne point me donner des airs qui ne me conviennent pas. Vous savez combien je vis isolé à l'égard des études, sans aucun commerce avec des gens de lettres, travaillant à être utile dans le poste où je me trouve, et cherchant à passer agréablement le peu de temps qui me reste, ce que je regarde comme plus utile que si je me tuais le corps et l'âme pour être plus connu. Quand on peut vivre de cette manière, il faut que tout y réponde et ne pas faire l'important. Je ne dois pas supposer que des gens, qui ne doivent pas avoir lu ce que j'ai pu imprimer, sachent qu'il y a à Leyde un homme dont le nom commence par une apostrophe.

« Je conclus que, si j'écris à monseigneur le Cardinal, ce doit être sur le pied d'un homme tout à fait inconnu, et comme lui pourrait écrire un jardinier; et, dans ce sens, je ne vois pas par où débuter; je ne connais point l'air du bureau; et, en écrivant, je m'exposerais à jouer un personnage très-ridicule, sans vous être d'aucune utilité. Je vous dis naturellement comment j'envisage la chose; trouvez quelque route praticable, et je ne vous manquerai pas. La plus naturelle, il me semble, serait que vous fissiez parler directement à Son Éminence par quelqu'un qui pourrait lui faire voir un témoignage que je vous aurais envoyé, ou bien que quelqu'un de vos amis en France me demandât, par une

réponse entre les mains du Cardinal. »

Cette correspondance n'alla pas plus loin, et ne fut suivie d'aucun effet.

II.

Si nous avions à considérer dans s'Gravesande le physicien ou l'algébriste, nous ferions une étude spéciale, soit de ses *Philosophiæ Newtonianæ institutiones in usus academicos*, soit de son traité intitulé *Matheseos universalis elementa;* car ces deux ouvrages, en y joignant ses *Remarques sur le choc des corps*, qu'il avait adressées à Bernouilli en même temps que son grand traité de physique, intitulé *Physices elementa mathematica experimentis confirmata*, constituent ses véritables titres scientifiques. Mais c'est surtout le philosophe que nous nous sommes proposé d'étudier; et, sous ce rapport, l'ouvrage qui doit attirer principalement notre attention est le livre intitulé : *Introductio ad philosophiam, metaphysicam et logicam continens*, livre qui, ainsi que nous l'avons dit plus haut, fut publié à Leyde en 1736, et reçut, à Leyde, une seconde édition en 1737, en même temps que, cette même année, et dans cette même ville, sous les yeux et par les soins de s'Gravesande, s'imprimait une traduction française, qui lui avait été adressée par une main inconnue.

Dès son apparition en 1736, cet ouvrage fut l'objet d'une telle estime, que les auteurs du *Journal des savants* terminaient un extrait qu'ils en donnaient par l'appréciation suivante : « Nous ne connaissons pas de meilleure introduction à la philosophie. » Au xixe siècle, des jugements non moins favorables ont été portés sur ce livre. Un philosophe de notre époqne, un membre défunt de l'Académie devant laquelle j'ai l'honneur de porter la parole, M. Dégérando, disait, en parlant de l'*Introduction à la philosophie :* « Cet ouvrage, quoiqu'il n'ait point avancé la science sur les points essentiels et difficiles, sera toujours précieux à ceux qui la cultivent. La plupart des livres de philosophie qu'on met aujourd'hui entre les mains des élèves ne valent pas celui-là. » Essayons donc d'examiner cet ouvrage, d'en décrire le plan, la méthode, et d'apprécier la valeur des idées fondamentales et des principales théories dont il se compose.

Dans quelques lignes de la modeste préface qu'il a annexée à son livre, s'Gravesande indique avec clarté et simplicité le but qu'il se propose et l'ordre qu'il a voulu suivre. Ce but, analogue à celui que s'était proposé Descartes et Malebranche dans quelques-uns de leurs écrits, est de poser quelques règles pour diriger notre esprit dans la recherche du vrai. Pour y arriver, voici la marche que le philosophe hollandais s'est tracée. Il a cru devoir, comme il le dit lui-même, commencer par envisager les choses d'une manière abstraite et générale. Puis, comme il s'agissait de diriger les opérations de notre âme, et que cette direction présuppose la connaissance de nos facultés intellectuelles, il s'est attaché, en second lieu, à l'examen de ces facultés. Enfin, et c'est ici, d'après la déclaration même de l'auteur, la partie capitale de son livre, il a entrepris d'indiquer les moyens qu'il jugeait les plus utiles pour diriger notre esprit dans la recherche de la vérité. Une triple division est donc ici parfaitement saisissable : une première, ayant pour objet

quelques hautes généralités ontologiques; une deuxième,
consistant en recherches ou analyses psychologiques; une
troisième, traitant des procédés logiques.

Un tel plan est-il à l'abri de tout reproche? Une telle
méthode satisfait-elle à toutes les exigences de la raison?
Il est permis d'en douter. Toutefois, pour ne pas porter
ici un jugement trop rigoureux, il nous paraît équitable
de tenir compte de l'époque à laquelle écrivait s'Gravesande,
et de rappeler que la méthode philosophique n'avait pas
reçu alors tous les perfectionnements que lui réservaient le
progrès du temps et le progrès de la science. Nonobstant
l'importante initiative prise à cet égard par Descartes, la
méthode s'obstinait à demeurer ontologique. Nous l'avons
dit déjà : s'Gravesande n'est point un réformateur. Il adopta
donc la méthode qui dominait généralement à l'époque à
laquelle il écrivait. Ce n'est pas dans la nature humaine,
dans ses propriétés mentales, dans ses lois intellectuelles,
qu'il prend le point de départ de ses recherches. Ce qu'il
aborde en premier lieu, c'est l'être en général, les essences
des choses, les modes et les substances, la durée, l'identité,
la cause et l'effet; comme si chacune de ces questions, dis-
cutée ainsi préliminairement sous une forme abstraite, ne
présentait pas des difficultés très-sérieuses; comme si,
d'ailleurs, de telles questions ne présupposaient pas,
pour être méthodiquement résolues, des données psychologiques! Quelle solution satisfaisante pouvez-vous espérer,
par exemple, à la question abstraite d'identité, et quelle
idée claire vous sera-t-il possible d'obtenir de l'identité en
général, si, par des recherches psychologiques, vous n'a-
vez d'abord atteint et saisi en vous-même cette identité,

comme l'un des attributs essentiels de ce *moi* que chacun
de nous sent persister le même au milieu de toutes les
modifications que nous subissons ? Cette notion nous manquerait à tout jamais, si elle ne nous était donnée par l'action combinée du sens intime et de la mémoire. Sans doute,
la notion que nous suggère cette action combinée n'est pas
et ne peut pas être celle de l'identité en général, attendu
que les révélations du sens intime et de la mémoire n'ont
pour objet que la continuité de notre être personnel ; mais
ôtez la notion de notre identité individuelle, et il nous devient à jamais impossible de nous élever à la notion d'identité en général. Toute recherche sur l'identité prise abstrai-
tement exige donc indispensablement certaines conditions
psychologiques ; et par conséquent, en cette question, l'ontologie présuppose nécessairement la psychologie. Et ce que
nous disons ici de la notion d'identité s'applique, avec la
même rigueur, à la notion de cause et d'effet, à la notion
de durée, à la notion de substance et de mode, à la notion
de l'être. Il n'est pas une seule de ces notions qui n'ait
sa racine dans la conscience, et, par conséquent, il n'en
est pas une seule sur laquelle l'ontologie n'ait besoin
d'être préparée par la psychologie. Ce n'est donc que tardi-
vement que s'Gravesande arrive à des recherches psychologiques, auxquelles, guidé par une meilleure méthode, il
eût assigné la priorité. Nonobstant ce vice de plan, il faut
le louer d'avoir abordé ces hautes questions ontologiques,
trop abandonnées de nos jours, comme si leur sort était,
ou d'être traitées prématurément, ainsi que cela avait lieu
sous l'empire des vieilles méthodes, ou rejetées avec dédain
et reléguées dans le domaine des chimères, ainsi que paraît

être trop généralement la tendance de la philosophie actuelle. L'ontologie réclame une place dans toute philosophie qui aspire à être complète ; mais l'ontologie doit être le couronnement, non le début de la philosophie.

Une distribution plus heureuse et mieux raisonnée préside aux matières philosophiques, ultérieurement abordées par s'Gravesande. Le philosophe de Leyde a parfaitement compris que la logique doit être précédée d'investigations psychologiques. Qu'importe qu'il donne à cette partie de son livre un nom différent de celui que nous imposons aujourd'hui à de semblables recherches, et qu'il enveloppe sous la dénomination commune de *Métaphysique* ses considérations sur l'être, sur la substance, sur l'effet et la cause, sur l'identité, sur la durée, et ses analyses de l'âme humaine ? Assurément le nom d'*Ontologie* eût mieux convenu à la première de ces deux parties, et celui de *Psychologie* à la seconde. S'Gravesande eût évité ainsi le vague attaché à ce nom de *Métaphysique,* et eût appliqué à chacune de ces deux branches des sciences philosophiques la dénomination qui lui est propre. Mais, sous le vice des dénominations, le fond reste intact, et l'un des grands mérites de s'Gravesande est d'avoir chronologiquement subordonné l'indication des règles logiques aux recherches sur l'esprit humain et sur ses facultés ; car, ainsi qu'il le dit lui-même en sa *Préface :* « comme il s'agit de diriger les opérations de notre âme, il nous a paru important d'en examiner aussi les propriétés. » S'Gravesande entreprend donc cet examen. Mais, comme on peut le prévoir en songeant à l'époque à laquelle fut écrit son livre, il ne l'opère que superficiellement. Il fallait la seconde moitié du XVIIIe siècle, il fallait surtout la philosophie écossaise pour que la psychologie arrivât à se constituer scientifiquement. Ce n'est pas que nous voulions dire qu'antérieurement aux Écossais rien n'eût été fait en psychologie. Une foule d'observations pleines de sagacité se remarquent dans Platon et dans Aristote, et plus près de nous, dans Descartes, dans Bossuet, dans Malebranche. Toutefois, ce n'était là qu'un prélude; et la preuve, c'est que, tandis que la morale avait son nom spécial, la logique le sien, l'ontologie le sien, cette science qui traite de l'âme humaine, de ses facultés, de ses opérations, n'avait pas de nom qui lui fût propre, et continuait d'être annexée à la métaphysique ou à la logique. Quand, au contraire, apparurent Hutcheson, Reid, et leurs successeurs, les investigations qui avaient pour objet spécial les facultés de l'esprit humain, leurs opérations et leurs lois, s'agrandirent, gagnèrent tout à la fois, grâce à la patiente méthode des Écossais, en étendue et en précision, parvinrent enfin à se coordonner et à former un corps de science, qui dès lors reçut, comme toutes les sciences constituées, une dénomination spéciale. Dès lors, la psychologie exista, et l'arbre de la science philosophique s'accrut d'un nouveau rameau. S'Gravesande, venu avant le développement de la science psychologique, fut conduit, par l'influence de l'époque à laquelle il vécut, à accorder aux règles et aux préceptes relatifs à la direction de nos pouvoirs intellectuels plus d'importance et d'attention qu'à la description de ces facultés mêmes. Ainsi, quand il traite des sens, des inclinations, des passions, c'est moins pour constater la manière dont se comportent en nous ces facultés et pour déterminer la loi qui préside à leur action, que pour signa-

ler les erreurs dont cette action peut devenir la cause, et
pour en indiquer les remèdes et les préservatifs. De même,
dans ses considérations sur la mémoire, le philosophe de
Leyde s'attache moins à décrire l'action de cette faculté, et
les lois qui président à son exercice et à son développement,
qu'à signaler les moyens de la perfectionner et d'en faire
en quelque sorte l'éducation; comme si le perfectionnement
de nos pouvoirs, soit intellectuels, soit moraux, ne requérait pas au préalable la connaissance approfondie de leur
nature et de leurs caractères, et qu'il fût plus possible,
dans l'ordre moral, de perfectionner des facultés imparfaitement étudiées, que, dans l'ordre physique, de guérir
des organes dont on ne connaîtrait qu'incomplètement les
fonctions, le mécanisme et les relations mutuelles! La partie psychologique du livre de s'Gravesande se réduit donc
à un petit nombre d'observations, relatives à l'intelligence
en général, à l'origine des idées, à la pensée en tant
qu'étant ou n'étant pas l'état continuel de l'âme, à la liberté
et à la fatalité, enfin à l'immortalité de l'âme et à l'union
de cette substance avec le corps. Une solution judicieuse
est apportée par s'Gravesande à ces diverses questions, si
nous en exceptons la théorie de la liberté.

Cette théorie (1) toutefois n'est pas, chez s'Gravesande,
une négation explicite et formelle du libre arbitre : « Si
nous faisons attention, dit s'Gravesande, aux actions humaines qu'on appelle libres, nous verrons clairement
qu'elles doivent être attribuées à la détermination de la volonté, et que cette détermination n'a pas d'autre cause que

---

(1) *Métaph.*, ch. x, xi, xii.

la persuasion de l'âme, persuasion qui n'est point produite par des causes mécaniques, mais par des raisons. Or, celui qui se gouverne par la raison n'est point soumis à la fatalité (1). » Le métaphysicien qui a écrit ces lignes serait à l'abri de tout reproche de fatalisme, si, dans un autre endroit de son livre (2), il ne venait invoquer une sorte de nécessité morale, « attendu, dit-il, que la volonté ne saurait ne point se résoudre pour ce qui lui semble le meilleur. » Mais si la volonté ne peut se résoudre que dans un seul sens, c'est-à-dire dans celui que lui suggère cette nécessité morale inhérente à ce qui lui semble le meilleur, la volonté ne cesse-t-elle pas d'être libre ? Nous n'ignorons pas que s'Gravesande établit ici une distinction entre la nécessité physique, laquelle, suivant lui, équivaudrait à la fatalité, et à la nécessité morale, qui laisserait intacte le libre arbitre. Mais qui ne voit que c'est là une distinction chimérique ? Physique ou morale, la nécessité ne cesse pas d'être la nécessité. Que ma détermination soit le résultat de causes morales ou de causes physiques, qu'importe au fond, si, dans le premier cas, comme dans le second, cette détermination est nécessaire ? Cette doctrine de s'Gravesande offre une remarquable analogie avec celle de Collins, qui, lui aussi, avait prétendu que nos résolutions sont le résultat nécessaire des motifs qui déterminent notre conviction : doctrine erronée chez le philosophe anglais comme chez le métaphysicien de Leyde, et qui trouve dans les révélations du sens intime un démenti formel. Les jugements de la raison éclairent, mais ils ne déterminent pas les résolutions

(1) § 144. — (2) §§ 126 et 127.

de la volonté. Sans doute, l'homme cesserait d'être ce que Dieu l'a fait, c'est-à-dire un être raisonnable, s'il se déterminait sans motifs ; mais, en se déterminant, il sent clairement en lui-même que cette détermination n'a rien de nécessaire. Et qu'on ne vienne pas dire avec s'Gravesande (1) que, dans cette doctrine, on suppose un effet sans cause, attendu que si la détermination n'est pas le résultat d'une nécessité morale, rien n'explique son avénement. La véritable cause de la détermination, c'est le *moi* lui-même, le *moi* ayant la libre direction de ses pouvoirs et de ses actes, le *moi* allant sans doute, et à bon droit, là où l'appellent les motifs les plus puissants, mais y allant librement, et sentant en lui-même le pouvoir de se porter d'un autre côté et de se déterminer autrement. Les jugements portés par la raison ne sont pas la véritable cause de nos actes ; ou, si l'on veut à toute force leur donner le nom de *causes*, il ne faut reconnaître en eux que des causes occasionnelles, et non point des causes efficientes. Plus donc on y songe, et plus il devient difficile de méconnaître dans la doctrine de s'Gravesande une contradiction fondamentale. Répudiez-vous franchement le fatalisme ? Rejetez alors bien loin cette nécessité morale, par laquelle seraient produites toutes nos déterminations. Admettez-vous, au contraire, cette prétendue nécessité morale ? Ne parlez plus alors de libre arbitre ; car, encore une fois, morale ou physique, la nécessité est le contraire de la liberté.

S'Gravesande échoue donc dans la conciliation qu'il tente de la nécessité morale avec la liberté. Toutefois, il ne nous

(1) § 127.

paraît pas que son système puisse être légitimement assimilé
à celui de son compatriote Spinosa, qu'on lui a quelquefois
reproché d'avoir suivi. Ce dernier regarde l'homme comme
agissant sous l'empire d'une force extérieure, puisqu'il le
compare à une pierre qui obéirait aux lois fatales du mouvement, tout en croyant se mouvoir uniquement parce
qu'elle le veut. S'Gravesande ne va pas, comme Spinosa,
emprunter au dehors le principe des actes humains; ce principe, c'est dans l'homme même qu'il le cherche. Seulement,
au lieu de le chercher là où il est réellement, c'est-à-dire
dans la volonté, il croit, à tort, le trouver dans le jugement,
c'est-à-dire dans une faculté destinée, il est vrai, à servir
de guide et de conseil au vouloir, mais qui, dans aucun
cas, ne saurait l'asservir. S'Gravesande s'est donc trompé
sur la vraie nature du libre arbitre, en plaçant la volonté
sous le joug de l'intelligence, comme certains phrénologistes
de notre époque l'ont placée sous le joug des passions.

En présence d'erreurs aussi graves en elles-mêmes, aussi
graves surtout par les conséquences qu'elles entraînent en
morale, nous sommes tenté de nous demander si nous
avons bien compris la pensée de s'Gravesande, et si lui-
même l'a exprimée avec toute la clarté désirable. Pour ras-
surer donc à cet égard notre conscience de critique et d'historien, nous ouvrons les *OEuvres complètes* de s'Gravesande,
et nous recherchons si, dans sa *Lettre sur la liberté*,
publiée vers 1712 dans le *Journal littéraire* de La Haye,
il a suivi le même système. Eh bien! nous y rencontrons la
même erreur; seulement, elle s'y montre plus apparente
encore et sous des formes plus accusées. Après avoir partagé les actions humaines en deux classes, à savoir, celles

qui sont faites sans choix et sans raison, et celles auxquelles la raison et un choix président, s'Gravesande ajoute :
« C'est à l'égard des actions de la seconde classe qu'on demande si l'homme est libre. Il est certain que, dans toutes
ces actions où l'homme pense, examine et pèse les raisons
et motifs de part et d'autre, il se porte du côté où il trouve
les raisons et les motifs les plus forts ; et il s'y porte aussi
nécessairement que la balance du côté où est le plus grand
poids. Mais l'homme ne peut-il pas se déterminer du côté
où il trouve les raisons et les motifs les moins forts, et
contre ceux qui lui paraissent les plus forts? Cela est tout
aussi impossible qu'il l'est à la balance de pencher du côté
où est le moindre poids. » Après une comparaison de cette
nature, on s'attendrait à voir s'Gravesande rayer le mot *liberté* du vocabulaire philosophique. Point du tout; il se
demande au contraire en quoi consiste la liberté de l'homme?
et il répond : « En ce qu'il n'est obligé de faire que ce qu'il
veut, et qu'il peut délibérer et suspendre sa décision, jusqu'à ce qu'il trouve des raisons ou motifs assez forts pour
se déterminer, comme la balance (car s'Gravesande paraît
ne pouvoir s'affranchir de cette comparaison), qui est la
chose la plus libre qu'on puisse imaginer (assertion plus
qu'étrange), est toujours en suspens, jusqu'à ce qu'on ait
mis un poids assez fort pour la faire pencher d'un côté. »

Ce qu'il y a d'erroné dans la théorie de la volonté est
compensé dans l'ouvrage de s'Gravesande par plusieurs solutions importantes, et notamment par d'excellentes considérations touchant la nature immatérielle de l'âme. Sur la
question de savoir si Dieu a pu donner aux corps la faculté
de penser, s'Gravesande se sépare nettement de Locke, et

il établit, par un argument très-simple et très-concluant, que penser et être étendu ne sont pas les attributs d'un même sujet : « Certains philosophes, dit-il (1), remarquant que la pensée et le mouvement n'ont rien de commun, et que le corps ne saurait acquérir par le mouvement la faculté de penser, ont cru cependant que Dieu a pu donner aux corps cette faculté, et que, par cela même, il est impossible de décider si notre âme est corporelle ou non. Mais il me paraît qu'on peut démontrer par un argument très-simple que la faculté de penser ne saurait être l'attribut d'aucun être étendu. Tout ce qui a de l'étendue a des parties, et on ne peut rien attribuer à cette étendue qui ne convienne en même temps à ces parties. Supposons à présent qu'un être étendu pense : ou la pensée sera entière dans chacun des points de cette étendue, ce qui est absurde; ou elle sera répandue dans toute l'étendue, et, par cela même, divisible avec elle, ce qui est opposé à la nature des perceptions. »

L'âme est donc immatérielle. Mais consiste-t-elle dans la pensée, d'après une certaine formule cartésienne, qui, si elle était prise suivant la lettre plutôt que suivant l'esprit, ne tendrait à rien moins qu'à dépouiller l'âme de sa nature substantielle, pour la réduire à une nature purement modale? D'accord avec le sens commun, et répudiant toute subtilité métaphysique, s'Gravesande estime que, de même qu'il ne saurait y avoir d'étendue sans quelque chose d'étendu, de même il ne saurait y avoir de pensée à moins qu'il n'y ait quelque chose qui pense (2). Dans ces conditions, la pensée est un attribut de l'âme, un attribut

---

(1) *Métaph.*, part. II, ch. XIII. — (2) Ch. XIV, § 185.

essentiel, si l'on veut, mais elle n'est pas l'âme elle-même. La distinction de la substance et de l'attribut, si capitale en une question telle que celle-ci, est rigoureusement maintenue, et dès lors il devient impossible d'envisager l'âme comme une simple fonction.

Les philosophes, qui faisaient consister l'âme dans la pensée, étaient logiquement conduits à soutenir que l'âme pense toujours. S'Gravesande ne partage pas plus ce second sentiment que le premier, et voici comme il raisonne : « Nous appelons l'âme, dit-il, un être qui a la faculté de penser. En ôtant cette faculté, l'âme est détruite. Mais il ne s'ensuit pas que l'âme pense toujours, la nature de la faculté de penser n'exigeant pas nécessairement une pensée actuelle (1). » Nous ne saurions partager ici l'avis de s'Gravesande. Cesser de penser, même un seul instant, serait pour l'âme cesser d'être. Si la faculté de penser lui est inhérente au même titre qu'à la matière la propriété d'être étendue, la pensée est pour l'âme un état permanent comme l'étendue pour la matière. Si, un seul instant, l'étendue était supprimée, la matière continuerait-elle à être? Une telle supposition implique contradiction. Eh bien ! il en est de même de la pensée par rapport à l'âme. Maintenant, l'expérience, aidée du plus simple raisonnement par analogie, ne prouve-t-elle pas la permanence de la pensée? Deux états généraux se partagent la vie psychologique de l'homme : l'état de veille et l'état de sommeil. Nul doute, quant au premier : notre pensée est plus ou moins active, plus ou moins réfléchie; mais il n'est pas, dans l'état de

(1) § 196.

veille, un seul instant où l'âme ne se sente penser. Quant au sommeil, n'est-il pas constamment accompagné de rêves, dont nous avons conscience d'abord, puis mémoire? Et qu'est-ce que le rêve, sinon un mode d'activité vague, irréfléchie, désordonnée, mais réelle pourtant et ne cessant pas d'être? On objectera peut-être que la mémoire ne nous retrace pas constamment de pareils phénomènes. Mais, alors même que la mémoire ne les retracerait pas, n'est-il pas probable qu'ils ont existé néanmoins, et que, si le souvenir ne s'en reproduit pas, c'est que la conscience que nous en avons eue au moment de leur avénement était quelque chose de si vague, que la mémoire n'a pu avoir sur eux aucune prise, comme il arrive, au reste, à certaines pensées de l'état de veille, dont le souvenir se perd pour toujours, parce que l'attention ne s'y est point arrêtée? Tout concourt donc à nous faire croire que le rêve est l'état permanent du sommeil. Or le rêve, c'est encore la pensée. L'âme pense donc toujours; et la thèse contraire, soutenue par s'Gravesande, nous paraît démentie par l'expérience.

La philosophie du XIXᵉ siècle, tout en constatant avec une scrupuleuse exactitude les phénomènes qui résultent, dans l'homme, de l'union de l'âme et du corps, paraît avoir renoncé, et avec raison, (car à quoi bon agiter des problèmes insolubles?) à expliquer comment la substance spirituelle agit sur la substance corporelle, et celle-ci sur l'autre. Mais, à l'époque où vécut s'Gravesande, la question de l'action réciproque des deux substances était une des questions capitales de la science, et les plus grands philosophes employaient tous les efforts de leur génie à en chercher la solution. Comme nous n'apercevons rien de commun entre la pensée et aucune des propriétés connues de la matière, ils en concluaient que l'âme n'a aucun empire sur le corps, ni le corps sur l'âme. Je veux mouvoir mon bras et je le meus : Cela, disaient ces philosophes, ne prouve pas que l'âme communique un mouvement au corps, mais seulement que la volonté de mouvoir et le mouvement concourent ensemble. La doctrine de l'*influence*, qui, pour le dire en passant, est moins un système philosophique que la doctrine même du sens commun, étant ainsi écartée, du moins le plus généralement, on lui substituait deux systèmes, dont l'un était celui des *causes occasionnelles*, et l'autre celui de *l'harmonie préétablie*. Dans l'un et l'autre de ces systèmes, il n'y a aucune communication réelle entre le corps et l'âme. Ceux qui, avec Malebranche, admettent les *causes occasionnelles*, imaginent que Dieu est lui-même l'auteur des rapports que nous remarquons entre l'âme et le corps. Mon âme veut mouvoir mon bras, et Dieu le meut. Je veux jeter une boule ; Dieu étend mon bras, applique ma main sur la boule, me la fait prendre, me la fait lancer. Tous ces mouvements se font exactement pendant que je le veux, et c'est pour cette raison que je me crois la cause de ces différents mouvements. Pareillement, lorsque des corps étrangers agissent sur nos nerfs, Dieu est l'auteur des perceptions immédiates qui naissent de leur action. Pendant que ma main s'applique à la boule, je ne sens pas de moi-même la boule ; mais Dieu me donne la perception de cet attouchement. L'air frappe le tympan de mon oreille, et j'ai la perception du son. On s'imagine peut-être que cette perception est le résultat direct de l'agitation de l'air et du mouvement que cette agitation produit dans le nerf auditif : il n'en est rien. C'est Dieu qui donne immédiatement cette perception à mon âme. Mais, à côté de ces philosophes, il en est d'autres qui, sans admettre la doctrine de *l'influence*, rejettent le système des *causes occasionnelles*. Selon eux, il n'est pas conforme à la sagesse divine que Dieu intervienne toujours. Outre cela, ce n'est pas raisonner philosophiquement que de recourir perpétuellement au concours de Dieu pour expliquer chaque phénomène. D'ailleurs, dans ce système, les rapports entre l'âme et le corps deviennent un miracle perpétuel. Enfin, ajoutent-ils, la volonté des hommes troublerait à chaque instant l'ordre des choses, en produisant de nouveaux mouvements, quoique cela n'arrivât que par l'intervention du créateur. Aussi, à ce système des *causes occasionnelles*, ces philosophes, qui sont Leibnitz et ses disciples, substituent celui de *l'harmonie préétablie*. Suivant ce dernier système, l'âme possède la faculté de former toutes sortes de perceptions et même ses sensations, de manière que l'état où l'âme se trouve dans un moment quelconque soit une suite de l'état où elle a été dans le moment précédent, et cela, suivant certaines lois déterminées, non pas physiques, mais conformes à la nature de l'intelligence. C'est à cause de cette faculté de l'âme que Leibnitz l'appelle un *automate spirituel* : ce qui, entendu dans le sens que Leibnitz et ses disciples ont attribué à ce mot, ne détruit ni la liberté, ni la contingence des actions humaines. De son côté, le corps est une machine que Dieu a faite, de telle manière que les lois du mouvement suffisent pour lui faire produire géné-

ralement tous les effets que nous observons dans le corps
humain. Cela étant, concevons une âme et un corps qui
s'accordent tellement ensemble, que les mouvements du
corps répondent aux perceptions et aux déterminations de
l'âme, et nous y trouverons tout le mystère de l'union qu'il
y a entre l'âme et le corps. C'est cet accord qu'on nomme
l'harmonie préétablie. Dieu a arrangé les choses de manière que chaque âme humaine a son corps, dont les mouvements répondent aux modifications qui surviennent dans
l'âme.

Tels étaient les principaux systèmes qui, du temps de
s'Gravesande, avaient été imaginés pour expliquer les rapports de l'âme et du corps. Quel jugement en porte l'auteur
de *l'Introduction à la philosophie ?* Après avoir avoué que
la question lui paraît d'une impénétrable obscurité, s'Gravesande (1) répudie d'abord le système de *l'harmonie
préétablie*, comme n'étant qu'une simple hypothèse. Sans
étendre la même réprobation au système des *causes occasionnelles*, à l'occasion duquel il dit que c'est sans fondement qu'on objecte que cette doctrine est injurieuse à la
sagesse divine, il penche visiblement vers la doctrine de
l'influence, c'est-à-dire vers la solution apportée à cette
question par le sens commun : « Je ne vois pas, dit-il,
comment l'âme peut agir sur le corps ; je ne vois pas non
plus comment une perception peut être l'effet du mouvement d'un nerf, mais il ne me paraît pas qu'il s'ensuive
que toute influence doive être rejetée. Les substances nous
sont inconnues. Nous avons déjà vu que la nature de l'âme

nous est cachée ; nous savons que c'est un être qui a des idées et qui les compare ensemble ; mais nous ignorons quel est le sujet auquel ces propriétés conviennent. Nous disons la même chose du corps. Il est étendu, impénétrable. Mais quel est le sujet dans lequel résident ces propriétés? Nous ne connaissons aucune route qui puisse nous mener à cette connaissance. D'où nous concluons que nous ignorons bien des choses relatives aux propriétés de l'âme et du corps. Il est invinciblement démontré que l'âme n'agit pas sur le corps, ni ce dernier sur l'âme, comme un corps agit sur un autre corps ; mais il ne nous semble pas qu'on puisse conclure de là que toute influence est impossible. »

La question de l'origine des idées trouve sa place (1), dans la philosophie de s'Gravesande, après la question des rapports de l'âme et du corps. Le philosophe de Leyde commence par écarter, comme depuis longtemps condamné, et, par conséquent, comme inutile à discuter, le sentiment de ceux qui supposent des images, ou apparences, ou espèces (*species*), partant du corps et s'imprimant dans l'âme. Il déclare en même temps devoir laisser dans le catalogue des choses incertaines la question de savoir s'il y a, ou non, des idées innées. D'où viennent donc à l'âme les idées dont elle est en possession? Il est évident, dit s'Gravesande, que la faculté de penser a été accordée à l'âme par le Créateur. Ainsi, c'est à Dieu qu'il faut remonter pour trouver la première source de nos idées. Que si l'on demande comment l'âme acquiert les idées, c'est-à-dire par quel moyen le Créa-

(1) *Métaph.*, ch. xix.

teur les lui imprime, s'Gravesande apporte à cette question une réponse, qui n'est autre chose pour le fond, et à
peu près aussi pour la forme, que la doctrine de Locke. Que
disait, en effet, l'auteur de *l'Essai sur l'entendement humain?* Que toutes nos idées se partagent en deux classes,
idées simples et idées complexes; que les premières nous
viennent, soit par la sensation (ce sont les idées des qualités corporelles), soit par la réflexion (ce sont les idées des
opérations de l'âme), et que les secondes nous viennent par
la combinaison des idées simples. S'Gravesande, de son côté,
rapporte les idées à trois classes. En premier lieu, nous
avons les idées des choses que l'âme aperçoit en elle-même;
en second lieu, nous acquérons des idées en comparant
ensemble d'autres idées, c'est-à-dire en jugeant et en raisonnant; en troisième lieu, nous acquérons un grand nombre
d'idées par les sens, lesquelles nous représentent des choses
hors de nous. Après avoir établi ces trois catégories quant
à l'origine des idées, s'Gravesande entre en quelques explications sur chacune d'elles. Et d'abord, il estime qu'il ne
saurait y avoir aucune difficulté touchant les idées de ce que
notre âme aperçoit en elle-même, attendu qu'un être intelligent ne saurait être créé sans ce qui est inséparable de sa
nature. Par cela même qu'il a de l'intelligence, il aperçoit
immédiatement sa manière d'exister, et, par conséquent,
cet état même est la cause de ses idées. Ainsi par exemple,
il ne faut pas chercher d'autres causes des perceptions de
plaisir et de douleur que les simples modifications de l'âme,
modifications dont la perception immédiate est inséparable
de l'intelligence elle-même. Voilà pour les idées des choses
que l'âme aperçoit en elle-même. Quant aux idées que nous

acquérons en comparant d'autres idées ensemble, comme dans nos jugements et nos raisonnements, il est assez clair qu'elles n'ont point d'autre cause que les idées mêmes que nous comparons ; car l'âme, pendant qu'elle les considère, en voit la relation par cela même, et elle se forme une idée de cette relation. Toute la difficulté, ajoute s'Gravesande, roule donc sur les idées que nous acquérons par le moyen des sens, au sujet desquelles il est nécessaire de remarquer que, les choses n'imprimant pas des idées en notre âme, elles ne font que produire dans les nerfs un mouvement qui n'a rien de commun ni avec la chose même, ni avec l'idée excitée dans l'âme. Nous ne saurions même concevoir la moindre relation entre le mouvement d'un nerf et la production d'une idée : aussi n'est-ce rien expliquer que de dire que le mouvement du nerf est la cause de l'idée.

Ce système de s'Gravesande sur l'origine des idées est passible à peu près des mêmes objections que celui de Locke. Un vice capital s'y fait remarquer, en ce que les idées nécessaires y restent sans explication. Sans doute, nous devons aux sens les idées des choses extérieures, et à la conscience les idées des états et des opérations de l'âme. Mais la connaissance des principes métaphysiques, la connaissance des principes mathématiques, la connaissance des principes moraux, ne nous vient et ne peut nous venir ni de l'une ni de l'autre de ces deux sources. Nous acquérons ces notions, répondrait s'Gravesande, en comparant entre elles d'autres idées, c'est-à-dire en jugeant et en raisonnant. Mais nous aurions beau prendre pour base de nos jugements le contingent, nous n'en ferons jamais sortir le nécessaire. Il manque donc à s'Gravesande d'avoir reconnu, indépen-

damment de la conscience et des sens , une troisième source
d'idées , à savoir , la raison, qui nous révèle le nécessaire,
l'absolu et l'infini.

La question de l'origine des idées est suivie, dans le livre de s'Gravesande, de celle de leurs caractères et de leurs
diverses espèces (1). La solution que l'auteur y apporte nous
paraît satisfaisante sur la plupart des points, sauf toutefois
l'omission des caractères les plus essentiels de nos idées,
qui sont ceux de nécessité et de contingence. Leibnitz, en
ses *Nouveaux Essais*, avait déjà reproché à Locke d'avoir
méconnu cette importante distinction et d'avoir été entraîné
ainsi à assigner l'expérience pour origine unique à toutes
nos idées. Le même reproche peut être fait à s'Gravesande :
lui aussi a méconnu cette opposition radicale entre les
caractères dont nos idées sont marquées ; et, dès lors, qu'y
a-t-il d'étonnant que sur les traces de Locke il ait résolu
d'une manière défectueuse la question des origines ? Que
nos idées puissent être divisées ou simples ou composées,
claires ou obscures, distinctes ou confuses, abstraites ou
concrètes, universelles ou particulières, rien de plus légitime. Mais, indépendamment de ces caractères, n'en est-il
pas d'autres qui donnent lieu à une division plus radicale ?
N'y a-t-il pas la nécessité et la contingence ? Et, de ces caractères si contraires, si antipathiques l'un à l'autre, ne
résulte-t-il pas la nécessité de rapporter nos idées, non plus
à une origine unique, mais à deux origines parfaitement
distinctes ?

Toute la suite du livre de s'Gravesande est un véritable

(I) L. II, *Logique*, chap. I-X.

traité de logique. Elle s'ouvre par un chapitre sur *le vrai et le faux* (1). S'Gravesande appelle vraie toute idée qui représente, comme elle est, la chose à laquelle on la rapporte. Dans ce sens, les idées fausses sont celles que nous envisageons comme représentant des choses avec lesquelles elles ne conviennent pas. Un jugement est vrai lorsqu'il nous représente la relation qu'il y a entre les idées que nous examinons ; mais si nous concevons qu'il y ait entre elles une relation qui, en réalité, n'existe pas, alors le jugement sera faux. Ces principes posés quant au vrai et quant au faux, s'Gravesande partage les idées en deux classes, suivant qu'elles sont, ou non, obtenues immédiatement. La perception immédiate reçoit de lui le nom d'*évidence*, et il en traite dans une série de chapitres (2), qui ne sont autre chose que la reproduction de la doctrine contenue dans le discours *de evidentiâ,* prononcé par lui en 1724, au moment où il quitta le rectorat de l'Académie de Leyde : « Cette évidence, dit-il, est la marque caractéristique de la vérité pour les idées de tout ce que nous apercevons immédiatement, c'est-à-dire que cette évidence suffit pour nous convaincre pleinement que l'idée que nous acquérons convient avec ce que nous apercevons immédiatement. » A ce titre, l'évidence devient pour s'Gravesande, comme pour Descartes, le signe caractéristique de la vérité. Il la partage en évidence mathématique et évidence morale. Les sens constituent un premier degré de l'évidence morale ; le témoignage en est un second, et l'analogie un troisième. L'évidence mathématique, qui est pour s'Gravesande l'évidence propre-

---

(1) L. II, *Logique*. ch. xi. — (2) L. II, ch. xii, xiii, xiv, xv et xvi.

ment dite et par excellence, a pour objet des idées nécessaires
et des vérités immuables. Elle nous garantit de l'erreur, dit
s'Gravesande, dans toutes les sciences qui ont pour objet
les idées que notre âme acquiert en faisant attention à elle-
même : « Or, ajoute-t-il (1), nous rapportons à ces sciences
tout ce qu'on peut dire de l'être en général, de notre âme,
des esprits et de Dieu. Quant aux autres choses qui sont
hors de l'âme, nous avons la certitude de leur réalité, par
trois moyens, à savoir, par les sens, par le témoignage et
par l'analogie. » Ce sont donc là les trois fondements de ce
que s'Gravesande appelle l'évidence morale. Or, c'est une
symétrie mal entendue qui a entraîné s'Gravesande à mettre
ainsi en regard de l'évidence mathématique l'évidence morale. En effet, il n'accorde pas à cette évidence morale la
même vertu qu'il attribue à l'évidence mathématique: « Nul
de ces moyens (les sens, le témoignage, l'analogie), dit-il,
n'est par lui-même, c'est-à-dire, par sa nature, la marque
caractéristique de la vérité ; et, à cet égard, l'évidence morale diffère de l'évidence mathématique (2). » Une autre
différence encore que s'Gravesande croit apercevoir entre ces
deux sortes d'évidence, c'est que l'évidence mathématique
se fait toujours connaître par elle-même, tandis que l'évidence morale, n'étant pas telle par elle-même, mais par
quelque chose d'étranger, il est nécessaire d'employer diverses précautions, afin de ne pas supposer l'évidence morale
où elle ne se trouve pas (3). Il y a même, dans ce chapitre,
un passage où s'Gravesande rabaisse tellement ce qu'il a lui-
même appelé évidence morale, qu'il semble un instant tom-

---

(1) L. II, *Logique*, ch. xii. — (2) L. II, ch. xiii. — (3) *Ibid.*

ber en une sorte de scepticisme en ce qui concerne les connaissances que nous devons, soit aux sens, soit au témoignage des hommes, soit à l'analogie, comme, par exemple, quand il dit qu'il n'y a point de liaison nécessaire entre les choses mêmes et les idées que nous en acquérons par les sens. Il en vient même, en ce qui concerne la connaissance sensible, à en faire, sur les traces de Descartes, reposer la légitimité sur la véracité divine, lorsqu'il dit que la sagesse suprême tomberait en contradiction avec elle-même, si, après avoir accordé tant de biens aux hommes et leur avoir donné les moyens de les connaître, ces moyens mêmes induisaient en erreur ceux à qui ces bienfaits ont été accordés; qu'ainsi donc les sens conduisent à la connaissance de la vérité, parce que Dieu l'a voulu ainsi, et que, par conséquent, la persuasion de la conformité des idées que nous acquérons par les sens avec les choses qu'elle représente est complète. Mais les sens seuls ne suffisent pas. Il n'y a pas d'homme au monde qui puisse tout examiner par lui-même, et s'Gravesande observe avec raison que, dans un nombre infini d'occasions, nous devons être instruits par d'autres, et que, si nous n'ajoutions pas foi à leur témoignage, nous ne pourrions tirer aucune utilité de la plupart des choses que Dieu nous a accordées; d'où il conclut que Dieu a voulu que le témoignage fût aussi une marque de vérité, et qu'il a d'ailleurs donné aux hommes la faculté de déterminer les qualités que doit avoir un témoignage pour qu'on y ajoute foi. Il en est de même de l'analogie, et la justesse des conclusions que nous tirons de l'analogie se déduit du même principe, c'est-à-dire de la volonté de Dieu, dont la Providence a placé l'homme dans des circonstances

qui lui imposent la nécessité de vivre peu et misérablement,
s'il refuse d'attribuer aux choses qu'il n'a point examinées
les propriétés qu'il a trouvées dans d'autres choses semblables en les examinant. Qui pourrait, en effet, sans le secours
de l'analogie, distinguer du poison de ce qui peut être utile à
la santé? Qui oserait quitter le lieu qu'il occupe? Quel moyen
y aurait-il d'éviter un nombre infini de périls? S'Gravesande
conclut de tout ceci que les sens, le témoignage et l'analogie, sont autant de fondements de l'évidence morale.

Où finit l'évidence, commence la probabilité, sur laquelle
s'Gravesande (1) est entré en des considérations plus éten-
dues que celles qu'on rencontre dans la plupart des traités
de logique. S'Gravesande assigne à la probabilité un milieu
entre l'ignorance et la science complète. La probabilité n'a
point de place dans les sciences mathématiques, attendu qu'en
cet ordre de choses on ne saurait concevoir de milieu entre
l'ignorance et une science certaine. Mais il n'en est pas de
même des notions qui sont dues aux sens, ou à l'analogie,
ou au témoignage. Ici, il peut y avoir différents degrés de
persuasion, et c'est l'ensemble de ces degrés qui forme l'é-
chelle de la probabilité. Quand la probabilité est voisine de
la certitude, on l'appelle *vraisemblance*. Les degrés de
vraisemblance croissent depuis le doute jusqu'à la certitude.
A l'appui de ces distinctions, s'Gravesande apporte des exemples, et même des chiffres, et il évalue, sous une forme
mathématique, les différents degrés que la probabilité peut
offrir. Voici un de ces exemples que nous reproduisons
sous une forme un peu plus développée, parce que, sous la

(1) L. II, *Logique*, ch. xvii, xviii, xix.

forme très-sommaire qu'il a dans s'Gravesande, il ne serait intelligible qu'à ceux qui ont l'habitude du calcul des proportions et de la réduction des fractions. Cent personnes se trouvent dans un vaisseau, et ce nombre est ainsi composé : quatre-vingt-quatre hollandais, douze anglais, quatre allemands. Un homme sort de ce vaisseau : j'ignore à quelle nation il appartient ; mais le risque de me tromper sera moindre, et, par conséquent, la probabilité sera plus grande, si j'affirme que c'est un hollandais, que si je le suppose allemand ou anglais. Cependant, l'assertion de celui qui dirait que c'est un anglais aurait aussi quelque probabilité, bien qu'à un degré moindre. Enfin, la moindre probabilité serait du côté de celui qui dirait que c'est un allemand. Dans le premier cas, la probabilité relative serait comme 84 est à 100, ou, en réduisant, comme 21 est à 25. Dans le second cas, elle serait comme 12 est à 100, en d'autres termes, comme 3 est à 25. Enfin, dans le troisième, elle serait comme 4 est à 100, c'est-à-dire comme 1 est à 25. Autre exemple apporté par s'Gravesande sous une forme également mathématique : Quelqu'un cherche le degré de probabilité qu'il y a qu'on amène avec deux dés tel point plutôt que tel autre. Les cas possibles avec deux dés sont 2, 3, 4, 5, 6, 7, 8, 9, 10, 11, 12. Mais ces onze cas n'arrivent pas avec la même facilité ; ainsi, par exemple, et pour ne parler que des cas extrêmes, le nombre 2 ou le nombre 12 ne peut être amené que d'une manière, tandis que le nombre 7 peut être amené de six manières différentes (1). Les chances qu'on aura

(1) En effet, soient A et B les deux dés. Le nombre 2 sera amené

d'amener le nombre 7 plutôt que le nombre 12 ou que le nombre 2, seront donc le rapport de 6 à 1. Après cet exemple et quelques autres analogues, s'Gravesande indique la possibilité d'un certain nombre d'applications pratiques. Ainsi, l'on peut employer avec succès cette méthode pour déterminer la probabilité de la durée de la vie humaine en dressant une table formée d'un grand nombre d'observations. Si les observations ont rapport à des cas plus déterminés, comme à quelque maladie particulière, la conclusion sera plus précise encore, et on pourra déterminer par un chiffre la grandeur du danger que court l'existence du malade. Enfin (et l'on retrouve dans ce dernier exemple la trace du caractère calculateur et mercantile du hollandais) le péril dans les navigations pourra être déterminé de la même manière pour fixer le prix de l'assurance. Ainsi, si de mille vaisseaux qui ont entrepris le même voyage, il en a péri dix, l'assurance vaudra la centième partie de l'objet assuré : proportion qu'il faudra augmenter ou diminuer suivant la bonté du vaisseau, en cas qu'elle soit connue. Si les observations avaient été faites à l'égard de mille vaisseaux parfaitement semblables entre eux, on fixerait plus exactement encore le taux de l'assurance. S'Gravesande apporte encore plusieurs exemples d'applications, dans le détail desquels il nous paraît inutile de le suivre. Après avoir parlé de la probabilité simple, s'Gravesande traite de la probabilité composée, laquelle a lieu lorsque plusieurs probabilités

nombre 7, au contraire, pourra être amené par les 6 combinaisons suivantes : 1 A + 6 B, 2 A + 5 B, 3 A + 4 B, 4 A + 3 B, 5 A + 2 B, 6 A + 1 B.

simples doivent être considérées ensemble. Ici, il apporte encore des exemples à l'appui de la théorie, et termine ces considérations par un excellent chapitre sur les *Objections* et sur les *Probabilités opposées*. C'est dans ce chapitre que nous rencontrons cette réflexion, si vraie et si juste, que, de tous nos jugements, il n'y en a point qui doivent éprouver de plus fréquents changements que ceux qui roulent sur la probabilité, attendu que toute probabilité est relative à la connaissance imparfaite que nous avons d'un sujet, et que cette connaissance peut varier à chaque ins-tant (1). » Toute cette partie de l'ouvrage de s'Gravesande est originale, et contient, sur la question de la probabilité, des considérations qu'on ne rencontre pas ordinairement dans les traités de logique, et dans lesquelles ses con-naissances spéciales en mathématiques lui permettaient d'entrer.

Une autre question encore, qui se trouve traitée avec d'assez grands développements dans la logique de s'Grave-sande, et qui tient par plus d'un rapport à celle de la probabilité, est la question des causes de nos erreurs: « Nous nous trompons, dit s'Gravesande, toutes les fois que nous regardons comme vraie une proposition de la vérité de la-quelle nous n'avons pas une perception claire, ou que nous affirmons d'une chose ce qui ne nous paraît pas clairement s'y trouver (2). » Nous doutons que ce soit là une bonne définition de l'erreur. Une idée obscure n'est pas nécessai-rement une idée erronée. Ce qui constitue véritablement l'erreur, c'est le défaut de convenance entre l'idée et son objet, et non point le défaut de clarté de l'idée. Après cette définition, dont la légitimité nous paraît si contestable, s'Gravesande énumère ainsi les classes auxquelles il rapporte les erreurs, et qui sont : l'autorité, la constitution du corps et les passions de l'âme, l'orgueil, la paresse ou l'indolence, la confusion des idées, la nécessité de choisir entre différentes opinions. Cette classification, bien qu'incomplète, comprend certainement les causes principales de nos erreurs, quoiqu'en cet ordre de choses la confusion des idées soit plutôt un effet qu'une cause. Cette classification, d'ailleurs, nous paraîtrait mieux établie si s'Gravesande eût partagé en deux grandes catégories toutes les causes d'erreurs, à savoir les causes morales et les causes intellectuelles, et que, dans cette seconde catégorie, il eût placé, à côté de l'autorité, plusieurs causes qu'il n'a pas mentionnées, telles que le vice des méthodes, l'imperfection du langage, et surtout la précipitation et la prévention, que Descartes regardait, avec raison, comme la source d'un grand nombre d'erreurs. Malgré ces omissions, il faut savoir gré à s'Gravesande d'avoir, avant toute cause particulière d'erreurs, signalé la cause générale, qui réside dans l'imperfection nécessairement inhérente à l'intelligence humaine. C'est ici la cause première, de laquelle toutes les autres ne sont que des dérivations.

En ce qui concerne les causes particulières d'erreurs, s'Gravesande, en les signalant, a eu soin presque toujours d'indiquer en même temps les remèdes à leur opposer. La cause première et générale, à savoir, l'imperfection de l'intelligence humaine, est de nature à ne pouvoir jamais être détruite. L'Être infini est le seul être parfait. La créature, même la plus excellente, était, par sa nature même, condamnée à l'imperfection, et, par conséquent, à l'erreur. Telle est à jamais la condition humaine. Mais, si aucun remède ne peut être apporté à cette cause première, en revanche les causes secondes sont susceptibles d'être combattues. C'est ce qu'entreprend s'Gravesande dans une série de chapitres (1) dont se compose la seconde partie de son second livre. En ce qui concerne les erreurs qui naissent de l'autorité, il fait observer avec raison que la tyrannie de l'autorité n'est pas bornée à l'enfance, mais qu'elle exerce encore son empire durant le cours de toute notre vie. Comment se dégager des erreurs qui en proviennent? Fera-t-on table rase de toutes les idées acquises par l'éducation pour reconstruire par la seule action de la raison et du raisonnement l'édifice entier de la connaissance, ainsi que le veut Descartes en ses *Méditations?* Tel n'est pas l'avis de s'Gravesande, qui regarde une telle entreprise comme supérieure à la puissance de notre intelligence : « Chacun, dit-il (2), doit s'appliquer sérieusement à se dégager de ses erreurs. Cependant, il ne faut pas tenter l'impossible. Avoir recours à un doute universel, afin d'examiner par ordre les opinions déjà reçues, est quelque chose de supérieur aux forces de la nature humaine. » Descartes n'est pas nommé dans ce passage ; mais il y a là une allusion très-évidente à sa doctrine. A défaut du moyen proposé par Descartes et réprouvé par s'Gravesande, quel est donc le remède que le philosophe de Leyde regarde comme applicable à ces sortes d'erreurs? Ce remède est moins héroïque que celui de

---

(1) L. II, ch. XXII-XXVII. — (2) § 751.

Descartes, mais plus praticable peut-être : « Pour se déli-
vrer de ces préjugés, dit s'Gravesande, voici le parti qu'il
faut prendre. Toutes les fois que nous avons occasion de
réfléchir sérieusement sur un sujet, nous devons commencer par examiner si les principes sur lesquels nous voulons
raisonner ont des fondements dont nous avons vu la solidité, sans quoi nous courons toujours risque de nous
tromper. De plus, toutes les fois que nous voyons révoquer
en doute ou rejeter comme faux ce que nous admettons
comme vrai, nous devons nous rappeler nos idées pour
savoir si nous avons jamais examiné les arguments sur lesquels notre opinion est fondée; et, en ce cas-là même, nous
devons aussi peser les raisons opposées, et ne rien négliger
pour bannir de notre âme les anciens préjugés. Celui qni
suivra ces règles en sentira bientôt l'utilité; mais il·faut
une forte et sérieuse application pour les observer; il ne
s'agit pas d'une chose aisée; mais la peine n'est rien en
comparaison de l'utilité qui en revient (1). » Un remède est
également conseillé par s'Gravesande contre les erreurs qui
naissent des inclinations et des passions : « Les passions,
dit-il, troublent la tranquillité de notre esprit; elles ôtent par
cela même la faculté de considérer avec soin tout ce dont
la solution de la question exigeait l'examen. Celui qui est
agité de quelque passion, n'est presque sensible à d'autres
idées qu'à celles qui ont du rapport avec la passion qui
l'agite. Les autres ne le frappent pas ; à peine même les
aperçoit-il. Ainsi, il faut prendre garde, pendant que notre
âme est agitée de quelque passion, de juger d'aucune

(1) §§ 754, 755, 756.

chose qui ait la moindre relation avec cette passion. Pour peu que l'agitation soit violente, il faut s'abstenir· de tout jugement en général. Dans ces sortes de cas, il faut se rappeler ce qu'on a pensé autrefois sur les mêmes choses, ou rester dans le doute, quelque évidence que puissent avoir les raisons sur lesquelles nous croyons devoir nous fonder (1). » Ces observations sont pleines d'exactitude, et l'expérience de chacun de nous a pu mille fois en vérifier la justesse. Il est un point cependant sur lequel nous ne saurions partager le sentiment de s'Gravesande : c'est quand il fait dépendre ces sortes d'erreurs de la constitution du corps humain ; « car, dit-il (2), c'est de cette constitution que dépendent nos inclinations. » Ces mots annoncent une tendance à faire rentrer toutes les passions et toutes les inclinations dans les inclinations ou passions physiques, comme d'autres philosophes, à la même époque à peu près, ramenaient toutes les idées aux idées sensibles. Mais il y a dans l'âme une foule d'inclinations ou passions de l'ordre moral, telles que l'ambition, le désir de connaître, l'amour du vrai et du bien, l'admiration du beau, et plusieurs autres, qui sont *sui generis*, et qu'il est impossible de ramener aux appétits physiques. S'Gravesande n'a pas fait cette distinction.

La théorie du raisonnement, qui tient habituellement une place considérable dans les traités de logique, ne pouvait être négligée par s'Gravesande. Nous la rencontrons deux fois dans son livre : la première fois, sous une forme sommaire, au xxiie chapitre de la logique ; la seconde fois,

(1) §§ 773, 774, 775, 776. — (2) § 779.

dans un petit traité spécial, intitulé : *De l'art de raisonner par syllogisme*, qui constitue une sorte d'appendice à l'ensemble de l'ouvrage, et qui ne saurait en être distrait, attendu que s'Gravesande lui-même le regarde comme formant la dernière partie de son livre : « Car, dit-il (1), l'art de raisonner considéré en soi est très-beau, et il a son utilité, surtout quand il s'agit de convaincre les autres de la fausseté de leurs raisonnements quand ils se trompent ; je parlerai donc de cet art dans un petit traité, par lequel j'ai dessein de terminer cet ouvrage. » On ne s'attend pas que la théorie du raisonnement donnée par s'Gravesande contienne rien de bien original : Aristote a posé d'une manière si complète tout ce qu'il y a d'essentiel dans le raisonnement déductif, qu'il n'a laissé à ses successeurs d'autre tâche que celle de le répéter, ou de le commenter, ou de le développer. S'Gravesande toutefois paraît avoir moins étudié dans Aristote lui-même les lois du raisonnement déductif que dans les travaux des scolastiques, et ce sont ces travaux qu'il résume sous une forme précise et claire, qui est sa manière habituelle. Les huit règles, qui, dans les écrits des scolastiques, avaient remplacé les quatre règles d'Aristote, se retrouvent dans le traité de s'Gravesande (2) ; mais il est à regretter que, contre sa méthode habituelle, il n'y ait pas joint des exemples pour chacune d'elles. On sait que plusieurs logiciens modernes se sont efforcés de réduire ces huit règles à une seule. C'est ainsi, par exemple, que Condillac propose de substituer aux règles de la scolastique cette règle unique : « Il faut que la conclusion soit

(1) § 711. — (2) §§ 1149-1162.

contenue dans la majeure, et que la mineure fasse voir quelle y est en effet contenue. » Antérieurement à Condillac, s'Gravesande aussi avait tenté une réduction de ce genre : « On trouve, dit-il (1), sur cette matière, chez les dialecticiens, un grand nombre de règles dont la pratique, quoiqu'elle ait son usage en plusieurs occasions, n'est cependant pas nécessaire pour bien raisonner. Pour que la conclusion soit juste, il faut premièrement que les prémisses, qui constituent la matière de l'argument, soient vraies ; ensuite, que la conclusion en soit bien déduite, c'est-à-dire que la comparaison de l'idée moyenne avec les termes de la conclusion démontre leur relation : ce qui appartient à la forme de l'argumentation. » S'Gravesande est ainsi conduit à rechercher quelles choses sont requises par rapport à la forme du raisonnement. Ces choses sont au nombre de deux, à savoir, le mode et la figure, l'un concernant la disposition des propositions selon leur quantité et leur qualité, l'autre regardant la comparaison, dans les deux prémisses, du moyen terme avec les termes de la conclusion. Pour la détermination des modes (2), s'Gravesande se sert des voyelles consacrées A, E, I, O, servant à désigner tout à la fois la quantité et la qualité des propositions. Un syllogisme ne contenant que trois propositions, trois de ces voyelles suffisent pour représenter un mode ; et comme, dans ces conditions, il y a lieu à soixante-quatre combinaisons différentes, il en résulte soixante-quatre modes, dont cinquante-quatre sont rejetés par l'application des huit règles fondamentales du syllogisme. Toutefois, s'Gravesande propose ici (3) une

(1) §§ 707-710. — (2) §§ 1165-1173. — (3) § 1167.

simplification et une méthode plus facile de prouver qu'il n'y a que dix modes concluants, et cela, en considérant d'abord les seules prémisses, et en faisant attention ensuite à la conclusion. En effet, les quatre lettres A, E, I, O, ne peuvent être mathématiquement combinées deux à deux que de seize manières (1), et, huit d'entre elles se trouvant exclues par les règles du syllogisme, il en reste huit (2), parmi lesquelles deux donnent lieu à une double manière de conclure (3).: ce qui porte à dix le nombre des modes légitimes, parmi lesquels quatre modes affirmatifs et six modes négatifs (4). Voilà pour les modes. Quant aux figures du syllogisme, s'Gravesande, tout en reconnaissant qu'il peut y en avoir quatre, ne traite que des trois premières, les seules dont ait parlé Aristote, la quatrième n'ayant été inventée qu'ultérieurement par Eudème ou Théophraste, ou même plus tard encore par Galien (5), s'il faut adopter en

(1) Ces seize combinaisons sont les suivantes :

AA, AE, AI, AO.
EA, EE, EI, EO.
IA, IE, II, IO.
OA, OE, OI, OO.

(2) Ces huit sont : AA, AE, AI, AO, EA, IA, OA, EI. — (3) De AA, on peut conclure en A ou en I, de EA, en E ou en O. — (4) Ces dix modes légitimes sont : 1° AAA, AAI, AII, IAI, qui sont les modes affirmatifs ; 2° AEE, AOO, OAO, EIO, EAE, EAO, qui sont les modes négatifs. — (5) Né à Pergame, 131 ans après J.-C., mort vers 200. Galien mentionne en effet cette quatrième figure de syllogisme dans l'*Introduction dialectique* retrouvée au mont Athos par M. Mynoïde Mynas, et publiée pour la première fois en grec, in-8°, chez Didot, en 1844. Cependant, comme Galien n'en parle qu'en passant, et ne la présente pas comme une découverte personnelle, c'est à tort peut-être qu'on la lui a attribuée.

le moyen terme est , comme l'on sait, l'attribut de la majeure
et le sujet de la mineure : c'est donc une figure distincte ,
qui ne saurait être ramenée , comme la seconde et la troisième, à la première par la conversion d'une seule prémisse,
mais bien par la conversion de toutes deux à la fois : « On
néglige la plupart du temps cette figure, dit s'Gravesande ,
à cause que les conclusions y sont peu naturelles ; et ce
qu'on y peut conclure se déduit plus naturellement, dans
une autre figure, des mêmes prémisses autrement exprimées. » Et il ajoute : « Tous les dialecticiens conviennent
que toutes les figures ne sont pas également parfaites : ce
qui fait que nous en avons rejeté une. Entre les trois qui
restent, la première, d'un consentement général, est la plus
parfaite, et cela pour deux raisons : premièrement, parce
que la raison de la conséquence s'y aperçoit mieux que dans
les deux autres ; et en second lieu , parce que, dans la première figure, on peut, sous le rapport de la quantité et de la
qualité, conclure de quatre manières différentes, tandis
qu'on ne le peut que de deux manières dans la seconde et
dans la troisième figure (1). En donnant la description des
trois figures, s'Gravesande énumère les modes légitimes qui
conviennent à chacune d'elles, et il apporte des exemples.
Il constate que quatre modes conviennent à la première
figure (2), quatre à la seconde (3) et six à la troisième (4) :
ce qui, dans la répartition générale des modes dans les

(1) Dans la première figure , on conclut en A, E, I et O ; dans la
seconde , seulement en E et O ; dans la troisième, seulement en I
et O. — (2) AAA, EAE, AII, EIO. — (3) EAE, AEE, EIO, AOO.
— (4) AAI, EAO, IAI, AII, OAO, EIO.

trois figures, donne quatorze formes légitimes de syllogisme. Il en eût compté dix-neuf, s'il eût tenu compte de la quatrième figure, qui renferme cinq modes légitimes (1). Il est vrai que, plusieurs modes appartenant à plusieurs figures à la fois (2), ces dix-neuf formes, en défalquant les doubles emplois, se ramènent aux dix modes légitimes que s'Gravesande avait précédemment énumérés. Tout ceci s'applique au raisonnement simple. Si, comme il arrive assez fréquemment, le raisonnement est composé, on peut, en le résolvant en arguments simples, lui faire subir l'épreuve des mêmes règles. Ceci a lieu lorsque plusieurs idées moyennes sont nécessaires pour faire la comparaison des termes de la conclusion. « Soient A et B, dit s'Gravesande (3), les idées qu'il s'agit de comparer ensemble, et qu'on ne saurait comparer immédiatement. Je compare alors A avec B, et B avec C, qui, à son tour, peut être comparé avec D. Par ce moyen, c'est-à-dire par l'entremise de B et de C, je compare A avec D, ce qui se fait par un raisonnement continué, ou par des arguments séparés. Exemple : la première cause de tout n'a point elle-même de cause ; ce qui n'a point de cause, a en soi ce qui est nécessaire pour exister ; ce qui a en soi ce qui est nécessaire pour exister, ne saurait ne pas être : donc la cause première existe parce qu'elle ne saurait ne pas être. »

(1) AEE, AAI, IAI, EAO, EIO. — (2) AAA n'appartient qu'à la première figure ; AOO n'appartient qu'à la seconde ; OAO n'appartient qu'à la troisième ; AEE à la deuxième et à la quatrième ; AII à la première et à la troisième ; AAI à la troisième et à la quatrième ; EAE à la première et à la seconde ; EAO à la troisième et à la quatrième ; EIO aux quatre à la fois ; IAI à la troisième et à la quatrième. — (3) § 727.

Après avoir traité du syllogisme parfait, s'Gravesande consacre deux courts chapitres aux syllogismes imparfaits, qu'il distingue par les noms de syllogisme hypothétique, syllogisme disjonctif, enthymême, dilemne, induction, exemple, sorite. Telle est, dans s'Gravesande, la théorie du raisonnement. On voit qu'il ramène tout au raisonnement déductif, et qu'il prononce à peine le nom du raisonnement inductif, qui joue pourtant un si grand rôle dans les sciences expérimentales, et pour lequel Bacon, un siècle à peu près avant s'Gravesande, avait écrit son *Novum organum*. Dans la théorie même du raisonnement déductif, plusieurs lacunes peuvent être signalées. En parlant des règles du syllogisme, nous avons déjà fait remarquer l'absence d'exemples, si nécessaires cependant pour bien faire comprendre ces règles. On peut regretter encore qu'en parlant du moyen terme, qui remplit dans le syllogisme un office si important, s'Gravesande n'ait point indiqué les moyens de le chercher et de le découvrir. Sans doute, l'intervention d'une idée moyenne est nécessaire toutes les fois que deux idées dont on cherche le rapport ne peuvent être immédiatement comparées. Mais où chercher cette idée moyenne, et comment s'y prendre pour la trouver ? Les logiciens de Port-Royal (1), et surtout, de nos jours, un élégant et spirituel métaphysicien, Laromiguière (2), l'ont indiqué ; mais s'Gravesande a laissé dans l'oubli cette question importante.

Il nous reste à considérer dans s'Gravesande toute la

---

(1) *Logique*, part. IV, ch. 2. — (2) *Discours sur l'identité dans le raisonnement*. Voir les *Leçons de philosophie*, 6ᵉ édit., t. Iᵉʳ, p. 324, sq.

troisième partie de sa logique, qui a pour objet la méthode, et qui est très-certainement une des plus remarquables de son livre par la justesse des observations, la sagesse des préceptes et la nouveauté de quelques aperçus. Comme les logiciens de Port-Royal, s'Gravesande (1) distingue une double méthode : l'une qui sert à découvrir la vérité, l'autre dont il faut faire usage pour transmettre à autrui cette découverte. Il appelle la première, méthode analytique ou de résolution, et la seconde, méthode synthétique ou de composition. Dans la première, on va du composé au simple ; dans la seconde, on va du simple au composé ; mais s'Gravesande reconnaît entre elles une autre différence encore, c'est que souvent, dans la méthode analytique, il faut faire de grands détours pour arriver du composé à des principes simples, et cela, dans les occasions mêmes où nous découvrons ensuite un chemin plus abrégé pour revenir du simple au composé. La méthode analytique, pour donner tous les résultats qu'elle est appelée à produire, doit être soumise à des règles. Notre logicien en pose six, dont voici les principales (2) : bien concevoir et bien déterminer l'état de la question ; séparer entre elles les idées qui appartiennent à la question proposée, afin de partager la question en autant d'autres questions particulières que cela se peut faire sans confusion : ce qui est précisément le précepte donné déjà par Descartes au second livre de son *Discours de la méthode* (3) ; chercher des idées moyennes qui puissent servir à résoudre ces questions particulières et à réduire chacune d'elles à quelques propositions déterminées. Ces règles de la méthode analytique, s'Gravesande en même temps qu'il les indique, les applique à un exemple, qu'il prend, comme il le fait presque toujours, dans l'ordre des sciences physiques. L'exemple qu'il apporte ici est la solution d'une question d'acoustique, celle qui a pour objet de déterminer la cause du son.

Mais, comme il arrive souvent, lorsque nous examinons un sujet, que nous ne trouvons pas de route qui nous mène directement à la certitude, il faut, en ce cas, chercher la probabilité, et nous ne le pouvons qu'au moyen de l'hypothèse. Comment convient-il de se conduire en cette occasion, afin de ne pas confondre l'usage de l'hypothèse avec l'abus ? Ici encore, s'Gravesande pose six règles (1), parmi lesquelles la cinquième et la sixième nous paraissent surtout importantes. En voici l'énoncé : « Il faut examiner une hypothèse en l'appliquant à toutes les particularités observées, afin de savoir si elle est propre à rendre raison de toutes les particularités connues. Il faut examiner l'hypothèse même, et en déduire des conséquences, afin de découvrir de nouveaux phénomènes, et voir ensuite si ces phénomènes ont réellement lieu. » Ici encore, s'Gravesande applique ses préceptes à un exemple pris dans l'ordre physique, dont la connaissance lui était si familière, et c'est une question d'astronomie qu'il choisit : « Huygens, dit-il (2), après avoir plusieurs fois observé Saturne, et avoir remarqué que cette planète paraissait quelquefois ronde, mais bien plus souvent garnie

d'anses dont la largeur variait, et avoir reconnu quelques
autres particularités relatives à ces phénomènes, s'applique
à en découvrir la cause. En examinant par quels moyens on
pourrait expliquer ces anses, il reconnut qu'un globe entouré, à une certaine distance, d'un anneau dont le centre
serait le même que celui du globe, paraîtrait avoir des anses,
dont la largeur serait plus ou moins grande, selon la situation de l'œil, et il en conclut que l'hypothèse d'après laquelle
Saturne serait entouré d'un anneau méritait d'être examinée.
Cette hypothèse non-seulement expliquait les phénomènes
déjà observés, et s'accordait avec les moindres circonstances ;
mais on remarqua, de plus, que les phénomènes déduits de
cette hypothèse se trouvaient également d'accord avec les
observations ; et Huygens, ayant prédit les apparences de
Saturne, et en ayant marqué exactement le temps, changea
en démonstration ce qui n'avait été d'abord qu'une simple
conjecture. »

S'Gravesande donne ensuite les règles qui doivent présider
à l'usage de la synthèse, alors que nous voulons expliquer
aux autres ce que nous savons déjà nous-mêmes. Ces règles,
au nombre de dix (1), peuvent se résumer en quelques mots :
commencer par expliquer les termes dans lesquels il peut
y avoir quelque obscurité, c'est-à-dire définir. — Après les
définitions, proposer clairement les axiomes dont on doit
déduire les raisonnements qu'on a à faire. — Régler la division du sujet proposé, de telle manière que toutes les
parties puissent être traitées séparément, et les plus simples
avant les plus composées. Nous rencontrons encore ici,

(1) §§ 1059-1110.

comme précédemment, le troisième précepte posé par Descartes dans la seconde partie de son *Discours de la méthode.*
— Dans les raisonnements, avoir soin de ne déduire les
conclusions que des axiomes, des hypothèses et des propositions déjà prouvées. S'Gravesande, cette fois, n'apporte
aucun exemple de l'application de ces règles ; seulement il
cite Euclide comme les ayant suivies dans ses *Eléments de
géométrie.*

Nous n'avons rien à dire d'un assez long chapitre (1) de
s'Gravesande sur l'art de déchiffrer les lettres, sinon qu'un
tel sujet nous paraît assez singulièrement placé dans un
traité de logique et conviendrait mieux à un cours de diplo-
matie. Apparemment qu'en l'écrivant s'Gravesande se sou-
venait de ses anciennes fonctions de secrétaire d'ambassade.
Mais il n'en est pas de même de trois chapitres (2) que nous
rencontrons dans la première partie de la *Méthode,* et qui
ont pour objet l'art d'augmenter l'intelligence, l'attention et
la mémoire. Ces trois questions, dans le plan de s'Gravesande, se rattachent par d'intimes liens à la question des
méthodes, et surtout à celle de la méthode analytique,
« attendu, dit s'Gravesande (3), que celui qui veut s'appliquer
à la recherche de la vérité doit être dans la disposition d'esprit de ne se rendre qu'à l'évidence et de faire de sincères
efforts pour se préserver de l'erreur, et doit travailler, autant
qu'il lui est possible, à étendre les facultés de son âme, qui
sont les plus nécessaires dans la recherche qu'il entreprend? »
Quels sont donc les moyens par lesquels on peut obtenir ce

---

(1) Chap. xxxv *de la Logique.* — (2) Chap. xxx, xxxi, xxxii. —
(3) §§ 855-56.

perfectionnement? Et d'abord, en ce qui concerne l'intelligence, s'Gravesande, d'accord en ceci avec l'expérience,
constate que, pour les facultés intellectuelles, ainsi que pour
les dispositions corporelles, la culture et l'habitude finissent
par rendre aisé ce qui d'abord était difficile et à peine possible. A la vérité, il faut des talents naturels ; et, quand ces
derniers manquent, l'art ne sert de rien ; mais les talents que
la nature nous donne peuvent être prodigieusement augmen-
tés par l'exercice : ce qui se fait et mieux et en moins de
temps, si cet exercice est dirigé suivant certaines règles,
c'est-à-dire avec art. Pour étendre donc notre intelligence,
voici les règles qui paraissent à s'Gravesande devoir être
suivies. Il faut commencer par examiner un petit nombre
d'idées en même temps. Quand notre âme aura pris l'habitude de considérer ces idées et de les comparer ensemble,
on pourra lui en offrir un plus grand nombre, afin qu'elle
prenne à leur égard la même habitude, et ainsi de suite.
Nous réduisons cette règle en pratique, lorsque nous nous
appliquons à une science qui nous est expliquée dans un
tel ordre, que les choses faciles nous soient proposées les
premières, et ensuite d'autres plus difficiles ; et cela, de
manière qu'on ne passe jamais à une proposition avant
d'avoir compris la vérité de toutes les propositions qui ont
précédé. Par ce moyen, non-seulement on développe la faculté
de considérer ensemble plusieurs idées ; mais encore l'âme
s'affermit dans la disposition de ne se rendre qu'à l'évidence.
Voilà un premier moyen indiqué par s'Gravesande. Mais
notre logicien reconnaît qu'il ne suffit pas. Car lorsqu'il s'agit
d'idées qu'on ne peut comparer entre elles que par le secours
d'idées moyennes, on a besoin d'un art, et il faut un exer-

cice préalable pour s'accoutumer à trouver aisément ces sortes d'idées. Le moyen que propose alors s'Gravesande pour atteindre ce but, c'est de nous attacher à quelque science dans laquelle notre esprit doive agir par lui-même, mais de telle façon qu'il s'exerce d'abord à découvrir un petit nombre d'idées et ensuite un plus grand nombre. Maintenant, à quelle science s'attacher de préférence? On pressent déjà la réponse de s'Gravesande à cet égard. Pour le savant qui avait passé toute sa vie dans l'étude des rapports des quantités, la science par excellence ne pouvait être autre que celle des mathématiques. S'Gravesande estime que nous rencontrons dans l'arithmétique tout ce qui peut contribuer à rendre l'esprit capable d'invention, et que, d'autre part, nous trouvons dans la géométrie des principes simples, des conséquences indubitables, et une route qui nous mène, par degrés, du facile et du simple au difficile et au composé. Toutefois, notre philosophe, qui n'a aucun fanatisme, pas même celui des mathématiques, pense qu'il y aurait péril pour l'esprit à ne s'appliquer qu'à une seule science. Il fait observer (et c'est une remarque dont nous avons pu bien des fois vérifier la justesse) que ceux qui ont pris l'habitude de ne considérer qu'une sorte d'idées, raisonnent presque toujours mal sur d'autres sujets, qu'ainsi il faut acquérir de la flexibilité d'esprit, ce qui ne saurait se faire qu'en s'appliquant à plusieurs choses différentes entre elles. Tels sont les moyens d'augmenter l'intelligence. S'Gravesande donne des conseils non moins judicieux en ce qui concerne les moyens d'augmenter l'attention. Eviter tout ce qui peut communiquer à notre âme des idées étrangères au sujet qui nous occupe, principalement si ces idées sont nouvelles ;

écarter tout ce qui peut causer trop forte agitation dans quelqu'un de nos nerfs, comme une lumière trop vive, un grand bruit, une attitude peu commode. S'Gravesande conseille ensuite de nous défier de tout ce qui pourrait troubler la tranquillité de notre esprit, et, par-dessus tout, des passions. Il reconnaît toutefois qu'il y a des passions qui peuvent servir à augmenter l'attention. Tel est, par exemple, l'amour réglé de la gloire et de l'estime des autres hommes : passion qui, si elle se trouve jointe à un amour sincère de la vérité et de la vertu, est digne de louanges et ne manque jamais de produire d'utiles effets. Enfin, il est quelques autres moyens accessoires, auxquels s'Gravesande estime qu'on peut encore avoir recours, comme, par exemple, de mettre sur le papier les propositions sur lesquelles nous devons fonder nos raisonnements, et d'y ajouter celles qu'il nous arrive ensuite de découvrir; afin de pouvoir, à chaque instant, voir d'un seul coup d'œil tout ce que nous savons touchant l'objet que nous examinons. Quel que soit l'objet de notre étude, on peut avoir recours à ces moyens. Mais si notre recherche regarde des quantités, c'est-à-dire des choses susceptibles d'augmentation et de diminution, comme le mouvement, la vitesse, le temps, le poids, alors il y a lieu à d'autres secours encore, que s'Gravesande découvre et indique avec la sagacité et avec la clarté qui lui sont propres : « Car, dit-il (1), il n'y a point de quantité que nous ne puissions désigner par une ligne; et, en ce cas, une ligne une fois plus longue représentera une quantité double. Par cette méthode, on met devant les yeux toutes sortes

(1) § 898.

de quantités, et on en raisonne avec facilité. » Et il
ajoute (1) : « Les ouvrages des mathématiciens nous fournissent un grand nombre d'exemples de questions difficiles,
qui ont été résolues avec facilité en y employant ces sortes
de secours. »

Le chapitre consacré par s'Gravesande à la mémoire et
aux moyens de la perfectionner n'est ni moins ingénieux,
ni moins abondant en idées justes, et d'une application
tout à la fois facile et féconde. Ce qui pourrait d'abord
paraître exagéré dans cette assertion de s'Gravesande, que,
« sans mémoire, il ne saurait y avoir d'intelligence, »
s'explique par cette observation ultérieure, que toutes les
notions que nous avons acquises nous seraient inutiles si
nous ne pouvions pas nous en souvenir. A quoi se rédui-
rait une intelligence qui n'aurait le pouvoir ni de conserver
présentes les idées qu'elle acquiert, ni de se rappeler celles
qu'elle a eues ? S'Gravesande ajoute d'ailleurs (2) que, quelque nécessaire que soit la mémoire, elle ne peut être d'aucun usage dès qu'elle se trouve seule, et que, s'il faut faire
grand cas de cette faculté quand elle est jointe avec d'autres,
il faut cependant prendre garde que, pour la cultiver, nous
ne négligions des facultés plus importantes encore. Ce point
essentiel une fois établi, s'Gravesande signale, comme un des
principaux services que nous rend la mémoire, la facilité
qu'elle nous donne de découvrir des idées moyennes pour
le raisonnement, idées qui doivent être choisies parmi
celles que nous avons déjà acquises. Sans doute, et
s'Gravesande le remarque très-bien, ce n'est pas la

(1) § 899. — (2) § 909.

mémoire qui découvre ces idées moyennes ; et la preuve, c'est que ceux qui possèdent la plus excellente mémoire manquent souvent de cette faculté ; mais enfin, cette faculté a besoin de la mémoire pour entrer en exercice. Maintenant, comme toutes les facultés de l'âme et du corps, la mémoire devient plus étendue et plus parfaite par l'exercice. Mais cet exercice même est sucesptible de règles, et doit être dirigé de manière qu'on en tire le plus d'utilité possible. En procédant à l'indication de ces règles, s'Gravesande est conduit à distinguer dans la mémoire deux fonctions principales, l'une qui regarde les mots, l'autre qui concerne les choses. Toutes deux sont nécessaires à chacun de nous ; mais l'une prévaut en certains hommes, et l'autre en d'autres ; et, à l'égard de toutes deux, on observe une grande différence d'homme à homme, comme à l'égard de toutes les autres facultés. En ce qui concerne la mémoire des choses, s'Gravesande constate que rien ne la soulage à l'égal de l'ordre, précepte renouvelé de Cicéron, qui lui-même l'attribue au poète Simonide : *Dixit Simonides ordinem esse maximè qui memoriæ lucem afferret.* Il remarque encore que, pour bien imprimer une chose dans notre mémoire, il faut la répéter souvent, et la considérer chaque fois avec beaucoup d'attention, afin que l'enchaînement des idées soit plus vivement imprimé dans nos esprits, ce qui ne se fait jamais mieux que quand nous exposons aux autres ces idées dans l'ordre où nous les avons acquises. Si, au lieu des choses, il s'agit de mots, rien n'aide plus que l'arrangement et la beauté du discours.

A la mémoire naturelle peut venir s'ajouter la mémoire artificielle, au sujet de laquelle s'Gravesande fait quelques observations et pose quelques préceptes. Ceux qui possèdent cette espèce de mémoire, lorsqu'ils entendent prononcer des mots qu'ils veulent retenir, se représentent des images, et les impriment fortement dans leur esprit, de manière qu'ils les aient en quelque sorte devant les yeux, et ils choisissent ces images de manière que chacune leur rappelle le mot auquel ils l'ont liée, de même que le mot leur rappelle l'image. L'artifice consiste principalement en ce qu'on peut se former sur le champ de pareilles images et se les imprimer dans l'imagination. Il faut inventer une image distincte pour chaque mot, s'il s'agit de mots, ou pour chaque chose, si ce sont des choses qui doivent être confiées à la mémoire dans un certain ordre, et cela, dans le peu de temps qui s'écoule pendant qu'on prononce le mot ou qu'on indique la chose, en ajoutant le petit intervalle de temps qui s'écoule entre les mots, qu'il faut avoir soin de ne pas prononcer trop vite. Il faut aussi qu'en inventant ces images on en prenne de telles, que celle qui suit ait de la liaison avec celle qui précède, et que l'une conduise l'imagination à l'autre. Outre cela, il est nécessaire que l'ordre dans lequel ces images doivent être disposées soit réglé d'avance, afin que le lieu assigné à chaque image particulière fasse d'abord connaître la quantième elle est dans la suite des images : « Concevons maintenant, ajoute s'Gravesande, un homme qui a entendu successivement certains mots, et qui s'est imprimé dans l'esprit une foule d'images : il pourra facilement, en se rappelant ces figures dont l'une mène à l'autre, réciter les mêmes mots dans le même ordre ou dans un ordre contraire; car, de l'une ou de l'autre manière, les images se rappellent avec la même facilité. Cet art n'est pas aussi difficile qu'il peut paraître à la première vue ; mais il demande de l'exercice, et il faut monter par degrés du plus aisé au plus difficile. » S'Gravesande termine ces considérations par une remarque pleine de justesse, et qui montre combien peu il partageait l'engouement de ceux qui pensent pouvoir, au moyen de quelque artifice, étendre indéfiniment la portée des facultés naturelles de l'homme : « Toute cette mémoire artificielle, dit-il, ne mérite pas qu'on en fasse grand cas : elle est entièrement inutile, s'il s'agit de tout un discours ; et, s'il est question de choses qui ont rapport à quelque science, l'enchaînement du raisonnement doit les rappeler quand il en est besoin. Si, dans l'étude de l'histoire, quelqu'un voulait employer cettte espèce de mémoire, le nombre des images s'augmenterait à l'infini. »

Telles sont les doctrines philosophiques de s'Gravesande, telles qu'il les a exposées dans le principal de ses écrits. Venu à une époque où Locke et Descartes se partageaient encore exclusivement l'empire de la philosophie, il tient, entre ces deux chefs d'écoles, une sorte de milieu, qu'il a su choisir en répudiant ce que peut avoir d'exclusif la doctrine de l'un et de l'autre, et en ne reconnaissant d'autre maître que le bon sens. D'accord avec Descartes sur le *criterium* du vrai, il s'en sépare néanmoins sur la question du doute universel, pris comme point de départ de la méthode, attendu qu'il regarde ce doute universel comme intellectuellement impossible. D'accord avec Locke, trop d'accord, peut-être, sur le problème de l'origine des idées, il s'en sépare sur la question de savoir si Dieu a pu donner à la matière la faculté de penser, et n'hésite pas à résoudre hardiment par la négative cette question que Locke s'était

NOTICE BIOGRAPHIQUE

SUR JOUFFROY.

PAR M. C. MALLET,

ANCIEN RECTEUR D'ACADÉMIE.

(Extrait de la *Nouvelle Biographie générale*,
publiée par MM. Firmin Didot.)

Jouffroy (Théodore-Simon) naquit en 1796, au hameau
des Pontets, près de Mouthe, département du Doubs, et
mourut à Paris, le 4 février 1842. Son père était agricul-
teur et en même temps percepteur de sa commune. Vers
l'âge de dix ans, le jeune Théodore fut confié à l'un de
ses oncles, ecclésiastique et professeur au collége de Pontarlier. Ce fut au collége de cette ville qu'il fit la plus
grande partie de ses études classiques; puis il alla, comme
élève de rhétorique, les achever au lycée de Dijon. Il y
fut remarqué, parmi les plus brillants élèves, par M. Roger, inspecteur général des études et membre de l'Académie française, qui, au commencement de l'année 1814,
obtint son admission à l'École normale. Une conférence
de philosophie venait d'être confiée à M. Victor Cousin;
le jeune Jouffroy suivit cet enseignement; et de même
que, quelques années auparavant, M. Cousin s'était senti

1

philosophe en entendant les leçons de Laromiguière, de même Jouffroy eut conscience de sa vocation en écoutant l'enseignement de M. V. Cousin. En 1817, Jouffroy fut nommé élève répétiteur pour la philosophie à l'École normale, et, en même temps, il fut chargé d'un cours de philosophie au collége *Bourbon*, aujourd'hui lycée *Bonaparte*. Il quitta cette chaire en 1820, et, deux ans après, la suppression de l'École normale[1] lui fit perdre ses fonctions de répétiteur. Il ouvrit alors chez lui des cours particuliers, et devint en même temps collaborateur à quelques journaux politiques ou recueils littéraires, tels que *le Courrier français*, *le Globe*, la *Revue Européenne*, *l'Encyclopédie moderne*. Un assez grand nombre d'entre les articles qu'il y publia furent reproduits plus tard dans ses *Mélanges philosophiques*. En 1828, sous un ministère réparateur, Jouffroy reparut dans l'enseignement public, comme suppléant de M. Milon, dans la chaire de philosophie ancienne, à la Faculté des lettres de Paris. Mais ce ne fut qu'à la révolution de 1830 que les portes de l'École normale se rouvrirent pour lui : il y rentra en qualité de maître de conférences de philosophie, en même temps qu'il était nommé, à la Faculté des lettres de Paris, professeur adjoint de l'histoire de la philosophie moderne, dont le titulaire était alors Royer-Collard. Ce fut là que Jouffroy fit une série de leçons sur le droit naturel, qui,

1. Cette école, supprimée en 1822 par M. de Corbière, fut rétablie en 1826 sous le ministère de M. l'abbé de Frayssinous, évêque d'Hermopolis. De 1826 à 1828, elle occupa un des quartiers du collége Louis-le-Grand. Vers la fin de 1828, elle fut transférée au collége du Plessis : elle portait alors le modeste nom d'*École préparatoire*. Son ancien nom, celui d'*École normale*, ne lui fut restitué qu'à la révolution de 1830. De collége du Plessis, rue Saint-Jacques, où elle resta jusqu'en 1845, l'École normale a été transférée rue d'Ulm.

recueillies par la sténographie et imprimées, constituèrent dans leur ensemble, au nombre de trente-deux, le
Cours de Droit naturel. En 1833, nous voyons Jouffroy succéder, au Collége de France, à M. Thurot, qui y avait
exercé les fonctions de professeur de lettres et de philosophie grecques. Seulement, ce cours fut changé pour Jouffroy en un cours de philosophie grecque et latine. Vers le
même temps, Jouffroy fut élu membre de l'Académie des
Sciences morales et politiques, d'abord dans la section de
morale, puis dans celle de philosophie. En 1835, une première invasion de la terrible maladie qui, sept ans plus
tard, devait le conduire au tombeau, força Jouffroy à aller
demander la santé au soleil de l'Italie. Ce fut à cette époque qu'il acheva sa traduction des *Œuvres complètes de
Thomas Reid*, travail qui, avec la traduction des *Esquisses
de Philosophie morale* de Dugald-Stewart, et les *Préfaces* ou
Introductions annexées par Jouffroy à ces traductions,
contribua puissamment à populariser en France cette
philosophie écossaise dont Royer-Collard, dans son cours
à la Faculté, avait donné de si savantes analyses. De
retour à Paris, Jouffroy quitta, en 1838, sa chaire du
Collége de France pour la place de bibliothécaire de l'Université, devenue vacante par la mort de Laromiguière,
et, en même temps, il échangea, à la Faculté des lettres,
la chaire d'histoire de la philosophie moderne contre la
chaire de philosophie, que Laromiguière laissait également vacante. Mais, dès cette même année, sa santé l'ayant
forcé à se faire suppléer, il choisit à cet effet M. Adolphe
Garnier [1], l'un de ses anciens élèves, qui l'avait aidé

---

1. Voir dans la *Nouvelle Biographie générale* notre Notice biogra-
phique sur M. Adolphe Garnier.

dans sa traduction des *Œuvres de Reid*. En 1840, M. Cousin, devenu ministre de l'instruction publique, appela Jouffroy au conseil de l'Université. Il y siégea jusqu'à sa mort, et fut, à son tour, remplacé par M. Cousin. Dès 1831, Jouffroy appartenait à la Chambre des députés où il avait été appelé par l'arrondissement de Pontarlier. « Jouffroy, dit M. Adolphe Garnier, qui a publié dans le *Dictionnaire des Sciences philosophiques* un excellent travail sur sa vie et ses écrits, n'occupa point à la Chambre le rang qui appartenait à son mérite. Il fut d'abord étonné de la multiplicité des questions et de la rapidité avec laquelle on les décidait : « La loi est votée, disait-il, avant que j'aie pu la comprendre : » Il ne savait pas encore que souvent on adopte ou rejette une loi, moins d'après le mérite de la mesure en elle-même que d'après le parti auquel on appartient, ce qui abrége le temps et l'étude. Il débuta par proposer à la Chambre le changement de son règlement sur les pétitions ; il voulait que les commissions fussent juges du mérite des demandes, et n'offrissent à la Chambre que celles qui mériteraient de l'occuper. Il pensait qu'on aurait ainsi plus de temps pour traiter des affaires sérieuses. Mais les assemblées n'aiment pas que les nouveaux venus réforment leurs usages, et la proposition fut rejetée. La promptitude des décisions ne fut pourtant pas ce qui embarrassa le plus Jouffroy : il fut bien plus arrêté par la faiblesse de sa poitrine. Nous dirons, en empruntant une ingénieuse expression de M. Villemain, qu'il aurait pu « se faire entendre à force de se faire écouter ; » mais c'eût été au prix d'efforts pénibles pour l'assemblée, plus pénibles encore pour l'orateur. Il monta donc rarement à la tribune. Il y parut cependant en deux occasions éclatantes pour lui : dans la première, il contribua à sauver le ministère par un excellent discours, en montrant qu'il n'y avait entre les ministres et l'opposition qu'une différence de nuances et pas de dissentiment fondamental; dans la seconde, c'était en 1840, chargé de rédiger l'adresse, il crut que le ministère nouveau devait se distinguer de celui qu'il remplaçait par quelque différence profonde; il marqua cette différence, et il fut surpris de se voir abandonné de la majorité, et, par conséquent, du ministère lui-même. Cet échec exerça une influence funeste sur la santé de Jouffroy, déjà fortement ébranlée. Ses amis le pressaient de retourner dans cette Italie où il avait déjà trouvé son salut; il crut pouvoir résister au mal sans changer de climat; mais il ne fit plus que languir, et, en février 1842, après s'être vu lentement affaiblir, il s'éteignit. Il ne démentit pas un seul instant le calme et la fermeté de son âme; il voulut, pendant les derniers jours, se recueillir dans une solitude complète; il n'admit auprès de lui que sa femme et ses enfants. Il ordonna de fermer les volets de ses fenêtres; il se priva même de la société de la lumière, et demeura seul avec sa pensée jusqu'au moment de sa mort. »

Voici l'indication des divers ouvrages de Jouffroy dans l'ordre chronologique de leur publication :

I. Traduction des *Esquisses de philosophie morale* de Dugald-Stewart. 1 vol. in-8. Paris, 1825 [1]. A sa traduction du texte anglais, Jouffroy a joint une *Préface*, qui, par son développement, et surtout par l'importance des questions qui y sont abordées et résolues, a elle-même la valeur d'un véritable livre. Les principaux points traités

---

1. Cet ouvrage n'a eu jusqu'ici (juin 1861) qu'une édition.

dans cette préface sont les suivants : *Des phénomènes inté-rieurs, et de la possibilité de constater leurs lois.* — *De la trans-mission et de la démonstration des notions de conscience.* — *Des sentiments des philosophes sur les faits de conscience.* — *Du principe des phénomènes de conscience.*

II. Traduction des *Œuvres complètes* de Thomas Reid, chef de l'École écossaise. 6 vol. in-8. Cette publication, commencée en 1828, n'a été achevée qu'en 1836 [1]. Jouf-froy a joint au tome III et au tome IV de sa traduction plusieurs *Fragments historiques et théoriques* des leçons faites à la Faculté des lettres de Paris, de 1811 à 1814, par Royer-Collard, et une *Introduction* à ces Fragments. Le tome Ier, qui a été publié le dernier des six, s'ouvre par une *Préface du traducteur*, très-étendue, très-développée, dans laquelle Jouffroy entreprend de fixer la véritable valeur de la philosophie écossaise. A cet effet, il divise son travail en quatre parties, qui ont successivement pour objet : 1° les idées des philosophes écossais sur la science ; 2° la critique des idées écossaises sur l'ensemble de la philosophie ; 3° la critique des idées écossaises sur les limites de la science de l'esprit ; 4° la critique des idées écossaises sur les conditions de la science de l'esprit. Cette préface est suivie de la traduction d'une *Vie de Reid* par Dugald-Stewart, et d'une liste, aussi complète qu'il a été possible à Jouffroy de la former, de tous les ouvrages philosophiques sortis du mouvement écossais, à le prendre à son origine, c'est-à-dire depuis Hutcheson jusqu'à nous. Cette notice bibliographique donne une idée générale des travaux philosophiques des Écossais. Pour sa rédaction, Jouffroy a été aidé des renseignements que lui ont fournis

---

1. Même observation que dans la note précédente.

deux amis de Dugald-Stewart, MM. Bannatyne et Jackson, de Glascow, et en même temps M. Hercule Scott, professeur de philosophie au Collége du roi, à Aberdeen.

III. *Mélanges philosophiques.* 1 vol. in-8, 1833; in-12, 1860. Ce volume se compose de dix-neuf morceaux, dont voici les titres : *Comment les dogmes finissent; De la Sorbonne et des philosophes; Réflexions sur la philosophie de l'histoire; Bossuet, Vico, Herder; Du rôle de la Grèce dans le développement de l'humanité; De l'état actuel de l'humanité; De·la philosophie et du sens commun; Du spiritualisme et du matérialisme*[1]; *Du scepticisme; De l'histoire de la philosophie, De la science psychologique*[2]; *De l'amour de soi; De l'amitié; Du sommeil; Des facultés de l'âme humaine; De l'éclectisme en morale; Du bien et du mal*[3]; *Du problème de la destinée humaine*[4]; *Méthode pour résoudre le problème précédent*[5]. Plusieurs de ces morceaux étaient complétement inédits à l'époque où Jouffroy publia ce volume de *Mélanges.* Mais la plupart avaient été publiés, soit dans la *Revue européenne*[6], soit dans le *Globe*[7], soit dans l'*Encyclopédie moderne* de Didot frères[8].

IV. *Cours de droit naturel.* Cet ouvrage a eu jusqu'ici trois éditions. La première, publiée en 1835, 2 vol. in-8,

---

1. Rapprocher ce morceau de la Préface des *Esquisses* mentionnée ci-dessus.

2. Même observation.

3. Confronter ce fragment avec les doctrines contenues dans l'ouvrage intitulé : *Cours de droit naturel*, dont il sera parlé ci-après.

4. Même observation. Ce fragment est la première leçon du cours de morale professé à la Faculté des lettres de Paris de 1830 à 1831. Cette leçon, recueillie par la sténographie, fut revue par l'auteur.

5. Ne se trouve pas dans les éditions antérieures à celle de 1860.

6. Dès 1824.

7. Pendant les années 1824, 1825, 1826, 1827.

8. Voir les t. II, IV, XII, XIX, XX.

par Jouffroy lui-même, était restée incomplète; elle a été augmentée, en 1842, d'un troisième volume, par M. Damiron, d'après les notes laissées par Jouffroy. La seconde, 2 vol. in-8, a été publiée en 1843, par M. Damiron, après la mort de l'auteur. La troisième, 2 vol. in-12, a paru en 1858. L'auteur de la présente Notice a donné ses soins à la publication de cette troisième édition, comme il les a donnés également aux publications faites en 1860 et en 1861, des nouvelles éditions des *Mélanges philosophiques* dont il a été déjà parlé, et des *Nouveaux Mélanges*, dont il sera parlé ci-après. Le *Cours de droit naturel* se compose de trente-deux leçons faites à la Faculté des lettres de Paris, par Jouffroy, en qualité de professeur adjoint à la chaire d'histoire de la philosophie moderne, dont le titulaire était Royer-Collard. Après quelques leçons préliminaires, ayant pour objet la description des faits moraux de la nature humaine, l'auteur expose et apprécie le système fataliste, le système mystique, le système panthéiste, le système sceptique, le système égoïste, le système sentimental, enfin le système rationnel, et consacre ses cinq dernières leçons à des *vues théoriques*.

V. *Nouveaux Mélanges philosophiques*, 1842, in-8; et 1861, in-12, 1 vol.; précédés d'une notice, et publiés après la mort de l'auteur, par M. Ph. Damiron, membre de l'Institut, collègue et ami de Jouffroy. Les morceaux dont se compose ce volume sont les suivants : *De l'organisation des sciences philosophiques; De la légitimité de la distinction de la psychologie et de la physiologie*[1]; *Rapport sur le con-*

---

1. Rapprocher ce morceau de la Préfaces des *Esquisses*, ainsi que du morceau des premiers *Mélanges*, intitulé *De la Science psychologique*.

cours relatif aux Écoles normales; Discours prononcé à la distribution des prix du collége Charlemagne (août 1840); *Ouverture du cours d'histoire de la philosophie ancienne à la Faculté des lettres de Paris, en* 1828, 1ʳᵉ *leçon; Faits et pensées sur les signes; Leçon sur la sympathie*[1].

VI. *Cours d'esthétique*, 1 vol. in-8, 1843[2], publié, après la mort de l'auteur, par M. Damiron, d'après les rédactions et les notes de M. Delorme, l'un des auditeurs de ces cours particuliers, professés par Jouffroy de 1822 à 1828. Ce cours, divisé en quarante leçons, est précédé d'une *Préface* de l'éditeur, et suivi d'un *Appendice* composé de trois morceaux ainsi intitulés : *Que le sentiment du beau est différent de celui du sublime, et que ces deux sentiments sont immédiats — Beau, agréable, sublime — De l'imitation.* Le premier de ces trois morceaux était originairement une thèse pour le doctorat, écrite et soutenue par Jouffroy, en août 1816, lors de sa sortie de l'École normale.

On voit, par les titres de ces divers écrits, que, bien que Jouffroy n'ait pas composé ce qu'on pourrait appeler un système complet de philosophie, cependant toutes les grandes questions de la science ont trouvé place dans ses travaux. Toutefois, Jouffroy est, avant tout, un psychologue, et, comme tel, il s'était formé à la grande et sage école des Écossais. Sans vouloir rien ôter ici au mérite de la remarquable *Préface* que Jouffroy a mise en tête de sa traduction des *Esquisses de philosophie morale* de Dugald-Stewart, nous devons faire observer qu'avant lui Reid, dans quelques excellents chapitres de ses *Essais sur les facultés intellectuelles de l'homme*[3], avait montré la

1. Du 7 février 1834, à la Faculté des lettres de Paris.
2. N'a eu jusqu'ici (juin 1861) qu'une édition.
3. Essai premier, chapitres v et vi intitulés : *Des vrais moyens de*

possibilité d'une science psychologique, et indiqué les moyens à employer pour constituer cette science. L'écrivain écossais s'est même mieux tenu que le philosophe français dans les termes d'une exacte vérité, en ce que, tout en décrivant les moyens de connaître les opérations de l'esprit, il n'a pas craint de montrer, et même dans toute leur étendue, les difficultés attachées à cette étude. Quoi qu'il en soit, il serait injuste de méconnaître le talent et la vigueur avec lesquels Jouffroy, dans la *Préface* dont nous parlons, a soutenu, contre les prétentions d'un physiologisme exclusif, la possibilité d'une science psychologique. Il commence par démontrer, en faisant appel à la conscience individuelle de chacun de nous et à la conscience générale de l'humanité, qu'il y a toute une variété de phénomènes qui se passent dans le for intérieur, tels que nos idées, nos volontés, nos sensations, et que ces faits internes, dont nous avons conscience, sont d'une réalité tout aussi certaine que les choses que notre œil voit et que notre main touche. S'il y a ainsi deux vues, l'une sur le dehors par les sens, l'autre sur le dedans par le sens intime, il y a donc aussi deux sortes d'observations, l'observation sensible et l'observation interne. De même que c'est par une attention persévérante et soutenue que le naturaliste dépasse la connaissance vague et imparfaite que le commun des hommes a des choses extérieures et parvient ainsi à une connaissance plus distincte et plus complète de la nature, de même c'est par la considération attentive des phénomènes intérieurs que le psychologue peut élever à l'exactitude d'une

connaître les opérations de l'esprit. — De la difficulté d'étudier les opérations de l'esprit.

notion scientifique l'idée vague de ce qui se passe en nous. On peut donc constater d'une manière scientifique les lois des phénomènes intérieurs, et en tirer des inductions par le raisonnement; et, à cet égard, la science des faits internes est placée dans les mêmes conditions que celle des faits extérieurs. Mais cette science est-elle susceptible de transmission et de démonstration? Ce second point est résolu par Jouffroy non moins péremptoirement que le premier. Rien ne se passe en nous dont nous n'ayons conscience. Il n'est donc pas un seul phénomène intérieur, parmi les faits constitutifs de notre nature morale, que le dernier paysan, comme le plus grand philosophe, n'ait éprouvé et senti plusieurs fois. Seulement, le philosophe, qui a observé ces phénomènes, en a une idée précise, tandis que la plupart des hommes, qui n'étudient pas ce qui se passe en eux, n'en ont qu'une idée vague, et par là qu'un souvenir confus. Eh bien, c'est à cette idée vague, c'est à ce souvenir confus, que s'adresse le philosophe. Il aide ses auditeurs ou ses lecteurs à en faire l'analyse et à en remarquer successivement tous les éléments. Telle est la manière dont Jouffroy estime que peut se transmettre la notion des faits de conscience. Si donc, d'une part, il est possible d'observer et d'étudier en nous les phénomènes du monde intérieur, et si, d'autre part, il est possible de transmettre à autrui la notion ainsi acquise de ces phénomènes, la psychologie mérite de prendre place parmi les sciences positives; et que deviennent alors les dédains des naturalistes exclusifs, pour qui la science de l'homme se ramène tout entière à la seule étude des fonctions physiologiques? Jouffroy a pris soin, du reste, de poser d'une manière bien nette la limite qui sépare la psychologie d'avec la physiologie [1]. Le monde interne lui paraît de tous points limité par la conscience, et, avec lui, la psychologie, dont l'objet est d'éclaircir ce que la conscience sait du for intérieur. Le corps est donc exclu de l'objet de la psychologie : « Chose singulière, dit Jouffroy [2], si le corps était l'homme ! Mais le *moi* ne se reconnaît pas dans cette masse solide, figurée, étendue, et perpétuellement changeante, qui l'enveloppe, et qu'il nomme lui-même le corps. Non-seulement il ne s'y trouve pas, mais il la regarde comme une chose extérieure à lui, qui, à la vérité agit sur lui, et sur laquelle il agit, mais qui, malgré ces rapports d'action réciproque, ne se confond pas plus avec lui que les planètes qui gravitent dans les cieux. »

Jouffroy s'est moins attaché dans ses écrits à résoudre des questions psychologiques, sauf cependant plusieurs questions de psychologie morale [3], qu'à déterminer avec précision l'objet, la certitude, le point de départ et la circonscription de la psychologie. Toutefois, on rencontre dans ses premiers et dans ses nouveaux *Mélanges*, plusieurs pages sur l'*Amour de soi*, sur l'*Amitié*, sur la *Sympathie*, qui sont autant de formes de la sensibilité, et notamment une étude sur les *Facultés de l'âme humaine*. A l'exemple de Laromiguière [4], Jouffroy ne veut pas que l'on confonde les facultés avec les simples capacités. L'homme seul lui paraît posséder de véritables facultés, parce que chez l'homme seul le pouvoir personnel intervient dans

---

1. Voir indépendamment de la Préface des *Esquisses*, l'article intitulé *De la science psychologique*, dans les *Mélanges philosophiques*.

2. *Mélanges*, art. *De la science psychologique*.

3. Voir notamment, à cet égard, dans le *Cours de droit naturel*, la deuxième leçon, intitulée *Faits moraux de la nature humaine*.

4. Voir, dans la *Nouvelle biographie générale*, notre notice sur Laromiguière.

l'exercice des capacités ou propriétés, tandis que dans les choses c'est la nature ou plutôt Dieu qui agit. Cette distinction une fois posée, Jouffroy décrit la méthode qui lui paraît devoir être suivie pour arriver à déterminer les facultés de l'âme humaine. Cette méthode lui paraît devoir être la même que celle par laquelle nous déterminons les propriétés naturelles des choses. Le feu produit de la chaleur : il a donc la propriété de la produire. Certains corps conduisent l'électricité, ils ont donc la propriété d'être conducteurs de ce fluide. En général, on reconnaît qu'une chose a plusieurs propriétés quand elle manifeste plusieurs phénomènes d'une nature différente : chaque espèce de phénomènes suppose une propriété spéciale, et l'on reconnaît dans une chose autant de propriétés différentes qu'on y a observé d'espèces distinctes de phénomènes. C'est de la même manière que l'on parvient à distinguer les différentes facultés de l'âme. Guidé par cette méthode, Jouffroy croit pouvoir composer ainsi la liste de ces facultés : 1° le *pouvoir personnel*, ou ce pouvoir suprême que nous avons de nous emparer de nous-mêmes ainsi que des capacités qui sont en nous, et d'en disposer : cette faculté est vulgairement connue sous les noms de *liberté* ou *volonté*, lesquels, d'après Jouffroy, ne la désignent qu'imparfaitement ; 2° les *penchants primitifs de notre nature*, ou cet ensemble d'instincts ou de tendances qui nous poussent vers certaines fins et dans de certaines directions antérieurement à toute expérience, et qui, tout à la fois, indiquent à notre raison la destination de notre être et animent notre sensibilité à la poursuivre ; 3° la *faculté locomotrice*, ou cette énergie au moyen de laquelle nous ébranlons les nerfs locomoteurs et produisons tous les mouvements volontaires corporels ; 4° la *faculté ex-*

pressive[1], ou ce pouvoir que nous avons de traduire au
dehors par des signes ce qui se passe en nous et de nous
mettre par là en communication avec nos semblables ;
5° la *sensibilité*[2] ou cette susceptibilité d'être affecté péni-
blement ou agréablement par toutes les causes intérieures
ou extérieures, et de réagir sur elles par des mouvements
d'amour ou de haine, de désir ou de répugnance, qui sont
le principe de toute passion ; 6° enfin, les *facultés intellectuelles*[3] ; sous cette dénomination, Jouffroy comprend plusieurs facultés distinctes, dont il ne lui paraît possible de
donner l'énumération et de décrire les caractères que
dans un traité spécial sur l'intelligence. Telles sont, dans
la théorie de Jouffroy, les six facultés de l'âme humaine.
Il s'étend en de grands développements sur l'action de la
première de ces facultés. Dans une analyse aussi délicate
que savante, il remarque que l'empire du pouvoir personnel ne s'exerce pas en nous sans interruption. De
même qu'un ouvrier prend et quitte tour à tour ses instruments, de même nous sentons la volonté tantôt s'emparer des capacités de notre nature et les employer à ses
desseins, tantôt les délaisser et les abandonner à elles-
mêmes, sans que pour cela elles cessent d'agir. Il remarque encore qu'ordinairement notre pouvoir personnel
ne se retire pas en même temps de toutes nos facultés, et
que c'est presque toujours parce qu'il est très-occupé à en
diriger une qu'il délaisse les autres. Quelquefois cependant il y a défaillance à peu près complète de la person-

1. Voir le développement de ce point dans les *Nouveaux mélanges*.
2. Voir, dans les premiers *Mélanges*, les articles *Amitié* et *Amour de
soi*, et, dans les *Nouveaux mélanges*, l'article *Sympathie*.
3. Voir, dans les premiers *Mélanges*, l'article intitulé *Des facultés de
l'âme humaine*.

nalité, et c'est cette défaillance qui caractérise l'état de l'âme pendant le sommeil[1]. Et Jouffroy ajoute que non-seulement le pouvoir personnel ne gouverne pas toujours nos capacités naturelles, mais encore qu'il est facile de prouver qu'elles se sont primitivement mises en mouvement et développées sans lui. Ainsi, par exemple, nous ne voulons nous souvenir que parce que nous savons que nous le pouvons. Or, comment saurions-nous que nous pouvons nous souvenir? comment saurions-nous ce que c'est que se souvenir, si jamais nous ne nous étions souvenus? Il faut donc, de toute nécessité, que nous nous soyons souvenus spontanément une première fois, pour que nous ayons pu ensuite vouloir nous souvenir. Et le même raisonnement s'applique à toutes nos facultés.

Maintenant, quelle nature Jouffroy attribue-t-il à cette âme, douée des facultés qui viennent d'être énumérées et décrites? Il est très-certainement à regretter que, dans un passage de sa *Préface* des *Esquisses*[2], Jouffroy ait écrit que jusqu'ici l'immatérialité de l'âme pouvait n'être considérée que comme une hypothèse. Mais, immédiatement après l'expression de ce doute, viennent de si bonnes et si puissantes raisons en faveur de la spiritualité, que ce qui précède se trouve, pour ainsi dire, effacé, et qu'il semble que le philosophe, hésitant qu'il était d'abord, se soit converti lui-même à une opinion mieux arrêtée. Après avoir établi qu'il est attesté par la conscience que c'est le même principe qui veut, qui sent et qui pense, qu'ainsi le sujet des faits de conscience est simple et unique, qu'ainsi encore il ne peut être la matière cérébrale, la-

---

1. Voir, dans les premiers *Mélanges*, l'article intitulé *Du sommeil.*
2. Part. IV : *Du principe des phénomènes de conscience.*

quelle est composée d'une infinité de parties, Jouffroy expose avec beaucoup de force les raisons qui peuvent nous aider à concevoir l'hypothèse d'une force immatérielle servie par des organes corporels[1]. Son spiritualisme se pose sous des formes plus explicites encore dans un autre de ses écrits[2], composé à une date ultérieure, et qui, par conséquent, peut être regardé comme son dernier mot sur cette question. Il montre que le *moi*, par un acte d'aperception immédiate de conscience, se saisit lui-même, et, en même temps, saisit tous les phénomènes dont il est le sujet. Au contraire, ce qui se passe dans le corps et dans les organes du corps, le *moi* n'en est pas informé directement, et, s'il arrive à le savoir, ce n'est qu'à l'aide de procédés complexes et laborieux. Que suit-il de là? C'est que le corps n'est pas le *moi*, et ne saurait être confondu avec lui. Si le corps était le *moi*, le *moi* saurait ce qui se passe dans le corps; la vie du corps, les fonctions des organes corporels, les phénomènes qui résultent de l'action de ces organes, lui seraient connus comme sa vie propre, comme ses fonctions et ses phénomènes propres. Or, c'est ce qui n'est pas; tandis que, d'autre part, le *moi*, par une simple aperception de conscience, s'atteint lui-même dans son existence une et indivisible, et atteint en même temps les phénomènes qui sont véritablement siens. Deux principes sont donc à distinguer dans l'homme : le corps avec ses fonctions, le *moi* incorporel ou l'âme avec sa vie propre et l'ensemble des propriétés et des phénomènes qui s'y rattachent.

En *logique*, Jouffroy n'a traité qu'une seule question,

---

1. Préface des *Esquisses*, part. IV.
2. *Nouveaux mélanges.* Mémoire sur la distinction de la Psychologie de la Physiologie.

mais c'est la question fondamentale, celle du scepticisme.
Toutes les fois qu'un homme adhère à une proposition, si
l'on remonte au principe de sa conviction, on trouve toujours qu'elle repose sur le témoignage d'une ou plusieurs
de ses facultés : autorité qui vient se résoudre elle-même
dans celle de l'intelligence, et qui serait tout à fait nulle,
si l'intelligence n'était pas constituée de manière à réfléchir
les choses telles qu'elles sont. Mais qui nous démontre
que telle est la constitution de l'intelligence? « Non-seulement, dit Jouffroy [1], nous n'avons pas cette démonstration, mais il est impossible que nous l'ayons. En effet,
nous ne pouvons rien démontrer qu'avec notre intelligence; or notre intelligence ne peut être reçue à démontrer la véracité de notre intelligence; car, pour croire à
la démonstration, il faudrait admettre en principe ce que
la démonstration aurait pour but de prouver, la véracité
de notre intelligence : ce qui serait un cercle vicieux. »
Que sortirait-il logiquement d'une telle théorie, si l'on
en déduisait rigoureusement les conséquences? Évidemment un scepticisme universel, absolu, irrémédiable, à
l'atteinte duquel n'échapperaient ni la croyance en Dieu,
ni la croyance au monde matériel, ni même la croyance
en notre propre existence; on aboutirait, en un mot, à un
véritable nihilisme. Heureusement qu'en fait l'intelligence
croit, d'une foi invincible, à sa propre véracité, et ne
se laisse point ébranler dans cette croyance par les arguments de la philosophie sceptique. C'est, au reste, ce que
confesse Jouffroy lui-même, lorsque, distinguant entre
la théorie et la pratique, il reconnaît que l'homme, et le
sceptique comme tous les autres, est invinciblement dé-

---

1. Premiers *Mélanges*, article *du Scepticisme*.

terminé à croire, sans motif et sans preuve, à la véracité
de son intelligence.

Il y a trois écrits de Jouffroy où sa doctrine morale
peut être cherchée : son *Cours de droit naturel*, un fragment
intitulé *Du problème de la destinée humaine*, un autre fragment intitulé *Du bien et du mal*[1]. Quelle est la nature du
bien et du mal? En d'autres termes, à quel titre telles
actions ou telles choses seront-elles jugées bonnes ou
mauvaises? Le bien, répond Jouffroy, c'est pour un être
l'accomplissement de sa destinée, le mal le non-accom-
plissement de sa destinée. Chaque être est organisé pour
une certaine fin, de telle sorte que, si l'on connaissait
complétement sa nature, on pourrait en déduire sa destination et sa fin. Il y a équation entre le bien d'un être et
la fin de cet être. Le bien, pour cet être, c'est d'accomplir
sa fin, c'est d'aller au but pour lequel il a été organisé.
L'homme, ayant une organisation particulière, a nécessairement une fin, dont l'accomplissement est son bien ;
il a nécessairement aussi les facultés pour l'accomplir.
Dès que l'homme existe, s'éveillent en lui, d'une part les
tendances qui sont l'expression de sa nature; de l'autre,
des facultés qui lui ont été données pour que ces tendances
obtiennent satisfaction. Tant que ces facultés sont abandonnées à l'impulsion des penchants, elles obéissent à la
passion actuellement dominante. Mais bientôt la raison
vient poser un but, et, secondée par la volonté, y dirige
les facultés humaines. Ce but, ce n'est plus la satisfaction
des penchants, c'est la recherche de l'intérêt bien entendu. Ce second état est supérieur au premier, mais il
ne mérite pas encore véritablement le nom d'état moral.

1. Ces deux fragments se trouvent dans les premiers *Mélanges philosophiques*.

La raison, atteignant un degré supérieur de développement, nous fait concevoir, au-dessus de notre bien personnel, le bien de tous. Échappant alors à la considération
exclusive des phénomènes individuels, elle conçoit que
ce qui se passe en nous se passe aussi dans nos semblables; qu'eux aussi, en vertu de leur nature, aspirent
à une fin, qui pour eux aussi est le bien, et que chacune
de ces fins diverses n'est qu'un élément d'une fin dernière, qui est l'ordre universel, et dont la réalisation
mérite seule, aux yeux de la raison, le titre de bien, en
remplit seule l'idée, et forme seule avec cette idée une
équation évidente par elle-même. Quand la raison s'est
élevée à une telle conception, c'est alors, mais seulement
alors, qu'elle a l'idée du bien. Le véritable bien, le bien
en soi, le bien absolu, c'est la réalisation de la fin absolue de la création, c'est l'ordre universel. Dès que l'idée
de l'ordre universel a été conçue par notre raison, il
existe entre notre raison et cette idée une sympathie si
profonde, si vraie, si immédiate, que notre raison se
prosterne devant cette idée, qu'elle la reconnaît pour
vraie et obligatoire, qu'elle s'y soumet comme à sa loi
naturelle et éternelle. Tels sont les faits moraux de l'ensemble desquels Jouffroy compose les bases de la morale
générale. Il n'est pas entré dans les détails de la morale
particulière, c'est-à-dire dans l'examen des différents devoirs qui s'imposent à l'homme en cette vie. Mais l'idée
de l'ordre universel, base de la morale générale, lui a
servi, comme à Kant l'idée de sanction morale, de tran-
sition entre la morale et la théodicée. Il montre fort bien
que l'idée d'ordre universel, si haute qu'elle soit, n'est
pas le dernier terme de la pensée humaine; que cette
pensée, faisant un pas de plus, s'élève jusqu'à Dieu qui a

créé cet ordre universel, et qui a donné à chaque créature qui y concourt sa constitution, et, par conséquent, sa fin et son bien. Ainsi rattaché à sa substance, l'ordre sort de son abstraction métaphysique et devient l'expression de la pensée divine ; dès lors, aussi, la morale montre son côté religieux.

Beaucoup de philosophes, s'attachant uniquement à l'idée du vrai et à celle du bien, ont laissé de côté celle du beau. Cette omission ne saurait être reprochée à Jouffroy. Ses doctrines sur le beau et sur l'idée que nous en avons sont exposées dans son *Cours d'esthétique*. Le nom de *beau* lui paraît devoir s'appliquer à tout ce qui nous plaît esthétiquement, sans considération d'intérêt. De là, d'abord, la distinction du beau d'avec l'utile. Non-seulement le beau n'est pas l'utile, mais encore le propre du beau est d'être inutile, puisque son caractère est de ne pouvoir satisfaire à un besoin déterminé. L'objet beau ne sert pas : il est incapable de remédier à quelqu'une de nos privations ; sa possession n'aboutit à rien. L'objet utile, au contraire, a pour effet de faire cesser certaines privations. Mais le beau ne se distingue pas seulement de l'utile, il se distingue encore de l'agréable. D'après Jouffroy, l'agréable se montre partout où nous rencontrons les caractères du développement spontané, et le beau partout où se rencontrent les caractères du développement libre. Jouffroy prend pour exemples deux livres : d'une part l'*Allemagne* de Mme de Staël, d'autre part le *Télémaque* de Fénelon. L'*Allemagne* est un livre agréable : chaque chapitre offre le développement d'un sentiment particulier ; mais, de chapitre à l'autre, on change de sentiment. Cette variété plaît ; mais cette variété n'est qu'agréable ; c'est l'image de la sensibilité et de la passion inspirant l'esprit et le faisant parler. Le *Télémaque*, au contraire, est l'image de la raison et de la détermination libre, dirigeant l'esprit vers un but unique par des moyens ordonnés et proportionnés : c'est pour cela qu'il est beau. A cette occasion, Jouffroy se demande encore quels sont les éléments constitutifs du beau. Il en voit deux, l'ordre et la proportion : non pas cet ordre et cette proportion qui rendent l'objet propre à remplir un but, et qui par là rentreraient dans l'utile, mais cet ordre et cette proportion qui nous font plaisir sans considération du but. Tels sont les éléments constitutifs du beau. Quant aux conditions du beau, elles sont, d'après Jouffroy, l'unité et la variété, ou plutôt, ainsi qu'il le dit lui-même, l'unité dans la variété. Sans la variété, l'unité nous fatigue ; et, à son tour, la variété nous déplaît sans l'unité. Ici encore, Jouffroy apporte des exemples. Si nous entendons une suite de sons variés, sans saisir sous la variété des sons quelque chose qui les lie les uns aux autres, nous pourrons quelque temps nous en amuser ; mais, au fond de l'esprit, nous ne serons pas satisfaits : nous voudrons bientôt donner à la succession des sons qui flattent notre oreille un but, un principe, un lien commun, qui les réunisse et les groupe en quelque unité. C'est là l'office du *motif*. Le *motif* est l'unité qui sert à rassembler des sons épars. C'est autour de lui qu'ils se réunissent, et, en se réunissant, prennent un sens. L'existence du beau réclame donc le concours de l'unité et de la variété : celle-ci pour la satisfaction de la sensibilité, celle-là pour la satisfaction de l'intelligence.

Telles nous ont paru, dans leur expression générale, les doctrines philosophiques de Jouffroy, que notre tâche ici est moins de discuter et de juger en détail que d'expo-

ser. Vraies sur la plupart des points, elles sont exposées
en un style toujours clair, souvent élégant, et quelquefois
très-élevé. Après trente ans, on relit encore avec le même
charme, dans les *Mélanges philosophiques*, cette ingénieuse
étude sur le sommeil, pleine d'observations si fines, si
délicates, et les magnifiques pages dont se compose cet
autre fragment[1] qui a pour titre : *Du problème de la destinée humaine.* Nous y joindrions volontiers, dans les *Nouveaux Mélanges*, le *Mémoire sur l'organisation des sciences
philosophiques*, si la première partie de ce travail se composait d'idées moins contestables. Quant à la seconde
partie de ce Mémoire, elle offre le plus haut intérêt bio-
graphique. L'auteur y décrit avec une naïveté et une grâce
charmantes ses premières impressions, et les différentes
phases que sa pensée religieuse et sa pensée philosophique
ont traversées. Dans les derniers temps de sa vie, Jouffroy, attiré par la politique vers les études historiques,
avait commencé une *Histoire des révolutions de la Grèce;* il
avait communiqué des fragments de ce travail à l'Académie des Sciences morales et politiques, dont il était membre, et nul doute que de ces essais il ne fût sorti un travail
sérieux, si la maladie n'était venue briser prématurément
une vie si précieuse à la science. Un fragment d'histoire
inséré dans les premiers *Mélanges*, et intitulé : *Du rôle de
la Grèce dans le développement de l'humanité*, peut donner
une idée de ce qu'eût été une grande histoire écrite par
Jouffroy.

Bien que Jouffroy ait été surtout un psychologue, cependant l'histoire de la philosophie occupe une certaine
place dans ses écrits. Dans cet ordre de travaux, on peut

---

1. Voir les premiers *Mélanges philosophiques.*

citer, 1° un *Discours* prononcé par lui en 1828, à l'ouverture du cours d'histoire de la philosophie ancienne à la Faculté des lettres de Paris [1], et dans lequel sont traitées ces trois questions : *Qu'est-ce que l'histoire de la philosophie? Comment peut-on la faire? Quelle instruction peut-on y trouver?* 2° Un article intitulé : *De l'Histoire de la philosophie* [2]; 3° une *Introduction* aux *Œuvres complètes de Reid*, dans laquelle il entreprend d'exposer et d'apprécier les travaux de l'école écossaise, notamment ceux de Reid et de Dugald-Stewart, les seuls Écossais que Jouffroy connût bien; 4° enfin, plusieurs chapitres du *Cours de droit naturel*, dans lesquels Jouffroy a entrepris l'exposition et la critique des doctrines morales de Hobbes, Bentham, Smith, Price, Wollaston, Clarke, Malebranche, Crusius, Puffendorf, Montesquieu, Wolf et Kant.

A CONSULTER : *Notice sur Jouffroy*, par M. Mignet, lue en 1853 à la séance annuelle de l'Académie des sciences morales et politiques. — *Dictionnaire des sciences philosophiques*, t. III, art. *Jouffroy*, par M. Adolphe Garnier. — *Préface* de M. Ph. Damiron, dans les *Nouveaux fragments philosophiques de Jouffroy*.

C. MALLET.

1. Voir les *Nouveaux mélanges*.
2. Voir les premiers *Mélanges*.

RIS. — IMPRIMERIE DE CH. LAHURE ET Cⁱᵉ

Rues de Fleurus, 9, et de l'Ouest, 21

MÉMOIRE

SUR

LA VIE ET LES ÉCRITS DE JAMES BEATTIE

PHILOSOPHE ÉCOSSAIS.

Tiré à un petit nombre d'exemplaires. — **NE SE VEND PAS.**

MÉMOIRE

SUR

LA VIE ET LES ÉCRITS DE JAMES BEATTIE

PHILOSOPHE ÉCOSSAIS

———

LU A L'ACADÉMIE DES SCIENCES MORALÉS ET POLITIQUES

Dans les séances des 5, 22 et 29 août 1863

PAR M. C. MALLET

Ancien recteur d'Académie

MEMBRE CORRESPONDANT DE L'ACADÉMIE ROYALE DES SCIENCES MORALES ET POLITIQUES

DE MADRID, ET DE L'ACADÉMIE ROYALE DE SÉVILLE.

PARIS

· **EXTRAIT DU COMPTE-RENDU**
De l'Académie des Sciences Morales et Politiques,
RÉDIGÉ PAR M. CHARLES VERGÉ,
Sous la direction de M. le Secrétaire perpétuel de l'Académie.

LA VIE ET LES ÉCRITS DE JAMES BEATTIE

PHILOSOPHE ÉCOSSAIS

Dans la monographie que nous nous sommes proposé de composer, nous aurons beaucoup moins à parler de la vie privée ou publique de Beattie que de ses écrits : car cette vie, si riche en travaux poétiques et philosophiques, n'offre aucun de ces événements, qui peuvent quelquefois contribuer à la célébrité, mais qui contribuent bien rarement au bonheur. Cette existence, si égale et si calme, s'écoula tout entière entre les sérieux devoirs de l'enseinement public et les douces affections de la famille : modeste et heureuse destinée, que le sage seul sait apprécier, et que l'on méconnaît trop souvent pour lui préférer la vie tourmentée de l'ambitieux.

I

James Beattie naquit le 25 octobre 1735 à Lawrence-kirk en Ecosse, dans le comté de Kincardine. Son père étàit un simple fermier. Beattie n'était âgé que de sept ans quand il le perdit, et il eut pour tuteur son frère aîné David. Ses premières études furent dirigées par un maître,

a

nommé Milne, bon grammairien, mais doué d'assez peu de goût littéraire pour préférer Ovide à Virgile. A l'âge de neuf ans, James Beattie entra comme élève au collège Mareschal, à Aberdeen, où il obtint la première des bourses fondées dans le but de favoriser l'éducation classique d'enfants appartenant à des familles peu aisées. Il y étudia le grec sous la direction du principal, Thomas Blackewell, auteur de *Recherches sur la vie et les écrits d'Homère*, de *Lettres sur la Mythologie*, et de *Mémoires sur la cour d'Auguste*. Un autre professeur, auquel le jeune Beattie s'attacha particulièrement, fut Alexandre Gérard, auteur du *Génie et de l'évidence du Christianisme*, sujet traité plus tard en France avec tant d'éclat par Châteaubriand, et de quelques autres ouvrages encore, parmi lesquels on cite des *Essais sur le goût et le Génie*, et deux volumes de *Sermons*. A l'inverse de ce qu'on avait remarqué chez Reid, et de ce que, plus tard, on put remarquer chez Dugald-Stewart, Beattie ne fit aucun progrès sérieux dans l'étude des mathématiques : ses goûts le portaient ailleurs. Ce n'est pas qu'il ne satisfît exactement à la tâche que son professeur lui imposait ; mais, cette tâche une fois accomplie, il retournait avec empressement à ses chères études littéraires et poétiques.

En 1753, après avoir parcouru le cercle entier des études classiques, James Beattie prit le grade de maître-ès-arts, grade correspondant, ou peu s'en faut, à notre baccalauréat-ès-lettres. Il était alors âgé de dix huit ans ; et, comme ses études étaient finies, il retourna à Lawrencekirk. Mais qu'allait-il faire? et quelle profession pourrait-il embrasser? Un emploi de maître d'école étant venu à vaquer cette année-là même dans la paroisse de Fordoun, voisine de celle de Lawrencekirk, il le demanda et l'obtint en août 1753. Cette profession d'instituteur, honorable partout, est particulièrement honorée en Ecosse. Aussi n'est-il pas très-rare de la voir confiée à des hommes ayant fait, comme Beattie, de solides et brillantes études, et qui cependant ne dédaignent pas d'enseigner à de jeunes enfants les principes de la grammaire, les éléments du calcul et les premières notions d'histoire. Dans ces modestes fonctions, au consciencieux accomplissement desquelles il sut, nous ne dirons pas abaisser, mais approprier sa capacité supérieure, James Beattie ne tarda pas à mériter l'attention et l'estime de quelques hommes honorables appartenant aux rangs supérieurs de la société, particulièrement Lord Gardenstown et Lord Monboddo. De ce séjour à Fordoun date la composition de plusieurs pièces de vers, dont nous aurons à parler plus loin, et qu'il fit insérer dans un journal littéraire d'Edimbourg, intitulé : *The Scot Magazine*. Elles y parurent sous de simples initiales, et quelques-unes avec l'indication du lieu d'où elles étaient écrites. Ces petits poèmes attirèrent d'autant plus vivement l'attention, qu'ils étaient datés d'un village à peine connu sur la carte des Royaumes-Unis.

Les documents qu'il nous est possible de rencontrer dans les biographies de Beattie, publiées, la première par sir William Forbes, laquelle comprend un certain nombre de lettres de ce philosophe, la seconde par un anonyme qui ne se désigne que par deux simples initiales, A, C., mises en tête d'un recueil où sont réunies les œuvres poétiques (*the poetical Works*) de James Beattie et de Wil-

liam Collins (1), ces documents, dis-je, nous apprennent
que Beattie ne resta que quelques années, probablement
de 1753 à 1757, à la tête de l'école de Fordoun. L'église
d'Ecosse était alors, comme elle l'est encore aujourd'hui,
la ressource d'un grand nombre de jeunes gens instruits.
Beattie songea à s'y faire une position modeste, mais indépendante. A cet effet, il retourna passer tout un hiver au
collége Mareschal (*Marischal college*), où il suivit les
leçons du docteur Pollock de ce même collége, en même
temps qu'il suivait aussi celles de John Lumden, professeur au collége du Roi (*King's college*), dans cette même
ville d'Aberdeen. Mais, au moment où, préparé par l'enseignement de ces savants maîtres, il allait entrer dans les
fonctions ecclésiastiques, une chaire vint à vaquer, en 1757,
à l'école de grammaire latine instituée à Aberdeen. Cette
école, fondation communale, était dirigée par un recteur,
ou maître principal, *head master*, ayant sous ses ordres
trois autres maîtres, *subordinate masters*, le tout sous le
patronage des magistrats de la ville, qui nommaient les
professeurs, et réglaient leurs choix d'après le résultat
d'un sévère examen de la capacité des candidats, fait par
une commission de professeurs de l'université d'Aberdeen.
Beattie obtint la place vacante. Il rentrait ainsi dans la
carrière de l'enseignement, si conforme à ses goûts; il y
rentrait, dans une position moins humble que celle qu'il
avait occupée à l'école de Fordoun, et qui, à son tour,
devait faire place à des fonctions plus élevées encore.

Ce fut dans la première année de son séjour comme professeur à l'école de grammaire d'Aberdeen que Beattie, sur l'invitation qui lui en fut faite par ses amis, se détermina à publier en un recueil la plus grande partie des poésies qu'il avait fait autrefois insérer dans le *the Scot Magazine*, et auxquelles il ajouta plusieurs pièces nouvelles. Une souscription pour la publication de ces pièces fut ouverte en 1760, et elles parurent en 1761 tout à la fois à Londres et à Edimbourg. Cette édition est devenue très-rare. Elle est la seule publiée par l'auteur, « car (dit M. Suard dans l'article *Beattie*, qu'il a composé pour la *Biographie universelle*), quoique, en publiant ce recueil, Beattie eût fait un choix parmi les poésies composées dans sa jeunesse, cependant, lorsque son esprit se fût mûri et son talent perfectionné, il rougit de l'imperfection de ses premiers essais, à tel point, que, non content de les retrancher dans les éditions suivantes de ses *œuvres*, il passa sa vie à tâcher d'en effacer le souvenir. Il n'en parla jamais à son fils, et son fils crut devoir, par égard, ne jamais avouer qu'il les connût. » Le jugement porté par le même biographe sur ces mêmes poésies est favorable à Beattie, et montre qu'à l'inverse de ce qui arrive le plus fréquemment, la postérité s'est montrée moins sévère à l'égard de cet écrivain qu'il ne l'a été envers lui-même. « Ce recueil, ajoute en effet M. Suard, annonce un goût sain, de l'esprit, du talent, de la sensibilité, quoique sans une grande chaleur d'imagination. On y trouve des images heureuses tirées du spectacle de la nature, et une disposition d'esprit philosophique. Ses vers passent pour harmonieux ; ses traductions sont élégantes et fidèles. »

Nous avons sous les yeux, au moment où nous écrivons ces lignes, un petit volume publié à Londres en 1823, sous ce titre *OEuvres poétiques* de Beattie (1), *the poetical Works of Beattie*. Outre les pièces que publia Beattie en 1771, ce recueil contient encore celles qu'il composa et publia depuis. Ces pièces peuvent se distribuer en deux classes. Dans la première viennent prendre place celles qui ne consistent qu'en une simple traduction, à savoir : 1° l'ode d'Anacréon, qui commence par ces mots : παρὰ τὴν σκιὴν, Βαθύλλε — 2° la κ^e ode du second livre d'Horace : *Rectiùs vives, Licini.* — 3° La XIIIe ode du troisième livre du même poète : *ô fons Blandusiæ.* — 4° Le commencement du premier chant de Lucrèce, c'est-à-dire l'invocation à Vénus : *Æneadum genitrix* (v. 1-45). — 5° les *dix Eglogues* ou *pastorales* de Virgile. — 6° enfin, la *Pygmæogerano-Machia*, ayant pour second titre : *the battle of the pygmies and cranes*, c'est-à-dire *la bataille des Pygmées et des Grues*, traduite en 1762 du latin d'Addison. Dans la seconde partie viennent se ranger un certain nombre de pièces originales, dont nous allons donner les titres, en y joignant, quand il y aura lieu, quelques sommaires indications, sauf à revenir plus tard sur plusieurs d'entre elles. Nous mentionnons ici ces poésies dans l'ordre que leur assigne l'édition de Londres de 1823, dont nous parlions tout à l'heure :

1° *Le Ménestrel (the Minstrel)*, poème en deux chants ;

2° *Ode à la paix (ode to peace)* ;

(1) Voyez la précédente note.

3° *Le triomphe de la mélancolie (the triumph of melancholy ;*

4° Une épitaphe *(epitaph)*, que Beattie avait composée pour être mise sur sa tombe. Elle se compose de quatre stances, dont chacune a quatre vers. En voici la première stance :

· « Les soucis de la vie mortelle se sont dissipés ; mon âme a brisé son enveloppe d'argile ; elle est heureuse dans un séjour où l'inquiétude et le doute ne la troublent plus, et où l'espérance n'est plus trompeuse (1). »

5° Une autre épitaphe *(epitaph)*, portant la date du 1er novembre 1757, et qui fut gravée sur la pierre d'un tombeau du cimetière de Lethnot, dans le comté d'Angus. Ce tombeau était celui de deux jeunes gens, du nom de Leitch, qui s'étaient noyés en traversant la rivière appelée *Southesk.*

6° Une Élégie *(Elegy)* ;

7° Un songe *(Song)*, imité du morceau de Shakspeare : « *Blow, blow, thou Winter Wind, etc.* » — « *Souffle, souffle, vent d'hiver.* »

8° Une petite pièce, intitulée *Solitude (Retirement)*, et portant la date de 1758 ;

9° Une seconde Élégie *(Elegy)*, portant cette même date ;

10° *Ode à l'espérance (Ode to Hope)* ;

11° Une fable intitulée : *Les Lièvres (the hares)* ;

12° Une troisième épitaphe *(epitaph)*, pour un monument élevé par un gentleman à la mémoire de sa femme :

(1) *Escaped the gloom of mortel life, a soul*
Here leaves its mouldering tenement of clay ,
Safe , where no cares their whelming billows roll ,

« Adieu, ma bien-aimée, toi chez qui un esprit céleste se trouvait uni à la vertu, et la force à la douceur.... (1). »

13° Une ode sur le jour de naissance de lord H*** (*Ode on lord H***'s (birth-day)*;

14° Trois stances adressées à la très-honorable lady Charlotte Gordon (*to the right hon. lady Charlotte Gordon*);

15° Une petite pièce de vers intitulée : *l'Ermite* (*the Hermit*) ;

16° Une pièce, portant la date de 1765, sur le projet d'un monument à ériger, à l'abbaye de Westminster, à la mémoire d'un défunt auteur (Churchill) (*On the report of a monument to be erected in Westminster abbey to the memory of a late author (Churchill)* ;

17° Une pièce intitulée : Le Jugement de Paris (*the judment of Paris*), publié en 1765;

18° Enfin, une fable écrite en 1757, et publiée pour la première fois en 1766, sous ce titre : *Le Loup et les Bergers* (*the wolf and shepherds*).

L'accueil fait à celles d'entre ces poésies que Beattie, ainsi que nous le disions plus haut, publia en 1761, fut des plus flatteurs. Les recueils littéraires de l'époque donnèrent des extraits de l'*Ode à la paix* et du *Triomphe de la mélancolie*. Beattie fut comparé à Gray, qu'il paraissait avoir surtout choisi pour modèle; enfin, sa réputation s'en accrut tellement, que ses amis s'employèrent à lui faire obtenir des fonctions d'un ordre plus élevé que celles qu'il

_____

(1) *Farewell, my best-beloved, whose havenly mind*

remplissait en qualité de professeur à l'école de grammaire d'Aberdeen, et, une vacance étant survenue dans cette même ville au collége Mareschal, ils y obtinrent pour lui le titre de professeur de philosophie. Il y avait alors, et il y a encore aujourd'hui à Aberdeen deux colléges : l'un *collége du Roi (King's College)*; l'autre, le *collége Mareschal (Marischal college)*. Ce sont deux fondations différentes, qui ont chacune leurs revenus et leurs priviléges, et qui offrent l'une et l'autre aux étudiants un cours d'études complet. Le collége Mareschal tire son nom de celui de son fondateur en 1593. Le titre de lord Mareschal était héréditaire dans une noble famille d'Écosse, celle des comtes de Keith. Un membre de cette famille fonda en 1593 à Aberdeen l'établissement qui fut appelé *Marischal College*, et c'est à cette même famille qu'appartenait ce milord Mareschal dont il est fait mention dans la dernière partie des *Confessions* de J.-J. Rousseau. Le *Collége du Roi* était plus ancien que le *Collége Mareschal*. Reid, avant de passer à l'université de Glascow comme successeur d'Adam Smith, avait été, de 1754 à 1763, professeur de philosophie morale au *King's College* d'Aberdeen. Il occupait donc encore cette chaire en 1764, à l'époque où Beattie fut nommé au *Collége Mareschal,* et les deux célèbres professeurs de philosophie passèrent ainsi deux ans dans la même ville, mais dans des établissements distincts. Les quatre derniers prédécesseurs de Beattie, dans la chaire de philosophie morale qu'il venait occuper au *Collége Mareschal,* avaient été, en remontant le cours des âges, William Duncan, son prédécesseur immédial; Alexandre Gérard, que nous avons déjà mentionné plus haut; David Fordyce; enfin Georges Turnbull, qui, professeur en 1721, c'est-à-dire quarante ans avant l'avénement de Beattie à cette même chaire, y avait eu Reid pour élève, et avait publié sous le titre de *Principes de philosophie morale*, ou *Recherches sur le sage et bon gouvernement du monde moral (Principles of moral philosophy, an inquiry into the wise and good government of the moral world)*, un ouvrage qui fut longtemps classique dans l'université d'Aberdeen. Dans cette université, ainsi que dans celle de Saint-André, l'usage avait longtemps prévalu (et, à côté de quelques inconvénients, il pouvait avoir aussi plusieurs avantages) que chaque professeur parcourût avec ses élèves le cercle entier des études. Le cours supérieur était de trois années, et avait successivement pour objet les mathématiques, la philosophie naturelle, la logique, la philosophie morale, la métaphysique. Cet usage, qui exigeait de la part des professeurs des connaissances très-variées, a subsisté jusqu'en 1800 au *King's College*, mais seulement jusqu'en 1760 au *Marischal College :* il cessait donc d'y exister au moment même où Beattie y prenait place parmi les professeurs. Le titre qu'il y reçut fut, ainsi que nous l'avons dit déjà, celui de professeur de philosophie morale. Son enseignement embrassait à la fois la morale et la logique. Sa promotion avait été soudaine, et, en quelque sorte inattendue; mais, ainsi que le fait observer un de ses biographes anglais, il était déjà, en une certaine mesure, préparé à cette nouvelle tâche par ses lectures et par ses méditations. Telle fut l'application de Beattie aux travaux rendus nécessaires par ses nouvelles fonctions, que, dans l'espace de quelques années, il fut en état non-seulement de professer un cours complet de morale et de logique, mais encore de préparer pour l'impression plusieurs ouvrages qui vivront, et dont nous aurons bientôt occasion de parler. Disons, dès à présent, que, dès 1765, Beattie publia le petit poème intitulé *le Jugement de Páris*. Sous une forme poétique, cet ouvrage (car Beattie ne concevait pas la poésie autrement) a un but moral, qui est de prouver que la vertu seule est capable de nous donner une récompense adéquate à notre nature tout entière, au lieu que la poursuite des objets que se propose l'ambition ou la sensualité ne peut nous apporter qu'une satisfaction très-incomplète. Toutefois, l'accueil fait par le public à ce nouveau poème paraît n'avoir pas été des plus favorables; et, quoiqu'il l'ait ajouté à une nouvelle édition de ses poésies en 1766, Beattie se refusa dorénavant à ce qu'il fût réimprimé. A cette édition de 1766 il ajouta une pièce de vers sur le projet (*talk*), d'ériger à Churchill un monument dans l'abbaye de Westminster. Ce Charles Churchill, né en 1731 dans la ville de Westminster, devenue aujourd'hui l'un des quartiers de Londres, à l'ouest de la Cité, et sur la rive droite de la Tamise, avait été ministre dans une paroisse de Londres. C'était un poète satirique, qui, après avoir mené une vie fort dissipée, était mort jeune en 1764, en laissant, pour principales compositions, le *Revenant;* la *Rosciade*, satire à l'adresse des comédiens; la *Famine*, autre satire à l'adresse des Écossais, ouvrages qui, réunis à quelques autres compositions du même auteur, ont été, en 1804, publiés en deux volumes, avec des notes explicatives. Or, c'est à un tel poète, à un tel homme, qu'il

s'agissait d'élever un monument dans l'abbaye de Westminster, sépulture ordinaire des rois et des grands hommes,
et la pièce de vers de Beattie a pour objet de montrer
combien peu Churchill était digne d'un tel honneur. Dans
une lettre, où se peint cette âme si droite et si pure, et qu'il
adresse, datée d'Aberdeen, janvier 1765, à une personne
de qualité, avec qui il entretenait ce genre de relations
qui, au xviiie siècle, en Angleterre comme en France,
étaient si fréquentes, et si honorables de part et d'autre,
entre l'homme de lettres et le grand seigneur, et qui faisaient un jour dire à Voltaire dans une réunion : « Nous
sommes ici tous princes ou tous poètes », dans cette lettre,
dis-je, Beattie explique, avec sa candeur habituelle, qui
n'exclut pas une véritable fermeté de caractère, quels sentiments l'ont guidé en cette circonstance et quels motifs
l'ont fait agir : « Si j'ai, dit-il, composé les vers suivants,
« ce n'est dans le but, ni de satisfaire un ressentiment per-
« sonnel, ni de servir les intérêts d'une coterie, ni de me
« recommander moi-même à la protection de qui que ce
« soit : car alors je serais inexcusable. S'attaquer à la
« mémoire d'un mort par des considérations intéressées,
« ou par méchanceté, est une très-mauvaise action (enor-
« mity), que personne ne déteste plus que moi. Les motifs
« qui m'ont guidé en composant ces vers sont d'une na-
« ture toute différente. C'est sur quoi il ne restera aucun
« doute à tout lecteur intelligent qui les parcourra avec
« attention, et qui voudra bien en même temps s'en rap-
« porter à mon propre témoignage. Mes motifs procèdent
« du sincère désir de rendre service à mon pays et à la
« cause de la vérité et de la vertu. Je n'ai jamais aimé les

« factieux ; je les considèrerai toujours comme les enne-
« mis de l'humanité. Envers la mémoire de tels hommes
« je ne me crois obligé à aucun respect, pas plus qu'à
« aucune indulgence pour leurs écrits. Votre seigneurie
« n'ignore pas que l'écrivain dont il s'agit (Churchill) doit
« la meilleure part de sa renommée au plus incompétent
« de tous les juges, c'est-à-dire à la foule ; qu'il a obéi au
« plus indigne de tous les principes d'action, c'est-à-dire
« à l'esprit d'insolence, et qu'il a été animé par la plus
« vile de toutes les passions, la haine envers ses conci-
« toyens. Ceux qui se déclarent en sa faveur me paraissent
« obéir à une sorte de mode bien plus qu'à un sentiment
« réel. Je ne fais donc de tort ni aux morts ni aux vivants
« en croyant avec assurance que la postérité, lorsque nos
« malheureux dissentiments seront oubliés, saura appré-
« cier les choses comme elles doivent l'être. Mais quand je
« vois d'extravagants honneurs rendus à la mémoire de
« cet écrivain, quand j'entends dire qu'il est question d'un
« monument à l'abbaye de Westminster pour un homme
« que même ses admirateurs regardent comme un boute-
« feu et un libertin (*an incendiary and a debauchee*), je
« ne puis m'empêcher de souhaiter que mes concitoyens
« réfléchissent un peu, avant de consacrer, par un suffrage
« que la postérité pourrait un jour regarder comme l'ex-
« pression du sentiment public, un caractère que ne
« peuvent approuver, ni les amis de la vertu, ni ceux du
« véritable goût. Tels sont les sentiments qui, fortifiés en
« moi par l'instante prière d'un ami, ont produit le petit
« poème que voici, et dans lequel, je n'ai rien dit du
« caractère de Churchill, qui ne soit confirmé par les

« parfaitement conforme au sentiment de tout ce qu'il y
« a de juges compétents en Grande-Bretagne. » (Aberdeen,
janvier 1765.)

III

Par sa promotion à la chaire de philosophie moràle du
collége Mareschal à Aberdeen, Beattie avait enfin acquis
une position où il devenait possible à ses talents de se dé-
ployer. L'un des premiers résultats des travaux auxquels
il se livra dans ses nouvelles fonctions, fut la publication
de son *Essai sur la nature et l'immutabilité de la
Vérité* (*Essay on the nature and immutability of
truth*). La première édition de cet ouvrage fut publiée
en 1 vol. in-8°, en 1770, et telle fut la rapidité avec laquelle cette édition s'écoula, que, dès l'année suivante, une
seconde était devenue nécessaire. Le titre du livre indique
suffisamment l'objet que s'était proposé le philosophe. Il
s'agissait de déterminer avec précision les différentes espèces d'évidence, et de mettre en pleine lumière leurs conditions fondamentales, afin de montrer clairement en quoi
consistent les signes de la vérité, et de bien établir son
immutabilité. Telle est la tâche qu'entreprit Beattie, et
ajoutons-le, qu'il accomplit tout entière dans l'ouvrage
auquel il donna le modeste titre d'*Essai*. Cet ouvrage est
une éloquente thèse contre le scepticisme. Après avoir établi que tous nos raisonnements se résolvent en un certain
nombre de premiers principes, et qu'en ce qui concerne
ces premiers principes, le sens commun est pour l'esprit

humain le *criterium* de la vérité, Beattie s'attache à suivre le scepticisme pied à pied sur les principales questions de la philosophie, telles que celle de l'évidence du sens intime, celle de l'évidence des sens externes, celle de l'évidence de la mémoire, celle de l'évidence mathématique, celle de l'évidence du principe de causalité, celle de l'évidence de la liberté morale. Un chapitre spécial a pour objet les progrès du scepticisme moderne, principalement dans les écrits de Berkeley et de Hume. Un autre chapitre (le 1ᵉʳ de la 1ʳᵉ partie) a pour objet l'aperception de la vérité en général, et l'on voit, par ce titre seul, combien il est important. Enfin, une section de la dernière des trois parties dont se compose le livre est consacrée à signaler ce qu'ont de désastreux les conséquences du scepticisme, et l'auteur y entreprend de déterminer les causes qui ont amené la dégénérescence de la science morale. C'est, on le voit, tout à la fois un traité de méthaphysique, de logique et surtout de morale : car, si Beattie entreprend de réfuter le scepticisme, c'est bien plutôt dans un but pratique que dans des vues purement spéculatives, la métaphysique et la logique n'étant dans sa doctrine qu'une préparation à la morale.

A l'époque où fut écrit l'*Essai sur la nature et l'immutabilité de la vérité*, le scepticisme avait fait d'inquiétants progrès. En France, les disciples de Voltaire, exagérant, comme il arrive toujours, la doctrine du maître, l'avaient conduite à des conséquences anti-religieuses et anti-morales, que lui-même eût bien certainement désavouées. En Angleterre, dans la patrie de Beattie, le scepticisme s'était produit sous une double forme. Avec Berkeley, il avait contesté la légitimité de nos perceptions extérieures : sorte d'anti-matérialisme, qui allait, à l'insu de son vénérable promoteur, contre son propre but; car toutes nos facultés sont solidaires les unes des autres; ce n'est pas impunément pour les autres que l'on conteste la véracité d'une seule d'entre elles, et le discrédit imprudemment jeté sur celle-ci ne tarde pas à rejaillir sur toutes. C'est précisément ce qui s'était produit en Angleterre. Hume avait pris des mains de Berkeley ce scepticisme inoffensif, qui s'imagine fortifier l'autorité de la conscience et celle de la raison de tout le crédit qu'elle enlève à la perception extérieure. Mais, dans la puissante main de Hume, ce scepticisme avait pris de tout autres proportions, et ce qui n'avait été, dans les *Dialogues d'Hylas et de Philonoüs*, que la doctrine du doute restreint était devenu, dans le *Traité de la nature humaine*, la doctrine du doute absolu. C'est à cette doctrine que Beattie, au nom du sens commun, livre un de ces combats décisifs, que l'esprit de croyance se voit de temps en temps obligé de livrer à l'esprit de doute, lorsque celui-ci est parvenu à condenser autour de la vérité assez de nuages pour en obscurcir la clarté. C'est alors qu'il faut qu'une main puissante vienne porter le flambeau au milieu de ces ténèbres, et les dissipe, comme les rayons du soleil chassent de l'atmosphère les sombres et humides vapeurs. Telle avait été, dans l'antiquité, la tâche de Socrate contre les sophistes. C'était au nom du sens commun que le sage athénien avait réfuté ces ingénieux faiseurs de paradoxes, qui, en prétendant que tout est également vrai et également faux, anéantissaient toute vérité. C'est au nom de ce même sens commun, qu'au xvIIIᵉ siècle Beattie vient combattre le système qui, en contestant la véracité de l'intelligence, niait l'évidence et la solidité des principes qui servent de base à l'idée de Dieu, à la notion de la providence, à la croyance en une vie future. Plus de deux mille ans séparent Socrate et Beattie l'un de l'autre, et cependant tous deux frappent de la même arme le même adversaire. C'est qu'en effet le salut de l'intelligence humaine est tout entier dans les vérités fondamentales, placées sous la sauve-garde du sens commun. Lorsque, par un abus de lui-même, le raisonnement en est venu, non pas à détruire (ce serait impossible), mais à obscurcir les vérités essentielles, le sens commun vient, comme la voix de Dieu (*vox Dei*), protester contre de semblables aberrations, et renverser de son souffle puissant des systèmes qui n'ont d'autre base que de sophistiques subtilités. Au moment donc où expirait ce xvIIIᵉ siècle qui avait fini par la négation de toute croyance, Beattie apparut comme l'un des apôtres de la vérité méconnue. Dans son ardeur à défendre cette noble cause, le philosophe écossais, nous devons le reconnaître, ne se montra pas toujours assez équitable envers la philosophie. Les abus du libre examen le rendirent injuste envers le libre examen lui-même. Nous regrettons de le voir, dans la conclusion de son livre, maudire Voltaire et Rousseau, qui ont rendu à la cause de la raison, de la liberté, de la philosophie, de si éminents services. C'est, dira-t-on, au nom du christianisme qu'il les réprouve. D'accord, mais il ne tient pas assez compte à ces philosophes, au fond plus chrétiens que ne le pense Beattie et qu'ils ne le souples grandes vérités religieuses et morales, telles que le dogme de la providence divine, le dogme de l'immortalité de l'âme et d'une vie à venir. Ce n'est pas avec plus de justice que plus tard, vers la fin de sa vie, Beattie dans ses entretiens avec ses amis, réprouvait la révolution française, cette fille légitime du XVIIIe siècle. Car d'abord, et Beattie ne devait pas l'ignorer, cette révolution n'était pas sans analogue dans l'histoire, et la scène sanglante de la place Louis XV avait eu un terrible précédent à White-Hall. Mais d'ailleurs le moment n'était pas venu d'apprécier avec toute l'équité désirable ce grand événement, et le jugement qu'en portait alors Beattie eut le sort de tous les jugements qui devancent l'heure voulue pour la vérité. Beattie est mort en maudissant la révolution française, parce que, du milieu des atrocités qui se sont commises en son nom, n'avait pas encore eu le temps de se dégager pleinement ce qu'elle avait produit d'utile, de grand, de durable. Beattie, ce sincère ami de l'humanité, ne vit que les flots de sang qui avaient coulé, et il versa des larmes sur ces scènes d'horreur. Mais les grands principes de liberté, d'égalité, de droit commun, de tolérance politique et religieuse, que cette révolution avait consacrés en France, pour être ensuite, par la main de la France, répandus sur l'Europe, et par l'Europe sur l'univers, il ne les vit pas clairement, voilés qu'ils étaient encore à ses yeux par ce nuage sanglant que la tempête avait soulevé, et que le calme renaissant n'avait pas encore eu le temps de dissiper. Ainsi, lorsque par l'action de ces lois providentielles qui régissent le monde physique, le tonnerre gronde et la foudre éclate, ce déchaînement passager des éléments produit, malgré quelques desastres partiels, des résultats salutaires. Demain, le soleil dégagé des vapeurs qui l'enveloppaient, brillera d'un plus vif éclat. Demain, un air plus pur baignera les plantes et les fleurs. Demain, la terre ouvrira plus volontiers son sein rafraîchi pour recevoir de nouvelles semences, promesses et gages de riches moissons. Mais aujourd'hui, le laboureur pleure sur son champ dévasté, sur ses arbres ravagés, sur sa chaumière renversée par l'ouragan.

Revenons à l'*Essai sur la vérité*. L'apparition de cet ouvrage fut saluée en Ecosse et en Angleterre comme le triomphe de la saine raison sur l'esprit sophistique. Un accueil empressé fut fait à ce livre par les plus éminents personnages de l'Etat et de l'Eglise. Aussi, en moins de quatre années (succès inouï), cet ouvrage eut-il cinq éditions. Il fut traduit en plusieurs langues, et devint l'objet de remarquables articles ou notices, composés en France, en Allemagne, en Hollande, en Italie, et dans d'autres pays de l'Europe. A ce concert de louanges vint pourtant, se mêler une voix discordante, celle du docteur Priestley, qui, en octobre 1775, composa, sous une forme sarcastique, une critique dans laquelle se trouvaient enveloppés, avec l'*Essai sur la vérité* de Beattie, les *Recherches sur l'entendement humain* de Reid, et l'*Appel au sens commun* d'Oswald. Beattie fut complètement vengé de la critique et des sarcasmes de Priestley par les honneurs que lui valut de toutes parts la publication de son livre. Il fut élu. membre de la Société zélandaise des arts et sciences, ainsi que de la Société littéraire et philosophique de Manchester. Il devint correspondant de la Société royale d'Edimbourg. Le collége du Roi (*King's college*) à Aberdeen lui conféra le grade de docteur en droit (*doctor of laws*), et le même titre lui fut décerné par l'université d'Oxford. Enfin, quand, en juillet 1771, Beattie fit son premier voyage à Londres, la renommée déjà attachée à son nom le mit en rapport avec des hommes du premier mérite, tels que Lord Mandsfield, Lord Littleton, les Docteurs Hurd, Porteus, Johnson, M. Burke; et, lors d'un second voyage, en 1773, il fut reçu en audience particulière par le roi d'Angleterre, qui lui accorda une pension. L'entretien qu'il eut avec le roi a été rapporté par lui-même dans une sorte de journal de sa vie (*diary*), publiée par sir William Forbes (1).

IV

Aucune incompatibilité n'existe entre le talent poétique et l'aptitude philosophique. L'alliance est rare sans doute; mais elle n'est pas contre nature: et la preuve, c'est que plus d'une fois le langage de la poésie a été en même temps celui de la philosophie. N'est-ce pas en vers que furent écrits les premiers ouvrages des philosophes grecs, dont il nous reste encore aujourd'hui quelques fragments? N'est pas en vers qu'à Rome fut composé l'admirable traité de Lucrèce: *De naturá rerum?* En Angleterre, Pope n'avait-il pas été, au xviiie siècle, un poète philosophe? Et chez nous, à la même époque, Voltaire n'a-t-il pas composé de remarquables discours en vers sur Dieu, sur l'âme, sur le

(1) Voyez William Forbes, sur *la Vie et les écrits de James Beattie*, 2 vol. in-4°, Londres, 1806.

libre arbitre? Beattie, nous l'avons vu, devint philosophe ; mais il était né poète ; et nous avons mentionné déjà les divers écrits poétiques dont la publication avait précédé celle du traité philosophique intitulé : *Essai sur la nature et l'immutabilité de la vérité*. Quelques mois après l'apparition de ce traité, il publiait le premier chant de son *Ménestrel* (*the Minstrel*), mais sans nom d'auteur : ce qui permit à la critique de s'exercer en toute liberté sur ce poème. On le loua d'avoir adopté le mode métrique de Spenser ; mais en même temps il lui fut reproché d'avoir trop servilement emprunté à la célèbre *Elégie* de Gray les sentiments qu'on remarque dans la première stance du *Ménestrel*. D'autres critiques encore furent adressées à l'auteur anonyme, et ces objections paraissent avoir été d'accord avec les propres idées de Beattie, puisque, quand il revit son œuvre, non-seulement il y fit les changements indiqués par ses amis, mais encore y en introduisit d'autres, qui contribuèrent à rendre son poème plus parfait.

Le poème du *Ménestrel* se compose de deux chants. Le premier chant avait été publié en 1771 ; le second le fut en 1774 ; puis, en 1777, Beattie donna une nouvelle édition, qui, avec le *Ménestrel*, comprenait quelques poésies qu'il avait composées dans sa jeunesse. Dans l'*Avertissement* mis en tête de cette publication, il déclare que ce sont là les seules poésies dont il consente à être considéré comme l'auteur. Dans la préface qu'il avait mise en tête du premier chant du *Ménestrel* dans l'édition de 1771 (préface devenue extrêmement rare aujourd'hui, et que nous avons sous les yeux, en écrivant ces lignes), il dit que la première idée de ce poème lui a été suggérée par l'ingénieux *Essai* du docteur Percy *sur les Ménestrels anglais*, en tête de son premier volume des *Réliques des anciennes poésies anglaises*. Il ajoute qu'il s'est efforcé d'imiter Spenser, non dans son allégorie, ni dans son antique dialecte, mais dans son mode métrique, dans l'harmonie de ses vers, dans la simplicité et dans la variété de sa composition. Remarquons que le poème est écrit en stances rimées, comme les anciennes ballades.

Maintenant, quel est le sujet du poème qui a pour titre le *Ménestrel?* Beattie l'expose en quelques mots dans un passage de la préface dont nous avons déjà parlé : « Mon but, dit-il, est de décrire les progrès d'un génie poétique, depuis les premières lueurs de la pensée et de la raison jusqu'à l'âge où il peut être supposé capable d'apparaître dans le monde comme *Ménestrel*, c'est-à-dire comme poète et musicien voyageur, caractère qui, dans les idées que s'en faisaient nos pères, n'était pas seulement respectable, mais sacré. » Le héros du poème de Beattie est le jeune Edwin. L'auteur donne pour théâtre aux premiers développements de la poétique pensée de son héros les hautes montagnes et le ciel sombre de l'Ecosse, qui avaient déjà inspiré Ossian, et qui sont si propres à favoriser l'essor d'une imagination mélancolique. Nous ne pouvons traduire ici ce poème ; mais nous reproduirons quelques strophes du chant premier, que Châteaubriand, dans ses *Considérations sur les littératures étrangères*, a traduites avec son admirable talent :

« Si je voulais invoquer une muse savante, mes doctes
« accords diraient quelle fut la destinée du barde dans les
« jours du vieux temps ; je le peindrais portant un cœur

« flottants et sa barbe blanchie ; sa harpe modeste, seule
« compagne de son chemin, répondrait aux soupirs de la
« brise, et serait suspendue à ses épaules voûtées. Le vieil-
« lard, en marchant, chanterait à demi-voix quelque re-
« frain joyeux.

« Mais un pauvre ménestrel inspire aujourd'hui mes
« accents... Dans les siècles gothiques, comme les vieilles
« ballades le racontent, vivait autrefois un berger. Ses an-
« cêtres avaient peut-être habité une terre amie des muses,
« les grottes de la Sicile ou les grottes de l'Arcadie ; mais
« lui, il était né dans les contrées du nord, chez une na-
« tion fameuse par ses chansons et par la beauté de ses
« vierges, nation fière quoique modeste, innocente quoi-
« que libre, patiente dans le travail, ferme dans le péril,
« inébranlable dans sa foi, invincible sous les armes.

« Edwin n'était pas un enfant vulgaire : son œil sem-
« blait souvent chargé d'une grave pensée ; il dédaignait
« les hochets de son âge, hors un petit chalumeau gros-
« sièrement façonné ; il était sensible quoique sauvage, et
« gardait le silence quand il était content ; il se montrait
« tour à tour plein de joie ou de tristesse, sans qu'on en
« devinât la cause. Les voisins tressaillaient et soupiraient
« à sa vue, et cependant le bénissaient. Aux uns il sem-
« blait d'une intelligence merveilleuse, aux autres il pa-
« raissait insensé.

« Il ne se mêlait point à la foule bruyante de ses jeunes
« compagnons ; il aimait à s'enfoncer dans la forêt, ou à
« s'égarer sur le sommet solitaire de la montagne. Sou-
« vent les détours d'un ruisseau sauvage conduisent ses

« pas à des bocages ignorés. Tantôt il descend au fond
« des précipices, du sommet desquels se penchent de vieux
« pins ; tantôt il gravit des cimes escarpées, où le torrent
« jaillit de rocher en rocher, où les eaux, les forêts, les
« vents, forment un immense concert, que l'écho grossit
« et porte jusqu'aux cieux.

« Quand l'aube commence à blanchir les airs, Edwin,
« assis au sommet de la colline, contemple au loin les
« nuages de pourpre, l'océan d'azur, les montagnes gri-
« sâtres, le lac qui brille faiblement parmi les bruyères
« vaporeuses, et la longue vallée étendue vers l'occident,
« et où le jour lutte encore avec les ombres.

« Quelquefois, pendant les brouillards de l'automne,
« vous le verriez escalader le sommet des monts. O plaisir
« effrayant ! Debout sur la pointe d'un roc, comme un
« matelot sauvé du naufrage sur une côte déserte, il aime
« à voir les vapeurs se rouler en vagues énormes, s'allon-
« ger sur les horizons, se creuser en golfe, s'arrondir
« autour des montagnes du fond des gouffres ; au-dessous
« de lui, la voix de la bergère et le bêlement des trou-
« peaux remontent jusqu'à son oreille à travers la brume
« épaisse.

« Le romanesque enfant sort de l'asile où il s'était mis
« à couvert des tièdes ondées du midi. Elle est passée la
« pluie de l'orage ; maintenant l'air est frais et parfumé ;
« dans l'orient obscur, déployant un arc immense, Iris
« brille au soleil couchant. Jeune insensé, qui crois pou-
« voir saisir le glorieux météore ! Combien vaine est la

« tu savoir qu'il en est ainsi dans la jeunesse lorsque nous
« poursuivons les chimères de la vie !

« Quand la cloche du soir chargeait de ses gémisse-
« ments la brise solitaire, le jeune Edwin, marchant avec
« lenteur, et prêtant une oreille attentive, se plongeait
« dans le fond des vallées ; tout autour de lui il croyait
« voir errer des convois funèbres, de pâles ombres, des
« fantômes traînant des chaînes ou de longs voiles ; mais
« bientôt ces bruits de la mort se perdaient dans le cri
« lugubre du hibou, ou dans le murmure du vent des
« nuits, qui ébranlait par intervalles les vieux dômes
« d'une église.

« Si la lune rougeâtre se penchait, à son couchant, sur
« la mer mélancolique et sombre, Edwin allait chercher
« les bords de ces sources inconnues où s'assemblaient
« sur les bruyères les magiciennes des temps passés.

« ..... Le songe a fui... Edwin, réveillé avec l'aurore,
« ouvre ses yeux enchantés sur les scènes du matin ; cha-
« que zéphir lui apporte mille sons délicieux ; on entend
« le bêlement du troupeau, le tintement de la cloche de
« la brebis, le bourdonnement de l'abeille ; la cornemuse
« fait retentir les rochers, et se mêle au bruit sourd de
« l'océan lointain qui bat ses rivages. Le chien de la ca-
« bane aboie en voyant passer le pèlerin matinal ; la lai-
« tière, couronnée de son vase, chante en descendant la
« colline ; le laboureur traverse les guérets en sifflant ; le
« lourd chariot crie en gravissant le sentier de la mon-
« tagne ; le lièvre étonné sort des épis vacillants ; la per-
« drix s'élève sur son aile bruyante ; le ramier gémit dans
« son arbre solitaire, et l'alouette gazouille au haut des airs.

« Quand la jeunesse du village danse au son du cha-
« lumeau, Edwin, assis à l'écart, se plaît à rêver au bruit
« de la musique. Oh ! comme alors tous les jeux bruyants
« semblent vains et tumultueux à son âme ! Céleste mélan-
« colie ! Que sont, auprès de toi, les plaisirs profanes du
« vulgaire ?

« Le chant fut le premier amour d'Edwin ; souvent la
« harpe de la montagne soupira sous sa main aventu-
« reuse, et la flûte plaintive gémit suspendue à son souffle.
« Sa muse, encore enfant, ignorait l'art du poète, fruit du
« travail et du temps. Edwin atteignit pourtant cette per-
« fection si rare, ainsi que mes vers le diront quelque
« jour... »

V

La publication de la seconde édition du *Ménestrel*, à
laquelle furent jointes quelques-unes des poésies que
Beattie avait composées dans sa jeunesse, se rapporte, ainsi
que nous le disions plus haut, à l'année 1777. Mais, dès
l'année précédente, Beattie avait préparé une nouvelle
édition de l'*Essai sur la nature et l'immutabilité de la
vérité*. Cette nouvelle édition, sous format in-4°, et beaucoup plus élégante que les précédentes, se fit par souscription, ainsi que cela se pratique assez communément en
Angleterre. Le montant de la souscription était, au *mini-
mum*, d'une guinée (24 fr. de notre monnaie), et le
nombre des souscripteurs s'éleva à quatre cent soixante-six,
appartenant tous, soit à l'aristocratie de la naissance, soit
à celle de l'intelligence. A ce volume, Beattie joignit quel-

ques *Essais*, qui furent, plus tard, imprimés séparément
in-8°, et qui avaient pour titre : *Essai sur la poésie et la
musique* (on poetry and music)*; Essai sur le rire et
sur les compositions du genre plaisant* (on laughter
and ludicrous compositions)*; Essai sur l'utilité des
études classiques* (on the utility of classical learning).
Ces trois *Essais* étaient composés depuis plusieurs années,
et l'auteur avait pu déjà les soumettre au jugement de ses
amis, qui avait été favorable, et qui, en cela, n'avait fait
que devancer le jugement du public. Le premier et le plus
important de ces trois ouvrages, l'*Essai sur la poésie et la
musique*, était écrit dès 1762, à une époque où Beattie
n'était encore âgé que de trente-sept ans. L'importance du
sujet qui s'y trouve traité exige que nous nous y arrêtions.

Cet ouvrage (1 vol. in-8°, traduit en français par un
anonyme) (1), est divisé en deux parties, et chacune d'elles
en un certain nombre de chapitres, dont plusieurs, à leur
tour, se divisent en sections. Contrairement à ce qu'on
pourrait conjecturer *à priori*, les considérations de l'auteur, relatives à la musique, se trouvent enclavées au
milieu de celles qui ont pour objet la poésie, et constituent, en trois sections, la matière du chapitre vi de la première partie. La musique est-elle ou n'est-elle pas un art
imitatif ? Telle est la première question que se pose
Beattie, et voici, ramenée à son expression sommaire, la
réponse qu'il y apporte : « Mon dessein n'est pas de
« condamner Aristote, qui, au début de sa *Poétique*,

(1) L'édition française que nous avons sous les yeux est de

« semble dire que la musique est un art imitatif. Aristote
« a parlé de la musique antique, et moi je parle de la
« musique moderne ; et quiconque considèrera combien
« peu nous connaissons la première, ne me trouvera pas
« en contradiction quand je dirai qu'elle a pu être imi-
« tative, et que la nôtre ne l'est pas... Je reconnais que
« les règles essentielles de cet art sont puisées dans la
« nature, comme celles de la peinture et de la poésie.
« Mais, quand je me suis demandé quelle partie de la
« nature était imitée dans un beau tableau ou dans un
« beau poème, j'ai trouvé que je pouvais répondre caté-
« goriquement, au lieu qu'en me demandant quelle partie
« de la nature était imitée, par exemple, dans les *Cascades*
« *(Water-Musick)* de Hœndel, ou dans les huit *concertos*
« de Corelly, ou dans quelque chanson anglaise en parti-
« culier, ou dans quelque air écossais, j'ai senti que je ne
« pouvais répondre d'une manière aussi positive... J'ai
« entendu dire que la pastorale des huit *concertos* de
« Corelly, laquelle, suivant son titre, paraît avoir été
« composée pour la nuit de Noël, était une imitation du
« chant des anges, lorsqu'ils descendirent dans les champs
« de Bethléhem, et lorsqu'ils remontèrent au ciel. Quoi
« qu'il en soit, la musique ne répond pas à cette idée,
« même avec le secours du commentaire ; elle exige encore
« une vive imagination pour lier ensemble la mélodie et
« les différents mouvements du morceau avec les mouve-
« ments et le chant des hôtes célestes, qui avancent et
« reculent alternativement, qui chantent quelquefois dans
« un point du ciel, et quelquefois dans un autre point,
« tantôt en deux parties, tantôt en plein chœur... » Beattie

se demande ensuite comment peuvent s'expliquer les plaisirs que nous procure la musique,. et termine par des conjectures sur quelques particularités de la musique naturelle. Ces considérations forment la matière de deux nouvelles sections de ce même chapitre VI.

Les considérations relatives à la poésie occupent la plus grande partie du livre dont nous parlons. Dans toute la seconde partie, l'auteur traite du langage poétique, des tropes, des figures, qui en sont l'essence, de l'harmonie, qui en est une des conditions. Mais c'est dans la première partie qu'ont pris place les questions principales, celles qui sont relatives à la poésie considérée dans sa matière ou dans son sujet, dans la fin qui lui est propre, dans le caractère qui lui appartient, dans les règles qui sont les siennes, dans sa conformité ou sa non-conformité avec la réalité des choses. Parmi toutes ces questions, la plus essentielle, à notre avis, est celle qui a pour objet la fin que doit se proposer la poésie. Dans nos idées les plus modernes, la poésie, comme tous les arts, n'aurait qu'un but, celui de plaire. L'art pour l'art, a-t-on dit, étant écartée toute considération d'instruction et d'utilité; et l'on est parti de cette théorie pour aboutir à des œuvres que le bon goût n'absout pas toujours, et que la morale réprouve fréquemment. Tels n'étaient pas les principes de l'esthétique ancienne; et Horace, dans son *Art poétique*, tout en reconnaissant, en fait, que, parmi les poètes, les uns se proposent de plaire, d'autres d'instruire, d'autres encore de plaire et d'instruire tout à la fois :

« *Aut prodesse volunt, aut delectare poetæ,*

position poétique, la réunion de l'une et l'autre condition, et pose, à cet égard, des préceptes qui sont restés gravés dans la mémoire de tous, comme règles éternelles du bon goût :

> « *Ficta voluptatis causà sint proxima veris.*
> « *Omne tulit punctum qui miscuit utile dulci,*
> « *Lectorem delectando pariterque monendo.* »

Eh bien, l'opinion émise en cette matière par Beattie se rapproche bien plus de celle d'Horace que de celle des écrivains modernes. Le philosophe qui plaçait le bien par-dessus toute chose ne pouvait vouloir l'isoler du beau. Il reconnaît donc à la poésie une fin double : plaire d'abord, puis être utile. Mais, objecte-t-il à lui-même, les historiens et les philosophes n'ambitionnent-ils pas, aussi bien que les poètes, de plaire à leurs lecteurs ? Oui, sans doute, assez généralement, répond-il. « Mais, ajoute-t-il, les historiens et les philosophes ne peuvent plaire qu'autant qu'ils instruisent, tandis que les poètes ne peuvent instruire qu'autant qu'ils sont parvenus à plaire. Un poème agréable sans instruction ne peut guère plaire qu'à des esprits superficiels, et si, de plus, il tend à corrompre le cœur, il ne plaira qu'aux esprits dépravés. Le vrai poète ne travaille ni pour les insensés, ni pour les gens sans mœurs, ni pour aucun parti ; il travaille pour l'humanité ; et, s'il veut fixer le suffrage général, il doit souvent, et même presque toujours, employer l'instruction comme un des moyens de l'art propres à lui faire atteindre ce but. » Ainsi, d'accord avec sa doctrine générale, d'accord aussi, nous le croyons du moins, avec la vérité, Beattie assigne à la poésie une fin double : plaire et instruire, tout en reconnaissant cependant qu'à la différence du philosophe et de l'historien, le poète doit se proposer, comme fin essentielle de plaire, et qu'instruire n'est chez lui qu'une fin accessoire.

Sept années environ s'écoulèrent, à partir de 1777, avant que Beattie publiât de nouveaux ouvrages. En 1784, nous le voyons faire imprimer, en 1 vol. in-4°, des *Dissertations morales et critiques (Dissertations moral and critical)*, sur la mémoire et l'imagination (*on memory and imagination*), sur le rêve (*dreaming*), sur la théorie du langage *(theory of language)*, sur la fable et le roman *(fable and romance)*, sur les affections de famille *(on the attachments of kindred)*, enfin des explications sur le sublime *(Illustrations on sublimity)*. Cette nouvelle publication fut, de tout point, digne de ses précédents ouvrages. Les dissertations dont nous venons de donner les titres ont pris place plus tard, soit avec tout leur développement primitif, soit sous une forme plus restreinte, dans les *Éléments de science morale*, le seul ouvrage important de Beattie dont il nous reste encore à parler, et ont été rattachées, suivant la nature de leur sujet, soit à l'éthique, soit à l'économique, soit à la logique, soit à la psychologie.

VI

C'est en 1790 qu'apparurent ces *Éléments de science morale*, qui sont, avec *l'Essai sur la nature et l'immutabilité de la vérité*, l'ouvrage le plus considérable de

Beattie. Ils se composent de deux forts volumes, et comprennent quatre grandes parties, àsavoir : 1° *Psychologie ;* 2° *Théologie naturelle ;* 3° *Philosophie morale*, divisée elle-même en *Ethique*, *Economique* et *Politique ;* 4° *Logique*. Celui qui a l'honneur en ce moment de porter ici la parole, a traduit en 1840 la deuxième et la troisième de ces quatre parties, qui constituent dans leur réunion (*Morale* et *Théodicée*) ce que les Ecossais entendent communément par Philosophie morale. Chacune des parties qui viennent d'être mentionnées nous paraît avoir assez d'importance pour devenir ici l'objet d'un examen ou, au moins, la matière de quelques remarques.

La Psychologie de Beattie est, il faut l'avouer, fort inférieure, tant pour les développements que cette science est susceptible de recevoir, que pour la variété et la profondeur des observations qui en sont la base, à ce qu'avaient écrit sur le même sujet deux prédécesseurs de notre philosophe, Hutcheson et Reid. A l'exemple de Reid qui, lui-même, en ceci, avait imité Hutcheson, Beattie partage toutes les facultés de l'esprit humain en deux grands ordres : facultés intellectuelles ou perceptives (*perceptive faculties*), et facultés morales et actives (*active powers*). Mais, dans la catégorie des facultés perceptives, telle qu'elle est établie par Beattie, nous devons constater l'absence de facultés très-importantes, qui n'avaient pas été négligées par Reid. La liste de Beattie se compose du langage, de la perception des sens externes, de la conscience ou réflexion, de la mémoire, de l'imagination, de la sympathie, du goût. Mais où donc se trouve, dans cette liste, la raison qui a pour

se trouve l'attention, sans laquelle nous n'obtenons, des choses que nous découvrent les sens, la conscience et la raison, que des idées vagues et confuses? Où se trouvent la comparaison, sans laquelle nous n'aurions aucune idée de rapport, et l'abstraction sans laquelle nous n'aurions aucune idée générale? Enfin, où se trouvent le jugement, par lequel nous affirmons que telle chose existe, et qu'elle existe dans telle ou telle condition, de telle ou telle manière, et le raisonnement, par lequel, étant donnés deux ou plusieurs jugements, nous nous élevons à un jugement ultérieur, qui devient ainsi la conséquence des premiers? Il est bien vrai que la raison, du moins en tant que raison spéculative (car Reid, sous le nom de *faculté morale*, tient compte de la raison pratique), ne se trouve pas plus mentionnée dans la liste de Reid que dans celle de Beattie; mais au moins le jugement et le raisonnement le sont, et Reid fait explicitement rentrer dans le rôle de la première de ces deux facultés les attributions qui appartiennent en propre à la raison spéculative. En revanche, Beattie a tenu compte du langage, de l'imagination et du rêve, que Reid avait omis, ou, du moins, dont il n'avait parlé que très-incidemment, et qui méritaient une mention spéciale. En effet, le rêve, c'est l'état psychologique où nous sommes pendant le sommeil, c'est-à-dire, pendant environ un tiers de notre existence ici-bas. Un membre regretté de cette Académie a montré autrefois, dans une très-ingénieuse étude, que l'état de l'âme pendant le sommeil peut devenir un sujet d'observation philosophique, et il faut savoir gré à Beattie, bien qu'il nous paraisse avoir traité un peu superficiellement cette question, d'avoir tenu compte d'un état qui

prend une si grande place dans notre vie psychologique.
Il faut aussi lui tenir compte des pages qu'il a écrites sur
l'imagination et sur le langage. L'imagination a été trop
négligée par les philosophes écossais, qui se sont montrés
trop disposés à la confondre avec la simple association des
idées. Beattie, au contraire, a parlé de l'imagination en
homme qui a fait de cette faculté de l'âme un heureux et
fréquent usage. Quant au langage, il en a détaillé avec soin
tous les éléments. Mais la question de son origine, c'est-à-
dire la question de savoir si l'homme a créé lui-même ce
langage, ou si Dieu le lui a donné tout fait ; la question de
ses rapports avec la pensée, c'est-à-dire la question qui a
pour objet l'action que le langage reçoit de la pensée, et
l'action que, d'autre part, il lui renvoie, Beattie ne se les
est même pas posées. Aussi, devons-nous dire, pour être
vrai, qu'il a traité du langage bien plus en grammairien
qu'en philosophe. Toutefois, dans quelques lignes de la
section à laquelle il a donné pour titre *De la nature générale du langage*, il a fort clairement expliqué pourquoi
l'homme parle et pourquoi les animaux ne parlent pas :
« C'est que, dit-il, la parole exige une séparation et un
arrangement de nos pensées, et que ceci est l'œuvre de la
réflexion. »

La sympathie, classée par Beattie parmi nos facultés
perceptives, aurait trouvé plus naturellement et plus légitimement sa place dans la catégorie des facultés actives et
morales (*active powers*). Sauf cette critique, qui, porterait
plutôt sur la catégorie des facultés perceptives que sur
celle des facultés actives, cette dernière nous paraît, dans
Beattie, à l'abri de toute objection sérieuse. Nos facultés ac-

tives et morales sont ramenées par Beattie à un certain
nombre de classes, qui nous paraissent renfermer tout ce
que l'analyse et l'observation peuvent découvrir dans l'âme
humaine comme principes d'action. Ce sont : 1° l'instinct,
2° l'habitude, 3° les appétits, 4° les passions et les affections, 5° les principes moraux. Beattie ne fait, dans sa
Psychologie, que mentionner ces derniers ; il se réserve
d'en traiter dans son *Ethique.* Quant aux principes d'action
qui constituent les quatre autres chefs, il s'attache à les
analyser et à les décrire, et il le fait avec beaucoup d'exactitude et de fidélité. N'omettons pas de dire qu'en forme de
préambule à son second chapitre de la *Psychologie,* qui a
pour objet les pouvoirs actifs, Beattie a consacré un certain
nombre de pages à l'activité libre, c'est-à-dire à la volonté,
appelée, dans notre économie morale, ainsi que nous en
avons tous conscience, à régler le jeu des affections et des
passions et à empêcher les abus auxquels nous entraînerait
leur développement excessif. Dans les *Secondes remarques
sur la volonté (further remarks on the Will),* au sujet
desquelles il renvoie aux *Essais* de Reid *sur les pouvoirs
actifs de l'homme,* Beattie nous paraît avoir décrit avec
une grande fidélité d'analyse les différences qui séparent
la volonté d'avec le désir : distinction capitale en psycholo-
logie, puisqu'il s'agit de constater scientifiquement la différence essentielle que la nature a établie entre ces deux
états de l'âme, mais bien plus capitale encore en morale
attendu que rien ne serait plus absurde que de vouloir imposer une règle de conduite à un être dont tous les actes
sans exception seraient le résultat d'impulsions fatales et
irrésistibles.

La seconde partie des *Eléments de science morale* de Beattie est la *Théologie naturelle*, qui a pour objet, ainsi que le dit l'auteur, d'exposer ce qu'il est donné à la raison humaine de découvrir concernant l'existence et les attributs de Dieu : « Ces preuves, dit Beattie, sont innombrables. Elles appellent continuellement notre attention, et, de plus, elles sont si claires et si frappantes, que le préjugé le plus obstiné, ou la plus extrême dépravation du cœur et de l'entendement, pourraient seuls porter un être raisonnable à ne pas y croire ou à en douter. C'est donc avec une grande raison que le Psalmiste appelle insensé l'homme qui dit dans son cœur : « *Il n'y a pas de Dieu.* » Sans la croyance en Dieu, il n'y aurait pour un homme raisonnable (si toutefois il était possible à un homme raisonnable de n'avoir aucune croyance) ni tranquillité d'âme, ni consolation ; car le monde lui semblerait un chaos de misères et une affreuse confusion. Au contraire, la croyance en Dieu dispose l'âme à l'optimisme ; elle porte l'homme à voir sous un jour plus favorable les choses avec lesquelles il se trouve en rapport ; elle fait naître l'espérance, la patience, la soumission, la gratitude, la vénération, et d'autres bons sentiments essentiels à la félicité humaine. »

Dans la démonstration de l'existence de Dieu, Beattie, conformément à la distinction généralement adoptée, reconnaît et emploie deux genres d'arguments : les preuves *à priori* et les preuves *à posteriori :* les premières établissant l'existence de Dieu d'après cette considération, que cette existence est nécessaire, et que toute supposition contradictoire est absurde et impossible ; les autres, montrant, par la constitution actuelle de l'univers, qu'il y a et qu'il doit y avoir un être suprême, doué d'une puissance, d'une bonté et d'une sagesse infinies, qui a créé cet univers et le conserve. La première de ces deux preuves, Beattie se borne à l'indiquer, et renvoie, pour les développements, à l'excellent traité du docteur Clarke sur *l'évidence de la religion naturelle et de la religion révélée*. Quant à la seconde, il l'expose, à la manière de Fénelon, dans la première partie de sa *Démonstration de l'existence et des attributs de Dieu*, et s'attache surtout à prouver que la formation et l'ordre de cet univers ne sauraient être attribués au hasard.

Les mêmes arguments qui servent à la démonstration de l'existence de Dieu servent aussi à la démonstration de ses attributs, que Beattie partage en trois ordres, à savoir : 1° attributs naturels (que nous appellerions plus volontiers métaphysiques), et qui sont l'unité, la spiritualité, l'immutabilité, l'éternité, l'indépendance, l'omnipotence; 2° attributs intellectuels, science et sagesse; 3° attributs moraux, justice, bonté, clémence, sainteté.

Quant aux objections tirées de l'existence du mal contre ces différents attributs, et surtout contre les attributs moraux, Beattie déclare admettre le fait de l'existence du mal, mais non pas l'induction qu'on en tire contre la Providence divine. Parmi les arguments qu'il apporte pour combattre ces objections, il en est un qui nous paraît s'élever au-dessus des banalités par lesquelles on essaie habituellement de résoudre cette redoutable question : « Dieu, dit-il, a voulu que l'existence de toutes les choses créées fût progressive. Il se passe bien des années avant que l'homme arrive à l'âge viril, bien des jours avant que les arbres donnent de bons fruits. Toutes choses sont imparfaites, tant quelles avancent en perfection, et nous ne saurions dire d'une chose si elle est bien ou mal conçue, jusqu'à ce que nous sachions ce que doit être son état définitif, et quels effets cet état doit produire. » Un autre argument, reproduit souvent de nos jours, mais qui n'en a pas moins chez Beattie toute son originalité, consiste à dire que, de même que la possibilité de tomber dans l'erreur et de confondre le faux avec le vrai contribue nécessairement au perfectionnement de nos puissances intellectuelles, de même l'existence du mal, tout autant que celle du bien, est nécessaire, du moins en cette vie, au perfectionnement de notre nature morale, perfectionnement d'où dépend en grande partie notre bonheur futur. « D'ailleurs, ajoute Beattie, les maux de l'existence ne sont pas en réalité aussi considérables que vulgairement on se le figure. Il y dans la nature humaine une flexibilité qui lui permet de se plier à la plupart des circonstances; et, de plus, le consentement et la résignation à la volonté divine, qui sont des vertus au pouvoir de chacun de nous, suffisent pour rendre tolérables les maux de cette vie. Et si à ces vertus vient se joindre une ferme espérance de la félicité future, qui est également à la portée de quiconque veut être homme de bien, nos affections présentes peuvent alors nous paraître non-seulement tolérables, mais encore légères. »

La *Théologie naturelle* est suivie, dans les *Éléments de science morale*, d'un *Appendice sur l'immatérialité et l'immortalité de l'âme*. Les preuves de l'immatérialité de l'âme paraissent à Beattie consister surtout dans l'opposition qu'il est aisé de constater entre les qualités essentielles des corps, telles que l'étendue, la divisibilité, l'inertie, et les propriétés essentielles de l'âme, qui sont la perception, le souvenir, le jugement, l'imagination, la volonté, les passions, les affections. Quant à la question de l'immortalité, elle paraît à Beattie embrasser les trois points suivants : 1° Les lumières naturelles peuvent-elles nous amener à croire que l'âme humaine *puisse* survivre au corps; 2° les lumières naturelles peuvent-elles nous amener à croire que l'âme *doive* survivre au corps; 3° si l'âme humaine survit au corps, que peut-on raisonnablement conjecturer sur un état futur? Le premier de ces trois points est résolu affirmativement par le philosophe écossais, qui conclut de l'immatérialité de l'âme à la possibilité de son immortalité. Cette preuve est aussi vieille que la philosophie, car nous la trouvons dans le *Phédon* de Platon, et, au xviie siècle, Fénelon, dans ses *Lettres sur divers sujets de métaphysique et de religion*, l'a exposée en de grands et lumineux développements. Le corps se dissout, parce qu'il est un composé d'éléments; mais la simplicité de l'âme, attestée par le sens intime et par chacune de nos opérations intellectuelles ou volontaires, la met à l'abri de cette dissolution. L'âme peut donc survivre au corps; mais doit-elle lui survivre? Ici, le moraliste écossais apporte un certain nombre de preuves, parmi lesquelles nous regrettons de ne pas rencontrer, comme chez Fénelon, l'argument si décisif tiré de la justice de Dieu. Beattie, il est vrai, se servira plus tard de cet argument, quand il s'agira de prouver que la vie future doit être un vie de rétribution; mais, comme l'âme, toute simple e immatérielle qu'elle est, est cependant un être purement contingent, susceptible, par conséquent, d'être anéanti par un acte de la toute puissance divine, il faut, par des raisons décisives, prouver l'impossibilité morale de cet anéantissement, et ces raisons ne se peuvent trouver que dans la justice de Dieu. Nous croyons donc que, sauf à la rappeler plus tard, s'il le jugeait nécessaire, Beattie eût dû placer ici, sans l'ajourner davantage, la preuve de l'immortalité de l'âme, tirée de la justice divine. Parmi les preuves qu'il apporte, la plus convaincante, et en même temps la moins banale, nous paraît être celle qu'il puise dans la comparaison qu'il établit entre la dignité de l'âme humaine et le principe vital de la brute. L'homme possède en son âme le sentiment du vrai, du beau et du bien. Il se regarde comme moralement responsable de ses actes. Il est doué de la faculté de connaître son créateur, de l'adorer, de lui obéir, de comprendre que c'est de lui que toutes les choses dépendent, et que de lui seul il doit attendre protection et consolation. Pour quiconque donc sait comprendre l'admirable économie et la parfaite régularité dont la nature nous offre le spectacle, et y remarquer avec quelle convenance chaque chose se rapporte à sa fin, il doit paraître incroyable qu'il puisse y avoir identité de destinée finale entre les animaux et l'homme, lorsque la constitution mentale de celui-ci et ses capacités sont tellement différentes et tellement supérieures, lorsque surtout le plus grand bonheur ou le plus grand malheur de l'homme naissent de circonstances dont les animaux ne sentent et ne savent rien, à savoir, de la vertu et du vice, de l'espoir de l'approbation ou de la crainte de la désapprobation de son créateur. A l'appui de cette partie de sa thèse, Beattie invoque encore la croyance générale des hommes en l'immortalité des âmes : croyance originelle, qui ne relève que d'elle-même, qui n'a pas pu être adoptée par l'humanité tout entière sur la simple autorité des politiques et des philosophes, et qui, par conséquent, doit être le résultat d'une perception naturelle de l'entendement humain.

Arrivant enfin à la troisième des questions qu'il s'est posées, Beattie se demande ce qu'on peut raisonnablement conjecturer d'un état futur, et voici la solution qu'il apporte : « En premier lieu, de la sagesse et de la bonté de Dieu, nous pouvons raisonnablement conclure que cette existence à venir sera, comme l'existence présente, régie par des lois. Quelles seront ces lois? ce n'est pas à nous qu'il appartient de le déterminer ; mais nous pouvons être assurés qu'elles seront sages et bonnes. En second lieu, des circonstances nouvelles où nous serons placés, et des nouveaux êtres avec lesquels nous nous trouverons en rapport, nous pouvons conclure que, dans cet état futur, nous serons doués de beaucoup de nouvelles facultés, ou que, du moins, beaucoup de facultés aujourd'hui latentes et inconnues s'exerceront. En troisième lieu, la vie future devra être un état de rétribution, c'est-à-dire de récompense pour les bons, et de punition pour les méchants ; car, dans cette existence terrestre, les méchants ne reçoivent pas toute la punition qu'ils méritent, et, d'autre part, le juste est souvent malheureux et déçu dans ses espérances. En quatrième lieu, comme la vie future doit être un état de rétri-

sera un état de société ; car il n'est pas supposable que des créatures telles que nous sommes puissent être heureuses dans une complète solitude. Et, si nous avons ailleurs quelque souvenir des choses d'ici-bas, il y a lieu d'espérer (et cet espoir a été de tout temps la consolation des gens de bien) que les hommes vertueux se retrouveront alors et converseront avec ceux à qui ils étaient attachés en cette vie. Ce sera là, nous pouvons le croire, un des éléments de leur félicité. Quant aux pensées pénibles de tout genre, elles seront probablement oubliées pour toujours. » Tels sont les principaux éléments de la réponse que Beattie apporte à la troisième question. Remarquons bien qu'après avoir affirmé les deux premiers points, à savoir, la possibilité et la nécessité pour l'âme de survivre au corps, le philosophe écossais a soin de déclarer que, sur le troisième point, il ne hasarde que des conjectures. Et, en effet, la simplicité de l'âme, l'excellence de sa nature, le caractère des attributs dont elle est douée, la justice de Dieu, tout concourt à nous faire croire, avec la plus entière certitude, que cette vie terrestre sera suivie d'une autre existence où la loi de l'ordre moral, momentanément bouleversée ici-bas, trouvera son redressement et sa pleine sanction. Mais dans quelles conditions cette autre vie se réalisera-t-elle? Quel en sera le théâtre? Par quelles lois sera-t-elle régie? Quel genre de récompenses et de peines nous réserve-t-elle? Ici les incertitudes commencent; ici l'affirmation disparaît, pour faire place à la simple probabilité. Dieu est juste, et l'âme est immortelle : voilà le vrai et le certain; le reste est le secret de Dieu, et ce secret ne nous sera révélé qu'au

L'*Ethique* constitue la troisième partie des *Eléments de science morale*. L'objet que s'y propose Beattie est de considérer les actes humains en tant que bons ou mauvais, d'après leurs principes, les intentions ou les dispositions dont ils procèdent, et suivant qu'ils tendent à augmenter le bien-être général ou à un résultat opposé. A cet effet, il s'attache à déterminer premièrement la nature et le fondement de la bonté morale de l'homme, c'est-à-dire de la vertu humaine; secondement, la nature et le fondement des vertus particulières ou des devoirs. La première de ces deux divisions est appelée par Beattie *Morale spéculative;* la seconde, *Morale pratique.* Abordant la première de ces deux parties, Beattie constate que l'homme a été créé pour une double fin. Agir et connaître, telle est sa double destination : vérité que ne pourra s'empêcher d'admettre quiconque aura observé que toutes les facultés de notre être tendent à l'action ou à la connaissance, ou à toutes deux à la fois. Maintenant, laquelle de ces deux fins proposées à l'homme est la fin par excellence? Le philosophe écossais, observant que notre bonheur dépend plutôt de ce que nous faisons que de ce que nous savons, qu'un savoir étendu n'est le partage que d'un petit nombre d'hommes, tandis que l'action est l'affaire de tous, qu'enfin le savoir n'a de prix véritable qu'autant qu'il sert à étendre et à aider l'action, en conclut qu'agir vaut mieux encore que connaître, et y voit, par conséquent, la plus noble fin de l'homme, sa fin par excellence.

Ce premier point une fois résolu, le philosophe écossais

Il part de ce principe, que c'est en étudiant la constitution d'une chose, qu'on peut parvenir à découvrir la fin pour laquelle elle a été créée. Il constate ensuite que la nature morale de l'homme se compose d'un ensemble d'éléments, de facultés, dont l'action et l'influence sont réciproques. Or, parmi ces facultés, il en est une qui exerce sur toutes les autres une suprématie naturelle, et qui est ainsi la faculté par excellence. En langage ordinaire, cette faculté s'appelle la conscience morale. Que cette faculté soit mise en nous comme règle de conduite, et qu'à elle appartienne naturellement le droit de gouvernement de l'être humain, c'est ce qui résulte, aux yeux de Beattie, de ce qu'il peut être non-seulement innocent, mais encore louable, de combattre nos appétits sensuels, tandis que désobéir à la conscience, négliger de faire ce que cette faculté morale nous révèle comme le devoir, est chose toujours blâmable. Par conséquent, dans l'opinion du genre humain, *criterium* par excellence de l'école écossaise, la conscience est en nous la faculté suprême.

Maintenant de ce que la conscience morale est, ainsi qu'il vient d'être prouvé, le principe d'action par excellence, le régulateur de la conduite humaine, Beattie conclut que l'action vertueuse, c'est-à-dire le bien moral, est la fin suprême pour laquelle l'homme a été créé. En conclusion dernière, c'est donc agir d'après la fin et la loi de la nature, que d'agir d'après la conscience morale, et, à ce point de vue, on peut dire d'une vie vertueuse qu'elle est ce que les anciens moralistes appelaient une vie selon la nature. A la vérité, la satisfaction accordée à un appétit naturel, quel qu'il soit, peut s'appeler un acte naturel ; mais agir conforformer à la tendance générale de notre nature entière, parce que c'est obéir au principe suprême de la constitution humaine.

De ces principes, ainsi établis, Beattie déduit quelques considérations relatives à ce que les anciens appelaient *summum bonum,* c'est-à-dire le plus grand bien auquel notre nature puisse aspirer. Il estime que, si nous pouvions satisfaire à la fois toutes les inclinations de notre nature, ce serait pour nous le plus grand bien possible. Mais il reconnaît, en même temps, que cela ne se peut pas ; car il arrive mainte fois que nos tendances sont opposées entre elles, de telle sorte qu'on ne puisse satisfaire l'une sans contrarier les autres. C'est ainsi, par exemple, que l'homme qui est l'esclave de la sensualité ne peut jouir en même temps des plaisirs plus nobles de la science et de la vertu. En essayant donc de porter un jugement sur la valeur relative des plaisirs, Beattie met au dernier rang les plaisirs des sens comme les moins nobles, comme amenant souvent à leur suite le dégoût et même le chagrin, enfin comme ne dépendant pas de nous-mêmes, mais de causes extérieures. Il classe dans un rang supérieur les plaisirs de l'imagination et de la science, qui ont en eux-mêmes une grande dignité, qui persistent sous le regard de la réflexion, qui deviennent plus exquis à mesure qu'ils sont plus fréquents, mais qui cependant ne peuvent prétendre au titre de souverain bien de l'homme, attendu qu'ils sont hors de la portée de la majeure partie du genre humain. Enfin il assigne le premier rang aux plaisirs qui naissent de l'exercice régulier de nos facultés morales et de l'approbation de la cons-

cience. Leur titre à ce rang, c'est que, entre toutes les jouissances, ce sont les plus dignes ; c'est que, en cet ordre de
choses, l'excès ne saurait exister ; c'est que ces plaisirs ne
sont jamais accompagnés de dégoût ni de peine ; c'est qu'ils
sont compatibles avec tous les autres plaisirs, excepté avec
ceux qui entraînent à leur suite le chagrin et la misère ;
c'est qu'ils sont une source intarissable de consolation dans
l'adversité ; c'est, enfin, qu'ils sont à la portée de tous les
hommes, et qu'ils conviennent à tous les temps et à tous
les lieux. C'est donc à la vertu, conclut Beattie, c'est-à-
dire à l'exercice régulier de nos facultés morales, qu'appartient le caractère de souverain bien de l'homme. Ce paral-
lèle établi par Beattie entre ces trois ordres de plaisirs nous
rappelle une magnifique page, écrite autrefois sur le même
sujet, par l'un des membres de cette Académie (1), et dans
laquelle aussi les plaisirs du cœur sont mis au-dessus des
plaisirs de l'esprit et des plaisirs des sens.

Si la vertu, ainsi que Beattie l'a démontré, est basée sur
notre constitution morale elle-même, si, à ce titre, elle est

(1) « Plaisirs des sens, plaisirs de l'esprit, plaisirs du cœur,
« voilà, si nous savions en user, les biens que la nature a ré-
« pandus avec profusion sur le chemin de la vie.

« Et qu'on se garde de mettre en balance ceux qui viennent du
« corps et ceux qui naissent du fond de l'âme.

« Rapides et fugitifs, les plaisirs des sens ne laissent après eux
« que du vide ; et tous les hommes s'en dégoûtent avec l'âge.

« Les plaisirs de l'esprit ont un attrait toujours nouveau ; l'âme
« est toujours jeune pour les goûter ; et le temps, loin de les af-
« faiblir, leur donne chaque jour plus de vivacité. Pythagore offre
« aux dieux une hécatombe, pour les remercier d'un *théorème*

le bien suprême de l'individu et de la société, il ne reste
plus qu'à décrire les formes générales sous lesquelles elle
peut se produire. Beattie, sur les traces d'Aristote, ramène
ces formes à quatre, appelées vertus cardinales, et qui sont
la prudence, la justice, la force, la tempérance. Il donne la
définition de chacune d'elles, et montre de quelle manière,
en chacun, ou du moins en plusieurs de ces quatre ordres,
il devient possible de pécher par excès, et surtout par défaut. Si, en adoptant cette classification, il se rapproche
d'Aristote, il n'admet pas cependant d'une façon absolue la
manière dont le philosophe péripatéticien, suivant peut-être
en ceci la doctrine de Pythagore, qui voulait tout ramener
au nombre et à la proportion, a essayé de déterminer le caractère général de la vertu, en disant qu'elle consiste en
une sorte de moyen terme, μεσότης, c'est-à-dire en un milieu
entre deux extrêmes, dont l'un pèche par excès et l'autre
par défaut; « car, dit Beattie, cette règle n'est pas sans

« la couronne des plus grands monarques. Est-il des jouissances
« au-dessus de telles jouissances ?

 « Oui, il en est de plus grandes. Quels que soient les ravisse-
« ments que fait éprouver la découverte de la vérité, il se peut
« que Newton, rassasié d'années et de gloire, Newton, qui avait
« décomposé la lumière et trouvé la loi de la pesanteur, se soit
« dit, en jetant un regard en arrière, *vanitas*; tandis que le
« souvenir d'une bonne action suffit pour embellir les jours de la
« plus extrême vieillesse, et nous accompagne jusque dans la
« tombe. »

 « Combien s'abusent ceux qui placent la suprême félicité dans

exception, attendu que certaines vertus, telles que la justice, l'amour de Dieu, la charité envers le prochain, ne sauraient jamais pécher par excès. » Mais où il se rallie complètement à la doctrine d'Aristote, c'est quand le philosophe péripatéticien dit, avec tant de raison, que la vertu consiste, non en des actes transitoires, mais en des habitudes et des dispositions durables : d'où vient que le mot ἕξις, *habitude* se rencontre dans plusieurs de ses définitions de la vertu.

A l'exemple des Stoïciens, Beattie, nous l'avons dit déjà, divise l'*Ethique* en deux parties, à savoir, la morale spéculative et la morale pratique. Dans la première il vient de rechercher en quoi consiste la nature générale du bien ; dans la seconde, il va déterminer les devoirs divers qui s'imposent à l'homme dans les diverses conditions de la vie.

Tout devoir a un objet. Les objets du devoir sont ramenés par Beattie aux trois ordres suivants : Dieu, nos semblables, nous-mêmes ; d'où, pour l'homme, trois classes de devoirs.

Les devoirs de l'homme envers Dieu sont tous ramenés par Beattie à la piété. Elle consiste, en premier lieu, à se former une idée juste de Dieu, comme du plus grand, du plus sage, et du meilleur des êtres. Elle consiste, en second lieu, à entretenir dans notre âme de justes affections, qui soient une conséquence des justes notions que nous nous serons faites de la nature divine. Quelles sont ces affections ? Beattie les ramène toutes aux suivantes : la vénération pour son incompréhensible et infinie grandeur, l'adoration de sa puissance et de sa sagesse, la reconnaissance pour ses innombrables et inappréciables bienfaits, une disposition naturelle à obéir de bonne grâce à ses lois, la crainte de son courroux, l'espoir de son approbation, un vif désir de l'imiter autant qu'il est en nous (on reconnaît ici la maxime platonicienne : ὁμοίωσις τῷ Θεῷ κατὰ τὸ δυνατόν), enfin une ferme volonté de seconder, dans la mesure de nos forces, les desseins de la Providence, en propageant la vertu et le bonheur chez nos semblables. Un troisième élément que Beattie signale dans la piété, c'est le culte, c'est-à-dire l'expression extérieure, en paroles et en actes, de nos sentiments religieux. Beattie fait remarquer que cet important devoir est parfaitement naturel, par cette raison que les bons sentiments, quand ils sont puissants, comme doivent l'être les sentiments religieux, ont une tendance naturelle à se manifester extérieurement, et que, là où cette manifestation n'a pas lieu, il est à craindre que les sentiments ne soient faibles ou nuls, « et plus, dit Beattie, nous contemplons les perfections de Dieu, plus nous devons les admirer, les aimer, les adorer, sentir notre misère et le besoin que nous avons d'assistance et de pardon. Et cette demande, que nous faisons à Dieu d'assistance et de pardon, si elle est fréquente et sincère, doit nous porter à veiller sur nos actes, et à ne rien faire qui puisse l'offenser. Ces considérations suffiraient seules à recommander le culte extérieur comme le moyen par excellence de perfectionner notre nature morale. »

La morale religieuse, trop négligée peut-être aujourd'hui dans les traités de morale, tient donc une place considérable dans l'*Ethique* du philosophe chrétien Beattie. Après les vertus religieuses, ou devoirs envers Dieu, Beattie place les vertus sociales, ou devoirs des hommes entre eux. Il les partage en deux catégories. Dans la première il place la

justice, dont il donne la formule suivante, qui nous paraîtrait s'appliquer plus convenablement à la charité, dont il
parlera ultérieurement : « Faites aux autres ce que vous
voudriez qu'on vous fît à vous même. » Comme appendices
de la justice, Beattie mentionne la véracité, la fidélité à la
parole donnée, l'accomplissement des promesses, la bonne
foi, la loyauté. Il y voit autant d'éléments de la justice, qui
doivent être dirigés par cette divine règle. Dans la seconde
catégorie Beattie classe la bienveillance, la charité, l'amour
envers tous les hommes sans exception, la pitié, la sympathie, la reconnaissance, le patriotisme. Si, en rangeant ces
dernières vertus dans ce qu'il appelle la seconde catégorie
des devoirs sociaux, Beattie a voulu, quant à l'excellence,
les subordonner aux autres, et ne leur donner ainsi que la
seconde place, nous croyons qu'il s'est trompé, et que, loin
d'être inférieures, elles seraient plutôt supérieures, comme
constituant des vertus positives, et répondant mieux que les
premières, qu'elles présupposent cependant, à la véritable fin
morale de l'homme, qui n'est pas seulement de s'abstenir du
mal, mais encore et surtout de faire le bien. Remarquons,
à l'occasion des vertus de la seconde catégorie, avec quelle
justesse de pensée et quel bonheur d'expression il a carac-
térisé le patriotisme : « Le patriotisme, dit-il, ou amour de
notre pays, a été de tout temps, au moins dans les pays
libres, regardé comme une vertu sublime. Cette vertu est
une inspiration de la nature ; car, ainsi que le remarque
Cicéron, toutes nos affections bienveillantes envers nos
parents, nos amis, nos bienfaiteurs, s'y trouvent com-
prises. Le patriotisme élève l'âme, développe le génie, le
courage, le sentiment de l'honneur. La reconnaissance

même nous impose l'obligation de défendre, autant qu'il est en nous, le gouvernement qui a protégé nous et nos pères. La meilleure preuve de patriotisme que puisse donner l'homme dans la vie privée, c'est de se montrer ami de la paix, et de donner l'exemple de la piété, du travail, de la modération. L'homme vicieux, égoïste, turbulent, n'est pas un véritable patriote, quelles que puissent être ses prétentions à ce titre. »

La troisième classe des vertus sociales se compose des devoirs de l'homme envers lui-même. Quels sont ces devoirs? Beattie en reconnaît de plus d'une sorte, à la tête desquels il place l'activité, le travail, sans lesquels rien ne saurait prospérer. Vient ensuite, dans ce même ordre de devoirs individuels, la tempérance, et enfin le perfectionnement de notre nature dans chacun des éléments dont elle se compose; car, en chacun d'eux, elle est perfectible, et tout perfectionnement tend non-seulement à notre bien particulier, mais encore au bien public, auquel il est de notre devoir de travailler. Ce perfectionnement de notre être, dans chacun des éléments dont il se compose, embrasse le perfectionnement de notre nature corporelle, le perfectionnement de notre nature intellectuelle, et surtout le perfectionnement de notre nature morale, que Beattie regarde comme le plus important de tous, attendu que c'est là principalement la fin pour laquelle nous avons été créés, et de laquelle doit dépendre notre bonheur pour toute l'éternité. Beattie, qui donne partout de très-sages conseils, indique le moyen le plus sûr de travailler à ce perfectionnement. Il consiste à veiller continuellement sur notre conduite, non pas seulement sur nos actes, mais encore sur

nos pensées, sur nos passions, sur nos desseins, et à y réfléchir chaque jour avec la ferme résolution de réformer ce
qui est mal.

Dans l'ordre relatif des parties dont se compose la science
morale, Beattie a placé l'*Economique* entre l'*Ethique* et
la *Politique*. L'*Economique* a pour objet, ainsi que son
nom l'indique, la société de famille, et, à ce titre, elle
embrasse la triple relation d'époux à épouse, de parents à
enfants, de maître à serviteur. Les devoirs qui résultent de
ces relations sont si généralement connus, qu'il est à peine
besoin de les mentionner. Toutefois, à la question de ces
devoirs se rattachent quelques points controversés, dont
Beattie entreprend un sérieux examen, et qu'il ne sera
peut-être pas hors de propos d'examiner avec lui, aujour-
d'hui que des théories subversives ont été dirigées contre
les principes moraux qui sont le fondement de la famille.

Le premier de ces points est relatif au mariage, que
Beattie regarde comme l'état naturel et légitime de l'homme.
Il ramène à cinq les principes qui président à cette union :
en premier lieu, cette tendance qui pousse tous les animaux
en général à la propagation de l'espèce ; en second lieu,
cet amour, ou cette estime que fait naître en nous la découverte d'heureuses qualités chez une personne de sexe différent ; en troisième lieu, la bienveillance et l'attachement
qui résultent de cet amour ; en quatrième lieu, l'affection
naturelle que nous portons à nos enfants ; en cinquième
lieu, la considération de notre propre bonheur. Comme ces
principes sont naturels et universels parmi les hommes,
qu'ils tendent à produire cette union, et qu'ils l'ont, en
effet, produite à toutes les époques de l'humanité, Beattie

vidence. Quant aux fins de cette union, il les signale au nombre de trois : 1° la Providence a voulu par ce moyen perpétuer l'espèce humaine par des voies non-seulement conformes, mais avantageuses à la vertu, à la décence, au bon ordre ; 2° cette union est un moyen de pourvoir à l'éducation des enfants ; 3° elle est, pour ceux qui la contractent, une source de bonheur.

Sur la question de savoir si le mariage doit être indissoluble, Beattie se prononce pour l'affirmative, et, entre autres raisons, s'appuie sur ce que cette indissolubilité lui paraît exigée pour l'éducation des enfants. Quant à la polygamie, elle lui paraît inconciliable avec l'affection mutuelle que se doivent les époux : « Dans les pays où elle règne, dit Beattie, le mari, quel que soit le nombre de ses femmes, en a ordinairement une qui est la favorite, et la conséquence de cet état de choses est la haine des autres femmes envers celle-là, et envers lui à cause d'elle. Sous d'autres rapports encore, la polygamie est fatale au repos des familles. En Turquie, un mari exerce sur sa maison une sorte d'autorité tyrannique, à telle enseigne que ses femmes sont réellement ses esclaves, ce qui détruit cette réciprocité d'amitié et de confiance si essentielle au bonheur dans l'état de mariage. Il faut songer, en outre, que des enfants d'un même père et de mère différents, vivant en commun, ne peuvent manquer de devenir rivaux et ennemis les uns des autres. »

En traitant la question des devoirs des parents envers les enfants, Beattie est amené à parler de l'éducation, et il blâme (que dirait-il donc aujourd'hui ?) le plan d'éducation qui prévalait déjà à son époque, et dans lequel le perfectionnement moral est trop complètement subordonné au perfectionnement intellectuel. Il apporte, à cet égard, d'excellents conseils. Une autre question dont il s'occupe encore est celle de savoir laquelle est préférable, de l'éducation publique ou de l'éducation privée. Ce problème lui paraît ne pouvoir pas être résolu d'une manière absolue, attendu que l'une et l'autre méthode a produit des hommes de toute espèce de caractères, de tout degré de talent et d'instruction : « En supposant de part et d'autre, dit-il, des maîtres également consciencieux et également habiles, on pourrait dire peut-être que, de l'éducation publique et de l'éducation privée, l'une est la meilleure école pour nous former aux choses de ce monde, l'autre pour nous préparer à la vie à venir. La première offre indubitablement des occasions plus favorables d'acquérir des habitudes d'activité, de liberté, de courage, une profonde connaissance du monde et de la nature humaine, et, en même temps, de contracter de précieuses et utiles liaisons d'amitié ; de la seconde, au contraire, on peut attendre plus de modestie et d'innocence, une rectitude de principes plus rigoureuse, moins de tentations au désordre, moins de dangers de mauvaises compagnies. Peut-être, s'il y avait alliance entre les deux méthodes, si les enfants qui fréquentent les écoles publiques étaient en même temps placés sous la vigilance continuelle et attentive d'un père ou d'un tuteur (avantage qui, du reste, ne pourrait appartenir qu'à un petit nombre) peut-être alors l'inconvénient attaché à la trop grande population des écoles publiques serait-il en partie prévenu. »

En finissant l'*Economique*, Beattie traite des relations

de maître à serviteur, et ce sujet le conduit à envisager la question de l'esclavage, trop habituellement négligée dans les traités de morale. Cette partie des *Eléments de science morale* était écrite, ainsi que le déclare Beattie, depuis l'année 1778, et était destinée, sous forme de dissertation, à être publiée comme ouvrage à part.

Il y a, dans la question de l'esclavage, deux côtés à envisager, le fait et le droit. En droit, cette question est depuis longtemps résolue par la négative; mais, en fait, l'affirmative s'est maintenue jusqu'à nos jours. La cause de cette étrange anomalie entre le droit et le fait consiste en ce qu'au premier de ces deux points de vue c'est la raison seule qui prononce, tandis qu'au point de vue du fait c'est l'intérêt qui décide. En attendant que le fait (et puisse ce moment n'être pas éloigné) consente à se mettre d'accord avec le droit, la cause de l'émancipation peut être considérée comme gagnée aux yeux de la raison, grâce au progrès des lumières, grâces aux travaux des publicistes, grâce aux éloquentes protestations parties de la tribune parlementaire; et, ainsi que l'a dit autrefois, dans un *Rapport sur le sort des esclaves dans les colonies françaises*, un éminent homme d'Etat, membre de cette Académie, « on peut différer d'avis sur les moyens et sur l'époque de l'extinction de l'esclavage, mais tout le monde s'accorde à reconnaître qu'il ne peut durer. » Sur cette question, comme sur plusieurs autres encore, Beattie, à l'époque où parut son livre, prit place parmi les hommes de progrès. Il accuse l'esclavage d'être impie et immoral, et de répugner tout à la fois à la raison et à la religion. Il réfute Aristote qui, au premier livre de sa *Politique*, avait dit que, parmi les hommes, les uns sont destinés par la nature à être maîtres, les autres à être esclaves. Il remonte à l'origine de l'esclavage ancien et moderne, et accuse les planteurs espagnols et les marchands portugais du xv⁵ siècle d'avoir institué la traite des esclaves africains. Il réclame avec énergie contre le maintien de cette traite, par laquelle s'alimente et se perpétue l'esclavage, et réfute l'argument de ceux qui prétendent ériger ce trafic en une sorte de nécessité gouvernementale. Il établit que des serviteurs libres peuvent être employés à la culture des terres et aux travaux des manufactures à moins de frais que les esclaves, et ajoute, pour le cas où cette possibilité lui serait contestée, qu'après tout les produits coloniaux ne sont pas indispensables à notre existence et ne valent pas la violation des lois de l'humanité. Enfin, il réfute énergiquement l'argument tiré de la prétendue infériorité de la race noire par rapport à la nôtre, et réclame au moins une amélioration dans la condition des nègres, si de sérieux obstacles (ceci était écrit en 1771) s'opposent réellement à leur émancipation immédiate. Toute cette partie du livre du moraliste écossais est écrite sous l'inspiration de la plus vive et de la plus louable philanthropie.

Dans l'ordre adopté par Beattie, l'*Economique*, qui a pour objet la société domestique, est suivie de la *Politique*, qui traite de la société civile. C'est, suivant le précepte de Descartes, aller du plus simple au plus complexe. Considérer l'origine et la nature de l'Etat ou gouvernement civil, c'est-à-dire de la plus importante et de la plus complexe des institutions humaines, tel est, pour Beattie, l'objet de la *Politique*. Toutefois, et comme introduction à ces considérations, il lui paraît que quelques réflexions doivent d'abord être faites sur la nature générale de la loi, attendu que c'est au moyen des lois que les actions humaines sont dirigées vers le bien public, c'est-à-dire vers la fin que se propose un gouvernement équitable.

Voici d'abord la définition qu'il apporte de la loi : « La loi est une règle de conduite civile, prescrite par le pouvoir suprême, à cette fin de commander ce qui est bien et de défendre ce qui est mal. » Il établit que la loi humaine peut, en certains cas, restreindre et limiter la loi divine ou de nature qui nous est révélée par la conscience, mais la contredire, jamais; car ce serait mettre la volonté de l'homme en opposition avec l'autorité de Dieu; et il en conclut que, plus les lois humaines s'écartent de la loi naturelle, plus elles deviennent injustes.

Dans la loi, soit divine, soit humaine, Beattie distingue deux éléments, qu'il appelle l'*élément permissif* et l'*élément préceptif*. De l'élément préceptif de la loi procède l'obligation. Ce que la loi commande de faire, je suis obligé de le faire; mais d'autre part, si j'ai droit à une chose, il y a pour autrui obligation de ne pas violer ce droit. Enfin, s'il y a pour moi obligation de faire une chose, autrui a droit d'exiger que je la fasse. L'obligation et le droit sont donc mutuellement implicites l'un à l'autre, et tous deux sont implicites à chaque loi. L'obligation restreint la liberté. Le droit assure la liberté. Une autre distinction paraît à Beattie pouvoir être faite encore entre l'obligation et le droit. Nous pouvons nous dispenser de l'exercice d'un droit, mais non pas de l'accomplissement d'une obligation. Ainsi, par exemple, nous pouvons remettre à autrui une dette contractée envers nous; mais, une dette que nous aurons contractée nous-mêmes, nous ne pourrons nous en libérer qu'en la payant.

En tant que garantis par les lois, les droits de l'homme sont divisés par Beattie en *parfaits* et *imparfaits* : les premiers, nécessaires à l'existence de la société, et pouvant être maintenues par la force ou par des poursuites légales : tel notre droit à la vie, à la propriété, à la réputation, à la liberté; les seconds, nécessaires au bonheur de la société, et éminemment respectables en eux-mêmes, mais ne pouvant être revendiqués ni par la force, ni par une poursuite légale : tel, par exemple, le droit d'un bienfaiteur à la gratitude de la personne à laquelle il a rendu service; tel encore le droit du pauvre à la charité.

Une autre division encore opérée, ou du moins adoptée par Beattie, est celle des droits en naturels et adventices : les premiers, appartenant à tous les hommes comme conséquence de leur qualité d'hommes; les seconds, appartenant à certains hommes, sur la supposition qu'ils sont placés dans telle ou telle situation, ou qu'ils ont fait telle ou telle acquisition. Au premier rang des droits adventices primitifs, Beattie place le droit de propriété, qu'il définit le droit de posséder une chose, de s'en servir, et d'exclure autrui de sa possession et de son usage. Quelle est, aux yeux de Beattie, l'origine, quel est le fondement de la propriété? Voici comment il s'en explique. Il regarde toutes choses comme ayant été d'abord dans un état qui peut être appelé celui de communauté négative. Nous sommes actuellement en cet état par rapport aux choses qui sont communes à tous, et que nul ne peut s'approprier, telles que l'air, la lumière. Mais, à l'égard de toute autre chose, et notamment à l'égard des aliments, les hommes pourraient à peine rester un seul jour en cet état, parce qu'il est nécessaire que la propriété en soit promptement déterminée. Or, Beattie distingue deux manières par lesquelles la propriété originelle peut être acquise, à savoir, la prise de possession (*occupatio*) et l'accession. La prise de possession consiste à se rendre maître d'une chose qui n'appartient à personne, et à s'en rendre maître de manière à faire voir qu'on a l'intention d'en faire sa propriété. Ainsi (et c'est l'exemple apporté par Beattie), si d'autres personnes et moi nous étions jetés par un naufrage dans une île déserte, je me constituerais propriétaire d'une portion des fruits d'un arbre, soit en y grimpant, soit en m'efforçant de quelque autre manière d'y atteindre. Et si, en descendant de l'arbre, j'étais assailli par une autre personne qui n'eût rien fait de tout cela, et que mon droit me fût ravi, ce serait une injustice et une violation de propriété. La seconde manière dont la propriété originelle peut être acquise, est l'*accession*. Ce second mode consiste à acquérir la propriété originelle d'une chose en vertu d'une intime connexion existant entre cette chose et une autre qui m'appartient déjà. Ainsi, par exemple, le propriétaire d'un arbre a droit au fruit de cet arbre, et le propriétaire d'un champ a droit aux récoltes.

Les bornes nécessairement imposées à ce travail nous forcent à laisser de côté tout ce que Beattie a dit concernant la transmission de la propriété. Toutefois, nous croyons devoir nous arrêter un instant sur ce qu'il a écrit concernant les garanties des contrats. Parmi ces garanties, il en

toutes les autres, à savoir, celle qui se puise dans le serment. Nous rencontrons ici une des plus belles pages qu'ait
écrites le moraliste écossais : « La véritable fin du serment,
dit-il, n'est pas d'appeler l'attention spéciale de la Divinité
et de lui donner un nouveau droit à punir le parjure, mais
de nous pénétrer nous-mêmes des motifs les plus capables
de nous conseiller la véracité, en nous peignant à nous-
mêmes sous les plus odieuses couleurs le crime du mensonge ; car le parjure et toute espèce de faux serment est
tout à la fois impie et contraire à l'honneur. Le serment
étant un acte religieux, doit être prêté et reçu avec solen-
nité. Il implique le sens de ces mots : « Me voici en ta
présence, ô Dieu de vérité ; tu sais que ce que je dis est
vrai ; si je m'abaisse au mensonge, tu sais que je perds jus-
tement ta grâce, et que je mérite châtiment. » Dans une
telle déclaration, exprimée avec sincérité, et émanée d'une
conscience pure, peut-il y avoir rien de contraire au christianisme et de préjudiciable à la société ? »

Dans la seconde partie de la *Politique*, Beattie traite
l'importante question de l'origine et de la nature du gouvernement civil, et des lois essentielles à chacune des
formes qu'il peut revêtir. Quels sont les motifs qui ont pu
amener les hommes à substituer à l'état de nature la société
politique ? Ces motifs paraissent à Beattie avoir été les
suivants. En premier lieu, l'inégalité des forces physiques
et morales d'homme à homme. Certains hommes avaient
plus de force, plus d'activité, plus de prudence que certains autres, et l'on peut présumer que ceux qui avaient
conscience de leur infériorité sous ces divers rapports ont
eu recours à ceux qui étaient capables de leur donner aide

et conseil, et leur ont ainsi conféré graduellement et volontairement une sorte de prééminence toute légitime. Un autre motif encore a dû se puiser dans, les inconvénients attachés à l'état de nature, dans lequel les hommes doivent fréquemment se tromper sur leurs droits respectifs, et élever en face les uns des autres des prétentions rivales. Ici, afin que rien d'équivoque ne reste sur sa pensée, Beattie se hâte d'ajouter que, bien qu'il oppose l'état politique à l'état de nature, il ne serait pourtant pas raisonnable de dire de l'état politique qu'il est un état contre nature : « Le gouvernement, dit-il, étant une institution utile à l'homme et l'instrument indispensable de toute civilisation, a dû nécessairement entrer dans les plans de la Providence, qui a fait l'homme ce qu'il est, et l'a rendu capable de perfectionnement intellectuel et moral. Aussi, doit-on regarder comme les plus respectables et les plus conformes aux plans de la Providence les gouvernements qui travaillent le plus efficacement au bonheur de l'humanité.

Arrivant ensuite aux différentes formes de gouvernement et à leur appréciation relative, Beattie répudie, comme trop exclusives chacune pour leur part, les formes élémentaires, qui sont la monarchie pure ou despotisme, l'aristocratie, la démocratie ; et, sous le nom de monarchie tempérée, il donne la préférence à la combinaison de ces trois éléments, mélangés de telle sorte, que leurs inconvénients se neutralisent mutuellement: « Une monarahie tempérée, dit-il, consistant en un roi, une noblesse, des communes, et dans laquelle tous, sans excepter le roi, sont sujets de la loi, nous semble avoir de grands avantages sur les autres formes de gouvernement. Vis-à-vis des nations étrangères, on peut agir avec plus de secret et de promptitude dans un gouvernement où le pouvoir exécutif appartient à un roi, que dans une république; et, d'ailleurs, une monarchie est moins sujette aux discordes intestines. »

Dans le cours de ces considérations, Beattie a été amené à déterminer ce qu'il est raisonnable d'entendre par liberté politique : « Je définirais volontiers, dit-il, la liberté politique un état de choses sous lequel les hommes sont régis par des lois équitables et jugés par des magistrats justes, de telle sorte que nul ne soit privé des droits que la loi lui laisse, et n'ait rien à redouter de qui que ce soit, aussi longtemps qu'il fait son devoir. Voilà la vraie liberté ; car c'est la seule qui puisse contribuer à la vertu et au bonheur, et assurément tout homme sage et juste n'en saurait souhaiter d'autre. » Et ailleurs : « La liberté peut-elle consister dans le pouvoir de faire tout ce qu'il nous plaît ? Non, assurément. Car si tout le monde avait ce pouvoir, il n'y aurait de liberté pour personne, attendu que notre vie et nos biens seraient à la merci de quiconque aurait le pouvoir et le vouloir de nous les ôter. Dans un pays libre, toute infraction à la loi est une infraction à la liberté publique. La loi de Dieu et les lois de notre pays sont notre meilleure et même notre unique garantie contre l'oppression. La liberté ne peut donc exister qu'autant que ces lois obtiennent obéissance. Aussi, Milton, qui certes aimait la liberté autant qu'homme au monde, a-t-il dit de cette liberté : « que celui qui l'aime doit commencer par être bon et sage. »

La quatrième et dernière partie des *Eléments de science morale* de James Beattie est intitulée *Logique ;* mais, à

compose cette quatrième partie qui soit réellement de la logique. Ce second chapitre consiste en *Remarques sur l'évidence*, et constitue ainsi une sorte d'abrégé du grand traité dont nous avons parlé plus haut sur *La nature et l'immutabilité de la vérité*. Quant au chapitre premier, Beattie l'a intitulé *Rhétorique*, et cette dénomination répond à son véritable caractère. Il se divise en cinq sections, dont les titres suivants indiquent suffisamment l'objet : 1° *Des tropes et des figures ;* 2° *de la phrase ;* 3° *du style en général ;* 4° *du style de la prose ; style historique, style usuel ; style de rhétorique ; style philosophique ;* 5° *de la nature générale de la poésie.* Cette dernière section se compose, en majeure partie, d'idées analogues à celles que nous avons déjà rencontrées comme constituant le fond de l'ouvrage de Beattie intitulé : *Essai sur la poésie et la musique.*

VII

Nous avons été conduit par l'enchaînement des idées à parler des *Eléments de science morale* avant de mentionner un autre ouvrage de Beattie qui lui était chronologiquement antérieur, à savoir, en deux volumes in-12, l'*Evidence de la religion chrétienne*, *sommairement et clairement établie* (*Evidence of the christian religion briefly and plainly stated*). En effet, les *Eléments* ne furent publiés qu'en 1790, tandis que l'*Evidence de la religion chrétienne* le fut en 1786. Dans son voyage à Londres en 1784, Beattie avait communiqué au docteur

Porteus, évêque de Londres, une partie de son manuscrit, et c'est pour se conformer au désir du révérend prélat qu'il publia, deux ans plus tard, l'ouvrage dont nous venons de donner le titre.

En cette même année 1790, qui vît apparaître les *Eléments de science morale*, Beattie publia, dans le second volume des *Transactions de la Société royale d'Edimbourg*, des *Remarques sur quelques passages du sixième chant de l'Enéide*. Ces *Remarques* constituaient une sorte de dissertation sur la mythologie des Romains, telle qu'elle est poétiquement décrite par Virgile dans l'épisode de la descente d'Enée aux enfers. L'objet de Beattie était de justifier son poète favori des reproches d'impiété dirigés contre lui par Warburton et par d'autres écrivains. Dans le cours de la même année, Beattie passe pour avoir donné des soins à une édition des *Publications périodiques d'Addison (Addison's periodical papers)*, qui parurent en quatre volumes in-8° à Edimbourg.

En 1794 apparut le dernier ouvrage composé par Beattie; mais on ne peut en parler qu'après avoir dit quelque chose de sa famille.

James Beattie avait, en 1762, épousé miss Mary Dun, fille du docteur James Dun, directeur de l'école de grammaire à Aberdeen, homme d'une grande valeur personnelle, très-versé dans la littérature classique. Deux fils sortirent de cette union : James Hay et Montagut, noms qu'ils avaient reçus, à titre de filleuls, l'un du comte de Carrol, l'un des meilleurs et des plus anciens amis de Beattie, l'autre de la célèbre mistress Montagut, dans la maison de qui Beattie descendait quand il allait à Londres. Ces deux enfants avaient hérité de leur mère une santé faible et chancelante. L'aîné mourut d'une maladie de consomption à l'âge de 22 ans le 19 novembre 1790, et le second fut emporté très-rapidement par un fort accès de fièvre le 14 mars 1796. La perte de ces deux enfants chéris fut pour Beattie un coup que son cœur ne put supporter. Cependant, le philosophe qui, dans ses écrits, avait parlé, avec tant de conviction, de la justice et de la bonté de Dieu, de l'immortalité de l'âme, d'une existence à venir où nous nous retrouverons avec ceux qui nous furent chers en cette vie, ne murmura pas un seul instant contre les décrets de la Providence. Il accepta l'épreuve qu'elle lui envoyait : nous disons *l'épreuve,* car, dans les croyances chrétiennes, qui étaient celles de Beattie, les malheurs qui viennent nous frapper ne sont pas toujours un châtiment. Et en effet, quel châtiment pouvait donc avoir mérité l'homme dont la vie si innocente et si douce s'était partagée tout entière entre les travaux de l'enseignement et les affections de la famille ? Il courba donc un front résigné sous la main qui le frappait ; mais son cœur fut brisé. La nature, qui veut que le fils survive au père, a donné à l'enfant la force de supporter la perte de ceux dont il tient le jour. Mais, quand c'est l'enfant qui précède le père dans la tombe, oh ! alors les lois de la nature sont bouleversées, et la souffrance est bien plus accablante pour celui qui survit. Depuis la perte de ses deux fils, Beattie ne fit plus que languir. Dès l'année 1787, l'aîné de ces deux jeunes gens avait été désigné pour lui succéder dans sa chaire de philosophie, et déjà il y suppléait son père. Après la mort de ce jeune homme, Beattie reprit lui-même son cours, et le continua, bien qu'assez fréquemment

interrompu par sa mauvaise santé, jusqu'en 1796, époque
à laquelle la douleur, qu'il ressentit de la perte de son second fils lui fit quitter sa chaire, ses travaux de professeur
et d'écrivain, ses relations avec ses amis, pour le laisser
tout entier à ses amers regrets. Il traîna jusqu'en 1803 une
vie languissante, et le 18 août de cette même année marqua le terme de cette vie si pure, si honnête, si dévouée à
la science et au bien de l'humanité. Les dernières années
de la vie de Beattie avaient été employées (et c'est là le dernier ouvrage dont nous parlions plus haut) à la composition
d'une *Notice* sur la vie et le caractère de son fils James
Hay. Il avait joint à cette *Notice* des *Essais* ou *Fragments*
écrits par ce jeune homme. Ce volume fut tiré à un petit
nombre d'exemplaires pour être distribués à quelques amis.
Mais bientôt Beattie permit que cette biographie de James
Hay, ainsi que les *Essais* ou *Fragments* qui s'y trouvaient
joints, fussent imprimés pour être publiés; et, comme la
plupart de ces *Fragments* consistaient en poésies, ils for-
mèrent un petit volume qui s'ajouta au volume des propres
poésies de Beattie.

VIII.

Nous terminerons ce travail en essayant de déterminer le
rôle qu'eut à remplir l'école écossaise, et le rôle qui, dans
cette école, échut spécialement à James Beattie.

L'école écossaise, comme toutes les grandes écoles, eut
une mission à accomplir. La psychologie élevée à la hauteur d'une véritable science, le sens commun pesé comme

fondée Hutcheson, et que continuèrent avec éclat Reid, Beattie, Ferguson, Dugald Stewart.

Quelle que soit notre estime pour les travaux de l'école écossaise, nous n'avons pas la prétention de soutenir qu'antérieurement à cette école rien n'était fait en psychologie. Pour hasarder une telle assertion, il faudrait n'avoir lu ni Platon, ni Aristote, ni Locke, ni surtout le traité des *Passions de l'âme* de Descartes. Mais, ce que nous disons, et ce dont nous sommes prêt à administrer la preuve, c'est qu'il n'avait été fait en cet ordre de choses que d'imparfaites tentatives. Ce qui le prouve, c'est que ce n'est qu'à partir de l'école écossaise que la psychologie, jusqu'alors plus ou moins confondue avec la morale et la métaphysique, et surtout avec la logique, se constitue en science à part et prend un nom spécial. Or, quelle a été en ceci l'œuvre des Ecossais? La voici, résumée en quelques mots. Ils ont établi une classification, tout autrement exacte que celles qui avaient existé jusque-là, des facultés de l'âme. Dans cette classification ils ont fait rentrer non-seulement la volonté, non-seulement les facultés intellectuelles proprement dites, telles que le jugement, le raisonnement, l'abstraction, la généralisation, la réflexion, la mémoire, l'association des idées, mais encore les instincts, les appétits, les affections, les passions, qui, dans les théories précédentes, n'avaient pas obtenu, à beaucoup près, la place que réclament leur importance et leur influence sur nos actes moraux. En même temps ils ont signalé le lien qui, dans la réalité, unit entre elles les facultés de ce double ordre, et montré que, bien que distinctes en nature, elles ne sont presque jamais divisées dans l'action, et que, dans presque toutes les opérations de l'esprit qui ont un nom dans le langage, peut-être même dans toutes, les deux ordres de facultés interviennent de telle sorte que nous sommes tout à la fois intelligents et actifs.

Maintenant, à l'aide de quelle méthode l'école écossaise est-elle parvenue à faire ainsi, de la psychologie, une science égale en autorité aux sciences physiques et naturelles les mieux établies? A l'aide de la méthode expérimentale. Mais quelle est cette méthode, et quels sont les éléments dont elle se compose? Ces éléments sont au nombre de trois, l'observation, l'expérimentation, la généralisation. Constater des faits au moyen d'une attention patiente, scrupuleuse, impartiale ; amener ensuite, si faire se peut, par des procédés artificiels, ces même faits à se produire sous notre regard dans des conditions prédéterminées ; sur ces mêmes faits, ainsi recueillis en nombre imposant, ériger des lois par le procédé de généralisation comparative, telle est la méthode expérimentale, applicable, non pas, il est vrai, à toutes les sciences indistinctement, puisque les sciences de raisonnement y répugnent par leur nature même, mais à toutes les sciences de faits. Or, la classe des sciences de faits n'embrasse pas seulement les sciences naturelles dans toutes leurs variétés, mais encore la philosophie de l'esprit humain. Voilà ce que sut comprendre, ce que sut accomplir l'école écossaise. Frappés des admirables progrès qu'avaient faits les sciences physique sous Galilée, Torricelli, Newton, les philosophes écossais entreprirent d'arriver par les mêmes voies aux mêmes résultats dans la sphère de la science morale ; en d'autres tèrmes, ils transportèrent dans la philosophie de l'esprit humain la méthode qui avait valu à la philosophie naturelle de si merveilleux perfectionnements.

La psychologie constituée à l'état de science expérimentale, tel est le premier des deux caractères essentiels que nous avons à signaler dans l'école écossaise. Il en est un second, à savoir, le sens commun établi comme *criterium* par excellence, et posé comme fondement de la philosophie positive à l'encontre du scepticisme.

Deux mille ans avant notre ère, le sophiste Protagoras, en faisant de la sensation la mesure de toute chose, avait glorifié le principe de la raison individuelle ; mais, au nom du sens commun, Platon, dans son *Théétète*, avait combattu ce principe et signalé toute l'absurdité des conséquences qui en découlent. Tel fut encore, ou peut s'en faut, à vingt siècles de distance, l'antagonisme qui se produisit entre le principe de la raison individuelle, dont Hume était en Angleterre la personnification, et le principe du sens commun représenté par l'école écossaise. Le sens individuel une fois admis comme unique *criterium* du vrai, à l'exclusion de la raison générale, ne s'ensuit-il pas, comme inévitable conséquence, la divergence et le conflit des opinions, et, comme résultat dernier de ce conflit et de cette divergence, l'indifférence en matière de vérité, c'est-à-dire le scepticisme ? C'était au nom du sens individuel que Hume avait écrit cette phrase : « Le spectacle multiplié de tant de contradictions dans la raison humaine a tellement remué et troublé mon esprit, que je suis prêt à rejeter toute croyance et tout raisonnement, et à ne regarder aucune opinion comme plus probable ou plus vraisemblable qu'une autre. »

Ce fut contre de telles conséquences, et, par suite, contre le *criterium* qui leur servait de point de départ, que protesta l'école écossaise. Comme correctif aux abus résultant de l'adoption du sens individuel à titre de *criterium* exclusif, elle invoqua le *criterium* de la raison générale ou du sens commun. Est-ce à dire que cette école proscrive la raison individuelle, et ne reconnaisse comme *criterium* unique du vrai que l'assentiment général, ainsi qu'a essayé de le faire, il y a trente-cinq ans environ, un grand écrivain, dans le premier volume de l'ouvrage intitulé : *De l'indifférence en matière de religion ?* Assurément non, et rien ne répugnerait plus au sage tempérament de l'école écossaise que de combattre une exagération par une exagération contraire. Elle laisse donc à la raison individuelle sa véritable et légitime part dans l'acquisition de la connaissance et dans la conquête, de plus en plus progressive, de la vérité ; mais en même temps, et à bon droit, elle ne croit pas que l'homme, destiné par le créateur à la société intellectuelle et morale non moins qu'à la société matérielle, doive jamais élever un mur d'airain entre sa pensée et celle de ses semblables, de manière à se complaire uniquement dans ses propres lumières et à prendre pour données de la raison les aberrations d'une imagination déréglée et pervertie. Quand donc, comme au temps de Protagaras, comme au temps de Hume, le mépris du sens commun et l'exaltation du sens individuel ont produit en philosophie des dogmes monstrueux, faits pour égarer les intelligences et pervertir les volontés, le salut ne doit plus être espéré que d'un retour sincère à la raison générale, cette sûre gardienne des vérités fondamentales de l'ordre métaphysique et surtout de l'ordre moral. A la fin du xviii° siècle, et au commencement du xix°, ce retour s'opéra et s'accomplit sous la direction de cette école écossaise, qui fit autant et plus par la sagesse que d'autres avaient fait par le génie, et qui sut comprendre que, si d'une part le progrès intellectuel de l'humanité dépend du développement et de l'essor de la raison individuelle, à qui toute initiative est dévolue, d'autre part il n'y a pour nous de salut intellectuel et moral qu'à la condition que nous ne cessions pas un seul instant de nous tenir en communion d'idées et de sentiments avec la raison générale.

Tel nous paraît avoir été, au milieu des écoles philosophiques de la dernière partie du xviii° siècle et du commencement du xix°, le rôle spécial de l'école écossaise. Au sein de cette école, Beattie, tout en se rattachant aux grands principes que nous venons de signaler, eut son rôle personnel. Il prit à tâche, plus spécialement et plus complètement que ne l'avaient fait les autres philosophes de cette école, de venger la vérité des attaques du scepticisme, et cette tâche, il l'accomplit ainsi que nous l'avons vu, dans son traité sur *La nature et l'immutabilité de la vérité*. Mais il se proposa encore et surtout de donner à la morale, dont Reid s'était attaché à poser seulement les fondements, tous les développements dont elle est susceptible, et cette seconde partie de sa tâche trouva son accomplissement dans la publication des *Eléments de science morale*. L'école écossaise eut donc en lui son moraliste, comme elle eut son publiciste dans Ferguson, son psychologue dans Reid, son théologien dans Oswald. Beattie s'est donc fait une place distincte parmi les philosophes écossais, et cette place, la postérité la lui maintiendra. En étudiant la *Science morale* de Beattie, en la traduisant, en la publiant (1), nous espérons avoir su nous préserver de cet engouement auquel on n'échappe pas toujours quand on vit longtemps dans le commerce d'un écrivain distingué. Aussi, n'irons-nous pas jusqu'à l'égaler aux fondateurs de la philosophie moderne, qui doivent leur célébrité tout à la fois à leur puissante initiative de penseurs et à leurs éminentes qualités d'écrivains. Beattie (et son admirable modestie se fût complètement contentée de ce rang) n'apparaît qu'au second plan, mais il y tient une place fort honorable. N'oublions pas qu'à leur apparition, ses ouvrages reçurent de la savante Allemagne un accueil favorable, et que l'auteur de l'*Essai sur la Vérité* et des *Eléments de science morale* fut appelé par Tennemann (2) « l'éloquent Beattie. » Eloquent, en effet, dans bien des pages, surtout quand il s'agit de la défense des grandes vérités morales et religieuses, Beattie, dans ses écrits, a su constamment mettre un style facile et clair au service d'une pensée vraie. Là est le secret du sympathique accueil qui a été fait en France à la philosophie écossaise. Dans cette philosophie si claire, la France a reconnu son propre esprit, et c'est à cette qualité si précieuse, non moins qu'à la sagesse de ses principes, que la philosophie écossaise a dû ce droit de

(1) 2 vol. in-8°, avec une *Introduction* et des *notes*.

(2) Voir § 373 du *Manuel de l'histoire de la philosophie*, trad. par M. V. Cousin.

bourgeoisie qu'elle a acquis et qu'elle conservera chez nous. Cette philosophie ne cache pas le vide de l'idée sous l'obscurité des formules, et ce n'est pas à elle qu'il sera jamais reproché d'exiger, pour être comprise, des efforts d'esprit qui ne trouvent qu'une insuffisante compensation dans les résultats qu'on obtient. Conforme en ceci au caractère général de l'école écossaise, la philosophie de Beattie est une philosophie éminemment intelligible ; elle a de plus ce caractère spécial d'être une philosophie plus instructive que disputeuse, et d'offrir un système de doctrines moins spéculatives que pratiques. Les questions morales et sociales sont traitées par Beattie avec une précision et une justesse qui dénotent en lui un caractère éminemment positif. Ce n'est pas lui, à coup sûr, qu'on accusera jamais d'être un utopiste et un rêveur. Dans ses différents aperçus, dans ses diverses appréciations, il joint au bon sens et à la circonspection particulière à sa nation une admirable justesse de tact. Un dernier caractère qu'il faut signaler dans le moraliste d'Aberdeen, c'est l'alliance de la philosophie et du christianisme, alliance dont nous rencontrons chez nous l'image, ou plutôt l'exemple, dans la personne des plus éminents philosophes du xviie siècle, Bossuet, Fénelon, Malebranche, Arnauld, Nicole. Est-ce là du mysticisme, ainsi qu'on l'a reproché à Beattie ? Un tel reproche serait fondé en raison, si Beattie puisait dans la révélation seule les éléments de ses raisonnements et de ses preuves. Mais, en aucune rencontre, Beattie ne renonce au libre examen pour se jeter dans les bras de la foi ; et les preuves que, dans sa *Morale* et dans sa *Théodicée*, nous lui avons vu

CPSIA information can be obtained
at www.ICGtesting.com
Printed in the USA
BVHW04*1350170918
527708BV00010B/315/P